Die Instandsetzung der ehemaligen Klosterkirche St. Georg in Prüfening

Bau – Kunst – Denkmalpflege

Michael Schmidt (Hrsg.)

Die Instandsetzung der ehemaligen Klosterkirche St. Georg in Prüfening

Bau – Kunst – Denkmalpflege

Die Publikation entstand in Zusammenarbeit
des Bayerischen Landesamtes für Denkmalpflege
mit dem Staatlichen Bauamt Regensburg

SCHNELL + STEINER

Inhalte – Projekte – Dokumentationen · Schriftenreihe des Bayerischen Landesamtes für Denkmalpflege · Nr. 25
Herausgegeben von Generalkonservator Prof. Dipl.-Ing. Architekt Mathias Pfeil

Umschlagvorderseite: St. Georg in Regensburg-Prüfening (Foto: Uwe Moosburger, altrofoto Regensburg)
Umschlagrückseite: Prüfening, St. Georg, Biforium im Johanneschor, Blick nach Süden Richtung Hochchor, freigelegter, nicht übermalter Ornamentbereich im oberen Archivoltenbereich und rekonstruierter Lünettenengel, Aufnahme 1901 (Foto: BLfD, Bildarchiv, Nr. 01029919)
S. 2, 6, 10, 12, 208, 228, 248: Ansichten aus der ehemaligen Klosterkirche St. Georg in Prüfening (Fotos: Uwe Moosburger, altrofoto Regensburg; Zuschnitt S. 10: BLfD, Susanne Scherff)
S. 176: Lünettengitter des Westportals mit vollflächiger Vergoldung nach Befund (Foto: Staatliches Bauamt Regensburg)

Bayerisches Landesamt für Denkmalpflege
Hofgraben 4, 80539 München
www.blfd.bayern.de

Konzept: Dr. Michael Schmidt, Christian Brunner, Dr. Andrea Fronhöfer
Redaktionsleitung: Dr. Andrea Fronhöfer
Redaktion: Danica Tautenhahn M.A.
Satz, Layout, Bildbearbeitung: Susanne Scherff
Bildbearbeitung: David Winckelmann
Druck und Bindung: Gutenberg Beuys Feindruckerei GmbH

Verlag Schnell & Steiner GmbH
Leibnizstr. 13, 93055 Regensburg

ISBN 978-3-7954-3700-8

Die Deutsche Nationalbibliothek verzeichnet diese Publikation in der Deutschen Nationalbibliografie; detaillierte bibliografische Angaben sind im Internet unter http://dnb.d-nb.de abrufbar.

BAYERISCHES
LANDESAMT
FÜR DENKMAL
PFLEGE

Inhalt

TE·MARTIRUM·CANDIDATUS·LAUDAT·XERCITUS·

Zum Geleit

Kirchengebäude sind wertvolle Zeugen. Die ehemalige Klosterkirche St. Georg in Prüfening ist Zeugin einer 900-jährigen Geschichte. Im Jahre 1109 gründete Bischof Otto I. von Bamberg vor den Toren der Stadt Regensburg das Kloster St. Georg in Prüfening als benediktinisches Reformkloster. Zu dieser Zeit waren die Benediktiner in Regensburg schon in drei weiteren Niederlassungen vertreten, nämlich in St. Emmeram, St. Vitus und St. Jakob. Prüfening erlebte im 12. Jahrhundert seine Blütezeit. In kürzester Zeit entstand eine Bibliothek, die über 200 Handschriften umfasste. Das Skriptorium des Klosters gehörte zu den herausragenden Schreibschulen Deutschlands. In den späteren Jahrhunderten geriet das Kloster immer wieder in den Wirkungsbereich widerstreitender herrschaftlicher Interessen, bis es im Zuge der Säkularisation im Jahr 1803 aufgelöst wurde. Der letzte Abt, Rupert Kornmann OSB (1757–1817), war ein typischer Vertreter des gebildeten Mönchtums des ausgehenden 18. Jahrhunderts. Er vereinte echte Religiosität mit einem monastischen Ideal und einer umfassenden Bildung. In der Schule bei den Jesuiten in Amberg lernte er Georg Michael Wittmann, den späteren Regens, Weihbischof und Bischof des Bistums Regensburg kennen. Mit ihm verband ihn eine tiefe Frömmigkeit. 1793 wurde er ordentliches Mitglied der Bayerischen Akademie der Wissenschaften. „Echte Aufklärung steht in engstem Bündnis mit der Religion und nur gemeinsam können beide zum besten der Sitten und der Staaten wirken“, schrieb er in seinem Werk „Sibylle der Zeit“ im Jahr 1810. Der Versuch Pater Emmerams von Thurn und Taxis OSB (1902–94), im 20. Jahrhundert erneut ein Klosterleben aufzubauen, scheiterte leider. Wer mit diesem Gebäude arbeitet, wie es die Restauratorinnen und Restauratoren in den vergangenen Jahren taten, tritt mit der Geschichte des Mönchtums, des Verhältnisses von Kirche und Staat in Bayern, mit der Geschichte des Bistums Regensburg, des Bildungswesens und der Naturwissenschaften in Kontakt.

Die heutige Nebenkirche der Pfarrei St. Bonifaz-St. Georg ist aber nicht nur Zeugin einer vergangenen Zeit, sondern auch Zeugin und Mahnerin einer kommenden, nämlich der ewigen Zeit bei Gott. Ihren Besucher lädt sie ein, aus der alltäglichen irdischen Sphäre in die Welt des Himmels zu treten: den Blick auf Gott zu richten und der eigenen Bestimmung näher zu kommen. Der Altar verweist auf Christus, der sich selbst geopfert hat, um uns einen Platz im Himmel zu bereiten. Der Johannesevangelist lässt ihn zu Beginn seiner ersten Abschiedsrede zu den zum Letzten Abendmahl versammelten Jüngern sagen: „Euer Herz lasse sich nicht verwirren. Glaubt an Gott und glaubt an mich! Im Haus meines Vaters gibt es viele Wohnungen. Wenn es nicht so wäre, hätte ich euch dann gesagt: Ich gehe, um einen Platz für euch vorzubereiten? Wenn ich gegangen bin und einen Platz für euch vorbereitet habe, komme ich wieder und werde euch zu mir holen, damit auch ihr dort seid, wo ich bin.“ (Joh 14,1–3) Die nun so wunderbar sanierte Kirche St. Georg möchte mit ihrer Architektur und Kunst im Kern daran erinnern, dass Christus jedem Menschen den Himmel bereiten will, dass Er allein es ist, der ihn erlösen kann. Die Pastoralkonstitution *Gaudium et spes* des Zweiten Vatikanischen Konzils drückt es folgendermaßen aus: „Der Herr ist das Ziel der menschlichen Geschichte, der Punkt, auf den hin alle Bestrebungen der Geschichte und der Kultur konvergieren, der Mittelpunkt der Menschheit, die Freude aller Herzen und die Erfüllung ihrer Sehnsüchte. Ihn hat der Vater von den Toten auferweckt, erhöht und zu seiner Rechten gesetzt; ihn hat er zum Richter der Lebendigen und Toten bestellt. Von seinem Geist belebt und geeint, schreiten wir der Vollendung der menschlichen Geschichte entgegen, die mit dem Plan seiner Liebe zusammenfällt: ‚alles in Christus dem Haupt zusammenzufassen, was im Himmel und was auf Erden ist‘ (Eph 1,10).“ (GS 45)

Im Jahr 2009 konnte das Bistum Regensburg das 900-jährige Jubiläum des Klosters Prüfening mit einer Ausstellung und einem Ausstellungskatalog begehen. Zehn Jahre später durften wir den Abschluss einer großen Sanierung dankbar feiern, wozu auch diese Festschrift dienen soll. Ich danke allen Akteuren der Sanierung und allen, die an dieser Festschrift mitgewirkt haben, allen voran Generalkonservator Prof. Dipl.-Ing. Architekt Mathias Pfeil, dem Leitenden Baudirektor Dipl.-Ing. Architekt Karl Stock sowie seinen Vorgängern Dipl.-Ing. Architekt Peter Thumann und Dipl.-Ing. Architekt Hans Weber, Pfarrer Martin Stempfhuber, seinem leider viel zu früh verstorbenen Vorgänger Thomas Mayer, dem bis 2014 amtierenden Pfarrer Dr. Herbert Winterholler, der mir bei meinem ersten Besuch im Jahr 2013 die Baustelle zeigte, und dem Haus Thurn und Taxis. Sieben Jahre lang war die Kirche geschlossen, am 12. Mai 2019 konnte ich sie mit einem feierlichen Pontifikalamt wiedereröffnen. *Ad Maiorem Dei gloriam.*

Regensburg, am Fest des Diözesanpatrons Wolfgang, dem 31. Oktober 2020

Dr. Rudolf Voderholzer
Bischof von Regensburg

Zum Geleit

„*Höre*, mein Sohn, auf die Weisung des Meisters, *neige das Ohr deines Herzens*, nimm den Zuspruch des gütigen Vaters willig an und erfülle ihn durch die Tat!“ So beginnt der Prolog der Regel des hl. Benedikt, nach der die Mönche in der Abtei St. Georg zu Prüfening bis zur Auflösung des Klosters 1803 gelebt haben.

„Pünktlich“ zum 900. Weihetag am 12. Mai 1119 erstrahlte unsere ehemalige Kloster- und Pfarrkirche St. Georg nach umfassenden Sanierungsmaßnahmen in neuem Glanz. Darüber freue ich mich sehr und sage allen Damen und Herren ein herzliches „Vergelt's Gott!“, die „in Rat und Tat“ von staatlicher Seite (Staatliches Bauamt Regensburg, Bayerisches Landesamt für Denkmalpflege, Bezirk Oberpfalz) und von kirchlicher Seite (Pfarrkirchenstiftung, Bischöfliche Finanzkammer, Baureferat) die Instandsetzung ermöglichten und förderten.

Die letzte Messfeier vor der renovierungsbedingten Schließung der Kirche wurde am Ostermontag 2013 gefeiert. Am Ostermontag wird in der Liturgie das Emmausevangelium (Lk 24,13–35) verkündet: Im *Hören* und im Brotbrechen erkennen die Emmausjünger Jesus als den Auferstandenen. Aus ausgebrannten Seelen werden *brennende Herzen*. Mögen die Messfeiern, Gottesdienste und geistlichen Konzerte in der neu eröffneten Schlosskirche St. Georg alle Gläubigen im Herzen anrühren für Gottes Nähe, für seine Kraft, für seinen Segen!

Den Leserinnen und Lesern der vorliegenden Festschrift wünsche ich bei der Lektüre viel Freude, ein „*geneigtes* Auge“: Auf wunderbare Weise wurde umfassend die Instandsetzung dokumentiert. Die Kirche erstrahlt in neuem Glanz, der nun auch bibliophil unser Herz anrühren kann.

Martin Stempfhuber
Pfarrer von St. Bonifaz und St. Georg, Regensburg

Vorwort

Zur Gründungszeit vor den Toren der späteren Reichsstadt Regensburg im westlichen Donaubogen gelegen, erfreut sich das ehemalige Kloster Prüfening, eingebettet in einen großen Klostergarten, immer noch einer gewissen Abgeschiedenheit und Ruhe. Das ehemalige Benediktinerkloster, 1109 gegründet und seine Klosterkirche 1119 dem hl. Georg geweiht, ist vor allem aufgrund seiner Zugehörigkeit zur Hirsauer Reformbewegung und seiner nur von geringer barocker Veränderung überformten dreischiffigen Pfeilerbasilika als Klosterkirche bedeutsam. Diese beeindruckt mit ihrem einzigartigen romanischen Freskenzyklus im Inneren und dem im späten 13. Jahrhundert errichteten berühmten gotischen Hochgrab für den ersten Abt Erminold.

900 Jahre Baugeschichte der nahezu nach Hirsauer Bauschule errichteten Klosterkirche mit vielen Sanierungen und baulichen Eingriffen sind wie zu erwarten nicht spurlos an dem Kirchengebäude vorübergegangen. Das Staatliche Bauamt Regensburg hat auf der Grundlage der bestehenden staatlichen Baupflicht in den letzten vier Jahren statische Instandsetzungsmaßnahmen an Gewölbeauflagern und am Dachstuhl durchgeführt und dabei unzulängliche Reparaturversuche der Vergangenheit korrigiert. Das Dach wurde neu eingedeckt und bietet nun wieder Schutz für die nächsten Jahrzehnte. Auch die größtenteils steinsichtigen Fassaden wurden umfassend und sorgfältig instand gesetzt. Im Kircheninneren konzentrierten sich die Arbeiten auf die Reinigung, Restaurierung und Konsolidierung der bedeutenden romanischen Wandmalereien, die durch Bakterien und Schimmelpilze zum Teil stark belastet waren. Ein zeitgemäßes Beleuchtungskonzept unterstützt jetzt die vorhandene Raumwirkung bei reduziertem Tageslicht.

Es freut mich sehr, dass wir mit den nun abgeschlossenen Restaurierungsarbeiten einen Beitrag leisten konnten, dieses Kleinod romanischer Architektur in Bayern baulich für die Zukunft zu rüsten. Es reiht sich nun in die Kette der Bauwerke ein, die innerhalb des ehemaligen Kloster-, jetzt Schlossareals in den letzten Jahren vorbildlich saniert und wiederbelebt wurden.

Ich bedanke mich bei allen amtsinternen und externen Projektbeteiligten für ihre engagierte und professionelle Arbeit sowie bei den Vertretern der Kirche für das sehr gute und vertrauensvolle Miteinander. Der ehemaligen Klosterkirche St. Georg wünschen wir, dass viele Menschen sie aufsuchen und bestaunen, damit der Kirchenraum auf diese Weise wieder ein lebendiger Ort der Begegnung wird.

Dipl.-Ing. Architekt Karl Stock
Leitender Baudirektor

VIRTUTUM GEMMIS PRELUCENS VIRGO PERENNIS SPONSI IVNCTA THORO SPONSO CONREGNAT IN EVO

Vorwort

Am 12. Mai 2019, auf den Tag genau 900 Jahre nach der ersten Altarweihe von St. Georg in Prüfening, konnte mit einem großen Festgottesdienst der Abschluss der mehrjährigen Gesamtsanierung der ehemaligen Klosterkirche gefeiert werden. Umfangreich waren die Maßnahmen, denn der Zahn der Zeit hatte einmal mehr an dem Gebäude genagt. Vielfältig waren daher die statisch-konstruktiven und bautechnischen, aber auch die zu lösenden konservatorischen Probleme. Es freut mich, dass die Ergebnisse dieser Maßnahme, aber auch die zugrunde liegenden denkmalpflegerischen Aspekte sowie die dabei gewonnenen kunstgeschichtlichen Erkenntnisse im vorliegenden Sammelband nunmehr der Öffentlichkeit vorgestellt werden können.

Gründung und Bau des Reformklosters unter Bischof Otto I. von Bamberg im Jahr 1109 hatten wahrhaft einen europäischen Anspruch. Und so konnte das Kloster Prüfening schließlich auf eine beinahe 700-jährige Wirkungsgeschichte zurückblicken, ehe die Säkularisation diesem Ort des Glaubens und der Spiritualität, der Bildung und Wissenschaft ein jähes Ende bereitete und das reiche benediktinische Erbe zerschlug. Zum Sinnbild dieses Einschnitts wurde die Verbringung der Klosterbibliothek mit ihren vielen mittelalterlichen Handschriften des weithin berühmten Prüfeninger Skriptoriums in die Bayerische Staatsbibliothek München. Die Klostergebäude, die Konventsbauten und die Georgskirche wurden in unterschiedliches Eigentum aufgeteilt und beschritten daher seit 1800 unterschiedliche Wege: Während der Konventstrakt heute eine Schule beherbergt, wurde das Gotteshaus Pfarrkirche, wobei die Baulast der Kirche an den Staat überging. Seither trägt das Staatliche Bauamt Regensburg als zuständige bauverwaltende Behörde für den Bau mit großer Gewissenhaftigkeit Sorge. Und doch bleiben die Bedrohungen auch für Prüfening bestehen: Die heranrückende Bebauung nimmt dem Ort inzwischen viel von seiner einst so markanten und sprichwörtlichen klösterlichen Insellage vor den Toren der Stadt Regensburg. Hier stellt sich für die Zukunft die Frage eines wirksamen Umgebungsschutzes, um die Ablesbarkeit und künstlerische Wirkung dieses umfriedeten Klosterareals anschaulich zu erhalten.

Die ehemalige Klosterkirche war immer ein Ort der Denkmalpflege. Auch davon erzählt dieses Buch. Wichtige Instrumentarien der nachhaltigen und präventiven Baupflege wurden in Prüfening bemerkenswert früh eingesetzt. Zu guter Letzt ist die Georgskirche ganz entscheidend mit der Diskussion um die richtige Restaurierungsmethode verknüpft; Prüfening ist damit auch zum Markstein für die Konzeptdiskussion um 1900 geworden. Diesem Geist fühlt sich auch die aktuelle Sanierung verpflichtet. Bei allen, die zum Gelingen dieser Instandsetzung beigetragen haben, bedanke ich mich herzlich. Denn Denkmalpflege ist stets eine Gemeinschaftsaufgabe und sie kann nur in gutem Geist gelingen. Möge hierin auch Prüfening Vorbild sein.

Prof. Dipl.-Ing. Architekt Mathias Pfeil
Generalkonservator des Bayerischen Landesamtes für Denkmalpflege

REN.
AD. MCMLI
ITEM
AD. MCMLXXXVI

Christian Brunner

Die statische und restauratorische Sanierung der ehemaligen Klosterkirche St. Georg in Prüfening – Einführung in die Maßnahme

An der ehemaligen Klosterkirche St. Georg in Prüfening, deren Baubeginn auf 1109 und deren erste Weihe durch den Klostergründer Otto von Bamberg sowie den Regensburger Bischof Hartwig I. auf 1119 datiert ist (siehe S. 80, Abb. 46), konnten 2019 zum 900-jährigen Weihejubiläum nach umfangreichen, abgeschlossenen Instandsetzungs- und Sanierungsarbeiten die Pforten wieder geöffnet werden. Sowohl der Außenbau als auch der Innenraum der ehemaligen Klosterkirche werden in ihrer heutigen Erscheinung entscheidend vom romanischen Gründungsbau geprägt. Die Kirche erfuhr über die Jahrhunderte jedoch zahlreiche bauliche Eingriffe und Änderungen. Die gravierendsten Umbauten erfolgten im Zuge der Barockisierung, beginnend mit dem Abbruch der romanischen Hauptapsis zu Beginn des 17. Jahrhunderts und der Erbauung eines nach Osten verlängerten Hauptchores. Die Holzbalkendecke in Haupt- und Nebenschiffen wurde abgenommen und ein gemauertes Gewölbe eingezogen, der in der Vierung befindliche Mönchschor wurde auf eine im südlichen Querhausflügel eingebaute Empore verlegt, die mittelalterliche Vorhalle zurückgebaut und an ihrer Stelle ein Westbau mit Vorhalle im Erdgeschoss und Wohnräumen in den Obergeschossen errichtet.

Die Veränderungen führten im Laufe der Zeit zu statisch-konstruktiven Störungen, Risse am Gewölbebogen über dem Hauptchor im Jahr 2001 machten eine eingehende statische Untersuchung der Kirche notwendig. Es stellte sich heraus, dass das Schadensbild eine grundlegende Instandsetzung von St. Georg im Chorbereich, bei den Türmen sowie im Dachstuhl erforderte. Den Anfang der Maßnahmen bildete die statische Ertüchtigung der Türme und Wandpartien

Abb. 1. Prüfening, ehem. Klosterkirche St. Georg, Blick in den Dachraum Ecke Hauptschiff/südliches Seitenschiff (Foto: Werner Hollnberger)

im Chorbereich. Es folgten die Instandsetzungsarbeiten am Dachstuhl mit dem Ziel, den barocken Originalzustand des Dachtragwerks wiederherzustellen (Abb. 1). Die im Zuge der Arbeiten am Gesims vorgefundene romanische Fußschwelle konnte in Teilen erhalten werden. Witterungs- und Umwelteinflüsse hatten bei den Natursteinfassaden an den Türmen sowie am Kirchenbau zu Abplatzungen und Rissen geführt. Durch offene Fugen im Kalksteinmauerwerk konnte Feuchtigkeit eindringen. Natursteinschalen mussten durch Injektionen und hohl liegende Antragungen mit Edelstahlvernadelungen gesichert werden. Abgebrochene Teile wurden durch Steinersatz ergänzt, die Antragungen aus Mineral-Splitbe-

Abb. 2. St. Georg, sanierte Dach- und Natursteinfassadenflächen (Foto: Staatliches Bauamt Regensburg)

Abb. 3. St. Georg, Benediktuschor, Erdgeschoss, Nordwand, westlicher Gurtbogen (Foto: Bruno Fromm)

ton mit einer wasserabweisenden Schlämme behandelt, das Fugennetz wurde erneuert (Abb. 2). Neben der statischen Instandsetzung galt es, die romanischen Wandmalereien in Teilen im Presbyterium, in den Nebenchören, im Kirchenschiff an den Vierungspfeilern, fragmentarisch im nördlichen Querhaus, unter der Orgelempore und im Tympanon in der Vorhalle sowie die romanischen Friese im Dachraum zu restaurieren und zu sichern. Die von der Forschung in die Zeit um 1118–22 datierten Prüfeninger Wandmalereien waren 1897, beginnend in den Nebenchören, aufgedeckt worden. Die mittelalterlichen Künstler hatten über Vorzeichnungen in den feuchten Putz al fresco gearbeitet und die Details in Secco-Technik gemalt. Diese Mischtechnik sowie insbesondere die unsachgemäße Abnahme späterer Putzschichten hatten einen erheblichen Substanzverlust zur Folge gehabt (siehe S. 86, Abb. 1). Um 1900 hatte der mit der Restaurierung beauftragte Hans Haggenmiller eine weitgehende Übermalung der romanischen Reste im Presbyterium vorgenommen (Abb. 3). Nach eingehender Diskussion mit dem Bayerischen Landesamt für Denkmalpflege entschied man sich nun, die Malereien aus dieser Zeit zu reinigen und zu konsolidieren. Eine Freilegung der Malschicht bis auf die in Fragmenten vorhandenen romanischen Malereien kam wegen der zu erwartenden weiteren Schädigung der Malereien aus dem 12. Jahrhundert nicht in Frage. Restaurierungsziel an den romanischen Wandmalereien im nördlichen Johanneschor, im südlichen Benediktuschor sowie an den Mäanderfriesen war eine bestandsbewahrende Konservierung mit Trockenreinigung und Abnahme von Salzen und biogenen Schleiern (Abb. 4). Diese Vorgehensweise

Abb. 4. St. Georg, Benediktuschor, Obergeschoss (Foto: Bruno Fromm)

erstreckte sich auch auf die übrigen romanischen Fresken. Da die hohe Luftfeuchtigkeit im Kirchenraum gerade in den Sommermonaten eine Belastung für die Fresken darstellt, wurde eine Lüftungsanlage installiert, um diese dauerhaft zu erhalten. Für die Wandmalereien konnte ohne Eingriffe in die Substanz eine gleichmäßige Ausleuchtung mit Stelen erreicht werden. Die technische Ausstattung in St. Georg wurde modernisiert, die Lautsprecheranlage den heutigen Erfordernissen angepasst. Am schwierigsten war die Entwicklung eines dem dreischiffigen barocken Innenraum angemessenen Beleuchtungskonzeptes. Durch differenzierte Beleuchtungselemente kann der Raumwirkung jetzt auch abends und in den Wintermonaten die entsprechende Geltung verschafft werden.

Die aus den 1890er Jahren stammenden Entwässerungsleitungen mussten vollständig ausgetauscht und die Drainageleitungen an der Nord- und Ostseite neu verlegt werden, um die Ableitung des Regenwassers zu gewährleisten. Damit soll die Durchfeuchtung des Mauerwerks verhindert und der Schutz der Fresken vor aufsteigender Feuchtigkeit sichergestellt werden. Neben den Instandsetzungsmaßnahmen, für die der Freistaat Bayern nach Verträgen von 1866 die primäre Baupflicht hat, standen noch Reinigungs- und Restaurierungsarbeiten im Kircheninnenraum an, die ausschließlich der Kirchenbaulast unterlagen. So waren die Staubschichten am Hochaltar und am Magdalenenaltar zu entfernen; Festigungsarbeiten und Retuschen wurden nur in geringfügigem Umfang vorgenommen. An der Raumschale der Sakristei mussten wegen erheblicher Schäden Putzinstandsetzungsarbeiten und eine Neufassung vorgenommen werden. Die Bodenbeläge im Kirchenraum aus Solnhofener Platten wurden substanzschonend lediglich gereinigt, ausgebrochene Belagstücke wieder eingesetzt.

Die bereits 2007 wegen ihrer starken Schädigung abgenommenen Giebelfiguren des hl. Otto und des hl. Benedikt erfuhren nur soweit eine steintechnische Konsolidierung, dass sie in der Vorhalle platziert werden konnten (Abb. 5). Eine Aufstellung am ursprünglichen Standort kam wegen der ansonsten notwendigen, äußerst aufwendigen Restaurierungsarbeiten bzw. Neuerstellung der Figuren nicht in Frage.

An den Planungen waren 20 Ingenieurbüros und mit den restauratorischen Untersuchungen befasste Büros beteiligt, mit etwa 35 Aufträgen an Baufirmen und Restauratoren wurden ca. 4,4 Mio. € staatliche und kirchliche Gelder investiert. Über die Bauzeit von sieben Jahren galt es, zusammen mit dem Bayerischen Landesamt für Denkmalpflege, der Katholischen Kirchenstiftung St. Bonifaz-St. Georg, dem Hause Thurn und Taxis und der Montessori-Schule als Nachbarn sowie den hauseigenen Fachabteilungen rund 60 Projektbeteiligte zu koordinieren. Die Anstrengungen haben sich gelohnt, es konnte ein Baukunstwerk erster Güte für die kommenden Generationen bewahrt werden.

Abb. 5. Hl. Otto, nach der Restaurierung
(Foto: Steinwerkstatt Endemann)

Silvia Codreanu-Windauer

Die archäologischen Ausgrabungen an der ehemaligen Klosterkirche St. Georg in Prüfening

Das Kloster Prüfening gehört nicht nur zu den herausragenden Baudenkmälern Regensburgs, sondern ist auch als Bodendenkmal von besonderer Bedeutung. Dies belegen schon die älteren Ausgrabungen,[1] die wichtige Ergebnisse zur Baugeschichte der Klosteranlage erbrachten, sowie aktuell die Untersuchungen des Jahres 2016 im Zuge der Sanierungsarbeiten an der Kirche.[2] Dabei fand die archäologische Begleitung nur auf geringen Flächen statt: 85 m² waren es gerade einmal, die bei der Anlage einer Drainage beginnend am Südosteck der Kirche um die Chorpartie und entlang der Nordwand der Klosterkirche aufgegraben wurden. Noch kleiner war die Fläche, die für die Verlegung eines Kanalabschnitts mit neuem Kanalanschluss nordwestlich der Kirche geöffnet wurde.

Die 1119 vom Bamberger Bischof Otto I. geweihte Klosterkirche ist weitgehend noch in ihrer ursprünglichen Form erhalten.[3] Das gleiche gilt für die romanische Brunnstube[4] und die 1125 geweihte Pfarrkirche St. Andreas, während die Klostergebäude und der Konvent des Öfteren, insbesondere im 17. Jahrhundert, grundlegend umgebaut wurden.[5] Während die Klostergebäude 1803 säkularisiert und an privat veräußert wurden, blieb St. Georg als Pfarrkirche im Besitz des Freistaates Bayern. Ab 1897 fanden dort umfangreiche Restaurierungsarbeiten statt, die auch die Freilegung der berühmten Wandgemälde umfassten. Wohl in diesem Zusammenhang suchte man 1912 im Chorbereich nach der romani-

1 M-2007-34750-1 – Dokumentation Fa. Scherbaum aus den Jahren 2001/02, Ortsakten BLfD Regensburg; Scherbaum 2004; Codreanu-Windauer 2006; Codreanu-Windauer 2008a.

2 M-2013-1009-2_0 – Dokumentation Fa. Arcteam (K. Bissinger), Ortsakten BLfD Regensburg.

3 Kunstdenkmäler 1914. – Zuletzt mit Literaturauswahl: Borgmeyer u. a. 1997, S. 464 f., 761.

4 Codreanu-Windauer 2008b; Codreanu-Windauer/ Fischer/ Lietzau 1997.

5 Kunstdenkmäler 1914.

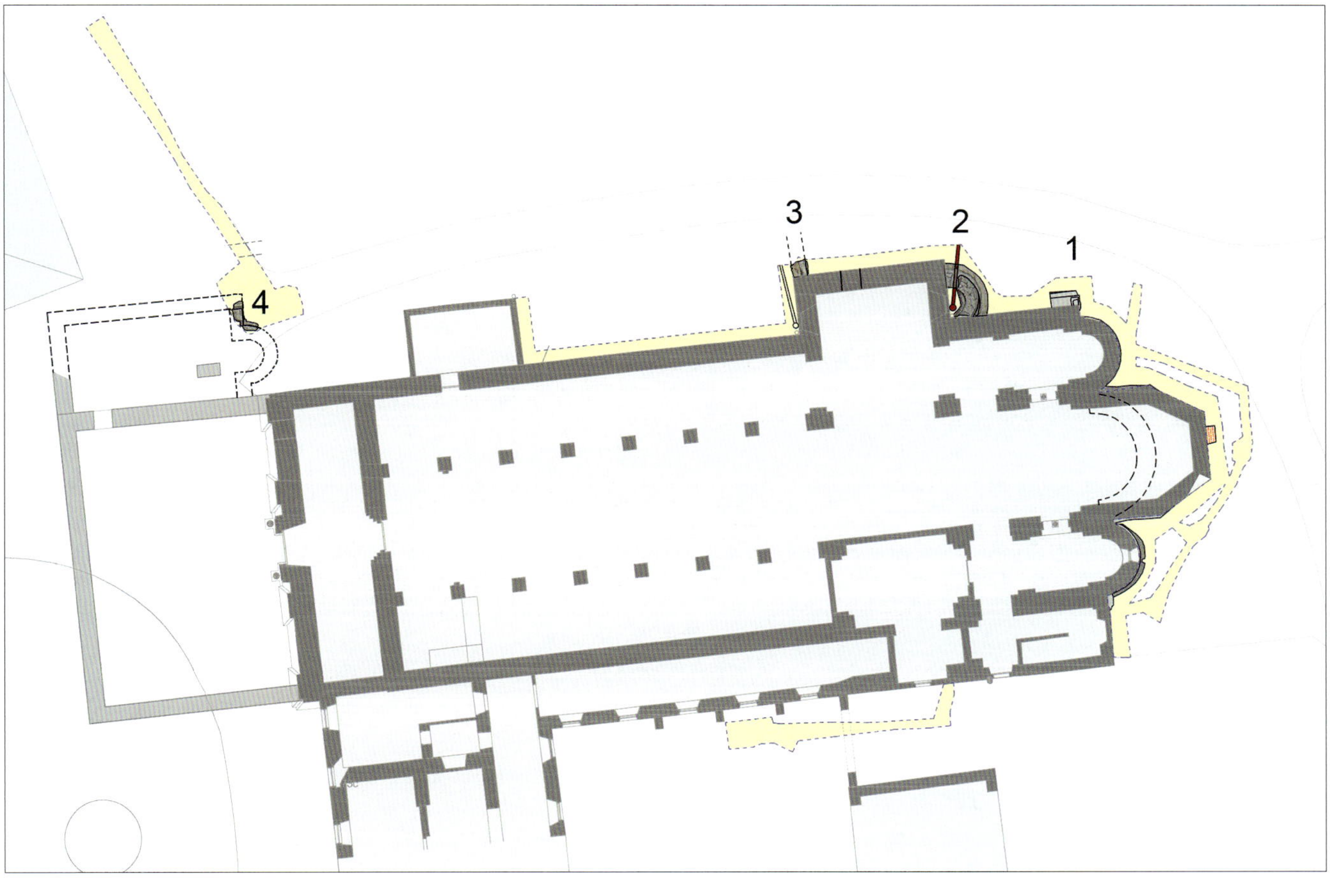

Abb. 1. Grundriss der Klosterkirche mit Eintragung der Grabungsschnitte (gelb) und der wichtigsten Befunde (1–4) sowie der Rekonstruktion des romanischen Paradieses (hellgrau) mit nördlich angrenzender Kapelle (Plangrundlage: Fa. Arcteam; Grafik: BLfD, Rudolf Röhrl)

Abb. 2. Blick auf die Schnittstelle zwischen südlichem Nebenchor (gelb), Turmmauerwerk (rot) und Seitenkapelle (grün) (Foto: Fa. Arcteam)

Abb. 3. Blick von Nordosten auf den vorspringenden Mauerblock an der Ecke des nördlichen Seitenchores (Foto: Fa. Arcteam)

schen Hauptapsis. Desgleichen wurde im Außenbereich nach den Resten der kleinen Apsis gegraben, die ursprünglich an der Ostseite des nördlichen Querhausarmes stand.[6]

Wegen Feuchtigkeitsproblemen veranlasste das Landbauamt 1963 offenbar umfangreichere Aufgrabungen an der Nordseite der Kirche. Unter anderem wurde damals auch ein größerer Hügel mit Schuttmaterial einer abgerissenen Seitenkapelle abgetragen, wo man Skelettreste von einst eingemauerten Reclusen vermutete.[7] Diese und etliche andere, aktenmäßig nicht erfasste Erdarbeiten, speziell für diverse Leitungsführungen, schlossen sich an. Damit war zu Beginn der Sanierungsmaßnahme klar, dass in dem Areal, in dem in den Boden eingegriffen werden musste, kaum ungestörte Befunde zu erwarten waren. So gesehen sind die Ergebnisse der archäologischen Begleitung in den max. 1,40 m tiefen, schmalen Schnitten unerwartet gut.

Zu Beginn der Aufgrabungen an der Südostecke der Kirche zeigte sich, dass sowohl die südliche Nebenapsis als auch die ehemalige Alexiuskapelle, südlich des Nebenchores, an das Mauerwerk des Südturms stumpf angesetzt waren (Abb. 2). Dies dürfte mit den einzelnen Abschnitten während der Bauzeit zusammenhängen, denn es ist überliefert, dass beide Raumteile mit ihren zugehörigen Altären gleichzeitig mit der fertiggestellten Klosterkirche am 12. Mai 1119 feierlich geweiht wurden.[8] Das Aufgehende der Apsis ruht auf einer über dem Fundament liegenden, vorkragenden Ausgleichslage aus Kalksteinen. Das sichtbare Quadermauerwerk verspringt dann ab der zweiten Werksteinlage etwas nach hinten.

An der Ostecke des nördlichen Seitenchores kam mit annähernd 2 m Länge ein Mauerblock aus akkurat zugerichteten Kalksandsteinquadern zum Vorschein. Dessen unterste Lage wies entlang seiner Nordkante eine Sockelschräge auf (Abb. 1,1). Das darüber liegende romanische Quadermauerwerk zeichnet sich durch durchgehende Lagerfugen und versetzte Stoßfugen aus. Die Apsis des Nebenchores schließt mit glatter Fuge an diese Mauern an (Abb. 3). Zu einem späteren Zeitpunkt wurde dieser Mauerblock mit unregelmäßigen, großen Sandsteinen überbaut. Dieser Befund könnte dahingehend interpretiert werden, dass die nördliche Seitenkapelle – vielleicht wegen des sich darüber erhebenden Turms – ursprünglich ca. 0,93 m breiter angelegt war und im Laufe des Baus eine Planänderung bzw. eine Reduzierung der Mauerstärke stattgefunden hat. Möglich erscheint auch, dass dieser Mauerblock ursprünglich für einen Stützpfeiler geplant war, denn an der Nordseite der Kirche fällt das Gelände kräftig ab.

Nur wenige Meter weiter stießen die Archäologen auf die bereits 1912 freigelegte Apsis am nördlichen Querhausarm (Abb. 1,2). Sie war von einer Regenrinne durchbrochen, aber sonst bis zu fünf Lagen hoch erhalten (Abb. 4). Der Mauerbefund der beiden Nebenapsiden wiederholte sich: Auf einer Ausgleichsschicht aus Kalkplatten sitzt das Quadermauerwerk aus Grünsandstein, wobei die unterste Lage eine etwas ausbauchende Rundung zeigt, die dann ab der zweiten Quaderlage mit schrägem Sockel korrigiert wurde. Darauf sind partiell noch drei Lagen Sandsteinquader erhalten. Das Mauerwerk der Apsis bindet in die Nordwand des Nebenchores ein. Dort haben sich an der Innenseite noch Putzreste erhalten. Im Innenraum der Apsis waren randlich schräg verlegte Bruchsteine der Stickung eines aus reichlich Kalkmörtel bestehenden Estrichs zu beobachten. Da diese Apsis in einem Stich aus der Mitte des 18. Jahrhunderts nicht mehr dargestellt wird,[9] dürfte sie im Zuge der massiven Umbaumaßnahmen unter Abt Romanus I. (1653–77) oder seinen Nachfolgern abgerissen worden sein.

Ein weiterer Baubefund zeichnete sich in Verlängerung der Westwand des Querhauses ab (Abb. 1,3): Stumpf stößt an Letzteres ein sauber gesetztes Kalksandstein-Quadermauerwerk, dessen Außenseite glatt ist, während die Innenseite (Ostseite) einen kleinen Mauervorsprung aufweist. Dieser dürfte mit einem nicht erhaltenen Fußboden zusammenhängen, denn sein Niveau passt zur Schwellhöhe einer zugesetzten rundbogigen Tür, die sich ca. 2 m östlich befindet (Abb. 5). Sie diente als Zugang vom Querhaus in diesen Anbau. Dessen Ostwand, die in der Ostflucht des Querhauses zu vermuten wäre, ist restlos zerstört. Seine Ausdehnung nach Norden ist

Abb. 4. Freigelegte Apsis vor dem nördlichen Querhausarm (Foto: Fa. Arcteam)

Abb. 6. Blick von Norden auf den Rest einer Apsis (links) mit einbindender Ostwand (rechts) (Foto: Fa. Arcteam)

wegen der geringen Schnittbreite unklar. Zu einem späteren Zeitpunkt setzte man auf die abgebrochene Wand des Anbaus eine neue Mauer, die sich aufgrund der nachlässigen Bauweise und des ockergelben Mörtels vom romanischen Anbau unterscheidet. Es dürfte sich um eine neuzeitliche Friedhofsmauer handeln, die die letzte Ruhestätte der Mönche einfasste und im Lageplan des Klosters um 1803 eingezeichnet ist.[10] Nach der Säkularisation wurde der Friehof aufgelassen, denn im kurz darauf entstandenen Urkataster ist er nicht mehr eingezeichnet.

Abb. 5. Nordwand des Querhauses (links) mit dem zweiphasigen Mauersatz eines Anbaus (Foto: Fa. Arcteam)

Die wichtigste archäologische Entdeckung ist im Zuge der Bauarbeiten für die Umnutzung des Schlosses als Montessori-Schule in den Jahren 2001/02 zum Vorschein gekommen: das romanische Paradies im Westen der Klosterkirche (Abb. 1).[11] Seine Längswände verliefen in der Flucht des Kirchenlanghauses und begrenzten einen knapp 20 m breiten Hof. Neben einem anzunehmenden axialen Hauptzugang im Westen führte eine Tür nach Norden in einen weiteren Raum, dessen Westbegrenzung in der Flucht des Paradieses lag. Er wurde noch in der Romanik nachträglich an die Paradiesmauer angebaut. Die sakrale Funktion dieses Anbaus ist durch eine steinerne Grabplatte, die in den Estrich eingelassen war, gesichert. Nach Ausweis ihrer Inschrift markierte sie die Grabstätte eines Priesters aus der Diözese Prag, der im Kloster Prüfening 1434 verstarb. Wegen der Enge der für den Kanalbau angelegten Grabungsschnitte konnten damals weder Breite noch Ostausdehnung dieser Kapelle untersucht werden.

Bei den aktuellen Kanalbaumaßnahmen im Nordwesten der Kirche kam inmitten großräumig gestörter Bereiche ein Apsisfragment mit angrenzender Ostmauer ans Tageslicht. Durch Zufall ist es beim Bau des älteren Kanals nicht zerstört worden, denn das Rohr führte unter den Mauerresten hindurch (Abb. 6), ohne diese zu beschädigen. Auf einem Fundament aus Bruchsteinen, die in Fischgrättechnik in

6 Kunstdenkmäler 1914, S. 175 f., Plan: Fig. 122, 123.
7 Bericht in der Mittelbayerischen Zeitung vom 9. August 1963.
8 Kunstdenkmäler 1914, S. 166.
9 Kunstdenkmäler 1914, Fig. 157, Vogelschauplan von Norden her.
10 Kunstdenkmäler 1914, Fig. 159 d.
11 Vgl. Anm. 1.

Lehm gesetzt waren, lag eine Ausgleichslage aus flachen Kalksteinen. Vom Aufgehenden der Apsis wurde ein sehr exakt gearbeiteter Grünsandsteinquader mit einer Lagenhöhe von 0,30 m freigelegt. Nördlich der Apsis bindet ein Quadermauerwerk aus Grünsandstein mit durchgehenden Lagerfugen und versetzten Stoßfugen ein. Während die oberste Lage, die dem Aufgehenden zuzurechnen ist, und der Apsisquader fein geglättet waren, wiesen die darunterliegenden Quader eine grob mit dem Scharriereisen bearbeitete Oberfläche auf.

Wenngleich dieser Baubefund sehr fragmentarisch ist, kann er aufgrund seiner baulichen Qualität zweifelsfrei der romanischen Anlage des 12. Jahrhunderts zugerechnet werden. Anhand des kleinen Ausschnittes lässt sich feststellen, dass diese Apsis genau den Ausmaßen der freigelegten Apsis am Querhaus entsprach. Sie bildete das Chorhaupt der ans Paradies angebauten Kapelle, deren Länge nun mit ca. 12 m rekonstruiert werden kann. Ferner ergaben sich durch diesen Befund auch Anhaltspunkte für die Lage der Kapellennordwand (Abb. 1,4).

Die nun möglich gewordene Rekonstruktion der Kapelle am Paradies ist umso wichtiger, als aus schriftlichen Quellen bekannt ist, dass 1132 eine „basilica" zu Ehren der hl. Maria Magdalena geweiht wurde, die späteren Nachrichten zufolge südlich des Paradieses gelegen haben soll.[12] Ob diese eine ähnliche Größe bzw. eine Grundrissgestaltung wie die nun erschlossene Kapelle besaß, ist – wie auch die faktische Existenz dieser „basilica" – unklar, denn bei den Grabungen 2001/02 wurden südlich des Paradieses zwar ein spätmittelalterliches Wasserbecken und eine barocke Wasserleitung erfasst, aber keine baulichen Reste aus der Romanik. Da bekannt ist, dass die Maria-Magdalena-Kapelle (erst!) 1676 aufgehoben wurde,[13] ist ohnehin fraglich, ob sie angesichts der angeschnittenen Befunde an der Südseite des Paradieses verortet werden kann bzw. ob in der Überlieferung nicht eine Verwechslung der Seiten vorliegt und sie auf der Nordseite des Paradieses lag. Ferner ist auf die 1129 geweihte und nicht lokalisierbare Arbogast-Kapelle hinzuweisen, die „innerhalb der Kloster*gebäude*" gelegen haben soll.[14] Ob damit nicht auch das größere Kloster*areal* gemeint sein kann, zu dem auch der Bereich nördlich des Paradieses gehört, sei dahingestellt. So wird diese Frage wohl weiterhin unlösbar bleiben.

12 Kunstdenkmäler 1914, S. 167.
13 Kunstdenkmäler 1914, S. 174.
14 Kunstdenkmäler 1914, S. 167.

Literatur

Borgmeyer u. a. 1997 – Borgmeyer, Anke/ Hubel, Achim/ Tillmann, Andreas/ Wellnhofer, Angelika: *Stadt Regensburg. Denkmäler in Bayern III. 37*, Regensburg 1997

Codreanu-Windauer 2006 – Codreanu-Windauer, Silvia: *Regensburg – Kloster Prüfening*, in: Jahrbuch der bayerischen Denkmalpflege 56/57 (2002/2003), München 2006, S. 254 f.

Codreanu-Windauer 2008a – Codreanu-Windauer, Silvia: *Komplexe Baugeschichte: Archäologische Ausgrabungen im Kloster Prüfening*, in: 100 Jahre Bayerisches Landesamt für Denkmalpflege 1908–2008. Katalog der Jubiläumsausstellungen, München 2008, S. 69–71

Codreanu-Windauer 2008b – Codreanu-Windauer, Silvia: *Hightech des Mittelalters: Das romanische Brunnenhaus des Klosters Prüfening*, in: 100 Jahre Bayerisches Landesamt für Denkmalpflege 1908–2008. Katalog der Jubiläumsausstellungen, München 2008, S. 73 f.

Codreanu-Windauer/ Fischer/ Lietzau 1997 – Codreanu-Windauer, Silvia/ Fischer, Markus/ Lietzau, Hubertus: *Die romanische Brunnenstube des Benediktinerklosters Prüfening*, in: Das Archäologische Jahr in Bayern 1997, S. 169–171

Kunstdenkmäler 1914 – *Die Kunstdenkmäler von Oberpfalz und Regensburg, Bd. 20: Bezirksamt Stadtamhof* (Die Kunstdenkmäler des Königreichs Bayern), bearb. von Hans Karlinger, Georg Hager und Georg Lill, München 1914, S. 162–234

Scherbaum 2004 – Scherbaum, Jochen: *Denkmäler in Wort und Bild: Prüfeninger Schloßstraße 73 b–c*, in: Denkmalpflege in Regensburg 9 (2004), S. 249–251

Karl Schnieringer

Bauforschung an der ehemaligen Klosterkirche St. Georg in Prüfening

Gründung und Errichtung von Kloster Prüfening sind in Schriftzeugnissen überliefert, Weihenachrichten geben Hinweise auf den Baufortschritt. Eingehend beschrieben und bauhistorisch analysiert ist die ehemalige Klosterkirche St. Georg in Prüfening bereits in dem Inventarband über die Kunstdenkmäler von Bayern von 1914.[1] Umfassend widmete sich Alexandra Fink in ihrer Dissertation von 1998 über die Klosterkirchen des Bischofs Otto von Bamberg der Prüfeninger Klosterkirche.[2] Insofern stellte sich für St. Georg nicht die Frage einer grundlegenden Bauuntersuchung. Bereits wenige Jahre nach Veröffentlichung der Arbeit von Fink gaben jedoch Baumaßnahmen an den Klostergebäuden und die Notwenigkeit einer Sicherung der romanischen Malereien in der Kirche erneut Anlass, sich mit dem Bau zu befassen.

Die Beschäftigung der Bauforschung des Landesamtes für Denkmalpflege mit der Klosterkirche St. Georg begann im Juni 2001 mit dem Umbau der ehemaligen Klostertrakte für die Nutzung als Schulgebäude. Die Baumaßnahme bot die Gelegenheit, die nur über die ehemaligen Klostergebäude zugänglichen Dachbereiche über dem südlichen Seitenschiff und über dem barockzeitlichen Westbau der Kirche näher zu betrachten, die bei der Bauanalyse von Fink ausgespart worden waren. Außerdem konnte im Zuge einer Putzerneuerung das temporär frei liegende Mauerwerk des nördlichen Kreuzgangs dokumentiert werden, in dem sich romanischer Bestand erhalten hat. Mit den Planungen für eine statische Sicherung der Kirche wurde ab 2004 vom Ingenieurbüro Drexler + Baumruck für das Staatliche Bauamt Regensburg ein Gesamtaufmaß der Kirche erstellt, mit dem nun eine formtreue Plangrundlage vorliegt. Das Aufmaß wurde durch die Bauforschung des Bayerischen Landesamtes und freiberufliche Bauforscher um vertiefende Bestandsaufnahmen einzelner Bereiche ergänzt, die neue Aufschlüsse über den Baubestand der Kirche erbrachten. Diese wurden eingebunden in eine eingehende Betrachtung des Bauwerks, bei der gezielt verschiedene Fragestellungen verfolgt wurden. Anhand der noch erhaltenen Dachbalken und einer Vielzahl von Spuren in deren Umfeld kann eine Rekonstruktion des bauzeitlichen Daches vorgelegt werden, der ältesten substanziell noch fassbaren Dachkonstruktion in Bayern. Außerdem wird versucht, die Bauabfolge während der Errichtung der Kirche nachzuvollziehen, in die weitere Datierungen eingebracht werden können. In einem Ausblick wird die Prüfeninger Georgskirche zu zeitgleich errichteten Regensburger Kirchenbauten in Kontext gestellt.

Das äußere Erscheinungsbild – Bestand und Rekonstruktion

St. Georg ist eine dreischiffige basilikale Anlage mit ausladendem östlichem Querhaus, Ostturmpaar und Dreiapsidenschluss. Die Kirche hat sich weitgehend in der bauzeitlichen Substanz und großenteils auch in ihrem ursprünglichen Erscheinungsbild erhalten.[3] Nur von der Eingangsseite mit der 1718 vorgebauten Fassade vermittelt sie den Eindruck eines Baus der Barockzeit. Abgesehen von der Fassade beschränken sich die Veränderungen des Außenbaus im Wesentlichen auf den Ersatz der mittleren Ostapsis durch einen gelängten polygonalen Chorabschluss[4] und den Aufbruch neuer Fenster im Jahr 1609. Bis zur Errichtung der barocken Fassade bestand vor der Westseite eine Vorkirche, die aus einem ursprünglich wohl offenen, von Umgängen gesäumten Vorhof hervorgegangen war, dem sogenannten Paradies.[5] Die dem Paradies zugewandte Westfassade der romanischen Kirche war eine schlichte, ungegliederte Wandfläche mit dreistufigem Eingangsportal und zwei Rundbogenfenstern in Fortführung der Fenster des Obergadens (Abb. 2).[6] Auch an den übrigen, bis heute sichtbaren Außenseiten präsentiert sich die Kirche mit weitgehend ungegliederten Wandflächen, die allein durch die bauzeitlichen Fensteröffnungen eine Rhythmisierung er-

1 Kunstdenkmäler 1914, S. 162–234.

2 Fink 2001.

3 Die Präsentation in der ursprünglichen Baugestalt und Raumwirkung basiert teilweise auch auf einer Rückrestaurierung um 1900, vgl. den Beitrag von Michael Schmidt zu den Wandmalereien in diesem Band.

4 Die dendrochronologische Untersuchung einer Probe aus einem der Sparren des Chorabschlusses erbrachte eine nicht völlig abzusichernde Datierung auf 1621 (Pr.14, Bericht Georg Brütting, 26.09.2006). Dies deutet auf die bei Riehl genannte Datierung des Hochaltars auf 1625; Riehl, Berthold: *Bayerns Donautal, Tausend Jahre deutscher Kunst*, München/Leipzig 1912, S. 357, zitiert nach Kunstdenkmäler 1914, S. 219.

5 Zu den Befunden zu Paradies und wohl noch spätromanischer Vorkirche vgl. Scherbaum 2002; vgl. auch den Beitrag von Silvia Codreanu-Windauer in diesem Band..

6 Die Fenster scheinen auch bei Errichtung der spätromanischen Vorkirche offen geblieben zu sein, ihre Vermauerung mit Mischmauerwerk unter Verwendung von Mauerziegeln erfolgte augenscheinlich erst in nachmittelalterlicher Zeit. Die Vorkirche scheint demnach nicht über die Höhe der Seitenschiffe hinausgegangen zu sein. Anhand der Massivität ihrer Mauern darf man sie sich als überwölbten Raum in der Art der Vorhalle von St. Emmeram vorstellen, hier als dreischiffige Anlage in Fortführung der dreischiffigen Kirche.

fuhren (Abb. 1). Nur die über dem östlichen Abschluss der Kirche errichteten Türme verfügen über eine sparsame Gliederung mit flach vortretenden Ecklisenen, geschossteilenden Rundbogenfriesen und mit Biforien ausgeschmückten Schallöffnungen. Im Obergaden und am Querhaus sind die ursprünglichen Fenster als Zusetzungen zwischen den an anderer Stelle eingebrochenen Okulusfenstern der Barockzeit ablesbar geblieben. Das Querhaus war über je zwei Fenster von den Stirnseiten belichtet, die Langseiten waren offenbar fensterlos.[7] Am nördlichen Seitenschiff bzw. dem Nordchor sind mehrere Fenster in der ursprünglichen Form erhalten bzw. wiederhergestellt. Sie zeigen die bauzeitliche Trichterform der Fenster. Das südliche Seitenschiff ist durch den dort vorgelegten zweigeschossigen Kreuzgang verstellt und blieb daher bereits zur Bauzeit fensterlos.[8]

Die bauzeitlichen Fenster waren streng auf die von den Arkadenstellungen definierten Joche bezogen. Sie hatten bemerkenswerte Größe und fast durchgängig einheitliches Format. Die Fenster von Obergaden und Querhaus waren maßgleich und befanden sich auf gleicher Höhe. Der an den Zusetzungen ablesbare äußere Umriss misst 1,25 m in der Breite und 2,50 m in der Höhe bis zum Bogenscheitel. Die Fenster des nördlichen Seitenschiffes waren gleich breit wie die Obergadenfenster, mit 2,30 m Höhe aber etwas niedriger. Die in der ursprünglichen Form erhaltenen Fenster des Seitenschiffes zeigen tiefe Schräglaibungen, durch die sich die Fensteröffnung auf halbe Breite des äußeren Umrisses verengt. Die Öffnung misst ca. 62 cm in der Breite und 1,65 m in der Höhe.[9] Das gleiche Öffnungsmaß liegt auch den Fenstern der Nebenchöre und der Apsiden zugrunde, die größere Wandstärke führt dort zu größeren Außenumrissen. Außerdem orientieren sich die Fenster des Chorbereichs an dem durch die Apsiskalotte in der Höhe eingeschränkten Apsisfenster und sitzen dadurch ca. 60 cm tiefer als die Fenster des Seitenschiffes.

Der Außenbau der Kirche ist durch Putzabschlag im Zuge einer Restauration von 1907 wieder auf die ursprüngliche Steinsichtigkeit freigelegt (Abb. 3).[10] Die Steinoberflächen sind werkmäßig bearbeitet, die Fugen ausgeglättet, die Fenster mit Werksteinbögen umrahmt. Das Mauerwerk besteht überwiegend aus kleinformatigen, oft nur wenig über 20 cm hohen Quadern, die in durchlaufenden Schichten verlegt sind. Steinmaterial ist der wohl vor Ort anstehende Kalkmergel in verschiedenen Varietäten von grauer bis ockrig gelber Farbe.[11] Die Sprödigkeit dieses splitternd brechenden Steins ließ keine perfekte Ausarbeitung der Oberfläche zu, an der Spuren der Spitzung und kleinere Ausbrüche verblieben. An den Baukanten sind große Quader aus porigem Kalkstein bzw. weichem Grünsandstein eingesetzt, die fein ausgearbeitet wurden. Teilweise finden sich aber auch Reihen größerer Quader in den Wandflächen. Insgesamt ist die Mauerstruktur weitgehend regelhaft. Besonders heterogene Mauerflächen gehen auf barockzeitliche Aufbrüche und spätere Reparaturen stark ausgewitterter Partien zurück, auch Reparaturen des 20. Jahrhunderts mit Kunststeinantragungen stechen hervor.

Abb. 3. Bauzeitliches Fenster des nördlichen Seitenschiffes. Fensterbogen und die seitlichen Laibungen sind aus teils sehr großformatigen Werksteinen gesetzt, in den Wandflächen dominiert Kleinquadermauerwerk (Foto: BLfD, Karl Schnieringer)

Linke Seite:

Abb. 1. Ansicht der der ehem. Klosterkirche St. Georg von Nordwesten mit zugesetzten bauzeitlichen Fenstern am Obergaden und Absatz am Querhaus in Kämpferhöhe der Scheidbögen des Hochschiffes (Foto: BLfD, Karl Schnieringer)

Abb. 2. Bauzeitlicher Westgiebel von St. Georg mit zugesetzten Rundbogenfenstern im Bereich des Mittelschiffes, einsehbar vom Dachraum des westlichen Vorbaus (Foto: BLfD, Karl Schnieringer)

7 Zwei zugesetzte Fenster in der Westseite des Querhauses, in Form und Größe den bauzeitlichen Fenstern angeglichen, waren augenscheinlich über nachträgliche Aufbrüche des Mauerwerks hergestellt, weder die Laibungen noch die Stürze sind aus Werksteinen gesetzt. Zeitgleich mit der Zusetzung der romanischen Fenster wurden diese Fenster wieder vermauert.

8 Siehe unten das Kapitel Klostergebäude und Kreuzgang; die in Kunstdenkmäler 1914, Fig. 122 und 124, gezeichnete Rekonstruktion von Fenstern ist unzutreffend.

9 Die Maßangaben erfolgen nach dem Bestandsaufmaß des Ingenieurbüros Drexler + Baumruck.

10 Vgl. den Beitrag von Isolde Schmidt in diesem Band. Der Putzauftrag scheint erst nach 1600 erfolgt zu sein, die Mörtelanschlüsse an die Dachdeckung über der wohl um 1621 abgebrochenen Mittelapsis sind gegen die unverputzte Wand angestrichen.

11 Das Steinmaterial wird hier unspezifisch als Kleinquader bezeichnet. Eine Abgrenzung gegen die sogenannten Handquader ist kaum zu treffen. Die Kleinquader der Prüfeninger Georgskirche sind in der Tendenz größer, außerdem auch an den Stoßflächen bearbeitet.

Der Innenraum

Das Innere der Kirche zeigt sich in einer zurückhaltenden barocken Überformung, die in den romanischen Baubestand nur wenig eingriff. Große ungegliederte Wandflächen wie am Außenbau prägen auch den Innenraum. Bauzeitlich schlossen Lang- und Querhaus mit einer Flachdecke, nur die Chöre waren gewölbt und mit Pfeilervorlagen gegliedert (Abb. 4). Das Querhaus war als durchgehender Querraum angelegt, ohne Ausscheidung einer Vierung. Seine Decke lief ohne eine Zäsur durch, die Wandvorlagen zwischen den Seitenarmen und der Vierung endeten mit dem Kämpferprofil. Gegen den Chor und das Langhaus war das Querhaus mit Scheidbögen abgegrenzt. Die romanische Architekturgliederung ist karg und ohne Schmuckformen: Vierkantpfeiler mit kantigen Arkadenbögen trennen die Seitenschiffe vom Mittelschiff, ebenso schlicht sind die Vorlagen an den Vierungspfeilern und der Jochteilung der Chöre sowie die Gurte unter den Gewölben. Das Motiv der Säule findet sich nur in den Querverbindungen zwischen den Chören. Die bauzeitliche Ausschmückung beschränkte sich weitgehend auf Malerei an den Wandflächen und der Decke. Während der Chorbereich flächig mit Bildzyklen ausgemalt ist, kam in Lang- und Querhaus im Wesentlichen eine ornamentale Gestaltung der Decke und des Wandabschlusses zur Ausführung; im Querhaus trugen außerdem die unteren Wandbereiche sowie die Altarnischen figürliche Darstellungen.[12] Die Steigerung der Ausmalung zu den Chören unterstreicht deren schon in der Architektur angelegte höherwertige Gestaltung mit Wölbungen und Wandgliederungen.

Die bauzeitliche Decke der Kirche

Über dem Querhaus und dem Kirchenschiff haben sich die bauzeitlichen Dachbalken erhalten. Sie sind eine besondere Rarität, weil nur noch an wenigen Bauten Holzbauteile dieser Zeit vorhanden sind. Die durch das untergebaute barocke Gewölbe verdeckten und nur vom Dachraum her einsehbaren Balken liefern Informationen zum bauzeitlichen

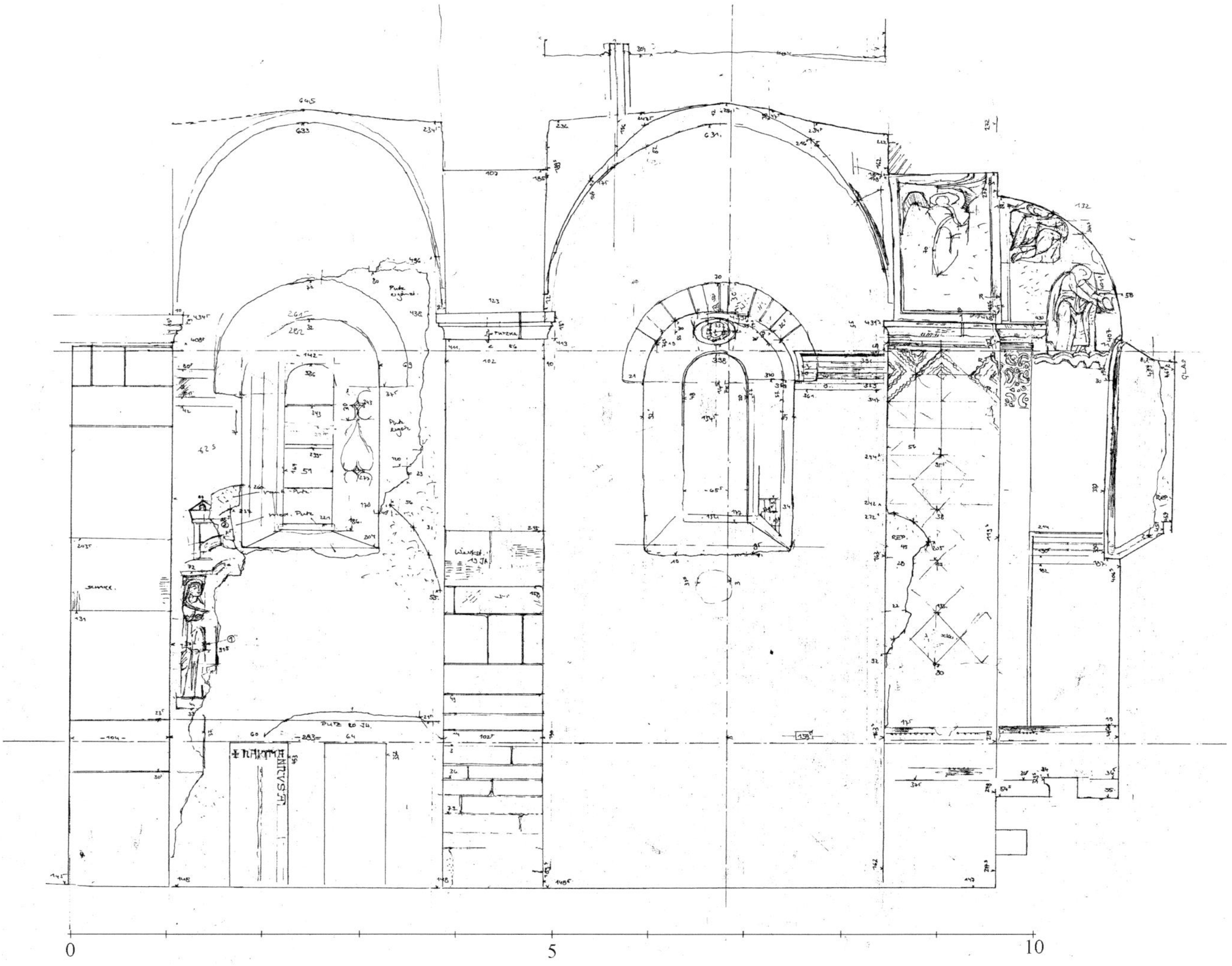

Abb. 4. Nördlicher Nebenchor, Johanneschor, Längsschnitt nach Norden. Wegen des über dem östlichen Joch aufgebauten Turms sind die Jochweiten unterschiedlich; Fensteranordnung, Kämpfer und Gurte sind vereinheitlicht (Aufmaß: BLfD, Karl Schnieringer)

Abb. 5. Unterseite der Dachbalken mit einem Nagel der bauzeitlichen Holzdecke. Das bauzeitliche Mauerwerk reicht bis zur Oberseite der Balken, der darauf aufgetragene Putz mit Resten des Wandabschlussfrieses endet knapp über dem Deckenanschluss (Foto: BLfD, Karl Schnieringer)

Raumabschluss der Kirche und zum bauzeitlichen Dach. Die Decke über Querhaus und Kirchenschiff war eine weitgehend glatte Holzverschalung, die unterseitig an die Balken genagelt war und über einem gemalten Mäanderfries am oberen Abschluss der Wände ansetzte. Eine Rekonstruktion dieser Decke wurde bereits im Kunstdenkmälerband von 1914 vorgelegt.[13] Erhalten haben sich sechs Reihen großer Eisennägel bzw. deren Einschlaglöcher an der Unterseite der Balken im Mittelschiff. Die äußeren Nagelreihen begleiten die Obergadenwände in einem Abstand von 11 cm, zur jeweils nächsten Nagelreihe beträgt der Abstand etwa 1,40 m. Die kräftigen Nägel haben einen rund ausgeschmiedeten Schaft und einen breiten runden Tellerkopf (Abb. 5). An den Nägeln waren 6–7 cm starke Bohlen befestigt, deren Stärke durch den Abstand der Nagelköpfe zur Balkenunterseite zu bestimmen ist.[14] Über dem südlichen Seitenschiff hat sich vor der Südwand noch eine dieser Bohlen erhalten: Seitlich ist in die Bohle eine Nut eingeschnitten, in die eine Brettfüllung eingespundet war. Angesichts der lichten Weite von ca. 1,20 m zwischen den Bohlen waren die Bretter offenbar quer zu den Bohlen angeordnet.[15] Die Randbohle ist mit Rauten und Dreiecksmustern bunt bemalt und schloss sich damit an den Mäanderfries der Wand an.[16] Davon ausgehend darf man eine über die gesamte Fläche reichende bunte Bemalung der Decke annehmen.

Die Flachdecke bestand bis 1608, als über Querhaus und Kirchenschiff Gewölbe eingezogen wurden. Für die Einwölbung wurde über dem Kirchenraum eine Schalung errichtet, auf der die Gewölbe oberseitig vom Dachraum her gemauert wurden. Hierfür musste die Deckenverkleidung abgenommen werden. Die für die Maurer ebenfalls hinderlichen Dachbalken wurden belassen, da sie das Dach trugen, das noch über Jahrzehnte weiter in Funktion blieb. Beim Abbruch der Deckenverschalung wurden die Bohlen aus den festsitzenden Nägeln teilweise nur ausgebrochen, wodurch ein Teil der Nägel erhalten blieb. Als die Kirche 1680(d) ein neues Dachwerk erhielt, setzte man dieses oberhalb der alten Dachbalken an, die als Verspannung der Wände und der Gewölbe belassen wurden.

Rekonstruktion der bauzeitlichen Dachkonstruktion

Von der bauzeitlichen Dachkonstruktion haben sich die Dachbalken und ein Teil der Mauerhölzer erhalten, die das Auflager des Daches auf den Mauern bildeten, sowie Schwellen einer auf den Dachbalken aufgestellten zweireihigen Ständerkonstruktion (Abb. 6 und 7). Die Mauerhölzer liegen außenbündig auf den Mauern und haben im Querschnitt die Form eines umgekehrten T, sie sind ca. 32 cm breit und ca. 15 cm hoch (Abb. 7). Der nach oben weisende Schenkel der Mauerhölzer diente einer Verkämmung mit den Dachbalken. Unter den Balken ist er auf halbe Höhe zurückgenommen und in deren Unterseite eingelassen. Die Verkämmung verankerte die gegenüberliegenden Mauerhölzer miteinander und stabilisierte damit die Hochschiffwände.

Die bauzeitlichen Dachbalken sind kräftige Rechteckquerschnitte aus Eichenholz mit einer Breite von ca. 20 cm und einer Höhe von über 40 cm. Sie sind in einem lichten Abstand von ziemlich genau 1 m verlegt und kragten nach außen über die Wände aus. Auf dem Überstand trugen sie die Dachsparren. Maß und Form des einstigen Dachüberstandes zeigt eine steinerne Giebelkonsole über der Südwestecke des Kirchenschiffes (Abb. 8). Die Konsole bildete den giebelseitigen Abschluss des Dachüberstandes und ist daher der Auskragung der Dachbalken nachgebildet. Sie lädt 55 cm über die Außenwand der Kirche aus und verjüngt sich nach außen von 35 cm Höhe am Ansatz an der Mauer auf 15 cm an der Stirn. In ihre Oberseite ist ein breites, schräg auslaufendes Zapfloch gestemmt, das bis ca. 7 cm an die Stirn der Kon-

12 Kunstdenkmäler 1914, S. 204.

13 Kunstdenkmäler 1914, S. 178 und Fig. 127.

14 Befund im Bereich des Kirchenschiffes. An den Balken über dem südlichen Seitenschiff findet sich dagegen eine Vielzahl weiterer Nägel, die ziemlich ungeordnet über die Balken verteilt sind. Zumeist handelt es sich um andere Nageltypen, darunter Vierkantnägel mit breitem Kopf und Nägel mit einem verdickten, zu zwei Seiten zu Flügeln ausgeschmiedeten Kopf. Diese Nägel sind als spätere Sicherungs- und Reparaturmaßnahmen zu verstehen, um durch Nässeeintrag verzogene oder morsch gewordene Bretter zu sichern.

15 Die zur nachträglichen Sicherung dieser Füllhölzer eingeschlagenen Nägel im Bereich des südlichen Seitenschiffes lassen Bohlen von nahezu gleicher Stärke wie die Rahmenhölzer vermuten. Zu den Befunden einer vergleichbaren Konstruktion über der Klosterkirche von Maulbronn vgl. Knapp 1997, S. 54 und Abb. 48.

16 Erstmals auf die Bemalung hingewiesen hat Dr. Ulrich Moers, Regensburg, vgl. Protokoll über die Erfassung eines Fragments einer Holzdecke vom 22.07.2005 mit Fotodokumentation im Anhang; Akten des Bayerischen Landesamtes für Denkmalpflege (BLfD).

Abb. 6. Bauzeitliche Dachbalken über dem Kirchenschiff mit aufliegender Schwelle der Ständerkonstruktion, überbaut mit dem in einem Wechsel verankerten Dach des 17. Jahrhunderts (Foto: BLfD, Karl Schnieringer)

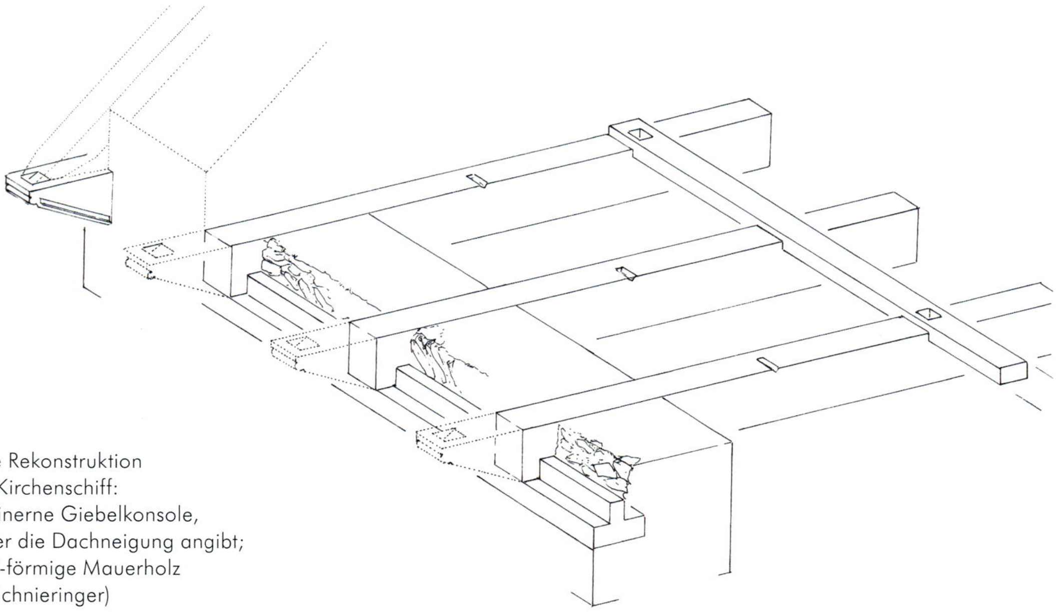

Abb. 7. Befunde für die Rekonstruktion des Daches über dem Kirchenschiff: am linken Rand die steinerne Giebelkonsole, dahinter der Giebel, der die Dachneigung angibt; unter den Balken das T-förmige Mauerholz (Isometrie: BLfD, Karl Schnieringer)

sole heranreicht. In dem Zapfloch war augenscheinlich ein hölzerner Sparren verankert, der Teil eines außenbündig den Giebel rahmenden Giebelgespärres war. In der den Dachbalken zugewandten Seitenfläche der Konsole ist eine Nut ausgearbeitet, die in geringem Abstand der schräg nach außen ansteigenden Unterseite der Konsole folgt. In die Nut waren Bretter eingespundet, die den Dachüberstand unterseitig verkleideten. Die Form des Überstandes und die eingespundete Verkleidung sind bei Dächern des 12. Jahrhunderts geläufig.[17] Reste der Nut für die Verkleidung des Dachüberstandes finden sich auch an nachträglich beschnittenen Dachbalken über der Vierung, an denen noch die Ansätze des Überstandes erkennbar sind. Wie an der Giebelkonsole ist auch hier der Überstand unterseitig geschrägt (Abb. 23).

Dachform und Dachneigung sind an den mit glatt verstrichenem Putz abschließenden bauzeitlichen Giebeln abzulesen. Diese überliefern eine Neigung von 42°. Die nicht mehr erhaltenen, etwa 6 m langen Sparren waren zweimal unterstützt: durch die bereits genannte Ständerkonstruktion und Sprieße in der Nähe der Fußpunkte (Abb. 9). Die beiden als Relikt der Ständerkonstruktion verbliebenen Schwellhölzer liegen oberseitig auf den Dachbalken. Sie sind etwa 23 cm breit, 10 cm hoch und etwa um die halbe Höhe in die Dachbalken eingesenkt; die Einbindungen in die Dachbalken sind relativ grob mit dem Beil geschlagen. Während die Dachbalken und die T-förmigen Mauerschwellen aus Eiche bestehen, wurde für die Schwellen der Ständerkonstruktion Nadelholz gewählt.[18] Sie liegen in etwa 3 m Abstand und ebenso weit

Abb. 8. Steinkonsole als Abschluss des südlichen Dachüberstandes am Westgiebel mit Nut für die Befestigung der Verschalung des Dachüberstandes; die Konsole ist formgleich dem Überstand der Dachbalken (Foto: BLfD, Karl Schnieringer)

Abb. 10. Dachbalken und Schwelle der Ständerkonstruktion mit Zapfloch eines Ständers; auf der Oberseite des Dachbalkens Kerbe für den Sprieß zum Sparren (Foto: BLfD, Karl Schnieringer)

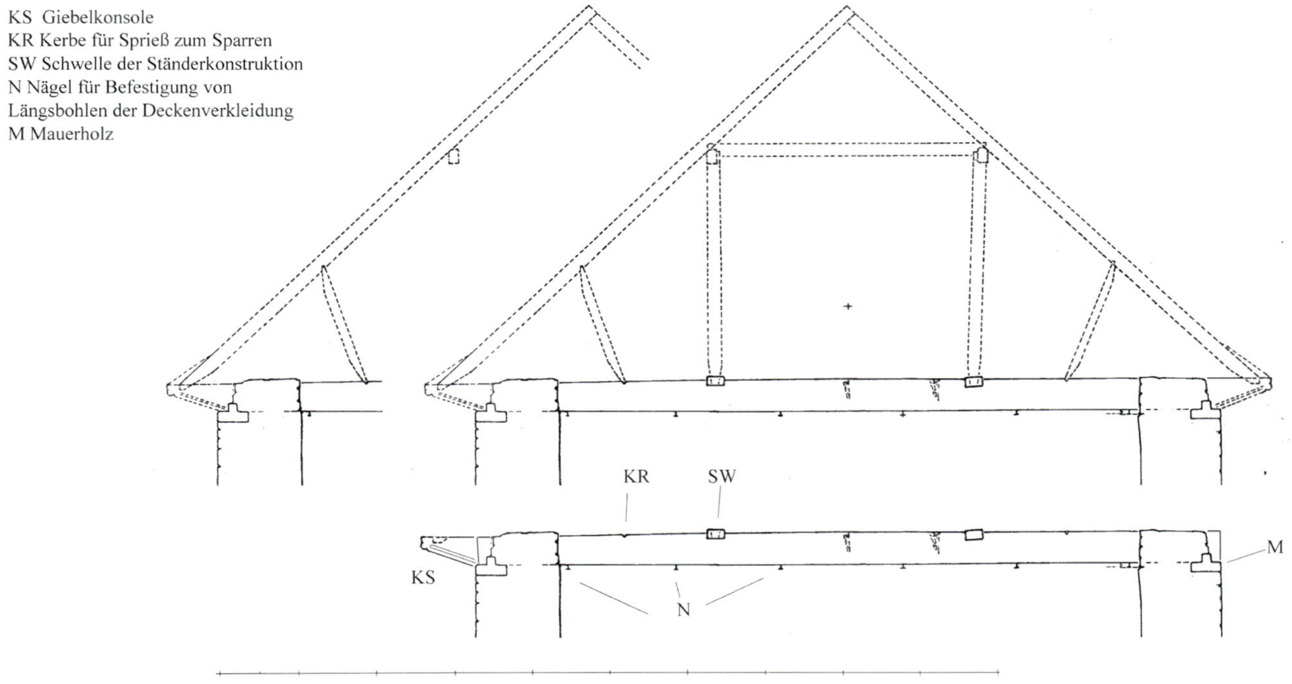

Abb. 9. Querschnitt durch das bauzeitliche Dach über dem Kirchenschiff mit eingestellter Ständerkonstruktion, links Leergespärre, rechts mit Ständergerüst, darunter der erhaltene Bestand mit den daran ablesbaren Befunden (Rekonstruktion: BLfD, Karl Schnieringer)

von den zu rekonstruierenden Fußpunkten der Sparren. Über jedem zweiten Dachbalken ist in die Schwellhölzer ein etwa 9,5/11 cm großes, rechteckiges Zapfloch gestemmt (Abb. 10). Demnach standen über jedem zweiten Balken Ständer, die pfettenartige Längsbalken zur Unterstützung der Sparren getragen haben. Diese müssen in gewissen Abständen durch aufgekämmte Druckriegel gegeneinander abgestrebt gewesen sein. Für zusätzliche Aussteifungen in Längs- und Querrichtung bestehen keine Anhaltspunkte, sie sind aber auch

17 Unter anderem Sindelfingen, Stiftskirche St. Martin (1132d), vgl. Ostendorf 1908, S. 12 und Neckartailfingen, Martinskirche (1111d), vgl. Bleyer/ Knapp/ Marstaller 1999, S. 19–51.

18 Über dendrochronologische Untersuchungen (Pr. 17 1076+x bzw. Pr. 18 1072+x, Bericht Georg Brütting, 08.03.2012) ist die Zugehörigkeit der Schwellen zur bauzeitlichen Konstruktion gesichert. Eine jahrgenaue Datierung ist nicht möglich (+x bedeutet das Fehlen von Jahrringen bis zu dem für die Bestimmung des Fälljahrs maßgeblichen letzten Jahrring unter der Rinde).

nicht definitiv auszuschließen.[19] Die Ständerkonstruktion diente nicht als Aufstellhilfe für die Errichtung der Dachkonstruktion, sondern nur zu deren Unterstützung.[20]

Die Sprieße in der Nähe der Fußpunkte dienten wohl vor allem deren Sicherung, sie waren in jedem Gespärre vorhanden. Ihre Annahme basiert auf in die Oberseite der Balken geschlagenen Kerben. Die in gleichem Abstand von 90–95 cm von der Innenkante der Mauern quer zur Balkenrichtung verlaufende Kerben sind knapp 3 cm tief und reichen von einer Seite her auf etwa zwei Drittel der Balkenbreite. Von den Kerben ausgehend sind im rechten Winkel an die Sparren anlaufende Sprieße zu rekonstruieren.[21] Die Sprieße wurden von der Seite her eingetrieben und dadurch auf Spannung gebracht. Da sie nicht im Abbund vorbereitet werden mussten, konnten sie gegenläufig von der Vorder- bzw. der Rückseite des Dachbalkens angesetzt werden. Der im Dach über dem Langhaus konsequent gegenläufig angeordnete Ansatz lässt vermuten, dass dieser auf eine Verblattung der Sparren im First Rücksicht nimmt, die beim Einschlag des Sprießes nicht auseinandergetrieben werden sollte. Diese Finesse dürfte auf Erfahrungen aus der Errichtung des Daches über dem Querhaus beruhen, wo die Kerben gleichlaufend angeordnet sind. Vereinzelt finden sich an den Kerben auch Korrekturen zur Einpassung der Sprieße. An einer der Kerben wurde ein locker sitzender Sprieß durch Einschlag eines großen Nagels fixiert.

Eine Besonderheit der Prüfeninger Dachbalken ist, dass ihre Höhe von ca. 36 cm an den Auflagern zur Mitte hin auf bis zu 43 cm zunimmt.[22] Offenbar wurde im Mittelbereich des Balkens die maximal verfügbare Stärke des Stamms belassen, wodurch seine zum Schopf hin abnehmende Stärke zu einer Abnahme der Balkenstärke zur Seite führte. Diese musste aus Symmetriegründen auf beiden Seiten gleich ausgeführt werden. Tendenziell sind die Balken an ihrer Ober-

Abb. 11.
Dachbereich über dem Presbyterium, Blick zum Südturm mit Spuren des bauzeitlichen Daches (Foto: BLfD, Karl Schnieringer)

Abb. 12. Putzanschluss des Kegeldaches der abgebrochenen Mittelapsis an der Ostwand der Kirche im Dachraum des Chorschlusses (Foto: BLfD, Karl Schnieringer)

seite schmaler als an ihrer Unterseite. Der teilweise etwas verzogene Balkenquerschnitt ergab sich anscheinend aus einer gewissen Sorglosigkeit bei der Zurichtung der Hölzer: Das Behauen der Seitenflächen der Balken erfolgte entlang von grob in die Stämme geschlagenen Kerben, mit denen die Tiefe des abzunehmenden Materials angezeichnet wurde. Die in einem Abstand von 50–60 cm geschlagenen Kerben gaben die Abarbeitung nicht immer ganz präzise vor. Da bei der abschließenden Glättung der Balken darauf geachtet wurde, diese nicht unnötig zu schwächen, wurden zu tiefe Kerben und Winkelabweichungen belassen und nicht durch weitere Abnahme von Material korrigiert.

Besondere Anforderungen stellte die kreuzförmige Dachverschneidung über der Vierung. Sie sollte ursprünglich wohl durch Aufschiften der Längsdächer auf das durchlaufend ausgeführte Dach des Querhauses gelöst werden. Im Zuge der Ausführung wurde dies aufgegeben und stattdessen die Ablastung der Gespärre auf die Ständerkonstruktion geführt. Der Wechsel des Systems ist auf Gegebenheiten im Bauverlauf zurückzuführen, auf die noch eingegangen wird (siehe unten: Kapitel Das Dach über der Vierung).

Auch für das Dach über dem Chorbereich musste eine Sonderlösung gefunden werden. Mit dem Aufbau der Türme konnte dort nicht mehr nach der Seite entwässert werden, weshalb das Satteldach am Ansatz der Türme endet. Zwischen den Türmen setzt ein nach Osten fallendes Pultdach an, das den Verzicht auf einen Giebel über der Ostpartie der Kirche bedingte.[23] Die heutige Form mit einer Neigung von ca. 40° erhielt dieses Pultdach wohl mit der Erneuerung der Dachkonstruktionen über der Kirche um 1680(d),[24] in der Anlage stammt es jedoch bereits aus der Bauzeit. Dies belegt die aus romanischen Kleinquadern aufgeführte und mit Kellenstrich abgefugte Aufmauerung für die Fußpfette des Pultdaches, die zwar nachträglich, aber zweifelsfrei bauzeitlich zwischen die Türme eingestellt wurde. Am Südturm zeichnet sich der Putzanschluss eines flacheren, nur etwa 30° steilen Daches ab, das von einer von Turm zu Turm gespannten Firstpfette ausging und auf eine höher gelegene Traufe auslief als das heutige Dach (Abb. 11).[25] Im Unterschied zur bestehenden Dachlösung, die mit einer senkrechten Wand gegen das Hauptdach abschließt, führten ursprünglich steile Dachkehlen von einem Querfirst über der Firstpfette des Pultdaches zur Traufe westlich der Türme. Hierauf deutet eine etwa 60° steil nach Osten fallende Dachlinie östlich der Firstpfette. Der Befund, dass die Aufmauerung für die Fußpfette des Daches nachträglich zwischen die Türme eingefügt wurde, ist bedeutsam für die Abfolge der Baumaßnahmen an der Kirche. Die Errichtung der Türme erfolgte erst zum Ende der Bauzeit, die endgültige Bedachung über dem Chor wurde demnach erst zum Abschluss der Bautätigkeit an der Kirche aufgebracht. Die Aufmauerung für die Traufe des Pultdaches war bedingt durch das spitz aufragende Kegeldach der Apsis, bei dessen Konzeption wohl noch von der Ausführung eines Giebels ausgegangen worden war (Abb. 12).

19 Im weitaus größeren, weitgehend erhaltenen Dach des Freisinger Doms (1225/26d) ist eine ähnliche Ständerkonstruktion in der Längsrichtung mit Steigbändern verstrebt und im Querbund mit Andreaskreuzen ausgesteift, vgl. Dachwerke [in Druckvorbereitung].

20 Die Ständer sind erst nach dem Aufmauern der Giebel aufgestellt worden, da diese auch an den Flächen glatt abgefugt sind, die von den Ständern verdeckt waren.

21 Eine ähnliche Fußpunktsicherung ist im Dach des Freisinger Doms nachzuweisen, dort waren den Sprießen vergleichbare Streben den Sparren stumpf und ohne eine Einlassung untergestellt und über ein seitlich dem Dachbalken bzw. Sparren aufgelegtes Blatt mit einem Holznagel fixiert.

22 Festgestellt bereits in Kunstdenkmäler 1914, S. 176 f.

23 In Biburg, einem Nachfolgebau von Prüfening (siehe unten: Kapitel Die Architektur der Georgskirche) ist das Dach über dem Hauptchor als Satteldach fortgeführt, die Entwässerung im seitlichen Anschluss an die Türme über eine steinerne Regenrinne gelöst.

24 Nach einer mit grobem Pinsel angeschriebenen Datierung erfolgte 1862 eine Reparatur- oder Erneuerungsmaßnahme.

25 Die Aufmauerung unter der Traufe wurde für die Aufsteilung des Daches um ca. 40 cm abgetragen.

Die Dachkonstruktion über dem südlichen Seitenschiff

Auch über dem südlichen Seitenschiff sind noch die bauzeitlichen Dachbalken erhalten. Die Balken binden in die Hochwände ein, über der Wand des Seitenschiffes sind sie beschnitten.

Die mutmaßlich bauzeitliche Dachneigung zeichnet sich an der Westwand des Querhauses in einer ausgestemmten Anschlussnut für die Dachdeckung ab (Abb. 13). Sie verläuft in einer Schräge von etwa 20°, die Dachdeckung setzte in den Sohlbänken der romanischen Obergadenfenster an.[26] Für die ursprüngliche Dachkonstruktion finden sich nur wenige Indizien. Da an der Obergadenwand kein Auflager für Dachhölzer bestand, muss vor der Wand eine Konstruktion zur Ablastung auf die Dachbalken gestanden haben. Außerdem ist von einer Mittelunterstützung auszugehen wie im heutigen Bestand. Die nahe der Obergadenwand in die Oberseite aller Dachbalken eingehauenen Kerben deuten – analog den Kerben für die Sprieße im Hauptdach – auf eine gespärreweise abgebundene Konstruktion hin.

Das zuletzt 1867 weitgehend erneuerte Dach enthält in Teilen noch Hölzer von 1478(d) und 1665/66(d).[27] Eine erste Veränderung gab dem Dach steilere Neigung.[28] In den Jahren um 1608 wurde es im Zuge der Einwölbung von Kirche und Kreuzgang um ca. 90 cm nach oben versetzt. 1666 erfolgte eine erneute Anhebung des Daches, um es mit dem neu gebauten Abtstock auf gleiche Traufe zu bringen, wobei die grabenartigen Einsenkungen vor den Okulusfenstern des Obergadens entstanden.[29]

Türme und Geläut

Die Zeltdächer über den Türmen stammen aus dem 17. Jahrhundert.[30] Die Dachform folgt wohl den ursprünglichen Turmabschlüssen, die vermutlich aber etwas flachere Neigung hatten. In beiden Türmen haben sich Balkenlagen aus der Bauzeit erhalten (Abb. 14). Von besonderem Interesse sind die etwa 1 m unter der Maueroberkante verlegten Balken für die bauzeitliche Glockenhängung im Südturm.[31] Vier in Ost-West-Richtung verlegte Balken, die äußeren als Streichbalken an den Seitenwänden anliegend, bildeten drei Fächer für die Hängung von Glocken. Teils hingen zwei Glocken hintereinander in einem Fach. Die Glocken waren an Glockenjochen angebracht, die unmittelbar auf den Balken lasteten. Die Lager waren flach in die Oberseite der Balken eingesenkt und ursprünglich wohl nur mit Eisenbändern ausgelegt. Die noch im Mittelalter mehrfach veränderten, teils abgebauten und verschiedentlich auch mit Flickstücken zugeblendeten Glockenlager zeichnen sich deutlich über das aus den Lagern ausgelaufene schwarze Schmierfett ab (Abb. 15). Von der Oberseite der Balken eingeschnittene Schlitze lassen auf eine Modernisierung durch Einbau spätmittelalterlicher Federlager schließen. Ungeklärt bleibt die Funktion von ehemals mit vielen Schrauben befestigten Konstruktionsteilen, von denen flache vertikale Einsenkungen in die Balken und die Bohrlöcher verblieben sind. Der heutige Glockenstuhl des Südturms stammt wohl aus dem 17. Jahrhundert, er steht im obersten Turmgeschoss unterhalb der Balken der bauzeitlichen Glockenhängung. Im Nordturm, in dem nur noch eine Balkenebene der Bauzeit angehört, ist

Abb. 13. Dachraum über dem südlichen Seitenschiff nach Osten zum Querhaus, bauzeitliche Dachlinie und Einbindung der Mittelpfette des Daches von 1608. Die bauzeitlichen Balken sind verdeckt von den neu eingelegten Balken für den Steg (Foto: BLfD, Karl Schnieringer)

Abb. 14. Südturm, Querschnitt nach Osten (Aufmaß: Gotthard von Montgelas, 2004)

Abb. 15. Südturm, oberste Balkenlage mit Lagern der bauzeitlichen Glocken (Foto: BLfD, Karl Schnieringer)

die bauzeitliche Glockenhängung nicht mehr erhalten. Der eiserne Glockenstuhl stammt aus dem 20. Jahrhundert.

Die Glocken wurden ursprünglich von der Ebene über den Gewölben der Seitenschiffe bedient.[32] Hierauf deutet ein Durchgang vom Nordturm zu einer hoch gelegenen Türöffnung über dem Nordarm des Querhauses. Von dieser Öffnung konnten vom Dachraum des Nebenchores aus Gottesdienste und Gebete im Chorraum mitverfolgt werden, um den Einsatz des Glockengeläuts anzuleiten. Die heute vermauerte Türöffnung ist vom Kirchenraum nicht zu er-

26 Der gleiche Befund konnte für St. Jakob in Regensburg und St. Peter in Straubing beobachtet werden. Reste von Dachziegeln auf den Sohlbänken deuten auf eine ursprüngliche Ziegeldeckung hin, die bei den späteren Veränderungen zugunsten einer für diese flache Neigung besser geeignete Schindeldeckung aufgegeben wurde. Die Schindeldeckung bestand bis 1865, vgl. den Beitrag von Isolde Schmidt in diesem Band.

27 Von 1478 Schwellen der Ständerkonstruktionen sowie ein Ständer, vgl. Poost, Andreas: *Regensburg-Prüfening, Dachkonstruktion über dem südlichen Seitenschiff*, Bericht Bauforschung, April, Mai 2015 mit Ergebnissen einer dendrochronologischen Untersuchung durch Georg Brütting; Akten des BLfD.

28 Dargestellt in dem 2001 von Dr. Dorothee Heinzelmann aufgenommenen Querschnitt durch die Dachbereiche der Klosterkirche Prüfening; Planarchiv Bauforschung des BLfD.

29 An der Westwand des Querhauses zeigt sich außerdem der Anschluss zu einer Dachabsenkung vor einem ehemals axial zum Südarm des Querhauses angeordneten Okulusfenster. Das Fenster wurde wohl um 1700 in Zusammenhang mit der barocken Ausgestaltung der Kirche weiter nach außen gerückt, um das Dach zu vereinfachen. Aus Symmetriegründen erfolgte eine entsprechende Verschiebung des Fensters auch am Nordquerarm der Kirche, wie das dort großflächig gestörte Mauergefüge zeigt.

30 Im Nordturm sind von der Konstruktion des 17. Jahrhunderts nur noch die Grundbalken vorhanden, die Sparren wurden um 1962 erneuert.

31 Vgl. Kunstdenkmäler 1914, S. 229, dort auch Beschreibung von zwei aus dem 12. und 13. Jahrhundert stammenden Glocken.

32 Heute sind zwei Seilführungen durch das Gewölbe des Nordchores gebrochen, die es ermöglichten, die Glocken aus dem Kirchenraum zu läuten. Da sie die bauzeitliche Malerei stören, wurden sie erst nach deren Übertünchung eingebracht.

Abb. 16. Dachraum über dem Nordchor, Westwand zum Querhaus, Türöffnung zu einer kleinen Empore im Querhaus (Foto: BLfD, Karl Schnieringer)

kennen, vom Dachraum her zeigt sie sich als Rundbogenöffnung, die von zwei hochrechteckigen Balken begleitet wird. Diese kragten wohl in das Querhaus hinein und bildeten dort einen balkonartigen Austritt (Abb. 16).

Bauzeitliche Dachziegel

Die Prüfeninger Klosterkirche überliefert nicht nur die älteste in Bayern substanziell fassbare Dachkonstruktion, sie trug auch eine der ältesten mittelalterlichen Ziegeldeckungen in Deutschland. Mit den bauzeitlichen Ziegeln waren bis in das 20. Jahrhundert die Türme gedeckt. Diese Eindeckung bestand noch 1914 bei Abfassung des Kunstdenkmälerbandes, sie ist mehrfach in alten Fotografien dokumentiert.[33]

Heute dienen die bauzeitlichen Ziegel nur noch als Abdeckung der Fensterbrüstungen an den Türmen. Außerdem ist noch ein kleiner, ehemals für Reparaturen vorgehaltener Stapel von Ziegeln im Südturm vorhanden. Die Ziegel sind 28 × 41 cm große und 2–3 cm starke Flachziegel, teils in Geradschnitt, teils in Spitzschnitt (Abb. 17).

Sie bestehen aus hellem, wohl sehr kalkhaltigem Ton und sind bei großer Hitze bis zur Entwicklung eines Glanzgrades gebrannt.[34] Ober- und Unterseite sind sorgfältig geglättet, in die Oberseite sind geradlinig gezogene Rillen zur Wasserführung geritzt. Charakteristisch sind die breite, leistenförmige Einhängenase und die oberseitig abgeschrägte Traufkante der Geradschnitte. Die Flachziegel scheinen in einem Rahmen geformt worden zu sein, die Spitzziegel wurden offenbar über Zuschnitt von Rechteckformaten im noch weichen Zustand hergestellt. Die höchst sorgsame Ausarbeitung der Ziegel macht deutlich, dass diese sehr exklusives Baumaterial waren.

Dendrochronologische Datierungsergebnisse

Die in Schriftzeugnissen überlieferten Baudaten deuten auf einen raschen Baufortschritt beim Bau der Georgskirche hin. Fünf Jahre nach der Gründung bezogen Mönche aus Hirsau das Kloster. 1119 konnten in der Kirche bereits fünf Altäre geweiht werden, darunter der Kreuzaltar, der im Kirchenschiff zu lokalisieren ist. Der erste Abt des Klosters, Erminold, wurde 1121 „in atrio", dem sogenannten Paradies vor der Westseite der Kirche bestattet. Dies gibt Grund zu der Annahme, dass die Kirche zehn Jahre nach der Klostergründung in vollem Umfang benutzbar war und zwei Jahre später auch der Vorhof

Abb. 17. Bauzeitliche Dachziegel, Spitz- und Geradschnitt, Unterseite mit der charakteristischen leistenartigen Einhängenase (Foto: BLfD, Karl Schnieringer)

zumindest in Grundzügen bestand. Die Nachricht, dass zwei Altäre der Kirche 1125 erneut geweiht wurden, nachdem sie wegen Bauarbeiten wieder von ihrem Platz genommen worden waren, besagt aber auch, dass im Kirchenraum bis zu diesem Zeitpunkt noch größere Baumaßnahmen erfolgten.[35]

Um einen Anhaltspunkt für den Baufortgang zu gewinnen, wurde bereits in den 1980er Jahren die Untersuchung eines Gerüstholzes veranlasst, das eine Datierung in den Jahreswechsel 1110(d) lieferte.[36] Für die Dissertation von Alexandra Fink zusammen mit dem Dendrolabor der Universität Bamberg entnommene Proben brachten Datierungsergebnisse um oder nach 1112(d) für die Balkenlage über dem Querhaus und eine zeitliche Eingrenzung für Balken über dem Kirchenschiff in die Jahre zwischen 1112 und 1117(d).[37] Bei Nachbeprobungen im Zuge der aktuellen Bauuntersuchungen wurde an zwei Balken im Bereich des Kirchenschiffes noch Rindenansatz festgestellt, anhand dessen der Fällzeitpunkt jahrgenau auf Winter 1111/12(d) bestimmt werden konnte.[38] Gleiches Ergebnis erbrachten jüngst zwei von Dr. Thomas Eißing vor Ort präparierte Gerüsthölzer aus den obersten Wandschichten des Querhauses (Nordseite unter Balkenlage).[39] Eine Probe aus der obersten Balkenlage des Südturms ergab eine Datierung um 1112(d) mit einem Spielraum von 1109–17(d).[40]

An einzelnen Balken finden sich Spuren eines Verbundes zu Flößen. Die Hölzer stammen demnach nicht aus der unmittelbaren Umgebung, sondern dürften zumindest teilweise über längere Strecken transportiert worden sein. Ein für den Floßverbund schräg über die Kante eingetriebener Holznagel lässt darauf schließen, dass die Balken bereits als behauene Rechteckquerschnitte geliefert wurden. Da saftfrische Eiche nahezu ebenso schwer ist wie Wasser, mussten die Balken vor dem Flößen eine gewisse Zeit vortrocknen. Durch Wasseraufnahme während des Flößens dürften sie wieder so weit aufgeweicht worden sein, dass sie bei der Anlieferung am Bauplatz für den Abbund zugerichtet werden konnten. Auch unter der Prämisse, dass Holzeinschlag, Transport und Zurichtung der Balken nicht unbedingt im gleichen Jahr erfolgt sein müssen und sich die Vortrocknung vielleicht sogar über mehrere Jahre zog, lassen die Datierungen keinen Zweifel, dass der Kirchenbau zum Zeitpunkt der ersten Weihe im Jahr 1119 vollständig unter Dach war.

Beobachtungen zum Baufortgang

Kleine Unregelmäßigkeiten am Bau und Baunähte, die einzelne Etappen gegeneinander abgrenzen, erlauben den Bauablauf bei der Errichtung der Kirche nachzuvollziehen. Der Bau begann im Osten mit der Fundamentierung der Chöre, gefolgt vom aufgehenden Mauerwerk bis zur Sohlbank der Fenster. Auf deren Höhe zeigt sich eine kleine Korrektur der Wandebene an der Apsis des Nordchores, die auf eine erneute Einmessung zur Festlegung der Fensterposition deutet. In einer nächsten Bauetappe wurden die Chorwände bis zum Kämpfer des Hauptchores aufgemauert, wodurch die Nebenchöre zumindest provisorisch unter Dach gebracht werden konnten. Dann folgte die Errichtung des Querhauses, das sich vom Chor dadurch abgrenzt, dass seine Westwand exakt im rechten Winkel zur Längsachse steht, während seine Ostwand einem kleinen Winkelfehler des Chores folgt. Die Wände des Querhauses wurden zunächst auf gleiche Höhe mit dem Chor gebracht, in der sich außen am Nordquerhaus deutlich ein Mauerabsatz zeigt (vgl. Abb. 4).[41] Der Absatz endet am Anschluss zum Nordchor und zum nördlichen Seitenschiff. Hier setzt die oberhalb des Absatzes geringere Wandstärke bereits auf den Scheidbögen an, die wohl erst in der nächsten Etappe mit dem Ausbau von Hauptchor und Querhaus zur vollen Höhe eingezogen wurden. Mit Erreichen der Traufhöhe in diesem nächsten Bauschritt konnten große Teile von Chor und Querhaus mit einem Dach versehen werden.

Der Ausbau der Türme wurde vorerst zurückgestellt, stattdessen der Weiterbau im Bereich des Kirchenschiffes forciert. Die Abfolge der Einzelmaßnahmen ist hier weniger deutlich abzulesen. Die Errichtung der Seitenschiffwände, deren Ansatz bereits am Querhaus angelegt war, erfolgte offenbar in mehreren Abschnitten von Ost nach West. Die Grenze eines solchen Abschnitts zeichnet sich in der Süd-

33 Kunstdenkmäler 1914, Fig. 128, in Zweitverwendung auf den Dachkonstruktionen des 17. Jahrhunderts. Querhaus und Kirchenschiff von St. Georg waren bereits seit der Erneuerung der Dachkonstruktion im späten 17. Jahrhundert mit Mönch- und Nonne-Ziegeln eingedeckt, die wohl nach dem Neubau der Klostergebäude auf die Kirche zusammengezogen worden waren, vgl. den Beitrag von Isolde Schmidt in diesem Band. Die bauzeitlichen Ziegel sind bis heute auf der Andreaskirche in Verwendung. Sie sind dort auf einer Dachkonstruktion von 1598 eingedeckt, vorwiegend aber in etwas abweichendem Format und rot brennendem Ton.

34 Der Kalkgehalt fördert die Versinterung bereits bei etwas geringeren Temperaturen; der Gehalt an Kalk und Sand zur Magerung des Tons führte bei einer früheren Materialprüfung zu dem Schluss, die Ziegel würden aus einer Mörtelmasse aus Kalk, Sand und Ziegelmehl bestehen; vgl. Kunstdenkmäler 1914, S. 180, Anm. 1.

35 Kunstdenkmäler 1914, S. 167 und 181 f.; Fink 2001, S. 59.

36 Haas/ Pfistermeister 1995, S. 326 ohne nähere Angaben zur Entnahmestelle.

37 Bericht von Thomas Eißing, Otto-Friedrich-Universität, Institut für Archäologie, Bauforschung und Denkmalpflege, Bamberg, 08.04.1999; eine jahrgenaue Datierung setzt voraus, dass der letzte gewachsene Ring unter der Rinde erfasst wird. Fehlt dieser, ist bei Eiche behelfsweise eine Datierung über die sog. Splintgrenze möglich, die Grenze zwischen dem verfestigten Kernholz und dem weichen saftführenden Äußeren des Baums. Eiche bildet relativ konstant nach ca. 20 Jahren das Splintholz zum Kern um, wobei eine Toleranz von +- 5 Jahren in Betracht zu ziehen ist, d. h. es bleibt ein Datierungsspielraum von 10 Jahren, der sich verringert, wenn mehr als 15 Splintringe erhalten sind oder mehrere Ergebnisse aus der gleichen Bauphase überlagert werden können. Probe 2 aus dem Querhaus mit 23 Splintringen endet mit einem letzten Jahrring 1112/13, da maximal mit 25 Splintringen zu rechnen ist, liegt die spätestmögliche Datierung bei 1114/15.

38 Nachlieferung Pr. 19 und 20, Georg Brütting, E-Mail vom 11.06.2015, Dendro-Archiv der Universität Bamberg.

39 Thomas Eißing, Untersuchung über digitale fotografische Aufnahme, Ergebnis mündl. mitgeteilt.

40 Pr. 16, Sept 2006, letzter erhaltener Jahrring 1109 einschließlich 17 Splintringen.

41 Der Absatz bildete zugleich die Trauflinie der Nebenchöre, bis diese bei Aufsteilung der Dächer im 17. Jahrhundert tiefer gelegt wurde; Nachweis über eine Dachlinie an der Westwand des Nordturms im Dachraum über dem Nordchor.

wand nach dem zweiten Joch von Osten ab, wo ein setzungsbedingter Riss der steil abgetreppten Anschlussfuge folgt.[42] Weitgehend parallel dazu dürften die Pfeiler und Bögen zum Mittelschiff errichtet worden sein. Zuletzt kam schließlich darüber der Obergaden des Langhauses zur Ausführung, der mit stumpfer Naht gegen das Querhaus anläuft. Mit Schließung des Daches, die nochmals Korrekturen an der Balkenlage über dem Querhaus erforderte, war der Rohbau des Kirchenraums abgeschlossen. Das raumseitig bis zur Oberkante der Dachbalken aufgeführte Mauerwerk der Wände deutet darauf hin, dass zu diesem Zeitpunkt ein Bohlenbelag auf den Dachbalken einen Raumabschluss gegen den Dachraum bildete und der Kirchenraum liturgisch nutzbar war.[43]

Mit Fertigstellung des Kirchenschiffes wandte sich der Bautrupp der Errichtung der Türme zu, die zunächst zurückgestellt worden war. Die nachträgliche Ausführung der Türme zeigt sich in Baunähten zu den Obergadenwänden des Chores. Besonders deutlich ist eine senkrechte Baufuge am Anschluss der Westwand der Türme. Einzelne im Anschlussbereich in die Obergadenwände eingebundene Wartesteine belegen aber, dass der Bau der Türme fest eingeplant war (Abb. 18). Im Osten war der Anschluss der Türme als Wandansatz vorbereitet, der steil nach unten hin abtreppte. Das Mauerwerk diesseits und jenseits der Anschlussstelle unterscheidet sich in der Farbe des Steinmaterials und der Fugenbehandlung, mehrfach verspringen auch die Schichten. Die spätere Anfügung der Türme spiegelt sich zudem in der Höhenlage der Gerüstebenen wider. Die Gerüstlöcher in der Chorwand liegen in anderer Höhe als in den übrigen drei Wänden des Turms, an denen sie in gleicher Ebene umführen.

Abb. 18. Südturm, erstes Geschoss über dem Benediktuschor nach Westen, Anschlussnaht mit einzelnen Wartesteinen aus der Hochchorwand im Bild rechts (Foto: BLfD, Karl Schnieringer)

Der Bau der Türme begann mit dem Südturm, der für den Aufgang zum Dach gebraucht wurde. Dies zeigt sich an kleinen Unterschieden in der Gestaltung der beiden Türme: Der Südturm ist schlichter, das Schmuckelement des Bogenfrieses findet sich dort nur unter der Traufe. Der Nordturm verfügt über einen weiteren Bogenfries als ein geschossteilendes Horizontalband unterhalb der Schallarkaden, an beiden Türmen wiederum weisen die Kapitelle des obersten Geschosses etwas jüngere Formen auf.[44] Die Errichtung der Türme ist bislang nur grob in die allgemeine Bauzeit der Kirche einzuordnen. Präzise dendrochronologische Ergebnisse konnten nicht gewonnen werden, weil die Balken in den Türmen scharfkantig behauen sind und daher keine jahrgenaue Datierung möglich ist. Das genannte dendrochronologische Ergebnis für einen Balken aus der obersten Balkenlage des Südturms deutet darauf hin, dass das Bauholz zumindest für diesen Turm aus dem gleichen Holzeinschlag stammt wie das der Dachbalken. Das auf einen zeitlichen Rahmen zwischen 1109 und 1117(d) einzugrenzende Fälldatum lässt es für möglich erscheinen, dass der Südturm bei der Weihe von 1119 schon weitgehend fertiggestellt war.

Überlegungen zum Stand der Bauarbeiten im Jahr 1119

Eine für die Datierung der Ausmalung höchst bedeutsame, aber schwer zu beantwortende Frage ist, welche Baumaßnahmen zwischen 1119 und 1125 im Kirchenraum erfolgten, die es erforderlich machten, zwei Altäre von ihrem Standort zu entfernen.[45] Nach zeitgenössischem Bericht wurden die beiden Altäre 1125 erneut geweiht. Der Bericht benennt sie als den Altar „zu Ehren der Apostel, der im Chor gen Süden stand“ und den Altar der hll. Jungfrauen, der analog „gen Norden stand“, außerdem gibt er an, dass die beiden Altäre „wegen Einziehung eines Gewölbes vom Platz gerückt“ worden wären.[46] Naheliegend wäre, die Einwölbung des Chorbereichs insgesamt in den Jahren nach 1119 anzunehmen. Die genannten Altäre standen offensichtlich aber nicht im Chorbereich, sondern im Querhaus, das flach gedeckt war und keine Einwölbung erhalten sollte. Der Altar der hll. Jungfrauen ist in einer durch Grabungsbefunde nachgewiesenen Apsis an der Ostseite des nördlichen Querhausarms zu verorten,[47] neben der an der Nordwand des Querhauses eine auf den Jungfrauenaltar zu beziehende Weiheinschrift angebracht ist. Gegenüber, an entsprechender Stelle der Südwand des Querhauses, finden sich nicht mehr lesbare Reste einer Weiheinschrift, die auf den dort zu vermutenden Apostelaltar bezogen werden können.[48] Weshalb nun gerade das Querhaus von einer Wölbmaßnahme betroffen sein sollte, bedarf einiger Überlegungen. Wie an dem nach 1804 vorgenommenen Gewölbedurchbruch im Südchor ersichtlich ist, sind die Gewölbe des 12. Jahrhunderts zwischen 40 und 50 cm stark und radial aus großen Bruchsteinen gemauert.[49] Sie binden offenbar über die gesamte Anschlussfläche seitlich in die Wände ein. Für ihre Herstellung bedurfte es einer geschlossenen Schalung,

Abb. 19. Querschnitt durch das Presbyterium vor Einzug des Gewölbes: Die Gewölbeanfänger sind bereits angelegt, die Bogenform ist über Schildbögen an der Wand vorgegeben. Oberhalb der Schildbögen ist zur Einbindung des Gewölbes die Mauerstärke zurückgenommen. Über dem Scheidbogen zur Vierung musste daher das Mauerholz unter den Dachbalken eingerückt werden; die Dachbalken wurden eingekürzt und boten dadurch kein Auflager für Sparren. Die Lastabtragung übernimmt hier die eingestellte Ständerkonstruktion. Bis zur Fertigstellung des Gewölbes und der Türme lag über dem Presbyterium wohl ein provisorisches Dach, siehe Darstellung rechts (Isometrie: BLfD, Karl Schnieringer)

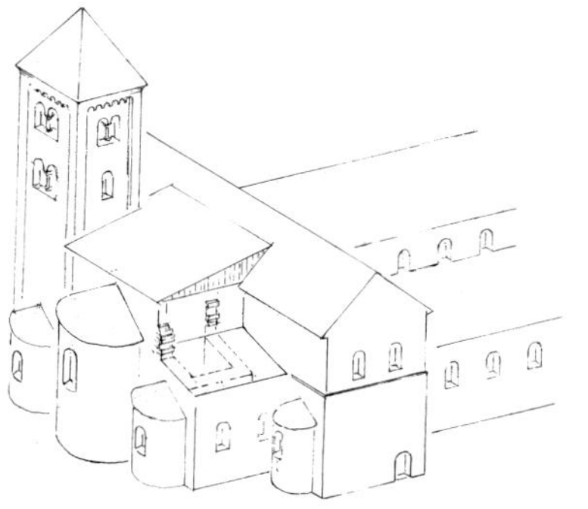

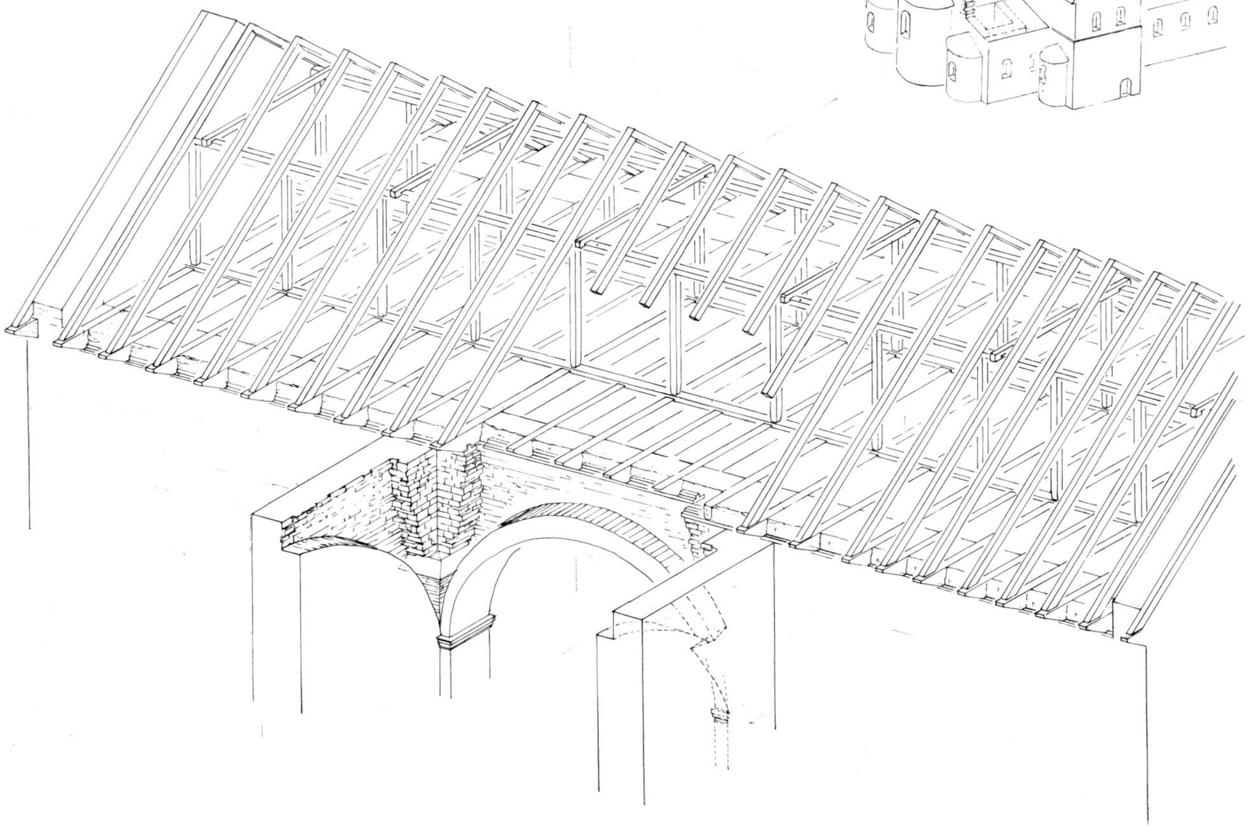

die wohl von einer Plattform über den Wandgerüsten montiert wurde. Die Mauerung erfolgte von oben, wozu große Mengen von Steinen und Mörtel außerhalb des Gewölbefelds aufgezogen werden mussten. Die Wölbung der Nebenchöre muss daher bereits vor dem Aufbau der Türme erfolgt sein, ansonsten wäre die Zuführung des Baumaterials nur noch auf großen Umwegen möglich gewesen. Aus diesem Grund darf als sicher gelten, dass die Einwölbung der Nebenchöre zum Zeitpunkt der ersten Altarweihe abgeschlossen war, zumal diese mit 3,6 m Spannweite und einer Scheitelhöhe von 8 m weder für die Einrüstung noch für den vom Bauwerk aufzunehmenden Gewölbeschub eine besondere Herausforderung darstellte. Das große Presbyteriumsgewölbe scheint dagegen erst nach Schließung des Daches über der Vierung und damit wohl erst nach der Weihe von 1119 errichtet worden zu sein. Mit 6,9 m Spannweite und 13,7 m Scheitelhöhe war es größer als alle bis dahin in Regensburg ausgeführten Gewölbe und stellte die Ausführenden vor eine schwierige Aufgabe. Der Aufschub der Ausführung auf den Zeitraum nach Schließung des Daches über der Kirche deutet sich in einigen konzeptionellen Änderungen im Dachbereich über der Vierung an, die im Folgenden näher betrachtet werden sollen (Abb. 19).

42 Erfasst durch eine steingerechte Aufnahme der Wand im Zuge der archäologischen Dokumentation der Instandsetzungs- und Umbaumaßnahmen im ehemaligen Kreuzgang; Scherbaum 2001, Planmappe, Archiv BLfD, Abt. B Dienststelle Regensburg.

43 Die Oberfläche mit unverputzten, aber glatt abgefugten Handquadern dokumentiert den Rohbauzustand; eine Verputzung im Innenraum der Kirche erfolgte erst für die Anbringung der späteren Deckenverkleidung und eines gemalten Mäanderfrieses am Wandabschluss.

44 Strobel 1965, S. 73–76 nimmt den Ausbau der Türme nach 1125 an. Die Kapitelle wurden beim Aufbau der Türme versetzt, die Biforien bildeten das Auflager für die Schalung der Überfangbögen; vgl. Fink 2001, Abb. 63, dort jedoch mit falschen Schlüssen.

45 Den Anstoß zur erneuten Diskussion dieser bereits bei der baugeschichtlichen Analyse in Kunstdenkmäler 1914, S. 181 f. aufgeworfenen Frage gab Dr. Clemens Kosch bei einem Besuch in Regensburg im Juli 2015. Für den Austausch über Befunde und deren Interpretation danke ich Dr. Maren Lüpnitz.

46 Notae Pruveningensis, S. 611, zitiert nach Kunstdenkmäler 1914, S. 167, mit lateinischem Originaltext und Quellenangabe.

47 Grabungsbefund von 1912, vgl. Kunstdenkmäler 1914, S. 176; näher ausgeführt im Beitrag von Silvia Codreanu-Windauer in diesem Band.

48 Vgl. Anm. 46.

49 Die Gewölbe sind gemauert, nicht „in Gußmasse auf Unterschalung" hergestellt wie in Kunstdenkmäler 1914, S. 176 beschrieben. Dokumentation Gotthard von Montgelas, 2004.

Das Dach über der Vierung

Als die Mauern von Hauptchor und Querhaus Traufhöhe erreicht hatten, wurde dieser erste Bauabschnitt offenbar nur teilweise mit einem Dach versehen. Die Verlegung der Dachbalken beschränkte sich zunächst auf die Querhausarme, der Vierungsbereich blieb weitgehend offen. Dies zeigt sich in der Verlegung der Balken und der Mauerhölzer im Querhaus (Abb. 20). Die als Auflager der Dachbalken dienenden Mauerhölzer sind ausgehend von den Giebeln zur Mitte hin verlegt. Die fast 10 m langen Teilstücke reichen dadurch von beiden Seiten 1 m in den Vierungsbereich. Im Vierungsbereich blieb eine Lücke von knapp 5 m. Dies deutet darauf hin, dass zu diesem Zeitpunkt die für eine durchgängige Verlegung der Mauerhölzer und der Balken erforderlichen Scheidbögen des Querhauses gegen Chor und Kirchenschiff noch fehlten. Die unzusammenhängende, auf Nord- und Südarm des Querhauses beschränkte Verlegung der Balken zeigt sich in unterschiedlichen Abständen der Balken, die im Norden 75 cm betragen, im Süden knapp 1 m.

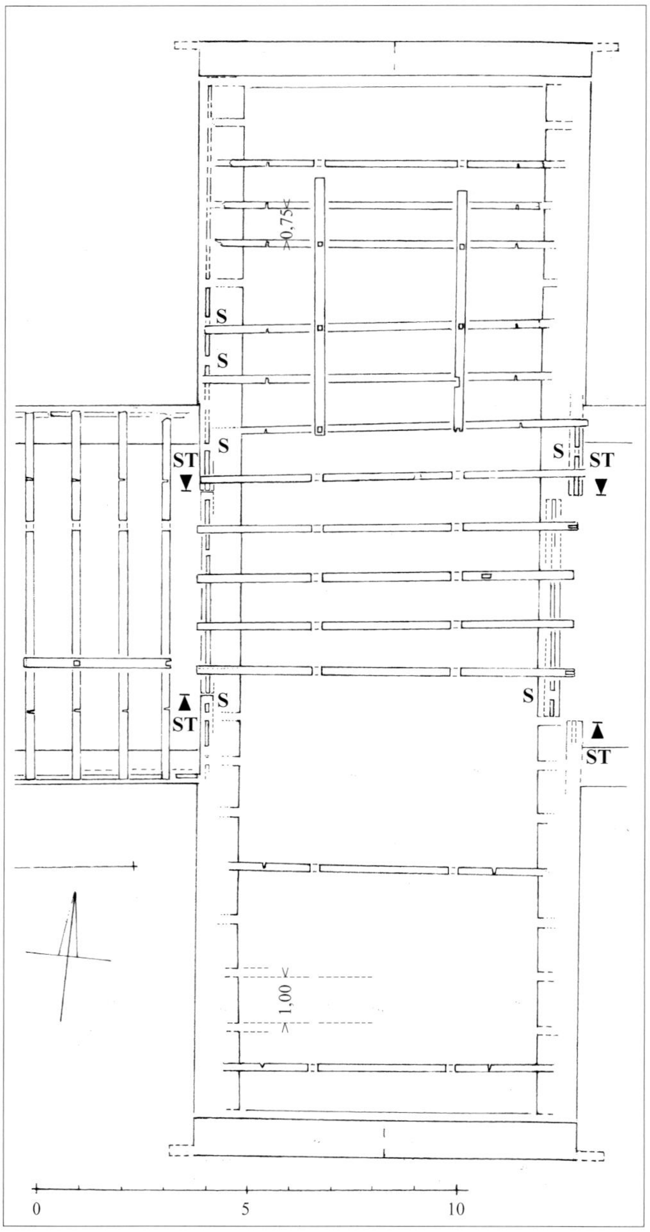

Abb. 20. Balkenlage über dem Querhaus mit Eintrag der Mauerhölzer und deren Stöße (ST), Sassen (S) der ersten Balkenverlegung vor der Korrektur und einer Ergänzung der Rekonstruktion der nur noch in Teilbereichen erhaltenen Schwellen der auf den Dachbalken aufgebauten Ständerkonstruktion (Bauaufnahme: Andreas Poost; Bearbeitung: BLfD, Karl Schnieringer)

Nach Ausführung der Scheidbögen wurde begonnen, die Lücke in der Balkenlage über dem Vierungsbereich zu schließen. Mit Einfügung der fehlenden Teilstücke des Mauerholzes wurde mit der Herstellung von Kammsassen[50] für die Einbindung der Balken begonnen. Nachdem auf beiden Mauerhölzern zwei von den erforderlichen vier Kammsassen ausgearbeitet waren, wurde die weitere Ausführung abrupt abgebrochen und stattdessen eine grundlegende Korrektur der Balkenlage vorgenommen (Abb. 21). Von dieser Korrektur zeugen eine durchlaufende Reihe unbesetzter Kammsassen der vorhergehenden Balkenanordnung. Die Korrektur war notwendig, um einen symmetrischen Anschluss der Balkenüberstände übereck an die Überstände der Balken des Kirchenschiffes herzustellen. Dies war bei der vorangehenden, noch unsystematischen Verlegung der Dachbalken offenbar nicht berücksichtigt worden. Die Korrektur erfolgte demnach in Zusammenhang mit der Errichtung des Daches über dem Kirchenschiff. Die Veränderung bezweckte nur eine Regulierung der Balkenlage, das Raumgefüge des ungeteilt durchlaufenden Querhauses wurde beibehalten.

Aufgegeben wurde dagegen das bisher verfolgte Konzept, die Dachkonstruktion des Querhauses über die Vierung durchzuführen und die anschließenden Dächer darauf aufzusatteln. Den Beleg hierfür liefert die Einkürzung der Dachbalken im Bereich der Vierung, die dadurch keine Gespärre mehr tragen konnten. Die äußeren Überstände der Dachbalken, die für den Aufbau von Sparren bereits vorbereitet waren, wurden grob abgehackt, teils auch abgesägt. An einigen für den mittleren Bereich der Vierung vorgesehenen Dachbalken, die wohl noch nicht in das Dach aufgezogen waren, sind die Überstände stark gekürzt und zu unterseitig gerundeten Fürköpfen[51] umgearbeitet (Abb. 22 und 23).

Wie die Konstruktion über der Vierung schließlich ausgeführt wurde, bleibt weitgehend spekulativ, da nur wenige Spuren erhalten blieben. Eine diagonal über die Vierung geführte Binderkonstruktion, wie im bestehenden Dach des 17. Jahrhunderts, darf als unwahrscheinlich gelten.[52] Verschiedene Anhaltspunkte finden sich dagegen für eine Ablastung des Dachbereichs über der Vierung auf die dem Dach unterlegte Ständerkonstruktion. Über dem Querhaus lief die Ständerkonstruktion ohne Unterbrechung durch, daran schlossen sich über der Vierung die bis dorthin fortgeführten Ständerkonstruktionen aus dem Kirchenschiff und dem Chor an.[53] Die Ständerkonstruktion bot damit im Vierungsbereich ein kreuzförmig angelegtes Grundgerüst für ein Rofendach[54], das um Firstpfetten zu ergänzen wäre.[55]

Die Einwölbung des Presbyteriums

Für die oben aufgeworfene Frage eines Einzugs des großen Gewölbes über dem Presbyterium nach der ersten Weihe der

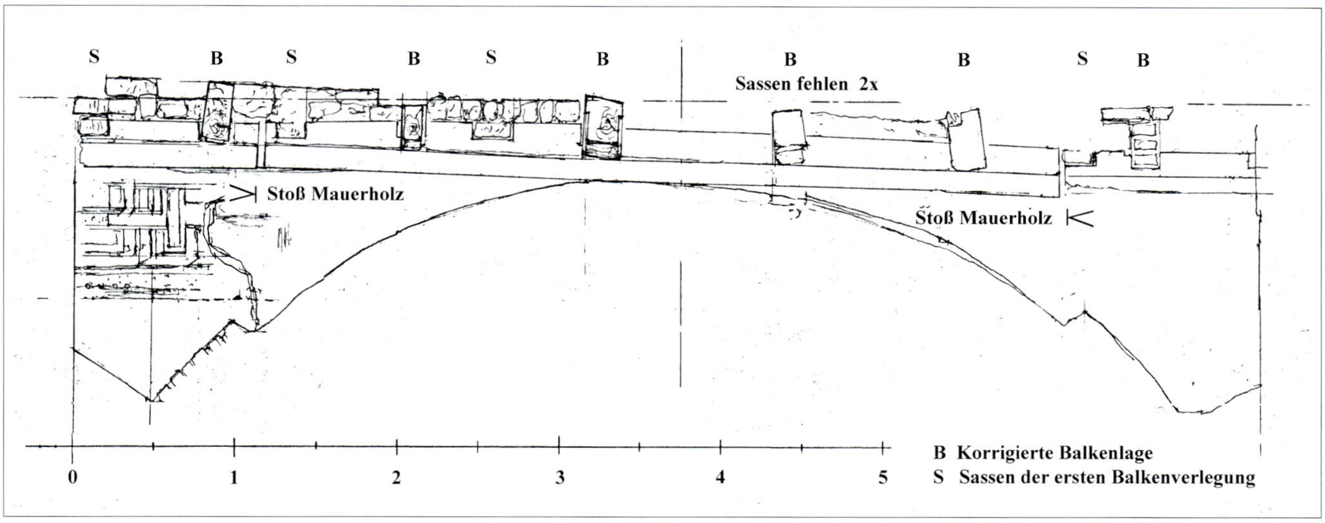

Abb. 21. Balkenlage über dem Scheidbogen zwischen Vierung und Kirchenschiff, Ansicht von der westlichen Stirnseite mit den Stößen der Mauerhölzer und übermauerten Kammsassen der aufgegebenen ersten Verlegung der Balken. Im südlichen Teil des mittleren Mauerholzes sind die Kammsassen bereits nicht mehr ausgeführt (rechts) (Aufmaß: BLfD, Karl Schnieringer)

Kirche liefert die Konzeptänderung für das Dach über der Vierung wichtige Hinweise: Im Zuge der Änderungen wurde das mittlere Teilstück des Mauerholzes östlich der Vierung um ca. 50 cm gegenüber den Mauerhölzern über den Seitenarmen des Querhauses eingerückt, während das westliche Teilstück des Mauerholzes die Lücke zwischen den Mauerhölzern des nördlichen und südlichen Querhausarms in gleicher Linie schließt (Abb. 20, 24 und 25). Grund dafür war, dass im Scheidbogen zum Chor eine Aussparung angelegt war, in die das Gewölbe des Presbyteriums einbinden sollte. Diese betraf den Bereich, in dem das Mauerholz regulär zu liegen gekommen wäre. Solange das Gewölbe nicht ausgeführt war, bot sich daher nur die Möglichkeit das Mauerholz einzurücken. Nach der beschriebenen Befundlage ist davon auszugehen, dass der Bereich über der Vierung als letzter unter Dach kam. Dies wiederum bedeutet, dass der Kirchenraum bereits vollständig unter Dach gewesen war, bevor das Gewölbe über dem Presbyterium ausgeführt wurde. Daher ist es sehr wahrscheinlich, dass das Gewölbe bei der ersten Weihe im Jahr 1119 noch fehlte.

Der Einzug des Gewölbes über dem Presbyterium muss im Prinzip ebenso abgelaufen sein wie die Einwölbung der Nebenchöre: Die Mauerung des schweren Gewölbes setzte eine sehr stabile geschlossene Schalung voraus, die vielfach abgestützt werden musste. Die Größe des Gewölbefelds und die enorme Höhe, in der die Schalung aufgerichtet werden musste, erforderten eine große Menge an Schalmaterial und sehr lange, kräftige Stangen zur zusätzlichen Abstützung.

Abb. 22. Dachfuß über dem Scheidbogen zwischen Vierung und Kirchenschiff, Blick nach Nordosten. Deutlich erkennbar ist der Stoß der Mauerhölzer etwa 1 m im Vierungsbereich. In den Mauerhölzern sind unbesetzte Kammsassen der vorangegangenen Verlegung der Dachbalken, vor deren Korrektur. Die Kammsassen sind bauzeitlich übermauert. Der Überstand des ersten Balkens von Nord im Vierungsbereich ist grob mit der Axt abgehackt (Foto: BLfD, Karl Schnieringer)

50 Kammsassen sind Einbindungen zum kraftschlüssigen Anschluss oberseitig aufgesetzter Balken, die etwa rechtwinklig zum unteren Balken ansetzen, hier die Einbindung der Deckenbalken auf dem Mauerholz; vgl. Terminologie 2012, S. 38.

51 Vorstehender Balkenkopf zur zugfesten Verankerung des Balkens mit dem Bauteil, in das er einbindet.

52 Als Basis für Diagonalbinder wären wie heute in der Konstruktion des 17. Jahrhunderts Diagonalbalken in der Vierung erforderlich gewesen.

53 Im Querhaus sind die Einlassungen für die Schwellen der Ständerkonstruktion durchlaufend auch im Bereich der Vierung ausgeführt. Für eine Fortführung der Schwellen der Ständerkonstruktion im Langhaus auf die Vierung sind auf den betreffenden Balken der Vierung oberseitige Abarbeitungen festzustellen. Auf eine Fortführung der offenbar schwellenlos konstruierten Ständerkonstruktion des Chorbereichs in die Vierung deuten Zapflöcher an den Enden der Balken der Vierung hin.

54 Der süddeutsche Begriff „Rofen“ wird in der Fachterminologie für Dachhölzer gebraucht, die Lasten direkt an die Unterkonstruktion, z. B. Pfetten, abgeben. Diese Bezeichnung dient der Unterscheidung gegenüber den selbsttragenden Sparren, die Lasten auf die Fußpunkte ableiten; vgl. Terminologie 2012, S. 93 f.

55 Oberseitige Nagellöcher mittig an den Balken in der Vierung könnten der Befestigung einer Schwelle für eine Firstpfette gedient haben.

Abb. 23. Gekürzte Balkenüberstände an der Westseite der Vierung im Dachbereich des Kirchenschiffes nach Norden. Hinter dem ausgerundeten Fürkopf folgt ein abgesägter Balken mit schräg anlaufender Nut für die Traufbretter. Der bis zum Mauerholz zurückgearbeitete nördliche Balken in Abb. 22 ist hier verdeckt (Foto: BLfD, Karl Schnieringer)

Abb. 25. Balken 1 und 2 von Nord über der Vierung, östliches Auflager auf dem Scheidbogen zum Presbyterium, Blick nach Norden. Das zurückversetzte mittlere Teilstück des Mauerholzes ist zerfallen und nur über den Abdruck an der Aufmauerung nachzuvollziehen (Foto: BLfD, Karl Schnieringer)

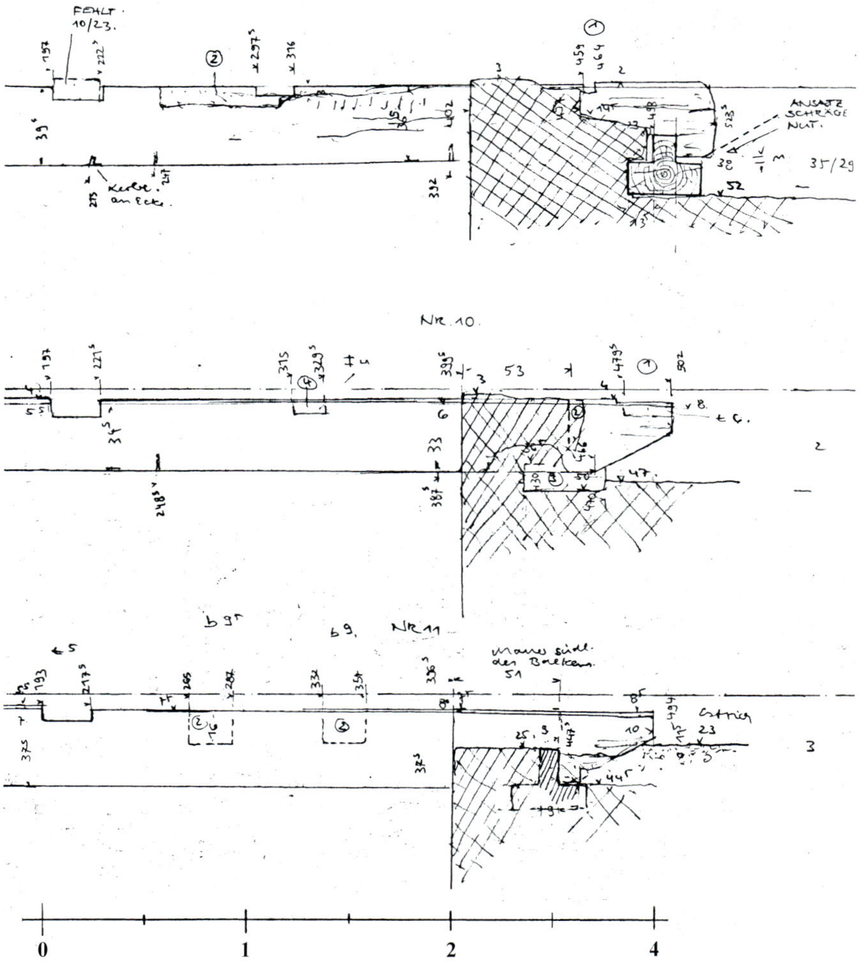

Abb. 24. Balken 1 bis 3 von Nord über der Vierung, östlicher Auflagerbereich auf dem Scheidbogen zum Presbyterium, Ansicht von Süden. Balken 1 sitzt noch auf dem nördlichen, bündig zur Außenkante der Wand verlegten Mauerholz, Balken 2 und 3 sitzen auf dem mittleren Teilstück des Mauerholzes, das wegen des Gewölbes eingerückt werden musste. Balken 3 ist bis zur halben Höhe in das dort anbindende Gewölbe des Presbyteriums eingebunden (Aufmaß: BLfD, Karl Schnieringer)

Auf- und Abbau der Schalung, die bis zum Abbinden des Mörtels auch gewisse Zeit stehen bleiben musste, nahmen einen längeren Zeitraum in Anspruch. Der Baubetrieb bewegte sich dabei innerhalb des Kirchenraums und beanspruchte viel Platz. Das Querhaus hierfür zu belegen, ergab sich allein schon daraus, dass sich dort die dem Presbyterium nächstgelegenen Außenzugänge zur Kirche befanden. Auch konnten Steine und Mörtel für das Gewölbe nur noch durch die Flachdecke des Querhauses aufgezogen werden, sofern das Material nicht von außen über einen teilweisen Abbau des damals noch provisorischen Daches über dem Hauptchor angereicht wurde. Selbst wenn auf solche Weise der Baubetrieb großenteils nach außen verlagert worden wäre, war allein durch den Auf- und Abbau der massiv nach unten abzustützenden Schalung die Nutzbarkeit der Kirche für längere Zeit stark beeinträchtigt.

Das Gewölbe über dem Presbyterium stellte nicht nur an die Ausführung besondere Herausforderungen, auch das Baugefüge der Kirche musste so konzipiert werden, dass es den von dem Gewölbe ausgehenden Schub aufnehmen konnte. Dies scheint gut durchdacht worden zu sein mit gutem Gespür für Kraftverläufe. Die östlichen Auflagerpunkte des Gewölbes werden durch die Ostturmanlage stabilisiert. Die Ostwand der Türme fängt den Schub nach der Seite ab, ihre Auflast wirkt gegen den Schub in der Längsrichtung. Die westlichen Auflagerpunkte werden von der Ostwand des Querhauses gegen Seitenschub gestützt. Nur ein Widerlager in der Längsrichtung fehlt. Um dies zu kompensieren, wurden in die Längswände des Hauptchores oberhalb der Kämpfer Zuganker eingesetzt, die diesen Schub aufnahmen. Einer dieser Zuganker, ein Eichenbalken mit einem Querschnitt von 39 × 14 cm, ist in der Nordwand des Chores in einem Aufbruch für die Zeigerwelle der Uhr zu fassen. Nicht bekannt ist allerdings, wie die Ankerung an den Enden des Balkens ausgeführt ist.

Klostergebäude und Kreuzgang

Die Klosteranlage der Gründungszeit ist nahezu völlig verschwunden, bereits im Mittelalter erfolgten einzelne Um- und Neubauten, im Verlauf des 17. Jahrhunderts wurden die Klostergebäude in mehreren Phasen durch Neubauten ersetzt.[56] Die von dieser Erneuerung ausgenommenen Gebäudeteile im Ostflügel, unter anderem der im 17. Jahrhundert zur Sakristei umgebaute Kapitelsaal und die daran anschließende Marienkapelle, wurden 1804 nach der Auflösung des Klosters und dem Verkauf an Baron von Berberich abgebrochen. Auch bei der archäologischen Begleitung von Bodeneingriffen in den erhaltenen Klostergebäuden wurden nur wenige Reste des Bestandes der Gründungszeit vorgefunden. Im aufgehenden Mauerwerk blieb als einziger Teil der romanischen Klostergebäude der nördliche Gang des Kreuzgangs erhalten.[57] Die Außenwand dieses Gangs fluchtet mit der Südwand des Querhauses, an das er nachträglich mit durchgehender Baunaht angefügt wurde. Eine bisher angenommene Umführung des Gangs um das Querhaus[58] konnte bei der archäologischen Untersuchung ausgeschlossen werden. Es bestand auch kein Zugang zum Querhaus, der vorgefundene Aufbruch muss der barockzeitlichen Anlage des Kreuzgangs zugerechnet werden, da er nicht bis zum Niveau des romanischen Kreuzgangs hinunterreicht.[59] Mit einer Erfassung der romanischen Bausubstanz über ein steingerechtes Aufmaß der hofseitigen Außenwand des Gangs ist außerdem das Bild eines Kreuzgangs mit offener Bogenstellung zum Hof zu revidieren (Abb. 26).[60] Beim Aufbruch der großen spitzbogigen Fenster des 17. Jahrhunderts sind zwar alle Reste älterer Fenster verloren gegangen, die großen geschlossenen Wandflächen zwischen den Aufbrüchen lassen jedoch nur eine Rekonstruktion von Einzelfenstern zu, die wie die heutigen Fenster auf die Joche des Kirchenschiffes bezogen waren. Die bestehenden Fenster mit Gewänden aus Grünsandstein wurden wohl 1663 bei der Erneuerung des Abtstocks (Westtrakt des Klosters am Kreuzhof) geschaffen. Bereits zuvor, im Jahr 1608, war der Kreuzgang eingewölbt worden.[61] Dabei wurden außen Strebepfeiler vorgesetzt, die im Bereich der Gewölbeauflager tief in das Mauerwerk einbinden. In den hierfür vorgenommenen Aufbrüchen reichen die Ansätze des heute nicht mehr bestehenden Gewölbes bis zur Außenseite der Wand durch. Bauzeitlich war der Kreuzgang flachgedeckt. Die bauzeitliche Balkendecke zeichnet sich in einer teilweise noch regelhaft fassbaren Reihe von Zusetzungen der Balkenlöcher ab. Die Balken waren demnach in einem lichten Abstand von 1 m verlegt, ihr Querschnitt mit über 40 cm Höhe und meist über 20 cm Breite glich dem der Balken über der Kirche. Das erhaltene Mauerwerk des 12. Jahrhunderts reicht etwa 1,20 m über die Balken hinaus und deutet damit auf eine zweigeschossige Anlage hin (Abb. 26 und 27).[62] Anzunehmen ist, dass das Dach über dem südlichen Seitenschiff der Kirche über dieses Obergeschoss durchlief. Im 17. Jahrhundert wurde mit einer von dem Gewölbeeinbau im Kreuzgang ausgehenden Veränderung der Geschossebenen der obere Teil der Wand des 12. Jahrhunderts abgebrochen und das Obergeschoss mit dünneren Wänden und großen Fenstern entsprechend höher neu aufgebaut.

---

56 Kunstdenkmäler 1914, S. 229–234.

57 Scherbaum 2001; vgl. den Beitrag von Silvia Codreanu-Windauer in diesem Band.

58 Kunstdenkmäler 1914, S. 230; Morsbach 2010, S. 61–70.

59 Die Verputzung der Querhauswand unterhalb des Aufbruchs schließt auch vorgelegte Stufen aus. Der romanische Estrich im Kreuzgang liegt auf 355,48 m NN, der Aufbruch setzt erst oberhalb von 355,77 m NN an, mehr als einen halben Meter über dem bauzeitlichen Estrich im Querhaus, vgl. Scherbaum 2001.

60 Steingerechte Bauaufnahme zusammen mit Markus Fischer im Januar und Februar 2002.

61 Datierungen nach Kunstdenkmäler 1914, S. 172 und 174 mit Quellenangabe; im Befund durch deutlich unterscheidbare Setzmörtel zu belegen.

62 Nach schriftlicher Überlieferung befand sich über dem nördlichen Kreuzgang schon im Spätmittelalter die dem hl. Leonhard geweihte Abtkapelle, vgl. Kunstdenkmäler 1914, S. 234.

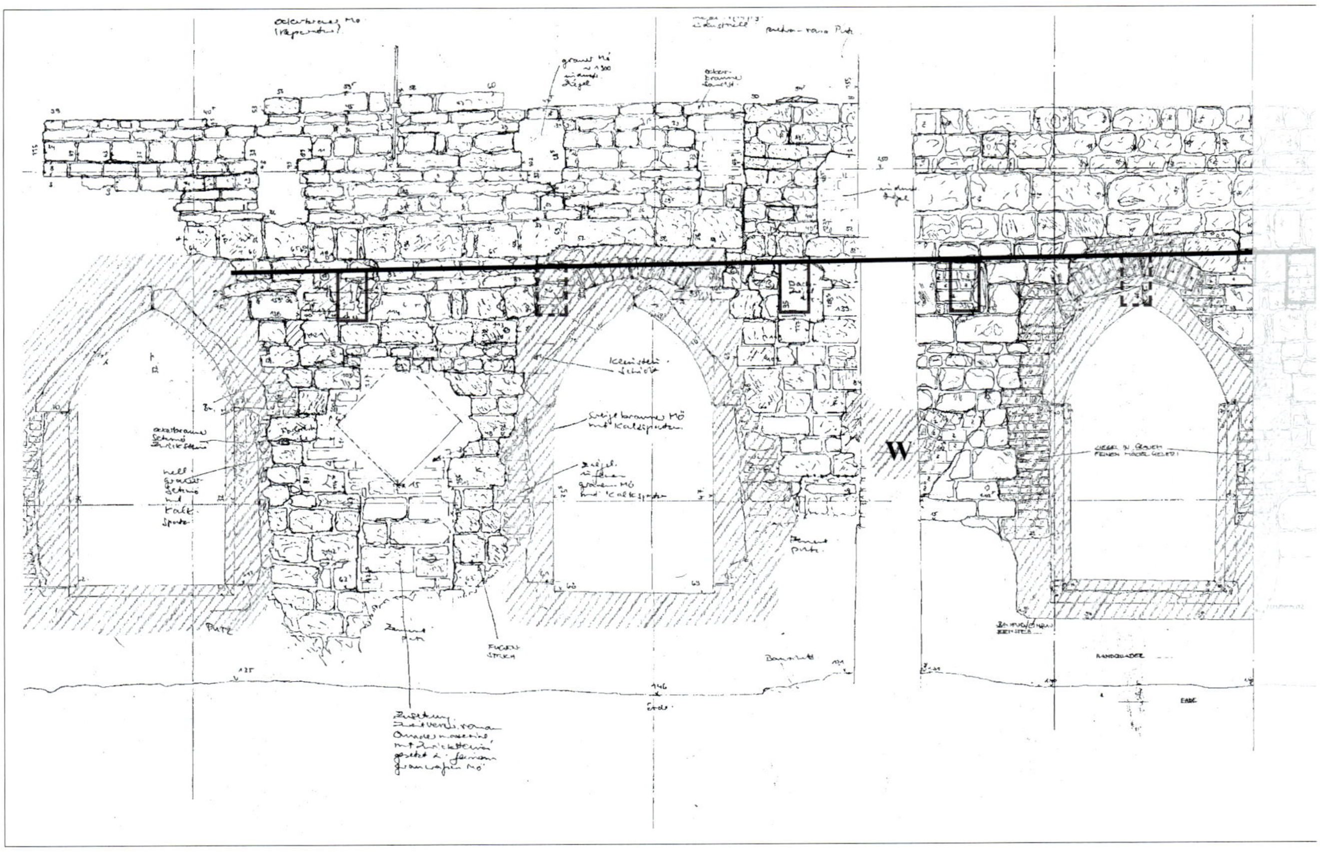

Abb. 26. Hofseitige Außenwand des Kreuzgangs, östlicher Bereich, Bauaufnahme während einer Putzerneuerung 2002. Mit kräftiger Linie sind die Einbindungen der bauzeitlichen Balkendecke umrahmt. Der Umfang der Aufbrüche für die bestehenden Fenster ist durch Schraffur kenntlich gemacht, w bezeichnet die bis nach außen reichenden Aufbrüche für die Auflager der Einwölbung von 1608 (Aufmaß: BLfD, Karl Schnieringer und Markus Fischer)

Der Befund, dass in der mittelalterlichen Anlage der nördliche Gang des Kreuzgangs als Sackgasse am Querhaus endete, ist befremdlich, es fehlte aber nicht nur die Umführung um das Querhaus der Kirche, sondern auch ein Gang entlang des Osttraktes der Klostergebäude. Der in dem 1804 gezeichneten Klosterplan (Abb. 28)[63] dargestellte östliche Gang des Kreuzgangs stammte aus der frühen Barockzeit und hatte offenbar keinen Vorläufer.[64] Die Aufbrüche in der Südwand des Querhauses der Kirche sind als barockzeitlich einzuschätzen, unter anderem stören sie einen rundbogigen Ausgang aus der Bauzeit, der zu dem als Friedhof für die Mönche angelegten Klosterhof führte.[65] Ein Pendant zu diesem Ausgang findet sich an gleicher Stelle im Nordarm des Querhauses, der zum Laienfriedhof führte. Diese Ausgänge dienten wohl einem streng geregelten Bestattungszeremoniell, für das eine Querung des Kreuzgangs offenbar störend gewesen wäre.[66] Bis zur Errichtung des barockzeitlichen Kreuzgangs scheint der Zugang zur Kirche aus den Gebäuden im Ostflügel über einen Durchgang durch einen Vorflur der Alexiuskapelle geführt zu haben.[67] Die ungewöhnliche Wegeführung ist wohl auf eine während der Bauzeit temporär angelegte Zugangssituation zurückzuführen, die schließlich beibehalten wurde.

Ein bei Kanalbaumaßnahmen im Jahr 2002 aufgedeckter Fundamentrest südöstlich der Klosterkirche[68] deutet auf ein erstes nach Gründung des Klosters errichtetes Gebäude für die Mönchsgemeinschaft (Abb. 29). Das mit Lehm vermörtelte bzw. trocken gesetzte Fundamentmauerwerk aus schräg geschichteten Steinen trug die Nordostecke eines Gebäudes südlich der Marienkapelle des Klosters. Der Verlauf des Fundaments deckt sich mit der Südwand der in dem Klosterplan von 1804 sehr präzise überlieferten Marienkapelle und winkelt kurz vor deren Ostwand nach Süden. Nach Abbruch des

Abb. 27. Fragment eines Rollenkämpferkapitells in der neuzeitlichen Aufmauerung auf dem nördlichen Kreuzgang, wohl von dessen bauzeitlichem Obergeschoss (Foto: BLfD, Karl Schnieringer)

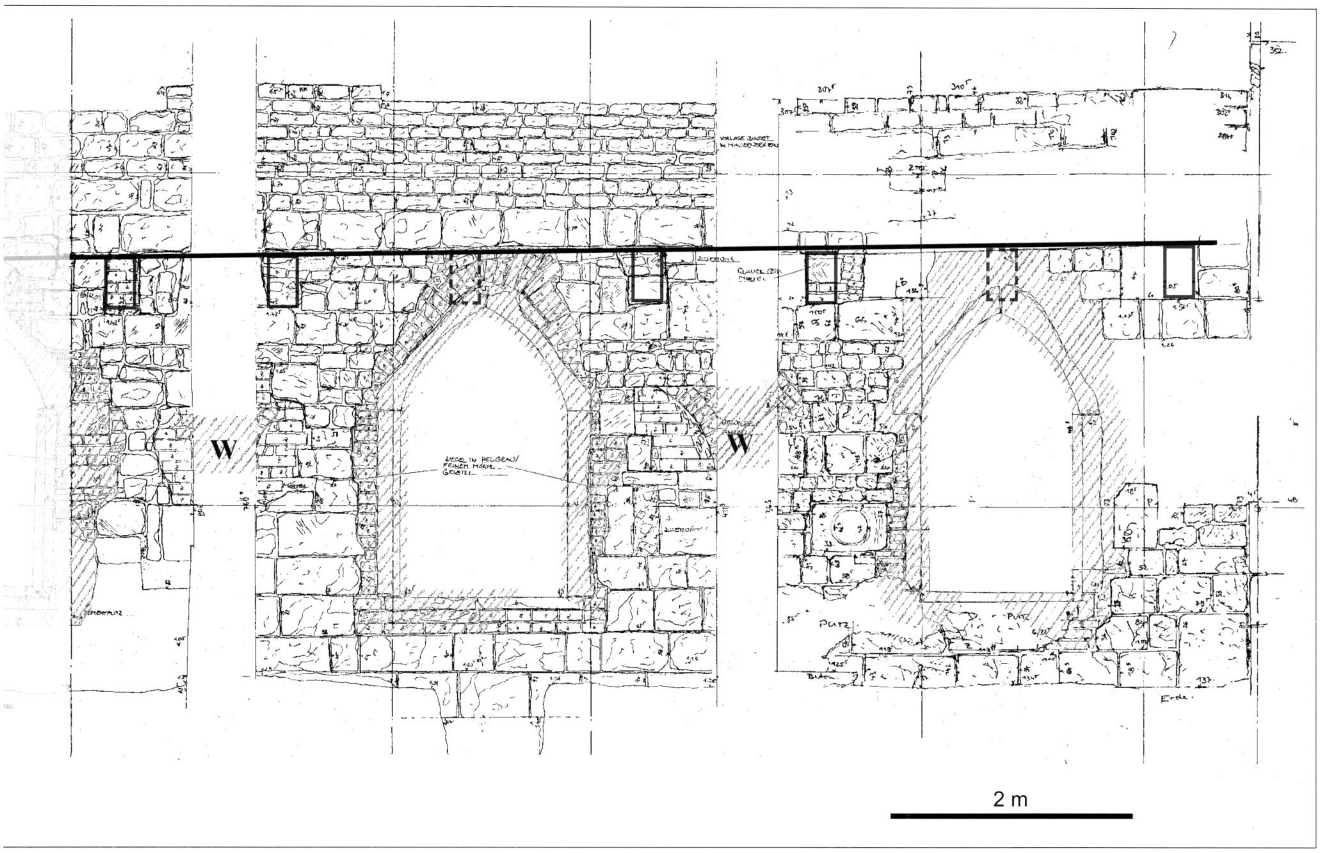

temporären Klostergebäudes verblieb die Nordwand des Gebäudes als Außenwand der Kapelle. Diese musste später mit Stützpfeilern gesichert werden, weil die Fundamentierung für die Einwölbung der Kapelle unzureichend war. Als Relikt eines der im Plan von 1804 dargestellten Stützpfeiler wurde ein der Fundamentecke vorgelagerter neuzeitlicher Fundamentblock erfasst. Ausgehend von dem mutmaßlich ersten Klostergebäude, der daran angefügten Marienkapelle und der nachfolgenden Erweiterung um den Kapitelsaal konnte mit Einfügung der Alexiuskapelle ein direkter Zugang zum Südchor der Klosterkirche hergestellt werden. Damit war ein Zugang zur Kirche geschaffen, der sich offenbar bewährte und erst beim Neubau der Klostergebäude im 17. Jahrhundert in den hofseitig vorgebauten Kreuzgang verlegt wurde.

Die Architektur der Georgskirche

Die Gründung des Klosters Prüfening erfolgte in der Hochphase des Investiturstreits zwischen Kaiser und Papst um das Recht der Einsetzung in kirchliche Ämter. Nach dem Vorbild einer vom burgundischen Cluny ausgehenden Klosterreform rief Wilhelm von Hirsau ab 1079 auch in Deutschland zu einer Reform des Klosterlebens und der Klosterorganisation auf. In Regensburg, wo mit Gebhard IV. (1089–1105) und Hartwig I. (1105–26) unerschütterliche Parteigänger des Kaisers das Bischofsamt innehatten,[69] fand die Reform zunächst keine Resonanz. Die Gründung des Klosters Prüfening durch Bischof Otto von Bamberg auf Bamberger Streubesitz in Sichtweite zu Regensburg zielte darauf ab, der Reform dort Eingang zu verschaffen.

Der Bauplan der Prüfeninger Georgskirche knüpft an das Vorbild von St. Peter und Paul in Hirsau an. Unmittelbar auf Hirsau gehen die in Prüfening ausgeführte dreiteilige Choranlage, das ausladende Querhaus mit östlich angefügten Apsiden und das der Eingangsseite vorgelagerte Paradies zurück. Mit den Kirchen einer ganzen Reihe zeitgleicher Hirsauer Klostergründungen bestehen große Übereinstimmungen. In Grund- und Aufriss ist Prüfening bei aller Unterschied-

63 Fürst Thurn und Taxis Zentralarchiv Regensburg; Strobel 1965, Fig. 65.

64 Die als reines Bruchsteinmauerwerk ohne Bruchstücke von Mauerziegeln vorgefundenen Reste der östlichen Kreuzgangmauer könnten die Fundamente der Westwand des ehemaligen Kapitelsaals gewesen sein, der im 17. Jahrhundert zur Sakristei umgebaut wurde, vgl. Scherbaum 2002.

65 Kunstdenkmäler 1914, Fig. 128 zeigt noch die 1804 vorgenommenen Zusetzungen nachträglicher Aufbrüche.

66 Analogien bestehen in Regensburg, St. Emmeram in den Durchgängen durch den Verbindungsgang zwischen Emmeramsgrab und Ramwoldskrypta.

67 Die zu den Umbauten unter Abt Romanus um 1670 wohl als Sakristei dienende Alexiuskapelle muss man sich zweigeteilt in den Kapellenraum im Osten und einen Durchgangsflur im Westen vorstellen. Der Zugang von den Klostergebäuden ist im Plan von 1804 vorhanden, wegen des 1880 an gleicher Stelle neu erstellten Kirchenzugangs im Befund nicht mehr nachweisbar.

68 Scherbaum 2002, Schnitt 60 mit Planum 1, Befunde 3, 4, 5.

69 Hausberger 2004, S. 39.

lichkeit im Detail in eine Reihe zu stellen mit den typisch hirsauischen Kirchenbauten von Alpirsbach im Schwarzwald bis Paulinzella in Thüringen.[70] Auch dort finden sich die runden Apsiden am Chor und an den Querhausarmen sowie die Zweiturmanlage, die in Hirsau nachträglich am Zugang zum Paradies verwirklicht wurde. Mit kantigen Pfeilern und dem völligen Verzicht auf eine Wandgliederung ist Prüfening jedoch auch stark von der regionalen Bauproduktion geprägt. Mit der durchgängigen Ausführung der Pfeilerarkaden entfiel auch die in Hirsau vorgegebene Differenzierung des *chorus minor* im östlichen Teil des Langhauses.[71] Prüfening war keine Filiation von Hirsau und steht damit nicht in einer direkten Abhängigkeit von einer Hirsauer Bauschule,[72] die angesichts der überregionalen Bezüge in Bauweise und Bauformen der Reformklöster postuliert wurde. Richard Strobel konstatiert, dass in Prüfening „die bayerische Tradition mit Pfeilern und Apsiden und die oberrheinische mit Ostchortürmen kräftiger [sind] als die reformatorisch klösterliche Beeinflussung".[73]

Als Entscheidungsträger hinter dem Bauplan und der Bauausführung ist der Gründer und Bauherr des Klosters, Bischof Otto von Bamberg, anzunehmen. Das Kloster war und blieb bischöfliches Eigenkloster von Bamberg, der Bau wurde zu großen Teilen aus Ottos eigenem Vermögen finanziert. Bischof Otto hatte vielfältige Bauerfahrung. Vor seiner Berufung zum Bischof im Jahr 1102 hatte er im Auftrag Kaiser Heinrich IV. für fünf Jahre die Verwaltung der Dombaustelle in Speyer geführt. Im Laufe seines 37 Jahre währenden Episkopats war Otto an Gründung und Bau von fast 30 Klöstern beteiligt. Auf seinen Einfluss dürfte vor allem die im Vergleich mit gleichzeitigen Regensburger Kirchenbauten deutlich straffere und konsequentere Planung zurückzuführen sein; die Wölbung der Ostteile und speziell des Presbyterium gehen nicht auf hirsauische Vorgaben, sondern auf den von Otto erhobenen baulichen Anspruch zurück.[74]

Der Grundriss der Prüfeninger Georgskirche ist wie die Kirche St. Peter und Paul in Hirsau[75] straff durchorganisiert. Er ist aus einem Grundquadrat entwickelt, das im Mittelpunkt der Pfeiler angelegt ist (Abb. 30). Dieses Quadrat bestimmt das Chorjoch und das aus drei Quadraten bemessene Querhaus. Es setzt sich im Langhaus fort, wo

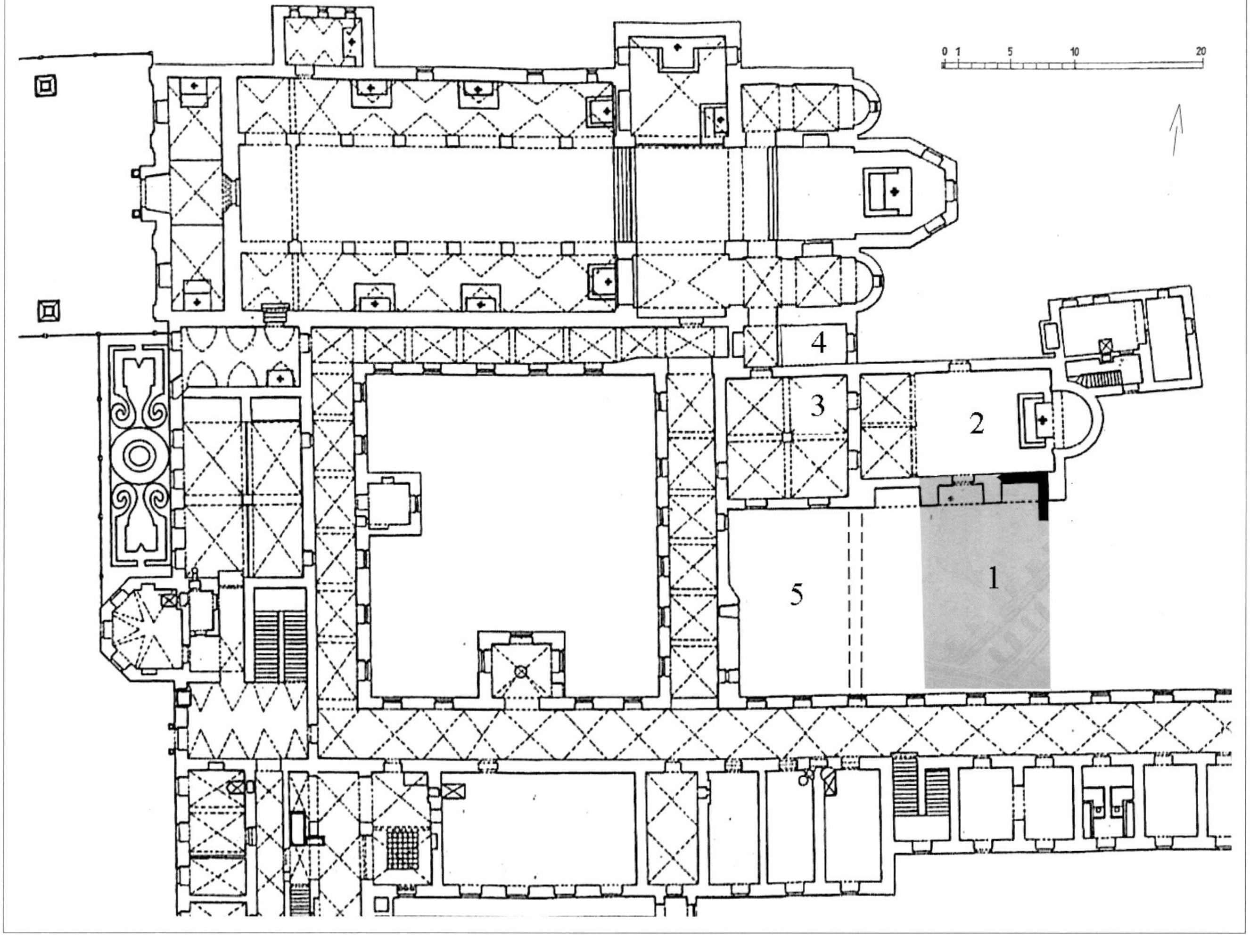

Abb. 28. Bestandsplan von Kloster Prüfening im Jahr 1804, vor dem teilweisen Abbruch der Klostergebäude: 1 schräg geschichtetes Fundament einer ersten Unterkunft für die Mönche, grau hinterlegt deren mutmaßliche Ausdehnung, 2 Marienkapelle, 3 ehemaliger Kapitelsaal, 4 Alexiuskapelle, 5 zu rekonstruierender Ostflügel der Klostergebäude mit dem Dormitorium der Mönche im Obergeschoss. Der neuzeitliche Kreuzgang führt durch den südlichen Querhausarm (Plan: Fürst Thurn und Taxis Zentralarchiv Regensburg; Repro nach: Strobel 1965, Fig. 25; Bearbeitung: BLfD, Karl Schnieringer)

Abb. 29. Fundamentecke in Fischgrätmauerwerk im Bereich der ehemaligen Marienkapelle. Der Ecke vorgelegt ist ein Fundamentklotz für einen Stützpfeiler (Foto: BLfD, Karl Schnieringer)

es jeweils zwei Joche umfasst. Die Nebenchöre sind in halber Breite des Chorquadrats angelegt, wobei die Innenseite der Chor-Außenwände als Referenz gewählt wurde. Dieses Ordnungssystem, das eine klare Strukturierung des Baus bezweckt, ist eine zeitspezifische Erscheinung, die das „gebundene System", das Entwurfsprinzip gleichzeitiger, struktiv gegliederter Gewölbebauten reflektiert. Über Prüfening gelangte es als Innovation nach Altbayern, allerdings ohne dort Verbindlichkeit zu erlangen. Ein „quadratischer Schematismus"[76] findet sich auch in dem Entwurf der Prüfeninger Georgskirche nicht, das Prinzip wurde als Rahmen verstanden, der zugunsten pragmatischer Lösungen verlassen wurde, wenn Zwangspunkte auftraten. So wurde bei der Teilung der Nebenchöre in zwei Joche der Gurtbogen asymmetrisch im westlichen Joch angeordnet, um für das Turmjoch im Osten quadratischen Zuschnitt zu behalten. Vor allen geometrischen Bezügen steht das Streben nach Einfachheit und klarer Ordnung im Vordergrund. Mittelschiff und Hauptchor sind über das Quadratschema einer durch die Pfeilerachse geführten Linie zugeordnet, die Außenwände sind auf eine gerad-

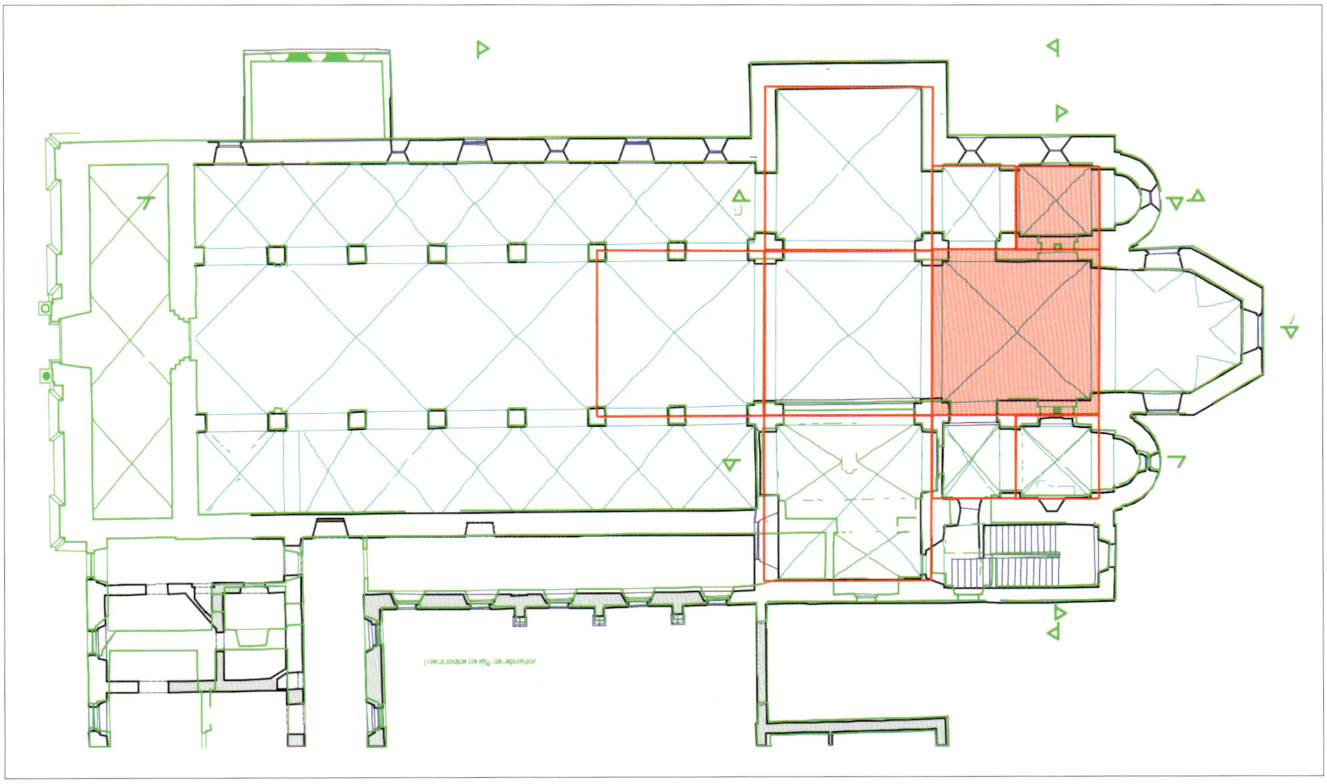

Abb. 30. Prüfening, St. Georg, Grundriss, Entwurfssystematik mit einbeschriebenen Quadraten und durchgängigen Baufluchten (Plangrundlage: Ingenieurbüro Drexler + Baumruck, 2007; Bearbeitung: BLfD, Karl Schnieringer)

70 Schütz/ Müller 1989, S. 220–232.

71 Der *chorus minor* ist der Bereich für die nicht unmittelbar an den Chorgesängen beteiligten Mönche. In Hirsau war dieser zwischen dem zentral im Chorbereich positionierten *chorus maior* und dem Laienbereich durch kantige Pfeiler in der sonst von Säulen getragenen Arkatur hervorgehoben, vgl. Wischermann 1987, S. 31.

72 Über die Besetzung des Klosters mit Mönchen aus Hirsau fanden jedoch auch unmittelbar Hirsauer Architekturformen Eingang in Prüfening, so die charakteristischen „Hirsauer Ecknasen" an den Würfelkapitellen der 1125 geweihten Prüfeninger Andreaskirche (Teilungssäulchen der Schallarkaden des Turms).

73 Strobel 2009, S. 37 f.

74 Hoffmann 1950, S. 56–58.

75 Kottmann 1967 ist nicht in allen Überlegungen nachvollziehbar.

76 Schütz/ Müller 1989, S. 216, für die Anlage von St. Peter und Paul in Hirsau.

linig durchlaufende Außenkontur ausgerichtet. Im Norden bilden die Außenkonturen des Nebenchores und des Seitenschiffes eine durchlaufende Linie, die nur vom Querhausarm durchbrochen wird. Im Süden schließen die am Chor angebaute Alexiuskapelle und der dem Seitenschiff vorgelegte Kreuzgang in einer Linie mit dem südlichen Querhausarm ab. Bedingt durch die unterschiedlichen Wandstärken von Chor und Kirchenschiff sind die Innenkonturen versetzt, im Süden wurde zudem die Außenwand des Seitenschiffes um 25 cm nach außen gerückt und damit das Seitenschiff verbreitert, um dem von der Außenkontur bestimmten Kreuzgang keine überproprtionale Breite zu geben.

In der Höhenentwicklung setzte die Georgskirche in Prüfening neue Maßstäbe (Abb. 31). Die Verhältnisse von Höhe zu Breite sind ausgesprochen schlank, die Raumwirkung ist aufstrebend. Das Verhältnis von Breite zu Höhe beträgt im Kirchenschiff 1:2,1, das Verhältnis von Pfeilerquerschnitt zu Pfeilerhöhe 1:7. In dem entwurfsbestimmenden, etwas

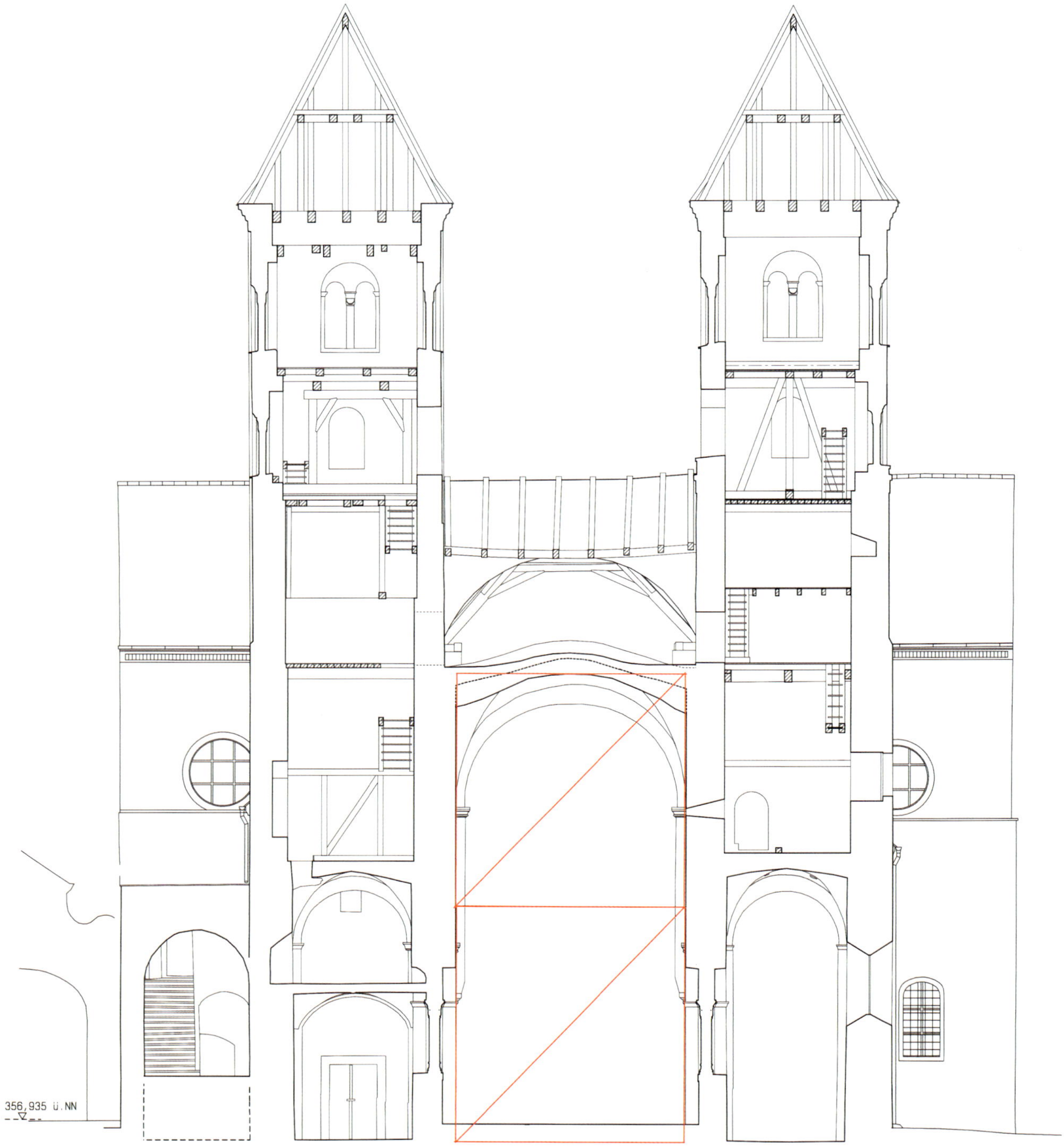

Abb. 31. Prüfening, St. Georg, Querschnitt durch das Presbyterium und die Türme (Plangrundlage: Ingenieurbüro Drexler + Baumruck, 2007; Bearbeitung: BLfD, Karl Schnieringer)

schmaleren Chorjoch stehen Breite zu Höhe im Verhältnis von 1:2, d. h die Höhenentwicklung basiert auf der Stapelung zweier an der lichten Weite orientierter Quadrate. Alle weiteren Versuche, die Höhenbezüge auf geometrische Figuren zurückzuführen, bleiben jedoch Spekulation, da die bauzeitlichen Laufniveaus und die Bezugspunkte nicht exakt zu bestimmen sind. Außerdem steigt das Niveau im Kirchenschiff der Geländesituation folgend von Ost nach West an; dabei folgen die Pfeilerbasen dem Gelände, die Kämpfer sind über ein präzises Nivellement in gleicher Höhe angelegt.

Der Bauplan von Prüfening kam noch zweimal in fast identischer Form bei Gründungen von Bischof Otto zur Ausführung, bei den Klosterkirchen in Biburg (ab 1133, Abb. 32.2) und Windberg (ab 1139, Abb. 32.3). Obwohl etwa ein Vierteljahrhundert zwischen diesen Nachfolgebauten und der Prüfeninger Georgskirche liegt, reichen die Übereinstimmungen bis in Einzelheiten des Entwurfs und der Bauorganisation: Sowohl in Biburg als auch in Windberg ist das Querhaus wie in Prüfening als durchlaufender Querraum konzipiert, der nicht von Scheidbögen gegen die Vierung abgegrenzt war; Bögen zur räumlichen Trennung bestanden nur zu Chor und Langhaus.[77] Dessen ungeachtet ist die Vierung mit Kreuzpfeilern strukturell angelegt, deren zum Querhaus gewandte Vorlagen mit dem Kämpferprofil endeten. Wie für Prüfening aufgezeigt, wurde auch in Biburg und Windberg der Bau der Türme im Bauverlauf zunächst zurückgestellt, in Biburg noch deutlicher als in Prüfening mit durchgängiger Trennfuge zur Obergadenwand des Chorbereichs,[78] in Windberg kamen die im Unterbau angelegten Türme nicht mehr zur Ausführung. Wie bei der Prüfeninger Klosterkirche stößt auch in den beiden Nachfolgebauten der Obergaden des Langhauses stumpf gegen das Querhaus. In Biburg findet sich schließlich sogar die hoch liegende Öffnung vom Dachraum des Nordchores in das Querhaus, über die ein Messdiener die Liturgie verfolgen konnte, um den Einsatz des Glockengeläuts zu koordinieren.[79]

In anderen Einzelheiten sind aber auch Weiterentwicklungen zu verzeichnen. Die Chöre sind nun in beiden Jochen mit Durchgangsbögen verbunden, der Bauschmuck ist reicher und üppiger. Die „Wiederauflage" der Klosterkirche Prüfening in den Kirchen von Biburg und Windberg hat aber auch von der Strenge der Maßverhältnisse und der klaren Achsbezüge verloren, nachdem wohl Bischof Otto deren Bau nicht mehr selbst überwachte.

Eine modifizierte Neuauflage fand der Prüfeninger Entwurf nochmals in der Choranlage der Pfarrkirche St. Peter in Straubing, die in der zweiten Hälfte des 12. Jahrhunderts vom Augsburger Domkapitel zur Behauptung exterritorialen Besitzes errichtet wurde (Abb. 32.4). Der Kirchenbau knüpft unmittelbar an die nur ca. 20 Kilometer von Straubing entfernte Windberger Klosterkirche an.[80] Von Windberg übernahm St. Peter die nach dem gebundenen System angelegte gewölbte Choranlage mit Dreiapsidenschluss und das flachgedeckte Kirchenschiff.[81] Bei dem Straubinger Kirchenbau entfiel allerdings das Querhaus, eines der zentralen Elemente des Prüfeninger Kirchengrundrisses. Die Türme wurden an die Westfassade gesetzt, wo sie für den von Westen kommenden Besucher stärker zur Wirkung kommen. Die Anlage der Straubinger Peterskirche folgt damit dem schlichten, in Altbayern für das 12. Jahrhundert typischen Schema der „alpenländischen Basilika", einer querhauslosen dreischiffigen Pfeilerbasilika mit ein oder drei Apsiden im Osten.[82]

Prüfening und die Regensburger Kirchenbauten des frühen 12. Jahrhunderts

Gleichzeitig mit dem Bau von Kirche und Kloster in Prüfening waren in Regensburg drei andere Klosterkirchen in Bau, St. Vitus in Prüll, St. Jakob und das Niedermünster. Im Kontext der Architektur der Prüfeninger Georgskirche sollen diese Kirchenbauten in die Betrachtung einbezogen werden. Der im Jahr 1105 begonnene Neubau der Vituskirche in Karthaus-Prüll stand bei Grundsteinlegung in Prüfening schon kurz vor einer ersten Weihe, die für 1110 überliefert ist (Abb. 33.1).[83] Prüll war Eigenkloster des Domstifts Regensburg. Die St.-Vituskirche wurde als durchgängig gewölbte Hallenkirche mit drei gleich hohen Schiffen erbaut. Dieser Bautyp war ein Novum und in dieser Größenordnung ohne direkte Vorbilder.[84] Die technische Beherrschung des Gewölbebaus, der enorme Aufwand für die vollständige Einwölbung des gesamten Kirchenraums und die Weiträumigkeit des Hallentypus zeugen von einem ausgeprägten Repräsentationsbedürfnis. Die Kirche ist mit einer westlichen Zweiturmanlage verbunden und verfügt im Inneren über eine Westempore, die über drei Schiffe reicht und weitere Altarstandorte bot.[85] Die nicht winkelrechte Ausführung und erhebliche Maßtoleranzen lassen jedoch die für Prüfening kennzeichnende Ordnung und Präzision vermissen. Vor allem in der Größe bleibt Prüll weit hinter Prüfening zurück.

Der zweite hier anzuführende Kirchenbau, St. Jakob, ist die Kirche einer Niederlassung iroschottischer Mönche in Regensburg. Ihre Errichtung scheint kurz nach 1100 begonnen worden zu sein, eine erste Weihe ist für 1111 überliefert, die Schlussweihe erfolgte 1120. Der Bau verlief demnach über längere Zeit parallel zur Errichtung der Prüfeninger Georgskirche. Die beiden Kirchen gleichen sich in der Ansicht von Osten mit ihrem Dreiapsidenschluss und ihrer Doppelturm-

77 Untersuchungen BLfD 2004 und 2006; vgl. Schnieringer 2009, S. 369.
78 Fink 2001, S. 148, Abb. 141 und 143.
79 Fink 2001, S. 139–141, Abb. 154.
80 Engste Verbindungen bestehen auch in der Bauplastik, u. a. in der Darstellung des Drachenkampfes in den Tympana der Portale, der bei beiden Kirchen nach der gleichen Vorlage gearbeitet wurde, vgl. Kunstdenkmäler 1929, S. 452–454.
81 Der unterschiedliche Zuschnitt der Gewölbefelder in den Nebenchören ist unreflektiert vom Vorbild übernommen, dies stellt jedoch nicht das Prinzip als solches in Frage.
82 Schütz/ Müller 1989, S. 233–238; Strobel/ Weis 1994, S. 18 f.
83 Kunstdenkmäler 1933, S. 152–155.
84 Jakob 1982, S. 128–131.
85 Stein-Kecks 1997, S. 168 f., Abb. 6 und 7.

anlage über den Nebenchören. In St. Jakob sind die Turmjoche eingewölbt, das Langhaus und vermutlich auch der zentrale Chorbereich blieben flachgedeckt. Erhalten sind von diesem Bau I der Jakobskirche nur die Ostteile, darüber hinaus ist nur seine Größe fassbar, die ebenfalls nicht an die Dimensionen von Prüfening heranreichte. Die Kirche scheint ein schlichter, ohne besonderen Anspruch erstellter Bau gewesen zu sein, der ab den 1150er Jahren im Zuge einer Erweiterung nach Westen großenteils abgebrochen und durch die bestehende Jakobskirche II ersetzt wurde. In der Lebensbeschreibung des Gründers Marian wird zu St. Jakob I angeführt, „dass der Kirchenbau schnell, gar eilfertig errichtet wurde“, um dem anhaltenden Ansturm irischer „peregrini“ zu begegnen.[86] Der große abgeschrankte Chorraum von St. Jakob II, der durch quadratische Pfeiler gegenüber dem von Rundpfeilern begleiteten Kirchenschiff auch eine bauliche Differenzierung erhielt, folgt den Vorgaben der Klosterreform, ohne sich aber weiter an die Prüfeninger Klosterkirche anzulehnen (Abb. 33.2).

Der dritte hier zu betrachtende Bau, die Kirche des adeligen Damenstifts Niedermünster, wurde erst nach Fertigstellung der Prüfeninger Klosterkirche begonnen. Bis dahin stand noch der um 950 vom bayerischen Herzog Heinrich erbaute und als herzogliche Grablege bestimmte Vorgängerbau. Dieser war eine dreischiffige Anlage mit ausladendem östlichem Querhaus und Dreiapsidenschluss nahezu in den

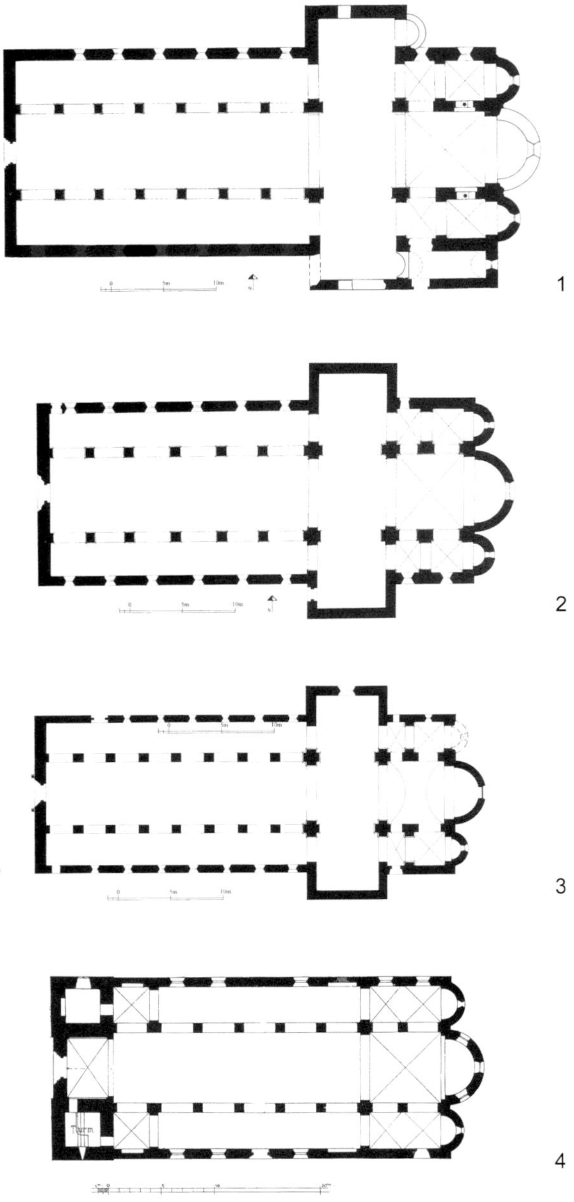

Abb. 32. Grundrisse von Kirchen des 12. Jahrhunderts in Abhängigkeit von Prüfening, St. Georg:
1 Prüfening, 2 Biburg, 3 Windberg, 4 Straubing, St. Peter (Repros nach: Fink 2001 (1–3), Kunstdenkmäler 1929 (4)

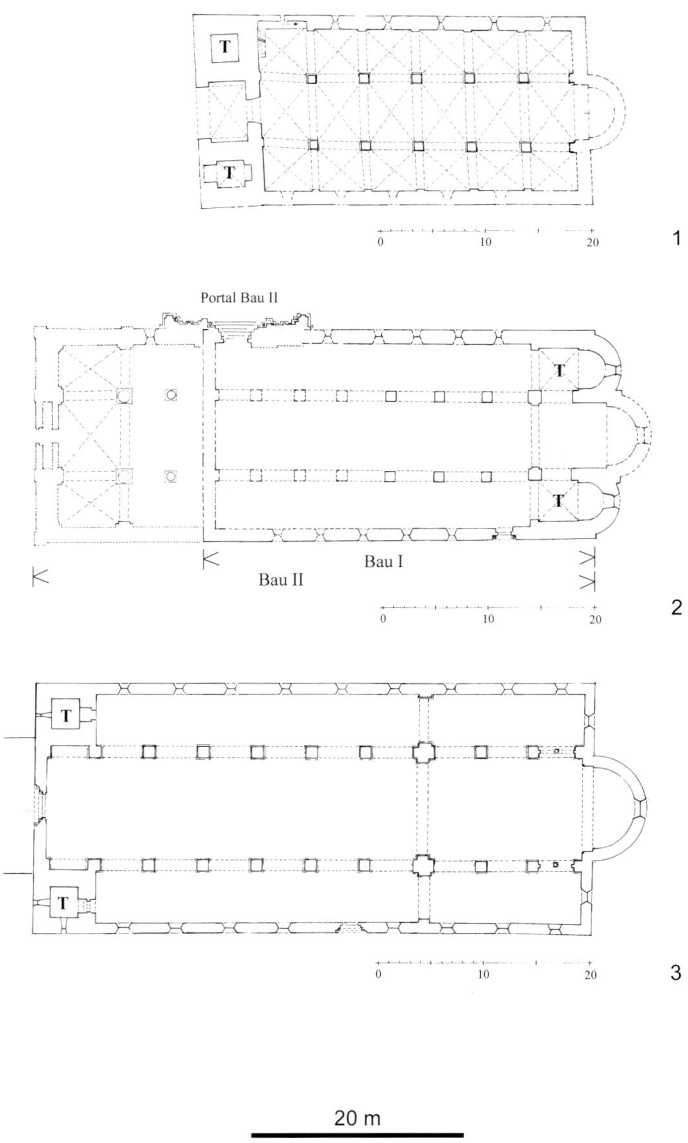

Abb. 33. Grundrisse von Kirchen des 12. Jahrhunderts in Regensburg:
1 Prüll (rekonstruiert mit Apsis anstelle des spätmittelalterlichen Chores), 2 St. Jakob, Bau I, Rekonstruktionsversuch über dem Grundriss von St. Jakob II, 3 Niedermünster III im bauzeitlichen Zustand (Umzeichnung/Rekonstruktion: BLfD, Karl Schnieringer nach Kunstdenkmäler 1933)

Abb. 34. Prüfening, St. Georg, Pfeilerstellung im Kirchenschiff nach Westen (Foto: BLfD, Karl Schnieringer)

Dimensionen der Prüfeninger Klosterkirche, nur schlossen hier unmittelbar an das Querhaus die Apsiden an.[87] Der um 1120 begonnene größere Neubau der Niedermünsterkirche[88] erhielt eine abgegrenzte dreiteilige Choranlage nach dem Schema der Klosterreform, gelängter als in Prüfening, aber ohne Querhaus und nur mit einer Mittelapsis (Abb. 33.3). Die im östlichen Joch zwischen den Chören als Querverbindung eingefügten Biforien erscheinen dagegen wie ein Zitat von Prüfening. An der Westseite entstand eine beim Vorgängerbau noch fehlende Zweiturmanlage. Der Bau wurde aus fein bearbeiteten großen Werksteinen errichtet, edler bzw. moderner als Prüfening, an Prüll anknüpfend wurde im Westen eine Empore eingebaut. Auf eine Einwölbung wurde gänzlich verzichtet, der gesamte Kirchenbereich blieb flachgedeckt.

Der Blick auf diese Bauten zeigt, dass die kreuzförmige Anlage der Prüfeninger Georgskirche im Regensburger Umfeld nur in den unmittelbaren Gründungen Bischof Ottos Nachfolge fand. Nahezu alle anderen altbayerischen Klosterkirchen dieser Zeit verweigerten sich diesem Bauschema. Sie wurden als schlichte dreischiffige Langbauten ausgeführt, obwohl im älteren Kirchenbau Regensburgs und der Oberpfalz die kreuzförmige Anlage mit Ost- oder Westquerhaus durchaus geläufig war.[89] Die Niedermünsterkirche führt vor, dass selbst dort, wo der Vorgängerbau über ein Querhaus verfügte, dies beim Neubau nicht mehr aufgenommen wurde. Auch der beim Neu- und Erweiterungsbau der Jakobskirche (St. Jakob II) im Westen angefügte Querbau nimmt keinen Bezug zu den kreuzförmigen Kirchenanlagen. Dieser Westbau ist im Inneren der Kirche überhaupt nicht wahrnehmbar, weil er mit einer Empore in der Höhe geteilt ist. Der Befund, dass dieser Querbau den Ausgangspunkt für eine Ausführung von St. Jakob II als Hallenkirche bilden sollte,[90] macht deutlich, dass hier die Klosterkirche in Prüll Pate stand und nicht die Idee eines Querhauses. Von St. Jakob II scheint wiederum die Klosterkirche in Reichenbach am Regen mit ihrem zweigeschossigen Westbau beeinflusst, Prüll fand direkte Nachfolge in der ebenfalls als Hallenkirche ausgeführten Klosterkirche Walderbach. Der lang gestreckte lineare Bautyp der „alpenländischen Basilika" dominierte das Baugeschehen des 12. Jahrhunderts in Altbayern, von größeren Dorfkirchen bis zu riesigen Anlagen wie dem 1201 geweihten Freisinger Dom.

Mit der struktiven Organisation des Grundrisses und der gesteigerten Höhenentwicklung steht die Prüfeninger Georgskirche für den Aufbruch in das 12. Jahrhundert. Sie ist ein programmatischer Bau, der mit der Klosterreform externe Baumuster und -strukturen nach Regensburg brachte. Prüfening als Klostergründung hat vor allem zur Weiterverbreitung der Klosterreform beigetragen, die in kurzer Folge die Mehrzahl der Klöster auch anderer Orden erfasste. Mit der Reformbewegung verbreitete sich die über Prüfening nach Regensburg eingebrachte Chorlösung mit einem abgegrenzten Bereich für die Mönche bzw. Nonnen oder Stiftsdamen in kurzer Zeit auf den Großteil der bestehenden Konvente. Die Reform fand auf breiter Basis Anklang, doch in dem Maß, in dem sie sich durchsetzte, verflachten die mit ihr eingebrachten baulichen Neuerungen. Zugleich erweist sich die Prüfeninger Georgskirche selbst als eine Regensburger Bauproduktion. Die Bauformen und die Ornamentik zeigen Verwandtschaft zu Regensburger Bauten, die auf eine Ausführung durch die gleichen Bauhandwerker hindeuten. Die Pfeilerquerschnitte sind in Prüll und in Prüfening maßlich identisch. Auch die im Vergleich mit anderen Bauten in Prüfening auffällige Längung der Pfeiler könnte von den hoch aufragenden Pfeilern der Hallenkirche in Prüll beeinflusst sein (Abb. 34). Ähnlichkeiten sind auch in den Formen der Kämpferprofile beider Bauten festzustellen. Die aus den erhaltenen Dachbalken rekonstruierbare Dachkonstruktion in Prüfening mit der Einbindung einer pfettenartigen Stützkonstruktion weist auf die regionale Bautradition des Pfettendaches.[91] Höchst ungewöhnlich in Regensburg, wohl

86 Vita mariani, zitiert nach: Stocker 2005, S. 36–46.

87 Wintergerst 2019, S. 50–52.

88 Zahn 1928; Kunstdenkmäler 1933, S. 209–222; Eichler 2009.

89 Alte Kapelle seit dem 8./9. Jahrhundert, Niedermünster um 950 etwa zeitgleich mit dem anhand neuester Befunde mit ausladendem Westquerhaus zu rekonstruierenden Regensburger Dom (unpubliziert) und ab 1050 St. Emmeram mit Westquerhaus.

90 Stocker 2005, S. 36–42.

91 Dachwerke [in Druckvorbereitung]

durch den Bauherrn nach Bamberger Gewohnheiten vorgegeben, erscheint die Wahl von Eichenholz für die Dachbalken. Für technische Neuerungen wie die Werksteinbauweise und die Ziegeldeckung ist St. Georg als Ausgangspunkt der weiteren Verbreitung zu sehen. Ein Glücksfall ist, dass dieser programmatische und höchst qualitätsvolle Kirchenbau weitgehend im ursprünglichen Bestand erhalten geblieben ist und bis in Einzelheiten Aufschlüsse über künstlerische Leistungen und bautechnische Errungenschaften zu Beginn des 12. Jahrhunderts vermittelt. Die neuen Ergebnisse zur Bauentwicklung und der ursprünglichen Gestalt vervollständigen unser Bild der bauzeitlichen Anlage.

Literatur

Bleyer/ Knapp/ Marstaller 1999 – Bleyer, Hans-Jürgen/ Knapp, Ulrich/ Marstaller, Tillmann: *Die Martinskirche in Neckartailfingen*, in: Südwestdeutsche Beiträge zur historischen Bauforschung, Bd. 4, Stuttgart 1999, S. 19–51

Dachwerke [in Druckvorbereitung] – *Dachwerke vor 1250 in Deutschland und Nachbarregionen*, hrsg. von der Vereinigung der Landesdenkmalpfleger [in Druckvorbereitung, erscheint 2021]

Eichler 2009 – Eichler, Katrin: *Zur Baugeschichte der drei Regensburger Damenstifte Nieder-, Ober- und Mittelmünster*, Regensburg 2009

Fink 2001 – Fink, Alexandra: *Romanische Klosterkirchen des Heiligen Bischofs Otto von Bamberg (1102–1139)*, Petersberg 2001

Haas/ Pfistermeister 1995 – Haas, Walter/ Pfistermeister, Ursula: *Romanik in Bayern*, Stuttgart 1995

Hausberger 2004 – Hausberger, Karl: *Das Bistum Regensburg. Seine Geschichte*, Regensburg 2004

Hoffmann 1950 – Hoffmann, Wolfbernhard: *Hirsau und die „Hirsauer Bauschule“*, München 1950

Jakob 1982 – Jakob, Rolf: *Vorromanische und romanische Sakralarchitektur in der Oberpfalz*, Weidener Heimatkundliche Arbeiten, Nr. 19, Weiden 1982

Knapp 1997 – Knapp, Ulrich: *Das Kloster Maulbronn, Geschichte und Baugeschichte*, Stuttgart 1997

Kottmann 1967 – Kottmann, Albrecht: *Maßverhältnisse in Bauten der Hirsauer Reform*, Regensburg 1967

Kunstdenkmäler 1914 – *Die Kunstdenkmäler von Oberpfalz und Regensburg, Bd. 20: Bezirksamt Stadtamhof* (Die Kunstdenkmäler des Königreichs Bayern), bearb. von Hans Karlinger, Georg Hager und Georg Lill, München 1914

Kunstdenkmäler 1929 – *Die Kunstdenkmäler von Niederbayern, Bd. 20: Bezirksamt Bogen* (Die Kunstdenkmäler von Bayern), bearb. von Bernhard Hermann Röttger, München 1929

Kunstdenkmäler 1933 – *Die Kunstdenkmäler von Oberpfalz und Regensburg, Bd. 22,2: Stadt Regensburg. Die Kirchen der Stadt (mit Ausnahme von Dom und St. Emmeram)* (Die Kunstdenkmäler von Bayern), bearb. von Felix Mader, München 1933

Morsbach 2010 – Morsbach, Peter: *Prüfening. Kloster und Schloss. Ein Parforceritt durch 836 Jahre Baugeschichte (1109–1945)*, in: 900 Jahre Kloster Prüfening. Kloster – Schloss – Schule. Beiträge des 24. Regensburger Herbstsymposiums für Kunst, Geschichte und Denkmalpflege vom 13.–15. November 2009, Regensburg 2010, S. 61–70

Ostendorf 1908 – Ostendorf, Friedrich: *Die Geschichte des Dachwerks*, Leipzig und Berlin 1908

Schnieringer 2009 – Schnieringer, Karl: *Das Dach der Klosterkirche in Windberg*, in: Zwischen Münchshöfen und Windberg, Gedenkschrift für Karl Böhm, Studia honorica 29, hrsg. von Ludwig Husty, Michael M. Rind und Karl Schmotz, Rahden/Westf./Leidorf 2009, S. 367–372

Schütz/ Müller 1989 – Schütz, Bernhard/ Müller, Wolfgang: *Deutsche Romanik, Die Kirchenbauten der Kaiser, Bischöfe und Klöster*, Freiburg 1989

Stein-Kecks 1997 – Stein-Kecks, Heidrun: *O mirabilis artifex spiritus, Das Bild der Verkündigung an Maria in der ehemaligen Benediktinerkirche zu Prüll*, in: 1000 Jahre Kultur in Karthaus-Prüll, Geschichte und Forschung vor den Toren Regensburgs, hrsg. vom Bezirk Oberpfalz, Regensburg 1997, S. 164–192

Stocker 2005 – Stocker, Mona: *Die Baugeschichte der Regensburger Schottenkirche und ihres Kreuzgangs*, in: scoti peregrini in St. Jakob, 800 Jahre irisch-schottische Kultur in Regensburg, Ausstellung im Priesterseminar St. Wolfgang, Regensburg, Regensburg 2005, S. 36–46

Strobel 1965 – Strobel, Richard: *Romanische Architektur in Regensburg, Kapitell, Säule, Raum*, Erlanger Beiträge zur Kunstwissenschaft, Bd. 20, Nürnberg 1965

Strobel 2009 – Strobel, Richard: *Prüfening und die Hirsauer Bauschule*, in: Mönche, Künstler und Fürsten. 900 Jahre Gründung Kloster Prüfening, Ausstellung Museum Obermünster, 17. Oktober bis 22. November 2009 (Kunstsammlungen des Bistums Regensburg, Kataloge und Schriften, Bd. 38), Regensburg 2009, S. 36–38

Strobel/ Weis 1994 – Strobel, Richard/ Weis, Markus: *Romanik in Altbayern*, Würzburg 1994

Terminologie 2012 – Eissing, Thomas/ Benno Furrer, Benno u. a.: *Vorindustrieller Holzbau in Südwestdeutschland und der deutschsprachigen Schweiz, Terminologie und Systematik*, Südwestdeutsche Beiträge zur historischen Bauforschung, Sonderband, Esslingen 2012

Wintergerst 2019 – Wintergerst, Eleonore: *Regensburg, Niedermünster III*, Bd. 1, München 2019

Wischermann 1987 – Wischermann, Heinfried: *Romanik in Baden Württemberg*, Stuttgart 1987

Zahn 1928 – Zahn, Karl: *Die Niedermünsterkirche zu Regensburg*, in: Zeitschrift für Denkmalpflege II/2, Wien 1928

Grabungsdokumentation:

Scherbaum 2001 – Scherbaum, Jochen: *Schloss Prüfening, ehemalige Klostergebäude, Baubegleitende Untersuchung, Abschnitt 5, Baubefunde im Kreuzgang Nordflügel, August, Oktober, November 2001*

Scherbaum 2002 – *Schloss Prüfening, ehemalige Klostergebäude, Baubegleitende Untersuchung, Abschnitt 6, Kanaltrassen Klosterbereich*, 18.02.–17.07.2002

Michael Schmidt

Unbekanntes Prüfening – Der Mäanderfries im Dachraum, die Fragmente der Decke und die Hirsauer Reform oder: Vom antiken Prinzip eines Ornaments

Dachräume sind Wissensspeicher, in besonderer Weise gilt dies für Kirchen. Oftmals bergen die Dachräume originäre bauhistorische Daten, etwa zur Entstehung eines Baus, Informationen zu einzelnen Bauphasen oder zur Ausstattung. Vielfach sind diese Nachrichten hier noch im Originalzustand vorhanden und nicht überschrieben, sodass der Dachraum zum elementaren Bestandteil des Gedächtnisses eines Baus und seiner Geschichte wird.[1] Nicht selten verdanken wir unser Wissen über ältere Putze und historische Wandfassungen an Kirchen eben der Überlieferung in den Dachräumen, wo solche Befunde, gleichermaßen geschützt wie in aller Regel vergessen, erhalten blieben, während sie an anderen Stellen eines Bauwerks infolge von Bewitterung oder späteren Renovierungsmaßnahmen längst abgegangen sind oder auf andere Weise verloren gingen. Zu den wichtigsten Befundorten von Fassungen gehören im Falle später eingezogener Gewölbe die Obergadenwände.

Die Stadt Aosta in der gleichnamigen Region Valle d'Aosta im Nordwesten Italiens wartet gleich mit zwei Kirchen auf, der Kathedrale Santa Maria Assunta und der ehemaligen Kollegiatstiftskirche Santi Pietro ed Orso (kurz: Sant'Orso), deren Dachräume mittlerweile touristisch erschlossen sind und im Rahmen turnusmäßig angebotener öffentlicher Führungen zur Besichtigung der frühromanischen Wandabschlussfresken der Hochwände des Mittelschiffes (um 1040/50) begangen werden können. In beiden Fällen wurden jeweils in der zweiten Hälfte des 15. Jahrhunderts im Zuge von Modernisierungskampagnen entweder anstelle einer ursprünglichen Flachdecke oder eines offenen, sichtbaren Dachstuhls Ge-

1 Spektakulär im Jahr 2009 die durch die Befunde im Dachraum möglich gewordene Neudatierung des Augsburger Doms in ottonische Zeit (ca. 995–1005), vgl. Aumüller u. a. 2010/11.

Abb. 1. Prüfening, ehem. Klosterkirche St. Georg, Mäanderfries am nördlichen Obergaden des Mittelschiffes (GT [Gewölbetaschen] 03b/05a), Aufnahme 2013 (Foto: Peter Turek, Forchheim; Turek 2019, DSC_6992)

wölbe eingezogen. Die Begegnung mit dem perspektivischen Konsolfries der valdostanischen Kathedrale und dem annährend zeitgleichen Mäanderfries in Sant'Orso stellt ein besonderes Kunsterlebnis dar. Der Öffentlichkeit weitgehend unbekannt, bergen auch die Prüfeninger Dachräume oberhalb der 1608/09 eingezogenen Gewölbe einen derartigen Schatz: einen am Obergaden umlaufenden perspektivischen Mäanderfries aus der Erbauungszeit der Kirche (Abb. 1).

Ein romanisches Dekorationssystem unter der Decke und über dem Gewölbe

Das Kloster Prüfening wurde in den Jahren 1108 oder 1109 von Bischof Otto I. von Bamberg als episkopales Eigenkloster vor den Toren der Stadt Regensburg gegründet und 1114 unter Führung von Abt Erminold mit Mönchen aus dem benediktinischen Reformkloster Hirsau besiedelt. Nach einer erstaunlich kurzen Phase der Planung und Materialakquise erfolgte sogleich die Realisierung der kreuzförmigen Pfeilerbasilika, wobei das Nordschwarzwälder Kloster einen baulichen Orientierungsrahmen bot. Die Bauabfolge ist durch inschriftliche Zeugnisse (auf die Wandflächen aufgemalte Altartituli und die tönerne Weihetafel) bekannt und konnte durch dendrochronologische Untersuchungen (also Jahrringbestimmungen der verwendeten Hölzer) in jüngerer Zeit entscheidend verfeinert werden.[2] Zur Altarweihe 1119 war die Georgskirche unter Dach gebracht und vermutlich zur Schlussweihe am 30. November 1125, und nicht erst 1130/32, war der Bau einschließlich seiner Ausmalung vollendet.[3] Die durch die Dendrochronologie ermittelten Fälldaten für die Bau- und Gerüsthölzer sowie die Deckenbalken mit einem Schwerpunkt im Jahr 1112 dokumentieren das planvolle Vorgehen und die ausgereifte Baustellenlogistik, die die Umsetzung der Maßnahme binnen einer Dekade ermöglichten. Entscheidende Anregungen in der Abwicklung eines solchen Bauvorhabens verdankte der Bamberger Bauherr seinem Einsatz an der Dombaustelle in Speyer, deren Verwaltung Bischof Otto als Kanzler Kaiser Heinrichs IV. von 1097 bis 1102 leitete.[4] Erst eine durchdachte und fein abgestimmte Organisationsstruktur erlaubte auch in Prüfening die Umsetzung des ambitionierten Zeitplans. In diesem Zusammenhang kann darüber spekuliert werden, inwieweit die an der Klosterkirche St. Georg gewonnenen baulogistischen und steinmetzmäßigen Kenntnisse auch die unmittelbar nachfolgende Errichtung der Steinernen Brücke über die Donau in Regensburg (1135–46) beeinflussten.

Die Georgskirche war ein Programm- und Leitbau Bischof Ottos (geb. 1060, seit 1102 Bischof von Bamberg, gest. 1139), sowohl Vorbild für weitere von ihm initiierte als auch nachfolgende monastische Anlagen und Klosterkirchen. Ihre baugeschichtliche Bedeutung und ihr Überlieferungszustand sind überragend. Die Prüfeninger Kirche ist nicht nur der erste fein gefugte Quaderbau in Altbayern, sondern sie besitzt auch das älteste rekonstruierbare Dachwerk Bayerns.[5] Nicht zuletzt wegen ihrer in der Frühzeit des Abbatiats von Erbo I. (1121–62) und noch zu Lebzeiten des bischöflichen Gründungsvaters Otto von Bamberg ausgeführten Ausmalung gehört die Klosterkirche Prüfening zu den herausragenden Sakralbauten aus romanischer Zeit und ist als idealtypischer Vertreter benediktinischer Reformarchitektur des frühen 12. Jahrhunderts von europäischer Bedeutung. Prüfening war gleichermaßen Vorbild für die Klosterkirchen der Benediktiner in Biburg oder der Prämonstratenser in Windberg, aber auch architektonischer Markstein für Land- und Dorfkirchen wie St. Leonhard in Pförring an der Donau, ab 1180 durch das Bamberger Domkapitel nach dem generellen Vorbild der Georgskirche von Prüfening und deren unmittelbarem Nachfolgebau in Biburg errichtet.

Unter Abt Johannes V. Stadler (1606–19) erfuhr die Klosterkirche Prüfening zur 500-Jahr-Feier eine bauliche Modernisierung im Geist der Gegenreformation.[6] Bis heute prägt das vermutlich von Hans Krumper und in engem Zusammenhang mit dem Hochaltarretabel von Karthaus-Prüll entworfene und möglicherweise vom Weilheimer Hans Degler ausgeführte Schnitzwerk den Chorraum. Zusammen mit dem Altarretabel der Regensburger Kartäuserkirche St. Vitus, gestiftet 1605 von Herzog Wilhelm V., und dem mit zentralem, geschnitztem Lebensbaum gestalteten Hochaltar des Zisterzienserstifts Stams (Tirol), 1609–13 vom Weilheimer Bildhauer Bartholomäus Steinle und dem Kistler Wolfgang Kirchmayr gefertigt,[7] ist es Ausdruck einer bislang wenig gewürdigten monastischen Reformbewegung, die eine regelrechte Offensive großformatiger Schnitzaltäre auslöste.[8]

In Prüfening gab es ein ganzes Bündel an Maßnahmen zur Schaffung eines lichten und gemäß dem Tridentinischen Konzil würdevollen Kirchenraums: Insbesondere wurden ein neuer Chorschluss in nachgotischer Formgebung anstelle der ursprünglichen romanischen Hauptapsis zur Aufnahme eines mächtigen Hochaltarretabels errichtet sowie 1608/09 die flachen, bemalten Felderdecken von Mittel-, Quer- und Seitenschiffen durch ein Stichkappengewölbe ersetzt, im Mittelschiff große Rundfenster eingebrochen und die Fenster in den Seitenschiffwänden vergrößert.[9] Außerdem sorgte Blankglas für einen hellen Raumeindruck. Besonders augenfällig war die veränderte Raumproportion, da die Steilheit des romanischen Raums durch das eingezogene Gewölbe nun entscheidend gemindert wurde. Augenzeuge und Chronist der damaligen Maßnahme war der ortsansässige Benediktinerpater Melchior Weixer (1575–1632). Er berichtete, dass der Abt veranlasste, „vetustum tabulatum pictum ex toto templo nostro sustolli et fornicibus eleganter ornari".[10] Wie diese Textstelle belegt, sollte das Gewölbe dem Kirchenraum Anmut und Erhabenheit verleihen und die kirchenhierarchisch minderbedeutenden hölzernen Flachdecken in Mittel- und Querschiff sowie den Seitenschiffen ersetzen, wie noch der Prüfeninger Mönch Johann Evangelist Kaindl zu Beginn des 19. Jahrhunderts in der Rückschau anmerkte: „denn bis dahin war die Decke nur gemaltes Getäfel".[11]

Prüfening fügt sich mit dieser Maßnahme in eine Traditionslinie ein, die im hohen Mittelalter ihren Anfang nahm. Den Auftakt zum Einbau von Gewölben in einen romanisch konfigurierten Kirchenraum markierte im 13. Jahrhundert das ehemalige Prämonstratenserkloster Unser Lieben Frauen in Magdeburg (Umbau zwischen 1220/40). Zahlreicher sind dann die Fälle im 14. und 15. Jahrhundert, wie vor allem die österreichischen Beispiele St. Paul im Lavanttal, Seckau und Gurk zeigen. Innerhalb Bayerns wären stellvertretend die Klosterkirchen von Windberg (um 1450) und Biburg (um 1530) zu nennen – damit bezeichnenderweise auch Klosterkirchen, die unter dem Eindruck der Hirsauer Reform entstanden waren. Der Einzug von Gewölben war damals auch eine Reaktion auf die ideologische Vereinnahmung flachgedeckter Basiliken durch die Mendikanten und sollte der ikonologischen Abgrenzung benediktinisch geprägter Konvente gegenüber den Bettelorden dienen. Ab 1600 wurde nördlich der Alpen in flachgedeckten Kirchenräumen oftmals neuerlich ein architektonischer Mangel gesehen, in der Wölbung hingegen eine Würdeform, die zudem mit der ikonologischen Vorstellung eines Himmelszeltes korrespondierte.[12] Zahlreiche Beispiele sind bekannt: Während man in Regensburg Karthaus-Prüll (ehemaliges Benediktinerkloster von 997, von 1484/85–1803 Kartäuserkloster) in den Jahren 1601–05 das romanische Steingewölbe durch die Anbringung von Quadraturstuck mit feldmittigen Engelsköpfen (im Chor zusätzlich mit Löwenköpfen an den Kreuzungspunkten) neuzeitlich ausdeutete, ging die benediktinische Erzabtei St. Peter in Salzburg einen Schritt weiter. Dort erneuerte man 1605 den Chor in Rechteckform und ersetzte 1619/20 die flache Holzdecke aus der Zeit der Romanik durch ein Gewölbe, 1622 ergänzt durch eine Vierungskuppel.[13] Ein Brand im Jahr 1593 eröffnete die Gelegenheit für eine Umgestaltung der Zisterziensterstiftskirche von Stams/Tirol. Alt und Neu gingen hierbei eine Synthese ein, indem man einerseits die mittelalterlichen Grabdenkmäler restaurierte und andererseits den bereits erwähnten neuen Hochaltar errichtete.[14] Neu eingezogene Gewölbe ersetzten die ursprüngliche Holzfelderdecke mit ihrem gemalten Sternenhimmel in Grün, Rot und Blau im Mittelschiff und die offenen Dachstühle in den Seitenschiffen. In ganz ähnlicher Weise wurde 1610–17 in der Klosterkirche der Benediktiner von St. Michael in Bamberg gleichfalls anstelle einer Flachdecke ein Gewölbe eingezogen und mit einem aufgemalten Himmelsgarten in Art eines mittelalterlichen Herbariums geschmückt, die Regensburger Damenstiftskirche Niedermünster folgte (vielleicht nach dem Vorbild von St. Georg in Prüfening) im Jahr 1625. Endpunkte in dieser Aufzählung bilden die ehemalige Pfarrkirche St. Peter in Straubing und die ehemalige Abteikirche St. Emmeram in Regensburg: Nach einer ausführlichen Sachverständigen-Diskussion hinsichtlich der Frage der statisch-technischen Realisierbarkeit wurden in Straubing in den Jahren 1694/95 das Mittelschiff der altehrwürdigen romanischen Basilika mit einem Stichkappengewölbe überspannt und in den Seitenschiffen anstelle der anzunehmenden gotischen Wölbung Flachtonnen eingezogen.[15] In St. Emmeram zeichnete für den Einbau einer durchgehenden, mit Stuckaturen und Deckenbildern prachtvoll geschmückten Wölbschale im Mittelschiff der Linzer Architekt Johann Michael Prunner im Zusammenwirken mit den Brüdern Asam verantwortlich (1731–33). Andererseits, auch das sei nicht verschwiegen, war das Vorgehen keineswegs einheitlich, weder zu allen Zeiten noch an ein- und demselben Objekt, wie die Erneuerung von Kassettendecken („Tabulat“) aus einer historisierenden Motivation heraus an der Straubinger Peterskirche 1528, der ehemaligen Klosterkirche der Benediktiner und seit 1534 evangelischen Pfarrkirche in Auhausen (in allen drei Schiffen Felderdecken, Holzdecke im Hauptschiff des Langhauses mit Grisaillemalereien von Jesse Herlin, Nördlingen, 1537/42), im Hauptschiff der Regensburger Schottenkirche St. Jakob 1647 sowie im Querhaus und Westchor von St. Emmeram nach Brandzerstörung 1642 (vollendet 1661) zeigt. Prüfening hatte mit seinen Flachdecken also auch im 15./16. Jahrhundert seinen erbauungszeitlichen Raumcharakter bewahrt, lediglich das romanische Chorgewölbe hatte seinerzeit, wie im Rahmen der Restaurierung um 1900 festgestellt werden konnte, mit Rippenansätzen auf einer Lehmschalung eine zeitgemäße spätgotische Gewölbedekoration erhalten.[16]

Dass Weixer in Prüfening lediglich von der „bemalten“ Holzdecke spricht, den typologisch und gestalterisch ursprünglich zugehörigen Mäanderfries unerwähnt lässt, erklärt sich aus einer wohl um die Mitte des 16. Jahrhunderts durchgeführten Renovierung des Kirchenraums, bei der man der Raumschale der Georgskirche wie bei vielen anderen Kirchen in der Zeit der Renaissance ein „weißes Kleid“ übergestreift hatte. In diesem Zuge wurde der Mäanderfries kalkweiß übertüncht, wie nunmehr durch die restauratorische Befunduntersuchung des Mäanderfrieses nachvollzogen werden kann.[17] (Für Weixer war der Fries damit nicht mehr sichtbar.) Vielleicht wurde im Zuge dieser Maßnahme auch die Decke schreinermäßig repariert und randgesichert; überfasst wurde sie jedoch nicht,[18] sodass sie ihren überlieferten Charakter, den Weixer als „bemalt“ beschreibt, beibealten konnte. Möglicherweise nahm man aus Gründen der Pietät die Decke von der Raumredaktion aus. In welcher Weise die Decke „bemalt“ war, ob mit einer szenischen Folge wie in St. Emmeram

---

2 Die Bauabfolge ist bereits in Kunstdenkmäler 1914, S. 181 f. wiedergegeben, zuletzt mittels dendrochronologischer Untersuchungen verfeinert, vgl. Fink 2001, S. 59 f., 63 f., 78, und den Beitrag von Karl Schnieringer in diesem Band.

3 Fink 2001, S. 78.

4 Fink 2001, S. 24–27.

5 Siehe dazu den Beitrag von Karl Schnieringer in diesem Band; auch Fink 2001, S. 61–64.

6 Vgl. Tausch 2010, S. 51.

7 Schemper-Sparholz 1999.

8 Alle drei Altäre haben Verbindungen zur Münchner Hofkunst, sei es durch eine herzogliche Stiftung oder durch den Weilheimer bzw. Münchner Künstlerkreis.

9 Kunstdenkmäler 1914, S. 180. Anderslautende Vorschläge, die Einwölbung in die Jahre 1653–77 zu datieren, sind unzutreffend und beruhen auf einer Verwechslung mit den von Abt Romanus I. veranlassten Veränderungen u. a. im Bereich des Benediktuschores und der Alexiuskapelle, vgl. Kunstdenkmäler 1914, S. 180 f.

10 Kunstdenkmäler 1914, S. 172; Übersetzung: „Er veranlasste, die alte bemalte Kassettendecke aus unserer Kirche zu entfernen und sie mit Gewölben feiner zu schmücken.“

11 Zitiert nach Endres 1905/06, S. 166.

12 Anfänge für eine derartige Interpretation reichen ins Mittelalter zurück, wie die Gewölbemalereien der Kirche St. Leonhard bei Pucking/Oberösterreich mit einem reichen Sternenhimmel al secco aus der Zeit um 1440/50 zeigen.

13 Salzburg 2016, S. 74.

14 Ammann/ Peda, S. 4, 11 f.

15 Schmidt 2018, S. 230 f.

16 Kunstdenkmäler 1914, S. 184.

17 Preis/ Preis 2018, S. 5.

18 Bayerisches Landesamt für Denkmalpflege (BLfD), OA Regensburg, Kath. Pfarrkirche St. Georg (ehem. Benediktinerabteikirche St. Georg), E-Mail von Peter Turek vom 12.11.2017, 14.09 Uhr, an das Staatliche Bauamt Regensburg (Christian Brunner).

oder emblematischen Motiven, muss offen bleiben.[19] Eine rein ornamentale Gestaltung ist man geneigt auszuschließen, denn in diesem Fall hätte man der Decke kaum die nötige Reverenz entgegengebracht und sie wohl analog zum Mäander, schon allein aus Gründen der Herstellung einer einheitlichen Raumschale, mit überfasst.

Die Textstelle des Prüfeninger Chronisten ist unabhängig ihres rein chronikalischen Wertes auch kultur- und mentalitätsgeschichtlich von großem Interesse. Denn sie spiegelt Weixers Bedauern über den Verlust der alten, bemalten und gefelderten Holzdecke („Tabulat") wider. Es fällt auf, dass er sich nicht anschickt, Gründe für deren Abbruch zu suchen, indem er etwa einen baufälligen Zustand verantwortlich macht, sondern ganz im Gegenteil die bemalte Decke mit dem Adjektiv „vetustus", was sowohl rhetorisch mit „altertümlich", aber auch – philosophisch positiv gewendet – mit „altehrwürdig" zu übersetzen ist, adelt. In der Sprache der Zeit hatte der Begriff „vetustas" keineswegs eine negative oder pejorative Konnotation, sondern erschien als Ausweis eines wertgeschätzten Alters. Mancherorts wurde der Begriff sogar zur „sacra vetustas", zum „heiligen Alter", stilisiert.[20] Für den Chronisten hatte die Decke damit zweifelsohne einen historischen Wert. Einzig dass die Kirche nun würdevoller, „eleganter geschmückt" ist, schien Weixer über den Verlust der hölzernen Decken hinwegzutrösten. Weixers Worte sind damit auch ein beredtes Zeugnis über das Ringen zwischen Bewahrung und Erneuerung, zwischen Tradition und Fortschritt, und hierin mutmaßlich Reflex einer innermonastischen Diskussion, die in Prüfening letztlich zugunsten der Wölbung ausging.

Trotz des hohen Bedeutungsgrades der Prüfeninger Kirche führte der Mäanderfries lange Zeit ein wissenschaftliches Schattendasein. Zwar wurde er in Zusammenhang mit den Prüfeninger Wandgemälden seit dem Kunstdenkmälerband des Bezirksamtes Stadtamhof im Jahr 1914 immer wieder erwähnt, jedoch eher als eine Randnotiz und als Teil eines großen Ganzen.[21] Eine Ausnahme machte Hans Karlinger, der bereits 1920 angesichts der historistischen Übermalung Haggenmillers im Hochchor den Wert des Mäanders als Primärdokument erkannte: „Das große Band eines perspektivischen Mäanders über dem barocken Gewölbe dagegen wertvoll als Parallele und Gegenprobe für den farbigen Gehalt der Chormalereien."[22] Lediglich der Vergleich mit dem jüngst wiederentdeckten Mäanderfries der gleichfalls unter Bischof Otto von Bamberg erweiterten und neu ausgestatteten Kollegiatstiftskirche St. Maria und Gangolf in Bamberg (kurz: St. Gangolf) verlieh dem als Referenzobjekt bemühten Prüfeninger Fries zuletzt wissenschaftliche Aufmerksamkeit.[23] Damit aber schon genug: Ein weitergehender oder gar eigenständiger Untersuchungsgegenstand war das romanische Dekorationssystem von Prüfening bisher nicht. Auf seine typologische Bedeutung hin wurde der Prüfeninger Fries überhaupt noch nicht befragt.

Der Prüfeninger Mäanderfries – Versuch einer Bestandsaufnahme

Ein perspektivischer Mäander, der direkt unterhalb der Balkenlöcher der ehemaligen flachen Decken umläuft, bildete den Wandabschluss von Mittelschiff, Querhaus und Seitenschiffen.[24] Abgesehen von Resten der beschriebenen Kalktünche aus der Mitte des 16. Jahrhunderts, die infolge abbauender Adhäsionswirkung und möglicherweise verstärkt durch partielle mechanische Freilegungen[25] – in Frage käme nur die Maßnahme um 1900 – stark reduziert sind, präsentiert sich der Fries in einem guten Überlieferungszustand und (zumindest weitgehend) frei von restauratorischen Eingriffen (Abb. 2). Er ist damit ein authentisches Zeugnis der Prüfeninger Malerei aus der Erbauungszeit der Kirche. Im Zuge der Maßnahme

Abb. 2 Prüfening, St. Georg, Mittelschiff-Nordwand, Mäanderfries im Bereich GT 03b/05a (siehe Abb. 1; Hinweis: Ortsangabe „nördliches Seitenschiff" in Kunstdenkmäler 1914, S. 217, Fig. 152, ist unzutreffend), Aufnahme um 1912 (Bayerisches Landesamt für Denkmalpflege [BLfD], Bildarchiv, Nr. 01029941)

Abb. 3. Agliate bei Carate Brianza/Lombardei, Baptisterium an der ehemaligen Kollegiatstiftskirche San Pietro, perspektivischer Mäanderfries am Bogen zum Altarraum mit unterlegtem quadratischem Konstruktionsnetz, um 1080, Aufnahme 2019 (Foto: Michael Schmidt)

wurden der Bestand dokumentiert und die Oberfläche von locker aufliegenden Verschmutzungen mittels Haarpinsel sowie Staubsauger trocken gereinigt; aufstehende Oberflächen, hohl liegende Bereiche und Risse wurden konservatorisch durch Hinterspritzen mit Kieselsol und mineralischem Injektionsmörtel versorgt, gefährdete Putzflanken angeböscht.[26]

Der malereitragende Putz liegt in Prüfening mit einer Stärke von 1,0–2,2 cm als Ausgleichsschicht auf dem mit Setzfugen und einem Kellenstrich sorgfältig aufgebauten Hausteinmauerwerk. Die Ausführung erfolgte wie bereits im Kirchenschiff und den Nebenchören als Kalkseccomalerei. Die Höhe des Mäanderfrieses differiert zwischen den einzelnen Raumkompartimenten und wurde an die jeweilige Situation proportional angepasst. Die maximale Höhe des Frieses, definiert über die beiden Rahmenstreifen nach oben und unten, beträgt im Mittelschiff 1,0 m, im Querhaus 0,875 m und ist damit vom Mittelschiff über das Querhaus zu den Seitenschiffen hin gemäß der Raumproportion und der Bedeutungshierarchie abgestuft. Er hat sich mit einer umlaufenden Gesamtlänge im Mittelschiff von 73,40 m, im Querhaus von 66,70 m, im nördlichen Seitenschiff von ca. 70 m und im südlichen von ca. 60 m erhalten. Konstruiert ist das Prüfeninger Ornamentband – wie andere mittelalterliche Mäanderfriese aus karolingischer, ottonischer oder romanischer Zeit, besonders anschaulich diesbezüglich ist das Baptisterium von Agliate (Abb. 3) – über einem quadrierten Grundnetz. Das Achsmaß des Prüfeninger Netzes beträgt im Mittel 9,5–10,0 cm, wobei sich die Schwankungen durch unterschiedliche Linienbreiten ergeben, und entspricht damit den üblichen Maßeinheiten.[27] Die Hilfslinien für das Konstruktionsnetz sind, insbesondere im Querhaus

19 Das Bildprogramm der beim Brand 1642 zerstörten Decke von St. Emmeram mit den drei christlichen Reichen lässt sich durch die Beschreibungen des 15. und 16. Jahrhunderts weitgehend rekonstruieren, vgl. Endres 1902, S. 209 f.

20 Der Begriff „*sacra vetustas*" findet sich auf einer Inschrift am Fürstenstand der Stadtkirche Rudolstadt (Thüringen), nach 1634, vgl. Schmidt 2002, S. 125 f., voller Wortlaut der Inschrift ebd., S. 137 mit Anm. 6.

21 So beispielsweise bei Stein 1987, S. 152.

22 Karlinger 1920, S. 16.

23 Faber/ Exner 2018a und 2018b.

24 Um Verwechslungen mit einem umlaufenden Ornamentband einer bemalten Holzdecke zu vermeiden, wird in diesem Beitrag auf die Verwendung des Begriffs „Deckenfries" für solche Wandabschlussfriese verzichtet.

25 So der Hinweis im Beitrag von Peter Turek in diesem Band.

26 Zu den durchgeführten Maßnahmen vgl. Preis/ Preis 2018, S. 6.

27 Lediglich die dänischen Beispiele, dort beträgt das Maß im Durchschnitt 12 cm (vgl. Haastrup/ Egevang 1986, S. 180), weichen etwas ab.

Abb. 4. Prüfening, St. Georg, Mäanderfries mit unterlegten Hilfslinien an der Westwand des südlichen Querhauses (GT 10b), Zustand nach Abschluss der konservatorischen Maßnahmen, Aufnahme 2018 (Foto: Preis & Preis, Parsberg, Aufnahme: Lisa Otto; Preis/ Preis 2018, S. 14, Nr. 1.1.35)

Abb. 5. Prüfening, St. Georg, Mäanderfries am nördlichen Obergaden des Mittelschiffes, UV-Aufnahme (UV 360 nm), Ausschnitt wie Abb. 1, Aufnahme 2015 (Foto: Peter Turek, Forchheim; Turek 2019, DSC_6988)

von Prüfening, noch sichtbar (Abb. 4). Dieses erlaubte den präzisen, modulartigen Aufbau eines Mäanderfrieses und die Wahrung einer streng geometrischen Grundstruktur.

Der Prüfeninger Wandfries verzichtete auf ornamentale Zwischenglieder oder eingefügte Brustbilder. Er läuft damit ohne Unterbrechungen des Rapports in endloser Reihung um. Nach oben wird der Fries von einem roten Bandstreifen eingefasst, der an seiner Unterseite von einem schwarzen Strich begleitet wird. Seinen unteren Abschluss bildet ein zweifarbiges Band in Rot (Oberseite) und Ocker (Unterseite) sowie eine Reihe getupfter oder gestempelter Einzelpunkte (keine Perlenschnur!) auf der Mittellinie. Sein technischer Aufbau und malerischer Duktus entsprechen der Prüfeninger Chormalerei.

Von entscheidender Bedeutung ist die Farbanlage des Frieses, wobei mögliche Farbverschiebungen und Pigment-

Abb. 6. Prüfening, St. Georg, Rekonstruktionsvorschlag des Obergaden-Mäanderfrieses im Mittelschiff (Abschnitt wie bei Abb. 1 und 5) und den Seitenschiffen von Susanne Scherff, 2020 (Zeichnung: BLfD, Susanne Scherff)

Abb. 7. Prüfening, St. Georg, Obergaden-Mäanderfries an der Westwand des nördlichen Querhauses (GT 09b), Vorzustand, Aufnahme 2016 (Foto: Preis & Preis, Parsberg, Aufnahme: Lisa Otto; Preis/ Preis 2018, S. 9, Nr. 1.1.19)

veränderungen mittels Oxidation oder Abbauprozessen, vor allem beim Schwarz und hellen Rot, hier ausgeblendet werden sollen.[28] Das zweifarbig geschichtete Bandornament gliedert sich in farblich differierende und einander abwechselnde Abschnitte. Diese alternierencen Kompartimente setzen sich aus jeweils drei, in ihrem Kolorit verwandten Farben zusammen: in dem einen Abschnitt aus den Farben Braun, Umbra und Grau-Schwarz, in dem anderen Abschnitt aus Rot, Ocker und der infolge von Pigmentumwandlung heute nur noch im UV-Licht erkennbaren „goldenen" Farbe, begleitet von weißen Abliniierungen (Abb. 5, vgl. Abb. 1).[29] Besonders diese zartgliedrigen weißen Höhungen und das Rot steigerten die Tiefen- und somit die Perspektivwirkung. Die Übergänge zwischen den einzelnen Abschnitten sind durch ineinandergreifende vertikale und horizontale Stäbe harmonisch angelegt und frei von harten Zäsuren, die heute verlorene „goldene" Farbe setzte im Querschiff zudem Höhungen.

Die Gestaltung des Frieses variiert zwischen dem Mittel- und den Seitenschiffen sowie dem Querhaus: Während im Mittelschiff die Felderung querrechteckig angelegt ist, sind die Abschnitte im Querhaus annähernd quadratischen Formats. Im Mittelschiff erweckt das Band den Eindruck gegenläufig und versetzt geführter T-förmiger Figuren und kopffußender Gegenfiguren (Abb. 6). Aus dieser Konfiguration resultieren zudem lange Verbindungsstege. Jeweils ein Paar, bestehend aus Figur und Gegenfigur, bildet einen Abschnitt, ehe die Farbigkeit in dem beschriebenen Sinn wechselt. Die Länge der Abschnitte im Mittelschiff beträgt 1,13 m.

Im Querhaus ist der Mäander anders gestaltet: Die T-Figuren des Mäanders sind hier in der vertikalen Achse direkt übereinander angeordnet (Abb. 7 und 8). Durch die hier kürzeren Intervalle erscheint der Querhausfries lebendiger. Vermutlich trägt dieser Gestaltungswechsel dem Prinzip der hierarchischen Stufung des mittelalterlichen Kirchenbaus Rechnung, beginnend mit dem Langhaus über das Querhaus hin zum Chor als dem liturgischen Zentrum. Die Differenzierung in hinsichtlich Komposition und Farbskala unterschiedlich gestaltete Mäanderfriese teilt Prüfening mit anderen prominenten Kirchenbauten, allen voran St. Georg in Reichenau-Oberzell, wo im Mittelschiff gleich zwischen

28 Hinweis von Peter Turek (per E-Mail vom 16.11.2019). Zu dieser Thematik chemischer Veränderungen von Farben im Laufe der Zeit am Beispiel Müstair Goll 2007, S. 61; Turek 2020, S. 44–46.

29 Zu dieser „verlorenen" Farbe siehe den Beitrag von Peter Turek in diesem Band, mit Abb. 8.

Abb. 8. Prüfening, St. Georg, Rekonstruktionsvorschlag des Mäanderfrieses an der Westwand des nördlichen Querhauses von Susanne Scherff (von links nach rechts: GT 09b/09a/11b), 2020 (Zeichnung: BLfD, Susanne Scherff)

drei Mäanderfriesen differiert wird, einem oberen, mittleren und unteren Mäander.[30] Sie begegnet beispielsweise aber auch auf der in Teilen erhaltenen Randeinfassung des gewirkten Abraham-Engel-Teppichs (um 1150) im Domschatz von Halberstadt als Werk romanischer Textilkunst, wobei die Mäanderfigur zwischen der horizontalen und der vertikalen Borte variiert.

In den Prüfeninger Seitenschiffen war das Ornamentband weniger differenziert angelegt und fein ausgearbeitet. Ferner wurde zumindest teilweise auf die Punkteleiste verzichtet; außerdem gibt es Hinweise auf einzelne Vermalungen, die nachfolgend korrigiert wurden. Vielleicht resultierte diese Flüchtigkeit aus dem Druck einer termingerechten Fertigstellung der Arbeiten zur Schlussweihe im Jahr 1125. Des Weiteren scheint der Mäander partiell einer oder mehreren maltechnischen Nachreparaturen unterzogen worden zu sein, was angesichts der langen Standzeit des Bandfrieses über mehrere Jahrhunderte nicht verwunderlich ist.[31]

Exkurs: Mäander und Labyrinth – eine motivgeschichtliche Spurensuche

Der Mäander gehört zu den ältesten Dekorationsformen. In seinem unendlich fortlaufenden, jedoch klar und kunstvoll strukturierten Rapport erscheint er als Zeichen für fortwährende Erneuerung, gibt hierin ein Bild der göttlichen, kosmischen Ordnung und ist im Christlichen eine „Anspielung auf den ewig jungen Gott und die Unendlichkeit".[32]

Über Jahrhunderte bestimmte der Mäander wie kein zweites Ornament die europäische Kunst. Eine Betrachtung seiner antiken Wurzeln ist höchst aufschlussreich, erlaubt sie doch Rückschlüsse auf die Sinndeutung des Mäanders, die weit über eine rein dekorative Funktion hinausgeht: In seinen Anfängen zeigt das Ornament grafische und inhaltliche Gemeinsamkeiten mit Formen des Labyrinths, also jenen bis in die prähistorische Megalithkultur zurückweisenden Ideogrammen vorwiegend kultischer Prägung, um dann in der griechischen Bronzezeit die entscheidende inhaltliche Ausdeutung zu erfahren.

Zentrale Fragen zur Motivgenese und zu Transformationsprozessen bleiben in der Forschung indes ungeklärt. So fehlt bisher auch eine Untersuchung möglicher Zusammenhänge zwischen den Darstellungen des kretischen Labyrinths seit dem 5. vorchristlichen Jahrhundert und den labyrinthartigen Ornamentformen auf Tonsiegeln aus dem minoischen, frühpalastzeitlichen Phaistos (Kreta) sowie dem frühhelladischen Lerna in der Argolis (Peloponnes). Einzigartig sind die Tonplomben von Lerna, gefunden im Raum XI des „House of the Tiles" (auch genannt „Haus der Ziegel", „Haus der Dachziegel" und neuerdings „Palast des Fürsten"). Sie werden in das späte FH II, Lerna III, 2200–2100 v. Chr., datiert und machen den Ort mit seinem ehemals zweistöckigen palatial-administrativen Gebäude zu einem der bedeutendsten Fundorte der ägäischen Bronzezeit.[33] Die Formenvielfalt dieser Siegel manifestiert sich, wie später auch in der mykenischen Kunst, in unterschiedlichen Motivgruppen, darunter Drei- und Vierblättern sowie fortlaufenden Spiralen-, Schlaufen- und Kreuzmotiven. Unter Letzteren befinden sich auch diametrisch angelegte Kreuzmotive mit offenen Schlaufen an den Armen, die spätere Mäanderformen zu antizipieren und auch eine Brücke zu den labyrinthischen Darstellungen auf den weit über 1500 Jahre jüngeren Münzen aus Knossos zu schlagen scheinen. Angesichts dieser Übereinstimmungsdichte mag man nicht an bloße Zufälligkeiten innerhalb eines ornamentalen Spektrums glauben, sondern auch eine kollektive Rückerinnerung solcher wohl als mythisch empfundener prähistorischer Hinterlassenschaften in mykenischer, geometrischer oder archaischer Zeit in Betracht ziehen, vergleichbar dem literarischen Umgang mit dem neolithischen und helladischen Erbe von Lerna. Denn immerhin fand die Trockenlegung des einstigen Sumpfgebietes durch die prähistorischen argivischen Könige in Form der mythisch-kultischen Anverwandlung der sagenhaften Frühgeschichte des Ortes in Herakles' zweiter Tat, dem Kampf mit der Lernäischen Hydra, ein narratives Reflexiv. Ebenso fehlt aber eine wissenschaftliche Einbeziehung von Labyrinthmustern aus mykenischer Zeit, beispielhaft jenes auf der Rückseite einer tönernen Linear-B-Tafel aus Pylos (PY Cn1287) eingeritzten, dessen Formgebung deckungsgleich mit den quadratischen Anlagen auf den kretischen Münzen oder vielen römischen Varianten ist.[34]

Nicht selten aber wird die Verbindung Labyrinth – Mäander in der Forschung mit Hinweis auf einen gegensätzlichen Konzeptansatz jedoch in Frage gestellt oder gar negiert.[35] Dort der Mäander als Abbild des göttlichen Schöpfungsplans, der stets Neues hervorbringt, klar strukturiert, vielfältig in Farben, Formen und Perspektiven, hier das Labyrinth mit seiner unübersichtlichen, wenngleich endlichen Wegeführung, aus dem ein Entrinnen nur mit Gottes Hilfe möglich ist, denn unzählig sind die Sackgassen. Aber schon hinsichtlich der Interpretation ist das Labyrinth alles andere als eindeutig: Vielmehr herrscht eine Ambiguität der Deutungen vor und je nach Kontext negative wie positive Interpretationen.[36] Schon Vergil zeigte sich in seiner „Aeneis" gleichermaßen fasziniert wie irritiert vom Labyrinth, einem nur vordergründig „unentwirrbaren Irrgang" („error inextricabilis"), das wie sein Bewohner Minotauros zweigestaltig ist. Mit dieser Stelle erhob Vergil Daidalos nicht nur zum mythischen Urahnen der Architekten, sondern lieferte auch die Vorlage für dessen christliche Deutung als Präfiguration des Schöpfergottes („artifex"), dessen Bauplan zugleich Enigma des Gebäudes war (und damit eine Entschlüsselung mit Ariadnes Hilfe gleichsam entbehrlich machte!): „contra elata mari respondet Cnosia tellus: / hic crudelis amor tauri suppostaque furto / Pasiphae mixtumque genus prolesque biformis / Minotaurus inest, Veneris monimenta nefandae, / hic labor ille domus et inextricabilis error; / magnum reginae sed enim miseratus amorem / Daedalus ipse dolos tecti ambagesque resolvit, / caeca regens filo vestigia."[37]

Die affirmative Verknüpfung von Mäanderformen mit der Theseus-Sage in Vasenmalerei und Numismatik bestätigt den Deutungsansatz.[38] Vor allem die Silbermünzen aus Kreta bzw. Knossos liefern diesbezüglich eindrucksvolle Beispiele: Hierbei handelt es sich um nach ihrer Prägestätte bzw. dem Ausgabeort Kreta benannte Münzen, die in der

Abb. 9a, b. Münze aus Kreta/Knossos, ca. 425–360 v. Chr., Stater, Silber, geprägt, Gewicht: 11,51 g, Durchmesser: 23–27 mm, Vorderseite: Minotauros als stierköpfiger nackter Mensch im Knielaufschema, Rückseite: stilisierte Darstellung des kretischen Labyrinths mit fünfteiligem, sternförmigem Mittelmotiv (Münzkabinett der Staatlichen Museen zu Berlin – Preußischer Kulturbesitz, Inv.-Nr. 18216378) (Foto: Münzkabinett der Staatlichen Museen zu Berlin – Preußischer Kulturbesitz; Aufnahme: Dirk Sonnenwald)

Abb. 10a, b. Münze aus Kreta/Knossos, ca. 400–350 v. Chr., Stater, Silber, geprägt, Gewicht: 11,51 g, Durchmesser: 24 mm, Vorderseite: bez. ΚΝΩΣΙΟΝ [Knossos], Kopf der Ariadne im syrakusanischen Typus der Arethusa, in einem aus einem Mäanderband gebildeten quadratischen Rahmen, Rückseite: bez. ΜΙΝΟΣ, König Minos sitzt im Hüftmantel auf einem Thron in Dreiviertelansicht (Münzkabinett der Staatlichen Museen zu Berlin – Preußischer Kulturbesitz, Inv.-Nr. 18216380) (Foto: Münzkabinett der Staatlichen Museen zu Berlin – Preußischer Kulturbesitz; Aufnahme: Dirk Sonnenwald)

Regel auf der Vorderseite Personen aus dem Bereich der Theseus-Sage zeigen, während die Rückseite das kretische Labyrinth in der Aufsicht abbildet. Die Münzen greifen damit die Sage vom blutrünstigen Minotauros auf, der in seinem kretischen Labyrinth erst vom Athener Helden Theseus bezwungen werden konnte (dieser Zweikampf wird als Minotauromachie bezeichnet). Als Chiffre für das Labyrinth erscheint auf diesen Münzen häufig der Mäander, wobei seine Ausformung differiert. Der gestalterische Korridor reicht hier von Beispielen in aneinandergereihter Form bis zu vierarmigen Swastika-Mäandern, häufig mit blüten- bzw. sternförmigem (oftmals fünfteiligem) Mittelornament (Abb. 9a, b). Bei dieser Reduktionsform werden in der Überblendung die Umrissfigur des Minotauros und der Mäander eins, sodass Untier und architektonisches Gehäuse die gleiche Form annehmen. In spätklassischer Zeit bildete häufig ein Mäanderband (mit interruptiver Linienführung) einen quadratischen Rahmen um das zentrale Bildmotiv der Münzen, wie im gewählten Beispiel um den Kopf der Ariadne (Vorderseite), während deren Rückseite König Minos im Hüftmantel auf einem Thron in Gestalt der berühmten Zeusstatue von Olympia zeigt (Abb. 10a, b).[39] Die bestehenden grafischen wie kultischen Berührungspunkte zwischen Mäander und Labyrinth veranschaulichen neben den Münzen aus Knossos in besonderer Weise die Deckenreliefs in den beiden seitlichen Treppenhäusern des Zweisäulensaals am megalomanen kleinasiatischen Apollontempel von Didyma (Türkei); deren reliefplastisch ausgearbeitete sowie farblich in Rot und Blau differenzierte Deckenmäander begründeten ihre bereits um 300 v. Chr. belegte Bezeichnung „labyrinthoi".[40]

Als Gegensatzpaar begegnen Labyrinth und Mäander an der wohl zwischen 383/382 und 357/356 v. Chr. errichteten Tholos oder „Thymele" (d. h. „Stätte des Blutopfers") von Epidauros (Peloponnes). Dieser peripterale Rundbau mit 26 dorischen Ringhallensäulen und 14 freistehenden korinthischen Cellasäulen gilt als einer der rätselhaftesten Bauwerke der Antike. Im Mittelpunkt der Diskussionen steht sein labyrinthartiger Unterbau: Drei konzentrischen Mauern (als Fundament sind sie für die aufgehende Tempelarchitektur bautechnisch nicht notwendig) formen ein begehbares, durch Pforten miteinander verbundenes dreidimensionales Labyrinth (Abb. 11).[41] Die Wegführung ist verschlungen, denn die Gänge sind durch Quermauern unterbrochen, sodass ein dreimaliger Richtungswechsel notwendig wird, um ins Zentrum des Irrgartens zu gelangen. Von der neueren Forschung wird diese Substruktur der Thymele mit einem kultischen Labyrinth für Opferzeremonien in Beziehung gesetzt und als symbolische Grabstätte bzw. Heroon (kein Tempel!) für Asklepios gedeutet.[42] Neben den rituellen Bezügen spiegelt

30 Vgl. Jakobs 1999, Bd. 2, S. 486–493.
31 Fernmündlicher Hinweis von Peter Turek am 18.11.2019.
32 Turek 2020, S. 41, 47.
33 Dazu Heath Wiencke 1975.
34 Abgebildet bei Voutsa 2018, S. 164, Abb. unten.
35 Dieser Aspekt wird kontrovers diskutiert, anderer Auffassung ist Kern 1982, S. 13. Allerdings widerlegen mehrere Beispiele sein eigenes Postulat.
36 Vgl. Schlesier 2008, S. 143.
37 Vergil, Aeneis VI, V. 23–30; zitiert nach Vergilius 2017, S. 286–289: „Diesem Bild entspricht gegenüber, aus dem Meer ragend, die Insel Kreta: Hier die grauenvolle Liebe zum Stier, die ihm heimlich zugeführte Pasiphae, dazu das Zwitterwesen, der zweigestaltige Spross Minotaurus dargestellt, Zeichen einer schändlichen Leidenschaft; hier die mühevoll angelegte Behausung mit dem unentwirrbaren Irrgang. Daedalus selbst aber erbarmte sich der großen Liebe der Königstochter und entwirrte die trügerischen Irrwege des Hauses, indem er die orientierungslosen Schritte mit einem Faden lenkte."
39 Vgl. Münze, um 360/330 v. Chr. (Münzkabinett der Staatlichen Museen zu Berlin, Inv.-Nr. 18218289).
40 Kern 1982, S. 85, mit Abb. 75; Gruben 1986, S. 372.
41 Grundriss bei Riethmüller 1996, Abb. 3, S. 76.
42 Gruben 1986, S. 141 f.; Riethmüller 1996, S. 95; Schneider 2006, S. 197.

Abb. 11. Epidauros, Unterbau der Tholos, Fundamente des inneren Mauerkreises, Ansicht von Osten, Aufnahme um 1971 (Foto: Bildarchiv Foto Marburg, Nr. B 10.947/3; Aufnahme: Konrad Helbig)

Abb. 12a, b. Epidauros, Archäologisches Museum, Teilrekonstruktion der Gebälkzone der Tholos: innere korinthische Säulenstellung (mit Blick in Richtung Cellawand) und äußerer dorischer Säulenstellung sowie Ausschnitt, Aufnahmen 1938 im Rahmen der Fotokampagne Griechenland 1938 & Projekt historische fotografische Negative (Fotos: Bildarchiv Foto Marburg, Bilddatei-Nrn. fm134417, fm134419)

Abb. 13a, b. Olympia, Archäologisches Museum: a Teilrekonstruktion des terrakottenverkleideten Giebels des Schatzhauses XII (sog. Schatzhaus von Gela), Ton mit schwarzer und braunroter Bemalung auf hellgelbem Überzug, 2019 (Foto: Michael Schmidt); b (unten) Fragment vom linken Ende eines Ziegels der Giebelsima aus der Antikensammlung der Staatlichen Museen zu Berlin, Inv.-Nr. CC BY-NC-SA (Foto: Antikensammlung der Staatlichen Museen zu Berlin, Aufnahme: Ingrid Geske)

der labyrinthartige Unterbau im Sinne einer „sprechenden Architektur" aber auch assoziative Vorstellungen des Chthonischen wider. Ganz anders die Ausprägung des Mäanders in der Gebälkzone der Tholos: Die Friese treten an den Innen- und Außenseiten des Gebälks der Thymele als Doppelmäander auf, der ein verinseltes Quadrat umfährt, und bereichert in der Variante eines laufenden Hundes den Zierrat der Kassettendecke (Abb. 12a, b).[43] Dieses Bandornament formuliert, eingespannt zwischen Kymatien, nach unten einem Ionischen (mit einem Eierstab) und nach oben einem Lesbischen Kymation (mit Herzblattmotiv), einen artifiziellen Wandabschlussfries und scheint hierin gleichsam die Mäanderfriese romanischer Kirchen zu antizipieren! Der Mäander der Tholos von Epidauros wiederholt dabei wörtlich die ursprünglich farbig aufgemalte Architravornamentik des Parthenon auf der Athener Akropolis – eine für die spätklassizistische Architektur bezeichnende eklektizistische, teilweise retrospektiv motivierte Wahl aus dem historischen Formenrepertoire.[44] Ungeachtet dieser Beobachtung ist die epidaureische Tholos auch in anderer Hinsicht höchst aufschlussreich, denn sie vermittelt den Anschein, als seien Labyrinth und Mäander zwei widerstreitende Ornamentformen aus der gleichen Wurzel, gleichsam deren edler und unedler Trieb, einmal in seiner ungezähmten Form, das andere Mal in strukturierter Gestalt als Metapher des Geordneten und Göttlichen. Die Tholos von Epidauros formuliert einen vorläufigen Endpunkt einer Entwicklung des Dekorationssystems in der griechischen Architektur, das mit Mäander-Zierelementen bei Dachüberständen und Giebeln seinen Ausgang nahm und sich vor allem in Magna Graecia großer Beliebtheit erfreute.[45] Besonders die bemalten Dachterrakotten des Schatzhauses XII (sogenanntes Schatzhaus von Gela) in Olympia, um 575/560 v. Chr., sind diesbezüglich hervorstechend. Die Ornamentik seiner Giebelsima ist mit Rhombenreihe, rautierter Zierleiste, Ky-

43 Der außenseitige Mäanderfries war in Verbindung mit Sima, Triglyphenfries, Rankenketten, löwenköpfigen Wasserspeiern und Palmetten-Antefixen Bestandteil des Dachrandaufsatzes, vgl. Abb. bei Gruben 1986, Abb. 131, S. 141. Als Bestandteil der Gebälkarchitektur antiker Tempel wurde der Mäanderfries bisweilen auch in der Zeit des Klassizismus rezipiert, eines der frühesten Beispiele der korinthisch pilastrierte Mittel- und die reduzierten Eckrisalite von Schloss Bellevue in Berlin (1785/86). Im Sakralbau findet sich der gemalte Mäander (als fingierter Stuck) zeitgleich am Fuß der Vierungskuppel in der Klosterkirche Neresheim (Martin Knoller und Baudirektor Thomas Schaidhauf, um 1775/76).

44 Historische Bestandsaufnahmen bzw. Rekonstruktionen des buntfarbigen Ornamentdekors des Parthenon bei Schneider/ Höcker 1990, Farbtafel 18–20; Brinkmann/ Koch-Brinkmann 2020, S. 242.

45 Mertens-Horn 1990. Neben westgriechischen Beispielen erfreute sich das Ornament auch bei den Zierrahmen Klazomenischer Tonsarkophage (ca. 550–470 v. Chr.) der ionischen Städte Kleinasiens besonderer Beliebtheit.

mation und abschließendem Mäander beinahe prototypisch zu nennen (Abb. 13a, b).[46]

Über römisch-kaiserzeitliche Bodenmosaike und frühmittelalterliche Handschriften blieb das Motiv des kretischen Labyrinths bis weit über das Mittelalter hinaus gegenwärtig.[47] Seine monumentalste Ausprägung erfuhr das Labyrinth im 13. Jahrhundert als Inkrustationsarbeit in den Kirchenfußböden französischer Kathedralen wie in Chartres und Amiens.[48] Auf diesen waren urkundengleich Bauherr und Baumeister genannt, außerdem dienten sie sekundär zeitweilig als Meditationsweg für Kirchenbesucher. Diese doppelte Deutung eines Labyrinths zwischen dem ehrenhaften Zeichen für Daidalos (und allen Nachfolgern) und einer kontemplativen Übung erfährt in der Inschrift des Labyrinths am rechten Vorhallenpfeiler des Doms San Martino in Lucca, bisweilen als „Fingerlabyrinth" bezeichnet, eine Bestätigung (Abb. 14): „Hier ist das Labyrinth, das Daidalos aus Kreta gebaut hat, und aus dem niemand herauskommen kann, der einmal drinnen ist; nur dem Theseus ist dies dank des Knäuels der Ariadne gelungen."[49]

Abb. 14. Lucca, Dom San Martino, Labyrinth mit Inschrift am Südwestpfeiler der Vorhalle, um 1200, Aufnahme 1942 (Foto: Bildarchiv Foto Marburg, fmla5692_09; Aufnahme: Harald Busch)

Auch die Regensburger Klöster Prüfening und St. Emmeram setzten sich zu dieser Zeit mit dem Themenkreis Labyrinth auseinander, wie eine gegen Mitte des 12. Jahrhunderts entweder im Skriptorium von St. Emmeram oder in Prüfening entstandene oder zumindest in Letzterem zusammengeführte Sammelhandschrift (BSB, Clm 14731) belegt. An den ersten Teil dieses Pergamentcodex, der Honorius Augustodunensis' *De imagine mundi* beinhaltet, schließt sich eine lose Sammlung biblischer und historischer, geografischer und etymologischer Themen an, darunter auch ein *Libellus de septem miraculis mundi* sowie Exzerpte über Städte im Heiligen Land und die Arche Noah. Am Schluss werden in zwei textunabhängigen Miniaturen das kretische Labyrinth (fol. 82v) und ein sogenanntes Jericho-Labyrinth (fol. 83r) einander gegenübergestellt (Abb. 15 und 16).[50] Dort der aus acht konzentrischen Kreisen gebildete und negativ konnotierte labyrinthartige Grundriss der Wüstenstadt Jericho mit mondsichelförmig aufgebogener Achse, in der Beischrift tituliert als „URBS . IERICHO . LVNE . FVIT // ASSIMILATA FIGVRE .", mittelalterliches Sinnbild der Heilsbedürftigkeit und des „error", hier das durch das Wirken des Theseus ins Christliche gewendete, aus zwölf konzentrischen Kreisen mit roten, blauen und grünen Gangwänden konstruierte kreisrunde kretische Labyrinth; in seinem Zentrum besiegt Theseus den Minotauros, wie in der Beischrift bekräftigt: „CV[M] . MINOTHAVRO . PUGNAT . THESE[US] . LABORIHTO."[51] Die Miniatur erscheint als eindrucksvolles Zeugnis der Umdeutung eines paganen Sagenstoffes im Sinne einer *interpretatio christiana*, indem der athenische Heros als Sieger über das Böse Christus präfiguriert und so eine Deutung als Zeichen der Erneuerung aus dem Tod zulässt.

Zurück zur griechischen Kunst: Als *die* ornamentale Leitform des 10. bis 8. vorchristlichen Jahrhunderts prägte der Mäander sogar die namensgebende geometrische Epoche – man denke nur an die mit Bändermäandern, darunter hier erstmals vorkommenden Doppelmäanderfriesen, überreich ornamentierte „Dipylon-Amphora", eine Grabvase aus der Zeit um 760/750 v. Chr. (Archäologisches Nationalmuseum Athen, Inv.-Nr. 804) und ein Hauptwerk der spätgeometrischen Kunst. Eine besondere Form des Nachlebens von Mäanderformen zeigen die sogenannten Sphyrelata-Figuren aus Olympia, also früharchaische Großplastiken aus getriebenem Bronzeblech des letzten Viertels des 7. Jahrhunderts v. Chr. Sie wurden im Brunnen des Stadion-Nordwalls (genannt „17StN") gefunden und zuletzt der Bauplastik des Heratempels zugeordnet. Die zentrale Präsentation und der appellative Charakter dieses Flächenmäanders ließen in der archäologischen Forschung die Meinung aufkommen, dass es sich hierbei um eine bewusste Verwendung altertümlicher Ausdrucksformen handele (Abb. 17).[52] Sollte diese Interpretation zutreffen, so würde dies die historisierenden Einsatzmöglichkeiten des Mäanders unterstreichen: ganz offensichtlich war dieses Ornament wegen seiner orthogonalen Grundstruktur für eine historisierende Verwendung geradezu prädestiniert. Wie das von Vinzenz Brinkmann initiierte und kuratierte Frankfurter Forschungs- und Ausstellungsprojekt „Bunte Götter" zur Polychromie in der Antike zeigt, boten in der geometrischen, archaischen und klassischen Zeit nicht selten Schmuckaccessoires einen ornamentalen Rückzugsort,

Abb. 15. Sammelhandschrift aus Prüfening oder St. Emmeram, gegen Mitte 12. Jahrhundert: Jericho-Labyrinth (Bayerische Staatsbibliothek München, Clm 14731, fol. 83r) (Foto: Bayerische Staatsbibliothek München)

Abb. 16. Sammelhandschrift aus Prüfening oder St. Emmeram, gegen Mitte 12. Jahrhundert: Der Kampf des Theseus gegen Minotauros im Labyrinth von Knossos (Bayerische Staatsbibliothek München, Clm 14731, fol. 82v) (Foto: Bayerische Staatsbibliothek München)

wie stellvertretend die Elfenbeinstatuette vom Kerameikos in Athen, sogenannte Göttin mit mäanderverziertem Polos vom Dipylon (um 735/720 v. Chr.; Archäologisches Nationalmuseum Athen, Inv.-Nr. 776), der mit Silber ausgelegte und mit Kreuzen verzierte Zinnenmäander am Stirnreif des sogenannten Wagenlenkers von Delphi (um 478/474 v. Chr.) und das mit einem Mäander geschmückte Zaumzeug des links der Bildmitte stürzenden Pferdes auf dem Alexandermosaik von Pompeji (Mitte 2. Jahrhundert v. Chr., vermutlich nach einer Gemäldevorlage des späten 4. Jahrhunderts) verdeutlichen.

Eine neue Bedeutung erlangte der Mäander in hellenistischer Zeit, als dieses Ornament bisweilen zu einem Sinnbild der Giebelarchitektur griechischer Tempel, mitunter sogar zu dessen Abbreviatur avancierte, wie das Beispiel des aus dem letztem Viertel des 4. Jahrhunderts v. Chr. datierenden tönernen Grabsteins des reich ausgestatteten Frauengrabes 117 der Nekropole von Metapont in Unteritalien zeigt.[53] Ein Doppelmäander mit eingeschobenen Kelchblüten bildet die Horizontale des Giebels, eine Lorbeerblattreihe, ebenfalls Symbol des Ewigen und Unvergänglichen, seine Schräge und die Antefix-Maske einer Göttin, zugleich Anspielung auf die Verstorbene, seine Bekrönung (Abb. 18). Zusammen mit den symbolhaft aufgeladenen Blättern ist der Unendlichkeit suggerierende Mäander hier, wie schon bei den Vasen aus geometrischer Zeit (vgl. „Dipylon-Amphora"), dezidiert sepulkral konnotiert.

Vor allem aber erfolgte im Hellenismus in Wandmalerei und Mosaikkunst die Überführung des Mäanders aus der Zwei- in die Dreidimensionalität, indem mit axonometrischen Darstellungsformen und Farbwechseln (bisweilen sogar mit Höhungen) eine Perspektivwirkung erzielt wurde. Eine bedeutende Rolle spielten unter dem Mosaizisten Sophilos hierbei Ägypten und Alexandria. Das in Opus-vermiculatum-Technik geradezu malerisch ausgeführte Sophilos-Mosaik mit mutmaßlicher

46 Vgl. Gruben 1986, Abb. 52, S. 63.

47 Haubrichs 1980, S. 64.

48 Haubrichs 1980, S. 100–109; Kern 1982, 206–241: Die Verwendung reicht bis ins 16. Jahrhundert. Einer der letzten Bodenlabyrinthe (vielleicht auf der Grundlage eines Vorgängerlabyrinths) in San Vitale in Ravenna, vgl. Kern 1982, S. 236 mit Abb. 276 f. Speziell zu den kathedralfranzösischen Beispielen Kimpel/ Suckale 1995, S. 291.

49 Zitiert nach Kern 1982, S. 230.

50 Kern 1982, S. 165, 187, 190. Als Entstehungsort der Handschrift werden sowohl St. Emmeram, so Haubrichs 1980, S. 73, als auch Prüfening, so Klemm 1987 (Prüfening), S. 49, vorgeschlagen. Möglicherweise ist die Handschrift gerade hierin Zeugnis für die Kooperation zwischen St. Emmeram und Prüfening, vgl. dazu Dietl 2010, S. 46.

51 Haubrichs 1980, Kat.-Nr. 6, 12, S. 72 f., 79–81; vgl. dazu auch Kern 1982, S. 182; LCI, II, Sp. 392 f., mit Abb. Sp. 393; Klemm 1987, Kat. Nr. 32, S. 49 und Farbtafel 22.

52 Kunze-Götte 1994, S. 110. Zu den Sphyrelata aus Olympia vgl. auch Kyrieleis 2008; Kyrieleis 2011, S. 74–76.

53 Metaponto, Museo Archeologico Nazionale, Inv.-Nr. 319201; Carratelli 1996, Nr. 281, S. 651 f. (Kat.-Art. von Anna Lucia Tempesta). Die Bildbeschaffung übernahm dankenswerterweise Frau Antonella Naimo Ghio, BLfD.

Abb. 17. Olympia, Archäologisches Museum, Gewandfragment vom Unterkörper einer weiblichen Sphyrelaton-Statue. Mäandermuster als Mittelbahn des Gewandes, Seitenflächen mit orientalisierenden Ranken- und Palmettenmustern, lakonisch, Ende 7. Jahrhundert v. Chr. (Olympia, Archäologisches Museum, Inv.-Nr. B 1740)
(Foto: Deutsches Archäologisches Institut DAI, Fotothek Athen, Olympia-Archiv, Nr. 1988-0020; Aufnahme: Elmar Gehnen)

Darstellung von Königin Berenike II. aus Thmuis im Nildelta, um 200 v. Chr., inszenierte die neu gewonnene Tiefenwirkung (Alexandria, Griechisch-Römisches Museum, Inv. Nr. 21739). Von Ägypten aus wurde der perspektivische Rahmenmäander in die römische Kunst übernommen, wie pompejanische und stadtrömische Beispiele (Haus unter San Pietro in Vincoli, Rom, 2. Jahrhundert v. Chr.; Reste von Mosaikmäandern im Haus des Fabius Rufus, Pompeji, 1. Jahrhundert v. Chr.) belegen. Weithin bekannt sind in Pompeji der klassizistisch interpretierte, freskal ausgeführte formstrenge Doppelmäander als Abschluss des Mysterienfrieses in der „Villa dei Misteri" im sogenannten Zweiten Stil, um 60/50 v. Chr., sowie der Abschlussmäander über den Bildzyklen im Atrium der „Casa del Poeta Tragico" aus der Zeit des sogenannten Vierten Stils, um 50 n. Chr., die Gemälde, darunter „Achill und Briseis", sind nach Vorbildern der 2. Hälfte des 4. Jahrhunderts entstanden (Abb. 19).[54] Es ist anzunehmen, dass die römische Malerei und Mosaikkunst auch die Vorlage für die karolingische Wandmalerei bildete: „Das gesamte Motivgut ist letztlich antiken oder spätantiken Ursprungs und lebt in allen Phasen frühmittelalterlicher Malerei mit unterschiedlicher Annäherung an die illusionistische Qualität der Vorbilder wieder auf."[55] Allerdings gab die kunsthistorische Forschung zu bedenken, dass „entsprechende Mäanderfriese […] zu allgemein verbreitet" seien, „um deren Tradition im Einzelnen nachzuweisen".[56] Aber ist diese Zurückhaltung angebracht?

Tatsächlich scheint die Übernahme des Mäanders in das Dekorationsprogramm der frühchristlichen Kunst untrennbar mit Ravenna verbunden, das gerade für das karolingische, aber auch das ottonische Herrscherhaus einen wichtigen künstlerischen Referenzpunkt sowie kulturellen Umschlagplatz bildete.[57] Erstmals begegnen die mosaizierten Mäanderornamente am sogenannten Mausoleum der Galla Placidia in Ravenna (um 425–450); das in höfischer Art mosaizierte Kathedralbap-

Abb. 18. Metapont, Grabstein aus Grab 117 der Nekropole, Ton, Höhe 35 cm, Breite 70,5 cm, Tiefe 2,3 cm (Metaponto, Museo Archeologico Nazionale, Inv.-Nr. 319201) (Foto: Metaponto Museo Archeologico Nazionale, su concessione del Ministero dei Beni e delle Attività Culturali – Direzione regionali Musei Basilicata)

Abb. 19. Pompeji, „Haus des tragischen Dichters", Kopie des Wandgemäldes „Achill und Briseis" von Carl Reinhold Vetter (Antikenmuseum der Universität Leipzig; Inv.-Nr. DL 004) (Foto: Antikenmuseum der Universität Leipzig, mit freundlicher Genehmigung von Annette Vetter, Oberried; Aufnahme: Marion Wenzel)

tisterium von Ravenna aus der Zeit von Bischof Neon (451–475) erweiterte das ornamentale Spektrum um Perlstäbe (Astragal) sowie gemmenbesetzte Bänderungen. Im sogenannten Mausoleum der Galla Placidia tritt das Ornament in mehreren Variationen auf, als T-förmiger Mäander im westlichen und als Doppelmäander mit Swastika-Motiven im östlichen Kreuzarm sowie als perspektivischer Mäanderfries an der Soffitte des südlichen Gurtbogens der Vierung (Abb. 20a, b).[58] Dennoch bleiben Fragen offen: Vor allem die Zeitgleichheit des Perspektivmäanders mit dem sonstigen mosaizierten Wandschmuck dieser Kapelle wäre zu diskutieren, zu sehr unterscheidet sich der axonometrische Grundansatz von der zweidimensionalen Struktur des Ornaments in den Kreuzarmen, das verwendete Farbspektrum in Rot, Grün und Blau mit weißen Liniierungen mutet sogar wie eine Vorwegnahme mittelalterlicher Mäanderformen an. Es bliebe zu untersuchen, inwieweit es sich bei dem Perspektivmäander um einen Prototypen mittelalterlicher Mäanderfriese nach Vorbild römischer Wanddekorationen handelt, also gewissermaßen um ein Bindeglied zwischen Antike und Mittelalter, oder ob dieser Ergebnis einer Reparatur der Kapelle in karolingischer oder ottonischer Zeit (eventuell auf erbauungszeitlicher Grundlage) respektive der Restaurierung von 1898–1902 ist.

54 Abb. der erwähnten Mosaikbeispiele aus Alexandria, Pompeji und Rom bei Pappalardo/ Ciardiello 2012, S. 20, Abb. 13; S. 28, Abb. 21; S. 36/37, Abb. 26/27.
55 Exner 2007, S. 87.
56 Ebd.
57 Siehe den Überblick bei Jäggi 2016, S. 299–301.
58 Die Soffitten der drei anderen Gurtbögen sind nach Westen und Osten als Vorhangmotiv en miniature in unendlicher Reihung gestaltet, nach Norden als spalierartiger, mehrfruchtiger Obstbaum, der einem Pflanzgefäß entwächst und beidseits ein Christogramm umfängt. Im Hinblick auf eine mögliche Wiederaufnahme in mittelalterlichen Dekorationssystemen (vgl. Müstair) sind ferner die mit einem perspektivischen Girlandenband geschmückten Untersichten der Scheidbögen der dortigen Hängekuppel beachtenswert.

Abb. 20 a, b. Ravenna, sog. Mausoleum der Galla Placidia (ehemalige Narthexkapelle an der Kirche Santa Croce), Blick vom Eingang nach Süden, mit Mäanderband im östlichen (links) und westlichen (rechts) Kreuzarm sowie einem perspektivischen Mäanderfries an der Soffitte des südlichen Gurtbogens und Ausschnitt (unten), Aufnahmen 2017 (Fotos: Michael Schmidt)

Der Blick auf die antiken Beispiele offenbart hinsichtlich der ornamentalen Matrix verblüffende Übereinstimmungen mit dem Mittelalter: Auch das um 990 im Reichskloster St. Emmeram für das Damenstift Niedermünster geschaffene Regelbuch bediente sich dieses antiken Prinzips. In diesem monastischen Handbuch, ein Auftragswerk Heinrichs des Zänkers, erscheint in einer Miniatur der bayerische Herzog vor einem Mäanderteppich (Abb. 21). In immer neuen Variationen wird innerhalb eines Quadratnetzes die ornamentale Vielfalt zelebriert – *varatio delectat*. Der Mäander erscheint – einmal mehr – als Urform eines Ornaments, hierin Ausdruck der Ewigkeit. Bis in unsere Tage transportiert der Mäander kulturelle Leitbilder und wird zum Synonym für Antikes, wie ein aktuelles Kinderbuch des polnischen Grafikdesigners und Pop-Art-Künstlers Jan Bajtlik als Einführung in die griechische Mythologie anschaulich vor Augen führt (Abb. 22).[59] Wie bei der Miniatur des herzoglichen Stifters aus Regensburg fungieren auch hier Labyrinth- und Mäanderformen als ornamentale Leitmotive, bieten in diesem Buch die Rahmenarchitektur für die reich illustrierte griechische Sagenwelt.

Dem Mäander wohnt seit jeher ein reflexives Moment inne, das ihn zu einem herausragenden Beispiel für Antikenrezeption macht: In der Spätantike ging er als Rahmen-, Band- oder Flächenornament häufig Verbindungen mit Flecht-, Zopf- oder Wellenbändern ein. Anschauliches Beispiel hierfür ist das Bodenmosaik des Statthalters Ursus in der sogenannten Friedhofskirche von Teurnia/Kärnten (um die Mitte des 5. Jahrhunderts). Neben dem Vordringen in die Alltags- und Gebrauchskunst behaupteten sich auch unverändert Repräsentationsstücke, wie der einzigartige hölzerne Prunksessel (sog. Klotzstuhl) aus dem altsächsischen Gräberfeld an der Fallward (Lkr. Cuxhaven) aus dem 4./5. Jahrhundert beweist.

Ein Beispiel par excellence für mittelalterliche Antikenrezeption ist das zwischen 1125 und 1150 entstandene Portal der ehemaligen provenzalischen Abteikirche von St-Gilles-du-

Abb. 21. Regelbuch aus Niedermünster in Regensburg, um 990, Miniatur Heinrichs des Zänkers. Der schachbrettartige Bildhintergrund zeigt verschiedenartige Mäanderformen (Staatsbibliothek Bamberg, Msc. Lit. 142, fol. 4v) (Foto: Bamberg, Staatsbibliothek; Aufnahme: Gerald Raab)

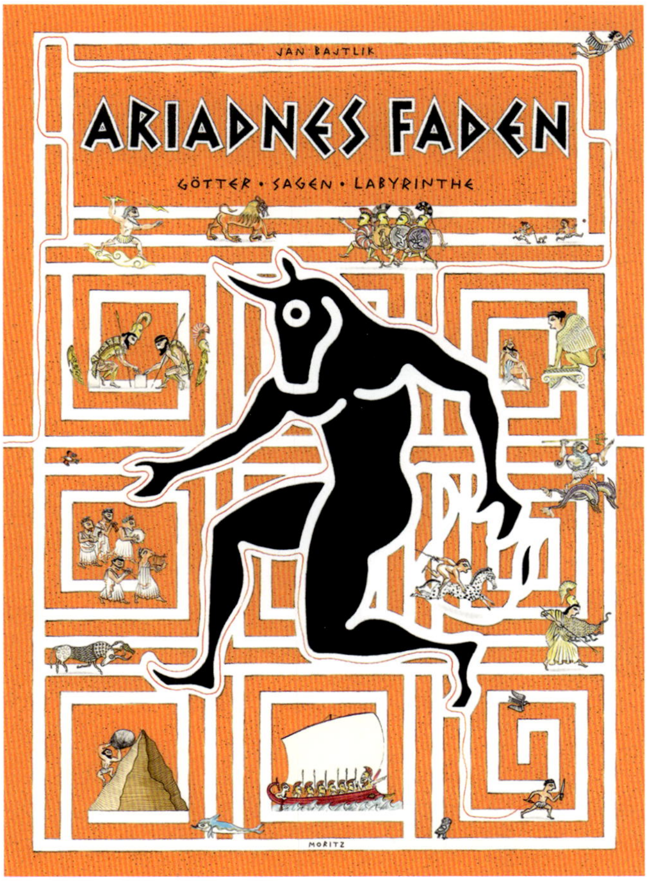

Abb. 22. Cover des Kinderbuchs „Ariadnes Faden" von Jan Bajtlik, 2019 (Foto: Moritz Verlag, Frankfurt am Main)

Gard. Mit seinem dreiteiligen Aufbau, mittigem Hauptportal und den beiden seitlichen Portalen, folgt es der Gliederung einer „Skene" (d. h. Bühnenwand eines griechisch-römischen Theaters). Formensprache und Wirkkraft der Antike werden hier in einem Architekturzitat abgerufen und in den Dienst der christlichen Heilsdeutung gestellt, die Anlage zu einem Triumphtor für Christus umgedeutet. Selbst das Dekorationssystem zitiert mit seinen aus Blatt- und Mäanderfriesen bestehenden Ornamentbändern als wirkungsvollem Abschluss von Sockel und Architrav das in die klassische Antike zurückreichende Formenvokabular (Abb. 23).

Als Bekenntnisornament des Bildungsbürgertums zierte der Mäander im 19. Jahrhundert unzählige Fassaden und etablierte sich als fester Bestandteil des Dekorationssystems von tempelartigen Kulturbauten wie Museen und Theatern – außen wie innen. Für Letzteres steht exemplarisch die im Zuge von restauratorischen Befunduntersuchungen festgestellte klassizistisch-biedermeierzeitliche Wandfassung des Zuschauerraums des Landshuter Stadttheaters aus der Zeit um 1841. Zu Beginn des 20. Jahrhunderts zog der Mäander als Signet für die griechische Demokratie und die Betonung republikanischer Traditionen schließlich in Parlamente ein, wie stellvertretend die Sitzungssäle des US-Senats im Kapitol der Vereinigten Staaten von Washington in Form von umrandeten Wandpaneelen (Ausstattung teilweise noch aus dem frühen 19. Jahrhundert) sowie des Unterhauses der Nordirland-Versammlung (Northern Ireland Assembly Chamber) im Parlamentsgebäude von Belfast (Stormont Parliamentary Building, erbaut 1921 nach Plänen von Sir Arnold Thornely, Sitzungssaal nach Brand 1995 erneuert) als umlaufende Teppichbordüre und Gesims der hölzernen Wandvertäfelung zeigen.

Der Mäanderfries zwischen Tradition und Retrospektive

Nach experimentellen Anfängen wohl im 8. Jahrhundert trat der Mäander seinen Siegeszug als unterhalb der Kirchendecke umlaufender perspektivischer Fries im ersten Viertel des 9. Jahrhunderts an. Interessanterweise verdrängte er dabei andere Dekorationssysteme, darunter solche insular-langobardischen Zuschnitts wie in St. Prokulus in Naturns und in der Klosterkirche von Müstair (in Letzterer hatten sich diese Formen bereits in die Fensterlaibungen und die Fenstersohlbank der Südapsis zurückgezogen und dem Mäander weitge-

59 Bajtlik 2019.

Abb. 23. St-Gilles-du-Gard, Hauptportal der ehemaligen Abteikirche, Blick auf das südliche Gewände mit zwei Aposteln über Kentauren in der Sockelzone und vorgelagerten Doppelsäulen, darüber Szene der Gefangennahme Jesu. Mäanderfriese bilden den Abschluss des Sockels und des Architravs, Aufnahme 2012 (Foto: Bildarchiv Foto Marburg, Bilddatei-Nr. fmd469900; Aufnahme: Volker Rödel)

hend Platz gemacht).[60] Zusammen mit der benachbarten Kirche St. Benedikt in Mals kam der dortigen Klosterkirche St. Johann (erste Hälfte 9. Jahrhundert) in der Entwicklung des *perspektivischen* Mäanderornaments und seiner Integration in ein mittelalterliches Dekorationssystem eine Schlüsselrolle zu.[61] Daneben konkurrierte der Mäander mit anderen Dekorationssystemen klassisch-antiken Gepräges, die vor allem im unmittelbaren Umfeld des karolingischen Herrscherhauses beliebt waren, wie die Wandmalereien im Erdgeschoss des Corveyer Westwerks (873–885), bestehend unter anderem aus einem Wandabschlussfries unterhalb der Decke, gebildet aus schräggestellten, in Gelb und Grau abwechselnden Akanthusblättern auf grünem Grund, in Kombination mit auf die Spitze gestellten, buntfarbigen und perspektivisch angelegten Quadratfeldern in den Bogenlaibungen,[62] die Ausmalung des Obergeschosses der Lorscher Torhalle (nach neuer Forschung, um 900) mit ihrer Scheinarchitektur, einer ionischen Säulenstellung mit fasziertem Architrav und über einem gefelderten, illusionistisch inkrustierten Sockel,[63] oder die erhaltenen Reste des gemalten Architektursystems der Einhardsbasilika von Steinbach/Odenwald (um 824/826)[64] belegen, wo die Übergangszone von der Wand zur Decke im Sinne einer Trompe-l'oeil-Malerei gestaltet war und bei der die gemalten hölzernen Stichbalken eine Auflagersituation für die Kirchendecke imaginierten.[65] Der Sockelmäander von Müstair übersetzte die antiken Vorlagen, die in eingestreuten Quadraten (sogenannten Kästchen) „metopenartig" nachleben, schließlich in eine mittelalterliche Bildersprache.[66]

Wie jedes andere Ornament partizipierte der Mäanderfries an den allgemeinen Stilentwicklungen, die neben klassischen Schemata auch ausgesprochene Spättendenzen kannten, wie bereits Josef und Konrad Hecht feststellten.[67] So zeigen auch die Mäander im Novareser Baptisterium (nach 1005) und an der östlichen Stirnwand von San Vincenzo in Galliano bei Cantú (terminus ante quem 1018, wohl um 1007) mit ihren zusätzlichen Brechungen der Bänder eine Aufweitung eines formgeometrisch konstruierten Rapports.[68] Ab dem späten 11. Jahrhundert verlief die Entwicklung dann mitunter sehr dynamisch, wie anhand des Kulturraums der Südalpen, vom südlichen Graubünden über das Tessin bis in die oberitalienischen Regionen von Lombardei und Piemont, dargestellt werden kann. Beispiele aus karolingischer Zeit – allen voran das obere Zierband am Altarantependium von Sant'Ambrogio in Mailand, eine zwischen 824 und 856 von Volvinus gefertigte Goldtreibearbeit – und aus ottonischer Zeit belegen, dass sich der Mäanderfries in dieser Region längst als Leitornament etabliert hatte. Ab der zweiten Hälfte des 11. Jahrhunderts erfuhr dieses Ornament unter dem subsummierenden Begriff „Mailänder Malschule" ein regionales Revival. Zahlreich sind die Beispiele aus dieser Zeit, nicht minder vielfältig jedoch die Unterschiede. In der Region Südschweiz–Oberitalien lassen sich für das 11./12. Jahrhundert drei Entwicklungslinien benennen:

Klassische Richtung: Ein solcher Mäanderfries befindet sich unterhalb der bekannten Bilderdecke im Langhaus der Martinskirche von Zillis (Graubünden); im Zuge der Instandsetzung 1938–40 wurde er in weiten Teilen nach Befund rekonstruiert (Abb. 24 und 25).[69] Der in Erdfarben gehaltene Fries, in regelmäßigen Abständen von rechteckigen Bildfeldern unterbrochen, die vier (ehemals möglicherweise sieben) in Tuniken gehüllte, als antike Sibyllen gedeutete Frauenbüsten und zwei Kronen darstellen, wird nach oben von einem Perlstab, nach unten von einer Perlenschnur eingefasst.[70] Der Rückgriff auf das Repertoire klassischer oder zumindest in antiker Tradition stehender Dekorationsformen nach Vorbild von Mals und Müstair oder der Reichenauer Malschule, aber auch der Buchmalerei (vgl. derartige Füllmotive inmitten der Mäanderrahmung auf dem Thronbild des Sakramentars Heinrichs II., gefertigt in St. Emmeram in Regensburg, vor 1014) ist signifikant: So bereichern getupfte Blütenmotive, wie sie bereits im Mäanderfries von St. Benedikt in Mals (Südtirol) um 820–850 vorkommen und in der späten Reichenauer Buchmalerei der ersten Hälfte des 11. Jahrhunderts wieder aufgegriffen werden,[71] die Mäanderfelder. Die Baugeschichte der Kirche von Zillis, die im Eigentum des Churer Bischofs war, konnte in den letzten Jahren präzisiert werden:

Abb. 24. Zillis, St. Martin, Kirchenraum nach Osten: Langhaus mit kalkweißer Raumschale, umlaufendem Mäanderabschlussfries und Bilderdecke, Blick zum spätgotischen Chor, Aufnahme 1966 (Foto: Nachlass Peter Heman, Fotograf, Basel / Bildrechte bei Dr. Peter Röllin, CH-8640 Rapperswil)

60 Exner 2007, S. 89, Abb. 66.

61 Exner 2007, S. 86 f.

62 Claussen/ Skriver 2007, S. 112 f., 128–132, 184–196.

63 Exner 2011.

64 Ludwig 1998, S. 73, Abb. 90–94.

65 In romanischen Rundbogenfriesen mit perspektivisch gemalten Konsolen wie jenem der Kathedrale von Aosta (um 1040) fand diese Suggestion des architektonischen Prinzips des Tragens und Lastens einer Decke eine Nachfolge. In der Stadt Aosta stehen der Dom und die Kollegiatstiftskirche im Übrigen für die Gleichzeitigkeit des Ungleichzeitigen: Denn während in Sant'Orso bereits der Bandmäander eingeführt wurde, behauptete sich in der valdostanischen Kathedrale noch das ältere Dekorationssystem.

66 Hirsch/ Goll 2007, S. 225, Kat.-Nr. 135k.

67 Hecht/ Hecht 1979, S. 333.

68 Datierungen von Novara nach Peroni 1998, S. 156; von Galliano nach Autenrieth 1998, S. 133.

69 Der Wirkungszusammenhang zwischen Decke und Mäanderfries wurde von der Wissenschaft bisher vernachlässigt.

70 Nay 2015, S. 49–52, 337 mit Anm. 64; Nay 2018, S. 8; Augustyn 2019, S. 316 f. Die Prophezeiungen der Sibyllen wurden seit der Spätantike auf die Ankunft Christi bezogen. Abb. der Krone bei Murbach 1967, Fig. 2 unten. Die beiden Kronreife wurden aufgrund der Ähnlichkeit mit westgotischen Beispielen bisweilen als „Weihekronen" interpretiert.

71 Zu den Beispielen der Reichenauer Buchmalerei vgl. Berschin/ Kuder 2015, Kat.-Nr. 46/48, S. 134 f., 138 f.; zu Mals vgl. Exner 2010/11, Abb. 35, S. 40. Derartige Schmuckmotive inmitten des Mäanders auch auf dem Thronbild des Sakramentars Heinrichs II. (Regensburg, St. Emmeram, vor 1014).

Abb. 25. Zillis, St. Martin, Ausschnitt des Mäanderfrieses mit Sibyllen-Darstellung (Foto: Gesellschaft für Schweizerische Kunstgeschichte GSK; Aufnahme: Ralph Feiner, Malans)

Danach erfolgte das Ende der Maurerarbeiten am Schiff nach 1096 (tragende Balken dendro. dat. 1095/96), die Arbeiten am Turm wurden nach 1101 beendet, während die Bilderdecke nach 1114 (dendro. dat. 1109–14) fertiggestellt wurde.[72] Als Auftraggeber wird der Churer Bischof Wido (um 1095–1122) vermutet, ein vormaliger Augsburger Chorherr und Sympathisant der Hirsauer Reform mit Verbindungen zum Kloster Petershausen in Konstanz.[73] Hier wie auch in Prüfening beschränkte sich der Fries auf den Abschluss der Hochwände des Mittelschiffes, während die Wandflächen unterhalb weitgehend von größeren szenischen Bildfolgen frei blieben und sich kalkweiß präsentierten; erst der ursprüngliche Chor (der heutige stammt aus dem späten Mittelalter) setzte wohl einen buntfarbigen Akzent. Die Komposition des Zilliser Ornamentbandes findet in dem ebenfalls mit Frauen- und bärtigen Männerköpfen angereicherten Mäanderfries an der Chorbogenwand von St. Jakob in Grissian (Südtirol) gegen 1200 eine Nachfolge.[74]

Byzantinische Variante, eine Sonderform des Vorgenannten (Andergassen: „graeca habitata“[75]): Die im Gebiet der Alpe Negrentino gelegene Bergkirche Sant'Ambrogio vecchio (auch: San Carlo) bei Prugiasco im Tessiner Bleniotal besitzt an ihrer innenseitigen Westwand über dem Fresko einer Auferstehung respektive Himmelfahrt Christi (Christus in der Mandorla) einen gut erhaltenen Wandfries mit Swastika-Mäandern, bereichert mit blütenartigen Füllmotiven. Auch hier verweist die alternierende Abfolge von Ornament und Bild auf die Tradition von Metopen-Triglyphen-Friesen antiker Tempelbauten. Zwei eingeschobene Bildfelder zeigen jeweils ein Lamm (*Agnus Dei*) und in einem weiteren Feld Reste eines Meereswesens.[76] Die Qualität der Malerei, der ausnehmend leichte, geradezu atmosphärische Charakter und das fein abgestimmte buntfarbige Kolorit lassen eine byzantinisch beeinflusste Werkstatt vermuten (Abb. 26 und 27). Die Malereien werden höchst unterschiedlich in einem Zeitraum vom frühen 11. bis zur Mitte des 12. Jahrhunderts datiert, zuletzt verdichteten sich unter Bezugnahme auf die Malereien im Baptisterium und der Kirche San Pietro von Agliate bei Carate Brianza/Lombardei die Argumente für eine Datierung ins letzte Viertel des 11. Jahrhunderts. Auf einer Zeit- und Stilstufe mit Sant'Ambrogio vecchio in Negrentino erscheint der nur in Resten erhaltene Mäanderfries von Santa Maria Assunta in Sorengo bei Lugano.[77] Ein herausragendes Beispiel für einen byzantinischen Stilimport außerhalb des westalpinen Untersuchungsgebiets bildet der Mäanderfries in der Maria Trost-Kirche von Meran-Untermais.[78]

Manieristische Tendenzen und Auflösung der Form: Während in Zillis der traditionell überlieferte Aufbau eines Mäanderfrieses gepflegt wurde, ist in mehreren Kirchen eines Gebiets zwischen Locarno und Lugano nur wenige Jahrzehnte später, mitunter auch zeitgleich, eine deutliche Abkehr vom klassischen Formprinzip zu verzeichnen. In der Pfarrei- und Kollegiatstiftskirche San Vittore von Muralto bei Locarno (um 1140/50) rahmen Mäanderfriese einen am südlichen Obergaden erhaltenen und bei der letzten Instandsetzung 1977–89 freigelegten Bildzyklus. Dieser wird von zwei Ornamentfriesen eingefasst, nach oben hin, am Übergang zur Decke, einem Mäanderband mit integrierten Bildfeldern (unter anderem mit eucharistischen Symbolen) und als unterem Abschlussfries einem Metopen-Mäander. Zwar sind die Einzelformen des oberen Frieses noch klassisch entwickelt, darunter ein echter Perlstab (statt einer Perlenschnur),[79] doch wird der Mäander nunmehr leistenartig

Abb. 26. Prugiasco, Sant'Ambrogio vecchio (San Carlo) in Negrentino, südlicher Abschnitt an der inneren Westwand der Kirche mit einem Mäanderfries über einer von Petrus angeführten Apostelgruppe zur Rechten Christi (außerhalb des Bildausschnitts). Die Bildfelder dieses Friesabschnitts zeigen ein Meerwesen (links) und ein Lamm (rechts), Aufnahme 2019 (Foto: Michael Schmidt)

Abb. 27. Prugiasco, Sant'Ambrogio vecchio (San Carlo) in Negrentino, Ausschnitt des Mäanderfrieses über dem nördlichen Abschnitt der inneren Westwand mit integriertem Bildfeld (Lamm) und blütenförmigen Füllmotiven, Aufnahme 2019 (Foto: Michael Schmidt)

gedünnt und spielerische Züge ziehen ein (Abb. 28). Gleichzeitig wird der obere Fries zu einer Art Regieleiste für den unterhalb befindlichen figürlichen Zyklus, an dem Gestirne und andere kosmische Elemente befestigt sind bzw. aus ihr heraus agieren (z. B. Hand Gottes). Ende des 12. Jahrhunderts werden in der kleinen Kirche Santi Pietro e Paolo di Sureggio bei Lugano die Mäanderelemente (deren perspektivische Wirkung wird nunmehr durch Schraffuren statt durch Axonometrie erreicht) mit Wellenranken kombiniert: Ein neues, vegetabiles Ornament tritt zunächst an die Seite des Mäanders, ehe das Mäandersystem ab der Mitte des 13. Jahrhunderts allmählich ganz verdrängt wird und Neuem Platz macht. Ganz ähnlich gestaltet sich der Einsatz des Mäanders am Hauptportal des Doms San Rufino in Assisi (Umbrien). Die überlieferten Baunachrichten erlauben eine Datierung des Portals zwischen 1150 und 1220 (Beginn der Fassadenarbeiten 1134/44 und Renovierung 1217). In dekorativer und versatzstückartiger Zusammenstellung werden Formen des Mäanders, als lineares Element und am Sturz in der gerundeten Form eines sogenannten „Laufenden Hundes", mit Ranken- und Wellenbändern kombiniert (Abb. 29a, b). Während also Ravenna am Anfang des Siegeszugs des mittelalterlichen Mäanders steht, markiert Assisi gewissermaßen dessen (vorläufigen) Endpunkt.[80]

Prüfening hingegen verkörpert einen Höhepunkt des Einsatzes des mäandrierenden Bandfrieses. Das Ornament gibt sich selbstbewusst, es ist streng geometrisch angelegt, auf jegliches schmückende Beiwerk wird verzichtet, für ornamentale Hoheitsformen wie Blütenmotive, Perlstäbe oder Perlenschnüre ist ebenso wenig Platz wie für zwischengeschaltete,

Abb. 28. Muralto bei Locarno, San Vittore, Ausschnitt des Mäanderfrieses des südlichen Obergadens am Übergang zur Decke mit integrierten Bildfeldern. Die in den Zwickelfeldern oberhalb des Friesbandes platzierten Wellenranken (links) bzw. Blütenmotive (rechts) gehören einer gotischen Ausstattungsphase an, als durch Entfernung der romanischen Felderdecke der heutige Zustand hergestellt worden war, Aufnahme 2019 (Foto: Michael Schmidt)

72 Nay 2015, S. 62; Nay 2018, S. 5.
73 Nay 2018, S. 24 f.
74 Andergassen 2002, S. 90.
75 Ebd.
76 Dazu Rüsch 1999, S. 9–11.
77 Loose/ Voigt 1986, Abb. 77.
78 Andergassen 2002, S. 105.
79 Beim Perlstab sind im Unterschied zur Perlenschnur zwischen den runden oder längsovalen Perlen noch hochrechteckige Zwischenstücke eingefügt.
80 Um 1300 waren südlich und nördlich der Alpen Mäanderfriese endgültig durch neue, gotische Formen abgelöst worden und so aus dem dekorativen Programm von Kirchen verschwunden. Die Frage, inwieweit der farbig variierende Mäander an den Soffitten der Gurtbögen der 1428 geweihten Pantánassa-Klosterkirche von Mystrás (Mystrá/ Mistra) bei Sparta (Peloponnes), einem Hauptwerk der sogenannten Palaiologischen Renaissance, noch dem Mittelalter zuzurechnen ist oder bereits den Auftakt zur Wiedergeburt des Mäanders im 15. Jahrhundert bildet, bleibt ungeklärt.

mit Emblemata oder den Brustbildern von Heiligen bestückte Bildfelder. Anders dann der nach 1166 datierte Mäander an der Unterseite des Trennbogens im Dionysiuschor der Regensburger Reichsabteikirche St. Emmeram (1914 freigelegt und teilrestauriert).[81] In alternierender Abfolge sind dort übereinander komplex konfigurierte und farblich ausdifferenzierte Mäander, Heilige im Prophetentypus, hornblasende Engel und im Scheitel die Bundeslade dargestellt (Abb. 30).[82] Im Hinblick auf den Prüfeninger Mäanderfries wurde in der Literatur zuletzt auch der Deckenmäander der Bamberger Kollegiatstiftskirche St. Gangolf genannt. Die Gangolfkirche wurde 1063 geweiht und unter Bischof Otto von Bamberg im ersten Drittel des 12. Jahrhunderts baulich erweitert und neu ausgestattet, ehe ein Großbrand 1185 den Bau und seinen Mäanderfries aus der Zeit der Umgestaltung unter Bischof Otto stark beschädigt zurückließ.[83] Ein 1753 eingezogenes barockes Gewölbe ließ den Bamberger Fries bis zur „Wiederentdeckung“ 2017 überdauern.[84] Im Unterschied aber zur Georgskirche zeigt der Mäanderfries von St. Gangolf integrierte Bildfelder mit Heiligenbüsten und ist auch ansonsten, etwa bei den blütenartigen Füllmotiven, einer anderen Tradition verpflichtet; denkbar ist auch, dass sich der Fries an dem des 1081 ausgebrannten und danach unter Bischof Otto I. wiederhergestellten Bamberger Heinrichsdom orientierte.[85]

Auf solche Bildfelder mit Heiligen wird in Prüfening verzichtet: Das Geometrische verdrängt das Narrative aus dem Mäanderfries. Prüfening verweigerte sich den drei Entwicklungsschritten, die in der Dekormalerei der Regionen Lombardei und Tessin festgestellt werden konnten. Ganz im Gegenteil: Offensichtlich lautete die Devise, zurück zur ornamentalen Grundform, ohne Wenn und Aber, zurück zu den Wurzeln und den großen Vorbildern des Dekorsystems in karolingischer und ottonischer Zeit. In diesem Kontext kommt auch den Mäanderfriesen der Kirche von St. Prokulus in Naturns/Vintschgau (Südtirol) eine besondere Bedeutung zu, sollte sich die zuletzt naturwissenschaftlich gestützte Datierung (mittels Dendrochronologie und ^{14}C-Methode) in die Mitte des 10. Jahrhunderts weiter bestätigen.[86] Damit käme St. Prokulus eine wichtige Brückenfunktion von einem (spät-)karolingischen hin zu einem ottonischen Dekorationssystem zu, das dann in der Georgskirche von Reichenau-Oberzell in der zweiten Hälfte oder gegen Ende des 10. Jahrhunderts seine volle Blüte entfalten konnte (gemäß der seit Jahren geführten Wissenschaftskontroverse käme al-

Abb. 29a, b. Assisi, Dom San Rufino, Hauptportal, Gesamtansicht von Westen und Ausschnitt des unteren Bereichs des nördlichen Gewändes mit Portallöwe, Aufnahme 2019 (Fotos: Michael Schmidt)

Abb. 30. Regensburg, St. Emmeram, Untersicht (Soffitte) der nördlichen Hälfte des Bogens zwischen Dionysiuschor (links) und Westquerhaus (rechts), jeweils mit frühbarocken Kassettendecken, Aufnahme 2019 (Foto: BLfD, Michael Schmidt, P2970690)

lerdings auch eine Ausmalung unter Abt Hatto III. in spätkarolingischer Zeit, um 900, in Betracht). Als Antikenimport aus Italien wurde der Mäander nach neuesten Forschungen im frühen 8. Jahrhundert mit der Niedermünsterkirche, der agilolfingischen Pfalzkapelle, in die Regensburger Wandmalerei eingeführt.[87] Ganz offensichtlich bot die karolingische Zeit in Regensburg den Resonanzboden für die Wiederaufnahme des Dekorationssystems in der ottonischen Buchmalerei, als eines deren Schlüsselwerke das nachgetragene Blatt von Abt Ramwold im spätkarolingischen Codex Aureus aus St. Emmeram genannt werden kann (zwischen 975–1000), und der romanischen Wandmalerei.[88]

In Prüfening proklamierte man eine Rückkehr zu einem darartigen klar strukturierten Ornamentsystem und einer vorwiegend aus Erdtönen gebildeten Farbpalette. Anstelle einer expressiven Buntfarbigkeit, die dem Chor von St. Georg in Prüfening vorbehalten bleibt, sind erdige Töne getreten. Alles ist fein ausdifferenziert. Der Prüfeninger Mäanderfries wird zur mathematischen Komposition, mit seinen alternierenden Abfolgen der einzelnen Segmente zu einem eindrucksvollen Zusammenspiel von Form und Farbe.

Dach und Decke – ein System?

Fragestellungen um die Konstruktion des Daches der Georgskirche und ihrer Decke standen schon früh im Mittelpunkt des wissenschaftlichen Interesses. So ist die Konstruktion der Decke bereits im Kunstdenkmälerband des Bezirksamtes Stadtamhof präzise beschrieben und mit einer Schemazeichnung veranschaulicht (Abb. 31).[89] (Derartige bautechnische Überlegungen waren zu Beginn des 20. Jahrhunderts keineswegs eine Selbstverständlichkeit, belegen den wegweisenden methodischen Ansatz dieses Inventarbandes: eine wahre Pioniertat für die Bauforschung.) Und dennoch hat Prüfening seinen Platz zwischen den erhaltenen romanischen Holzdecken von Zillis und Hildesheim noch nicht gefunden.

Durch die aktuellen baubegleitenden Untersuchungen konnte die Kenntnis über Dach und Decke entscheidend erweitert werden, sodass nunmehr eine vollständige planerische Rekonstruktion des Dachwerks, ein 42° geneigtes Sparrendach mit doppelter Ständerkonstruktion, möglich ist (1680 durch ein Kehlbalkendach ersetzt). Karl Schnieringer stellt dies an anderer Stelle in diesem Band ausführlich vor. Wichtig war die im Zuge der Maßnahme gemachte Beobachtung, dass Teile der bauzeitlichen Mauerschwelle an der Südseite noch erhalten waren und trotz ihres stark geschädigten Zustandes in weiten Teilen repariert werden konnten. An der Unterseite der Deckenbalken waren die glatt gehobelten Deckenbohlen in sechs Reihen mit Nägeln mit großen Tellerköpfen befestigt, zwischen denen die Schalbretter zur Aufnahme der Tafeln eingenutet waren; Breite der Nut: ca. 2 cm, Tiefe 2,5–3 cm (Abb. 32).[90] Es handelt sich hierbei um eine gängige Konstruktion, wie bereits im Kunstdenkmälerband mit Verweis auf die ehemalige romanische Decke der Klosterkirche Maulbronn bemerkt

81 Zur Freilegung und stilistischen Einordnung vgl. auch Aktennotiz von Hans Karlinger vom 02.09.1915 (BLfD, OA Regensburg, Kath. Pfarrkirche St. Emmeram, 1887–1932, Nr. 87).

82 Karlinger 1920, S. 23.

83 Marr 2020, S. 34–36.

84 Faber/ Exner 2018a, S. 193; Turek 2020. Eine ausführliche Darstellung dieses Sakralbaus ist im entsprechenden Großinventar „Theuerstadt und östliche Stadterweiterungen" (Publikation in Vorbereitung) der Stadt Bamberg, Bd. 7/2, vorgesehen.

85 Turek 2020, S. 43. Die virtuelle Rekonstruktion des Mäanderfrieses von St. Gangolf ist im Detail noch nicht abgeschlossen und wird durch die chemischen Veränderungsprozesse infolge der Brandschädigung erheblich erschwert, vgl. Turek 2020, S. 44–46: Diese Systemskizzen (Stand Ende 2019), S. 40/47, schreiben erste Diskussionsansätze aus der Zeit der Wiederentdeckung des Frieses im Jahr 2018 (abgebildet bei Faber/ Exner 2018a und Faber/ Exner 2018b, S. 194) fort.

86 Exner 2019a, S. 90; vgl. auch Nothdurfter/ Kersting/ Gebauer 2019, S. 29 und 38.

87 Skriver 2019, S. 360 f., 384–392.

88 Miniaturseite des Abtes Ramwold mit umlaufendem, perspektivischem Mäander, siehe Fabian/ Lange 2012, Abb. S. 94. Das Blatt wurde mutmaßlich anlässlich einer Restaurierung im letzten Viertel des 10. Jahrhunderts in den karolingischen Codex Aureus eingefügt.

89 Kunstdenkmäler 1914, Fig. 127 und S. 176–178; vgl. dazu den Beitrag von Karl Schnieringer in diesem Band.

90 Preis/ Preis 2017, S. 5.

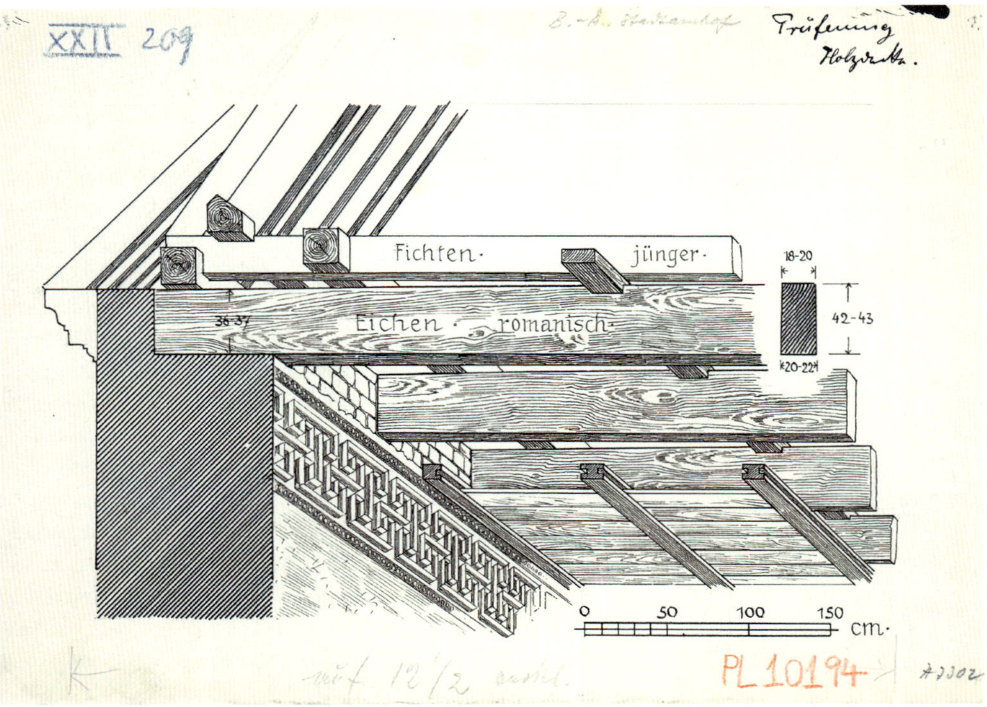

Abb. 31. Prüfening, St. Georg, Rekonstruktionsvorschlag der Deckenkonstruktion, Zeichnung von Friedrich Karl Weysser, vor 1912, veröffentlicht in Kunstdenkmäler 1914, S. 175, Fig. 127 (Foto: BLfD, Bildarchiv, Nr. PL_10194)

wurde.[91] Gerade aufgrund der zeitlichen Nähe, die Prüfening und Zillis unmittelbar zusammenführt, ist das Schweizer Beispiel von besonderem Interesse: Die Hölzer für die Bilderdecke der Graubündner Kirche wurden gemäß dendrochronologischer Untersuchung 1114 geschlagen, unmittelbar danach bemalt und verbaut. Auch dort sind noch die Nägel vorhanden (20 cm), mit denen die genuteten Kanthölzer zur Aufnahme der Tafeln an den Deckenbalken befestigt waren.[92] Die nach 1197 (frühestmöglicher Zeitpunkt), am wahrscheinlichsten in der Zeit von 1200 bis 1220 errichtete Bilderdecke von St. Michael in Hildesheim modifiziert dann das ältere Konstruktionsprinzip, sodass sich eine rhythmisierte Felderung der Kassetten und damit neue Gestaltungsmöglichkeiten für das Bildprogramm der Decke ergaben.[93] Von diesen Nägeln zu unterscheiden sind diejenigen Prüfeninger Nägel und Haken einer jüngeren Generation, die offensichtlich im Zuge einer Reparaturmaßnahme, vielleicht im Zuge der in der Zeit der Renaissance vermuteten Neufassung der Raumschale, zur Fixierung und Sicherung von Randbohlen und Brettern eingeschlagen wurden (Abb. 33 und 34).[94] Sie zeigen im Unterschied zum älteren Bestand kein einheitliches Nagelmuster, sondern eher situative Befestigungen, was auf eine reparaturgeleitete Maßnahme schließen lässt.

Die Ausbildung des oberen Wandabschlusses, und damit der Übergang vom Mäanderfries zu den Deckenbalken, konnte durch die neu gewonnenen Erkenntnisse gegenüber den Angaben im Inventarband nachgeschärft und die einzelnen Arbeitsschritte nachvollzogen werden (Abb. 35 und 36): Demzufolge wurden die eichenen Deckenbalken nicht in Mauertaschen eingefädelt, wie im Kunstdenkmälerband ange-

Abb. 32. (links) Prüfening, St. Georg, südliches Seitenschiff, wohl zwei bauzeitliche Nägel für die Befestigung der Schalungsbretter an den Deckenbalken, Aufnahme 2017 (Foto: Preis & Preis, Parsberg, Lisa Otto; Preis/ Preis 2017, DSC_0052)

Abb. 33. Prüfening, St. Georg, südliches Seitenschiff, möglicherweise sekundärer Sicherungshaken zur Befestigung des bemalten Randbrettes an den Deckenbalken, Aufnahme 2017 (Foto: Preis & Preis, Parsberg, Lisa Otto; Preis/ Preis 2017, DSC_9024)

Abb. 34. Prüfening, St. Georg, Nägel und Nagellöcher an der Unterseite der romanischen Deckenbalken (wohl sekundärer Nageltypus), Aufnahme 2017 (Foto: Preis & Preis, Parsberg, Lisa Otto; Preis/ Preis 2017, DSC_1302)

nommen, sondern die Querbalken wurden auf der Mauerlatte, die die Funktion einer Ringsicherung und einer Lastverteilung für das Mauerwerk übernahm, aufgelegt und mit ihr verkämmt. Darüber wurde dann das Dachwerk aufgeschlagen. In einem zweiten Schritt ging es an den Einbau der Deckenbretter und das „Finish" des Wandabschlusses: Den Raum zwischen den Deckenbalken nutzte man dabei zum Einbau eines Kantholzes, welches das Auflager für das Deckenbrett bzw.

91 Als weitere schwäbische Beispiele wären die Decken der ehem. Stiftskirche St. Martin in Sindelfingen (1131/32 dendro. dat.), unweit von Hirsau, und der ehem. Klosterkirche St. Peter und Paul von Reichenau-Niederzell (1134 dendro. dat.) zu nennen.

92 Zur Geschichte und Montagesituation der Zilliser Decke zuletzt Nay 2015, S. 60–62. Grundlegend Ruoff/ Seifert/ Walder 1997, S. 255–259, mit Abb. 8.

93 Vgl. Klein 2002, S. 80 f., speziell zur Fertigung und Montage der Hildesheimer Decke vgl. Müller 2002, mit weiterführender Literatur.

94 Siehe auch den Beitrag von Karl Schnieringer in diesem Band. Elsen 1951, S. 215, moniert den Verlust von Deckennägeln im Rahmen der Sanierung 1951.

Abb. 35. Prüfening, St. Georg, Gesamtansicht des oberen Wandabschlusses am Übergang zur Decke, Aufnahme 2017 (Foto: Preis & Preis, Parsberg, Lisa Otto; Preis/ Preis 2017, DSC_8906)

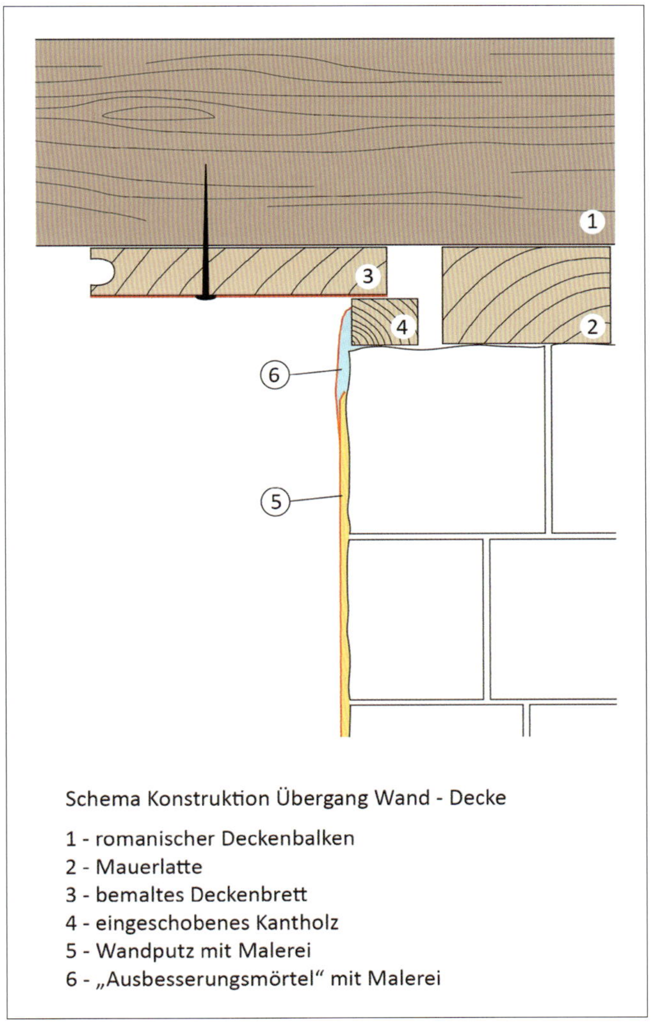

Abb. 36. Prüfening, St. Georg, schematische Konstruktionszeichnung des Wandabschlusses am Übergang zur Decke, 2017 (Grafik: Preis & Preis, Parsberg, Lisa Otto; Preis/ Preis 2017, S. 3, Abb. 2)

Abb. 37. Prüfening, St. Georg, nördliches Querhaus, vermutlich sekundär in das Mauerwerk eingelassenes Bohlenfragment mit Resten der bauzeitlichen Fassung, Aufnahme 2018 (Foto: Peter Turek, Forchheim; Turek 2019, IMG_3343xx.jpg)

die Randbohle der Decke bilden sollte. Abschließend wurde der Bereich des Kantholzes mit einem Ausbesserungsmörtel überzogen, dessen Struktur etwas rauer als im Bereich darunter erscheint, und mit Malerei an den unmittelbar unterhalb befindlichen Mäanderfries angepasst.

Als Zwischenergebnis lässt sich festhalten, dass der obere Wandabschluss sekundär mit einem Ausbesserungsmörtel und einer Angleichung an die bereits bestehende Malerei des Mäanderfrieses hergestellt wurde. Angaben über die zeitliche Differenz zwischen den beiden Schritten müssen spekulativ bleiben. Die Möglichkeiten reichen von einem bloßen arbeitsteiligen Vorgehen in zwei Montageschritten bis zu einer späteren Reparaturmaßnahme.[95] Wollte man diese Frage eingrenzen, setzte dies vertiefende Untersuchungen, vor allem die Abnahme des Putzes und damit verbundene Eingriffe in den materiellen Bestand, voraus.

An zwei Stellen der Prüfeninger Georgskirche konnten im Zuge der Untersuchungen zur großen Überraschung Reste eines bemalten Deckenbrettes entdeckt werden. Es handelt sich erstens um ein in das Mauerwerk des nördlichen Querhauses eingelassenes Stück einer Randbohle, als Ausgleichsholz zweitverwendet und mit seiner bemalten Oberfläche, seinem „Gesicht", in den Ausgleichsmörtel gebettet (Abb. 37)[96], und zweitens – als Befund in situ – um den Rest eines ca. 6 m langen, 5 cm starken und maximal 17 cm breiten Deckenbrettes an der Südwand über dem südlichen Seitenschiff (Abb. 38a, b).

Von besonderem Interesse ist die Oberflächengestaltung der Randbohle im Seitenschiff: Der buntfarbige Primärbe-

Abb. 38a, b. Prüfening, St. Georg, südliches Seitenschiff, zwei unterschiedliche Ausschnitte des noch in seiner Einbausituation erhaltenen bemalten Deckenbrettes, vgl. Abb. 33, Aufnahmen 2017 (Fotos: Preis & Preis, Parsberg, Lisa Otto; Preis/ Preis 2017, DSC_9020; DSC_9029)

Abb. 39. Prüfening, St. Georg, südliches Seitenschiff, bemaltes Deckenbrett, wie Abb. 38, Rekonstruktionsvorschlag des Ornamentbandes durch die Firma Preis & Preis, Parsberg, Lisa Otto, 2017 (Foto: Preis & Preis, Parsberg, Lisa Otto; Preis/ Preis 2017, S. 8, Abb. 10; Bearbeitung: BLfD, Susanne Scherff)

Abb. 40. Balingen, ehemals Alte Pfarrkirche, historisches Foto einer Deckenbohle mit Resten figürlicher und ornamentaler Bemalung, Aufnahme vor der Brandzerstörung der Deckenfragmente 1944 im Alten Schloss Stuttgart (Foto: Landesmuseum Württemberg Stuttgart, Inv.-Nr. WLM 13832 a, b, Abbildung_314885.tif)

fund zeigt auf einem ockertonigen Grundton innerhalb einer schwarzfarbigen Konturlinie aufgemalte querliegende Rhomben, denen mittige, schwarz eingefasste rote Rechtecke, begleitet nach allen vier Seiten von roten Punkten, eingeschrieben sind. Eingefasst wird die Randbohle von einem roten Band, an der Innenseite von einem schwarzen Begleitstrich. Zwischen der Randeinfassung und den konturierten Rauten beleben auf weißem Rücklagenton schwarz eingefasste, grau-bläulich hinterlegte Dreiecke die ornamentale Gestaltung (Abb. 39). Die einzelnen Arbeitsschritte sind genau nachvollziehbar: Nach Grundierung der Flächen in Weiß und Ocker wurden in einem zweiten Schritt die Details der Binnendarstellung angelegt, ehe diese mit schwarzen Linien konturiert wurden. Die Gestaltung erfolgte offensichtlich freihändig, also ohne Verwendung von Konstruktionslinien und *vor* der Montage an der Decke.

Die größten formalen Übereinstimmungen bestanden mit den 1944 in der Sammlung des Landesmuseums Württemberg im Alten Schloss Stuttgart verbrannten Resten der Decke der Alten Pfarrkirche von Balingen (Zollernalbkreis) aus dem frühen 12. Jahrhundert. Auch hier war die Rahmenborte den wenig erhaltenen Schwarz-Weiß-Aufnahmen zufolge unter anderem mit einem Rhombenmuster geschmückt, das von Randdreiecken begleitet wurde sowie Blütenmotive, Viereck-

95 Die Zeitfolge bliebe zu diskutieren, nämlich ob die Reparatur bereits bauzeitlich erfolgte und Ergebnis der schwierigen Montagebedingungen der Decke war, wie Preis/ Preis 2017, S. 4, 15/17, 20, annehmen, oder erst in späterer Zeit, wie von Peter Turek wegen der Putzüberscheibungen vermutet wird, so E-Mail Turek vom 15.12.2017 an Johannes Preis, siehe BLfD, OA Regensburg, Kath. Pfarrkirche St. Georg (ehem. Benediktinerabteikirche St. Georg).

96 BLfD, OA Regensburg, Kath. Pfarrkirche St. Georg (ehem. Benediktinerabteikirche St. Georg), E-Mail von Peter Turek vom 03.08.2018 an das BLfD (Michael Schmidt)

Abb. 41. Walderbach, ehem. Zisterzienserkirche und jetzige Pfarrkirche St. Nikolaus und St. Maria, geometrische Dekoration der struktiven Gewölbeglieder; im Mittelschiff sowie bei den Scheid- und Gurtbogen vorwiegend mit Flechtmotiven und Rosetten, bei den Bandrippen im Bereich der Orgelempore mit kreis- und rautenförmigen Motiven, Aufnahme 2019 (Foto: BLfD, Michael Schmidt, P2970816)

Abb. 42. Hildesheim, St. Michael, Randbohle der Bilderdecke mit Wellenband und im Anschnitt die beiden Bildnisse der Vorläufer Christi, Addi und Elmadam (Lk 3,28), Ausschnitte Nummer 71 und 72 (nach der Nomenklatur von Sommer und Grote/ Kellner) (Foto: Jens Kotlenga, Hildesheim)

felder und Punktreihen aufwies (Abb. 40).[97] Die verwendeten Erdfarben entsprachen dem Prüfeninger Kolorit. Auffällig ist, dass in beiden Fällen, Balingen und Prüfening, auf perspektivische Ornamentformen verzichtet wurde, etwa in Form von gefältelten, daher perspektivisch wirkenden Diamantquaderfriesen, Zacken-, Wellen- oder Dreiecksbändern wie bei den zeitgleichen Zilliser Leistendekorationen (während die innere Rahmung dort mit Palmettenfriesen, Wellen- und Doppelwellenbändern gestaltet war).[98] Und doch verdeutlicht Zillis in beispielhafter Weise das Streben nach einer einheitlichen Wirkung der Übergangszone, die durch die gleiche Chromatik sowie die motivische Verklammerung mittels Blüten an Decke und Wand erreicht wurde. Die rhombenförmige Grundstruktur des Prüfeninger Deckenbrettes begegnet innerhalb des Spektrums geometrischer Dekorationsformen noch bei

Abb. 43. Prüfening, St. Georg, nördliche Seitenapsis (Johanneschor), buntfarbiger Sockelmäander mit unregelmäßigen Figuren, Probefläche zur Rekonstruktionsfassung, Aufnahme um 1900/01 (Foto: BLfD, Bildarchiv, Nr. 01050896)

den bemalten Bandrippen der ehemaligen Klosterkirche Walderbach aus dem letzten Drittel des 12. Jahrhunderts, 1888 freigelegt (Abb. 41). Allenfalls Nachklänge lässt hingegen die 1960 rekonstruierte Randbohlenbemalung der Bilderdecke der Hildesheimer Michaeliskirche aus dem ersten Viertel des 13. Jahrhunderts erkennen (Abb. 42).[99]

Dass die Dekormalerei der Prüfeninger Rahmenborte freihändig aufgetragen worden war, und damit anders als der Mäanderfries ohne Konstruktionslinien auskommt, überrascht und wirft die Frage nach der Zeitgleichheit von Mäanderfries und Deckenbrett auf. Neben dem bauzeitlichen Einbau wäre auch die Möglichkeit einer späteren Zufügung der Prüfeninger Felderdecke zu untersuchen. Als maximale Zeitdifferenz erscheinen einige Jahrzehnte denkbar. Dies würde freilich bedeuten, dass die Prüfeninger Kirche einen offenen Dachstuhl hatte, ehe, vielleicht in Zusammenhang mit der Anbringung der Vierungsbilder in einem Zeitraum zwischen 1150/60 und der Weihe des Nikolausaltars 1174,[100] auch die ornamental bemalten, kassettierten Decken eingezogen worden wären. Eine zeitliche Differenzierung in einen erbauungszeitlichen Mäanderfries und eine erst später eingezogene Decke würde auch die Funktion und die Datierung des beschriebenen eingeschobenen, ausnivellierenden Kantholzes im Mauerwerk und des „Ausbesserungsmörtels" erklären. Einen ähnlichen Ablauf zeigt im Übrigen St. Martin in Zillis: Dort wurde die zeitliche Differenz zwischen dem Einbau der tragenden Balken (dendro. dat. 1095/96) und dem Einzug der Decke unmittelbar nach 1114 (dendro. dat.) zuletzt damit erklärt, dass der Dachstuhl entweder eine „geraume Zeit offen" stand oder für einige Jahre eine provisorische Decke erhalten hatte, ehe der Einbau der Bilderdecke erfolgte.[101]

Karl Schnieringer konnte mit seinen Forschungen zu den Klosterkirchen Windberg, St. Emmeram und nunmehr auch zu Prüfening einen wichtigen Beitrag zur Syntax der Dachüberstände in der romanischen Baukunst leisten.[102] Besonders seine plausible Rekonstruktion der unterseitigen Verkleidungen der Überstände mit Windbrettern und in einigen Fällen aufgenagelten, etwa mit Flechtwerkformen ornamental reich verzierten Terrakottaplatten, wie sie für Windberg und St. Emmeram (nach 1166) erhalten sind, wies dem Traufkasten eine wichtige gestalterische Bedeutung als dekorativem Wandabschluss des Außenbaus zu und rückte den Dachüberstand des romanischen Kirchenbaus in die Nähe des Geisons, des Kranzgesimses, des antiken Tempelbaus. Die antikisierende Motivik eines Mäanderfrieses im romanischen Kircheninneren hätte somit am Außenbau eine Entsprechung im Sinne einer antiken Bautradition gefunden.

Abb. 44. Prüfening, St. Georg, Soffitte des östlichen Bogens des Chorgewölbes, vertikales Mäanderband mit integrierten Engelsbüsten, Aufnahme 2014 (Foto: Preis & Preis, Parsberg, Lisa Otto; Preis/ Preis 2014/15, Nr. 7.3 Regensburg_Prüfening_Chor_EZ_2014-12-16)

Epilog

Der Fokus der Ausgestaltung lag in Prüfening wie bei anderen Klosterkirchen der Hirsauer Reform auf dem Chorbereich. Hochchor und Nebenchöre waren in Architektur und Ausstattung hochwertig angelegt, sie waren gewölbt und architektonisch gegliedert, Wände und Decken vollflächig mit einem Bilderzyklus szenisch, Restflächen teppichartig-ornamental ausgemalt. Sollte vom Team um Hans Haggenmiller der Befund korrekt rekonstruiert worden sein, zeigte der Sockelmäander in den Nebenchören exzentrische Züge (Abb. 43), hierin in enger Beziehung zur Tegernseer Buchmalerei des 12. Jahrhunderts (Evangelistar aus Altomünster, erstes Drittel 12. Jahrhundert, BSB, Clm 2939, fol. 3v; Evangeliar aus Weihenstephan, um 1170–80, BSB, Clm 21580, fol. 23v), mit Blau- und Grüntönen koloristisch angefacht.[103] Zum horizontal geführten Mäanderband tritt an der Soffitte des östlichen Gurtbogens des Chorgewölbes ein vertikal übereinander angeordneter Mäander mit lang gestreckten Verbindungsstegen und einer ausdifferenzierten, mehrschichtigen Farbigkeit hinzu, der Engelsköpfe integriert, ehedem wohl begleitet (in der Rekonstruktion auf einzelne Punkte reduziert) von Blütenmotiven (Abb. 44). Diese Komposition würde einen Rekurs auf die ottonische Buchmalerei Regensburgs (z. B. Thronbild im Sakramentar Heinrichs II.) darstellen. Wie anders fallen hingegen die Mäanderfriese des Mittelschiffes, des Querhauses und der Seitenschiffe aus (ganz davon abgesehen, dass diesen nicht der Makel einer Haggenmiller'schen Neuerfindung anhaftet).

Gegenüber dem Architektur- und Farbenreichtum der Chöre traten die übrigen Innenbereiche der Prüfeninger Kirche visuell zurück. Zwar scheint es partiell auch hier romanische Wandmalereien gegeben zu haben – dies belegen 1951/56 bei der Entfernung der historistischen Kanzel zum Vorschein gekommene (später wieder überdeckte) romanische Wandbilder, die in ihrer Gestaltung und Zeitstellung mit denen der

97 Hecht/ Hecht 1979, Bd. I, S. 183 f.; Bd. II, Abb. 385, 390. Rhombenreihen zählten bereits zum ornamentalen Formenschatz der westgriechischen Dekorationskunst, vgl. Schatzhaus von Gela in Olympia, und wurden in der Spätantike wieder aufgegriffen, vgl. Bodenmosaik des Statthalters Ursus in der Memorialkirche von Teurnia/Römermuseum St. Peter in Holz, Kärnten, um die Mitte des 5. Jahrhunderts, dort u. a. in Verbindung mit Mäanderformen.

98 Vgl. Nay 2015, S. 261, 310–313 mit Abb. 458.

99 Einen engeren oder gar kopiengleichen Wirkzusammenhang zwischen Prüfening und Hildesheim möchte ich ausschließen (anders: BLfD, OA Regensburg, Kath. Pfarrkirche und ehem. Benediktinerabteikirche St. Georg, Peter Turek in E-Mail vom 15.12.2017 an Johannes Preis). Als Grundlage für die Rekonstruktion der Hildesheimer Randbemalung von Rhomben und Wellenbändern dienten dem Restaurator Joseph Bohland sen. im Zuge des nachkriegszeitlichen Wiedereinbaus der Decke Aquarellkopien des Maler-Restaurators Karl Bohlmann von 1907–10 (so Bohland 1965, S. 55) oder des akademischen Malers und Restaurators Georg Bergmann von 1856/57 (so Alphei 1993, S. 69). Gesicherte Rückschlüsse auf die ursprüngliche Ornamentik erlauben sie nicht.

100 Zur Datierung der Vierungsbilder siehe den Beitrag von Michael Schmidt zum Zwei-Schwerter-Gemälde in diesem Band.

101 Nay 2015, S. 62.

102 Schnieringer 2022, Abb. 4 (Visualisierung des Dachüberstandes mit unterseitiger Terrakottaplattenverkleidung von St. Emmeram in Regensburg); ferner Schnieringer 2009, v. a. S. 370 f.; Ostendorf 1904 (bereits mit Hinweis auf eine mögliche antike Tradition des auskragenden Daches); siehe auch den Beitrag von Karl Schnieringer in diesem Band.

103 Fabian/ Lange 2012, Kat.-Nr. 57, S. 246–250; Kat.-Nr. 61, S. 272 f. Zu den engen künstlerischen Verbindungen von Tegernsee und Prüfening im 12. Jahrhundert siehe den Beitrag von Michael Schmidt zum Zwei-Schwerter-Gemälde in diesem Band, dort v. a. Anm. 35.

östlichen Vierungsgemälde verglichen wurden[104] sowie weitere Malereireste „an einem Gewölbebogen und sonst an einigen wenigen Stellen"[105] –, im Großen und Ganzen verzichtete man an den Seitenschiff- und Langhauswänden aber wohl auf größere Bilderzyklen. Stattdessen setzte man hier auf einen beruhigten Raumduktus,[106] der mäandrierende Obergadenfries unterstützte diese Intention. Die sich daraus ergebende innere Spannung zwischen Chor und Langhaus war für die Kirchenbauten Bischof Ottos von Bamberg charakteristisch. Entscheidende Anregungen scheinen seine Bauten durch die gleichfalls gewölbte und monumental ausgemalte Chorpartie der kreuzförmigen Abteikirche von Cluny II (geweiht 981) empfangen zu haben, während die basilikale Langhausarchitektur auf die Vorbildwirkung der frühchristlichen Kirchen Roms verweist.[107] Auch die ehemalige romanische Klosterkirche Weingarten II (begonnen 1124, 1715 zugunsten des barocken Neubaus abgerissen) folgte diesem Grundprinzip der Hirsauer Reformklöster. Eine kolorierte Ansicht von Pater Gabriel Bucelin aus der Württembergischen Landesbibliothek dokumentiert zwar den Zustand der Klosterkirche, des sogenannten Zweiten Münsters, gegen 1630 im Gewand einer renaissancezeitlichen Redaktion, doch sind dessen ungeachtet die Elemente der romanischen Bauanlage, darunter die hölzerne Decke (diese möglicherweise in späterer Zeit erneuert, worauf die Gestaltungselemente, allen voran die Rosetten hinweisen), gut erkennbar (Abb. 45).[108] Auch in Weingarten II hatte man ganz offensichtlich mit Ausnahme des Welfen- und Stauferfrieses an der Südwand auf eine (weitgehende) Ausmalung der Wände von Langhaus und Seitenschiffen verzichtet und so letztlich die Bedeutung der Chöre unterstrichen.

Innerhalb der Kirchen der Hirsauer Reform nimmt Prüfening als ein architektonisches Manifest im Zeitalter des

Abb. 45. Klosterkirche Weingarten II, Innenansicht vor dem Abbruch des Lettners, kolorierte Zeichnung in einer Handschrift von Pater Gabriel Bucelin, um 1630 (Württembergische Landesbibliothek, HB V 4a, fol. 194r) (Foto: Stuttgart, Württembergische Landesbibliothek)

Investiturstreits eine Vorrangstellung ein. Auch die Georgskirche war einer klaren Struktur und Schlichtheit verpflichtet, alles war auf die Liturgie hin ausgerichtet.[109] Hierin war der Prüfeninger Bau in mancher Hinsicht eine Provokation – Adressat jedoch nicht nur die Stadt Regensburg, in deren Sichtweite er platziert wurde. Auch die Anfänge des Benediktinerklosters Prüfening waren nicht frei von Brüchen und innermonastischen Diskussionen, wie der Mord an Abt Erminold im Jahr 1121 unterstreicht, nachdem sich anfänglich offenbar nicht alle Mönche den strengen Ordensregeln der Hirsauer Reform unterordnen wollten.[110]

Tatsächlich gehören die Kirchenbauten Bischof Ottos von Bamberg zur Reformarchitektur, die, angefangen bei den Bauten des 9. Jahrhunderts eine eigene Bautradition entwickelt hatte. Reduktion erscheint hierbei als ein grundlegendes monastisches Prinzip. Zur Erreichung der Ziele gab es partielle Rückgriffe auf Altbewährtes und Traditionelles, im Großen wie im Kleinen, angefangen von der Architektur bis zur Verwendung einzelner, dem Karolingischen und Ottonischen entstammender und in der ersten Hälfte des 12. Jahrhunderts bei den Chorinschriften nunmehr historisierend verwendeter Schrifttypen und Gestaltungsformen.[111] Diesbezüglich hatte Prüfening auch eine retardierende oder gar retrospektive Tendenz! Es ist daher nur konsequent, dass sich Prüfening und die anderen Bauten Ottos an Cluny II orientierten und nicht an dem aktuellen, aber hypertrophen Projekt von Cluny III, mit dem 1089 begonnen worden war. Manches der Hirsauer Raumkonzepte verweist auf St. Emmeram, nicht zuletzt auch bedingt durch die biografischen Wurzeln des Begründers der Hirsauer Klosterreform, Wilhelm, der ursprünglich Angehöriger des Klosters St. Emmeram in Regensburg war, ehe er 1069 zum Abt von Hirsau berufen wurde.[112] Tatsächlich erscheint Prüfening in vielerlei Hinsicht geradezu als Reimport durch Hirsau katalysierter älterer Regensburger Ideen.

Die Georgskirche war ein Bekenntnisbau: Das Programmatische des Baus schloss selbst die Inschriften mit ein. Weiheinschriften waren in Prüfening mit roter Kapitalis und Zeilenschrift unmittelbar neben den Altären auf die Wand gemalt und wohl zunächst nur als Provisorium im Kontext der Altarweihe von 1119 gedacht, was erklärt, warum einige im Zuge der Ausgestaltung der Kirche wenige Jahre später bereits überfasst wurden.[113] Ein Beispiel einer solchen Weiheinschrift hat sich beim Magdalenenaltar an der Nordwand des nördlichen Querhauses erhalten. In ihrer Gestaltung entspricht sie anderen gemalten Weiheinschriften der Zeit, etwa jener an der Ostwand der Mittelapsis in der benediktinischen Klosterkirche St. Johann in Müstair aus dem Jahr 1087.[114] Die am südwestlichen Vierungspfeiler in die Wand eingelassene tönerne Inschrifttafel verkörpert hingegen einen anderen Anspruch: Die wissenschaftliche Würdigung dieser dezidierten „Weiheurkunde" mit ihrem charakteristischen Streifendekor hat sich auf das typografische Verfahren als hochmittelalterliche Vorläuferin Jahrhunderte später praktizierter Drucktechniken konzentriert,[115] formale Aspekte blieben demgegenüber bislang unberücksichtigt. Dabei sind die Übereinstimmungen in Komposition, Duktus und Farbigkeit zwischen der aus abwechselnd weißen und roten Tonregistern bestehenden und mit beweglichen (!) Lettern gestempelten Inschriftplatte (Abb. 46) und der, allerdings gemalten, gestreiften Weiheinschrift am Chorbogen der Kirche St. Vigilius und Blasius in Morter bei Latsch (Südtirol) von 1080 evident (Abb. 47).[116] Als Vorbild für die streifenförmige Präsentation von Inschriften in Rot und Weiß kommen Textzierseiten mit Widmungsgedichten der ottonischen Buchmalerei in Betracht (Reichenauer Evangeliar, Anfang 11. Jahrhundert, BSB, Clm 4454, fol. 21r; Perikopenbuch Heinrichs II., Evangelistar, Reichenau wohl zwischen 1007 und 1012, BSB, Clm 4452, fol. 1v). Zweifellos setzten diese Bezüge eine umfangreiche Kenntnis der Handschriftenkunde und bibliophiles Wissen voraus – alles Eigenschaften, die im Prüfeninger Skriptorium beheimatet waren. Sollte die von Wilhelm Pfaffel jüngst vorgeschlagene Identifizierung des Künstlers der Wandgemälde im Presbyterium mit dem Buchmaler und Schreiber Eilolf zutreffen, käme dieser tatsächlich auch als Entwurfsverfasser der tönernen Weiheinschrift in Frage.[117]

Otto ging es weniger um die Schaffung einer avantgardistischen Architektur als um eine Reform des klösterlichen Bauens. Die architektonische Reduktion und die asketische Beschränkung der Bauzier dienten ihm dabei als Transmissionsriemen. „Reichere ornamentale Details besaß das Innere der Kirche nicht", wie schon im Kunstdenkmälerband konstatiert.[118] Allenfalls als kanonisch empfundene bauplastische Formen, wie die viel beschriebenen, mit Ecknasen besetzten Würfelkapitelle oder die markanten Schachbrettfriese, wurden an Kirchenbauten der Hirsauer Reform zugelassen – wohl auch im Sinne einer „Corporate Identity" der Bewegung.[119] Der Rückgriff auf den Mäanderfries als eines über Jahrhunderte gepflegten Leitornaments ist in diesem Zusammenhang nur folgerichtig. In Prüfening erscheint der Mäanderfries als Bekenntnisornament Hirsauer Reformgeistes.

104 BLfD, OA Regensburg, Kath. Pfarrkirche St. Georg (ehem. Benediktinerabteikirche St. Georg), 1947–1956, Nr. 40: Mitteilung der Stadt Regensburg (gez. Dr. Walter Boll) an das BLfD vom 28.09.1956; Nr. 43: Abdruck eines Schreibens der Regierung der Oberpfalz an das katholische Stadtpfarramt St. Georg vom 27.10.1956; Klug 1951.

105 Klug 1951.

106 Vgl. Stein-Kecks 2009, S. 53; Turek 2018.

107 Dazu Jacobsen 2006, v. a. S. 290–295. Speziell zur Vorbildwirkung des Frühchristlichen bei Kirchenbauten der Hirsauer Reform auch Berger 1995, S. 96 f.

108 Schmid 2016, S. 8 f.

109 Zur Bedeutung der Liturgie vgl. Palazzo 2006.

110 Chrobak 2010, S. 13; Dendorfer 2010, S. 22–24.

111 Pfaffel 2020, S. 226.

112 Dazu Fink 2001, S. 179–185, 202–204.

113 Kunstdenkmäler 1914, S. 188 f. mit Fig. 134; Mertens 2010, S. 71.

114 Hirsch/ Goll 2007, S. 196, Kat.-Nr. 97–100k.

115 Kunstdenkmäler 1914, S. 222; Brekle 2005, v. a. S. 22–25.

116 Vgl. Gruber/ Nothdurfter 2017, S. 122 f.

117 Vorschlag von Pfaffel 2020, S. 245, Anm. 111, aufgrund der Übereinstimmung der Eilolf-Handschriften bezüglich Paläografie mit der Epigrafik und Typografie der Weiheinschrift. Abb. der ottonischen Widmungsgedichte bei Fabian/ Lange 2012, Kat.-Nr. 35/35, S. 172–174, 176–180.

118 Kunstdenkmäler 1914, S. 186.

119 Zur Baukunst der Hirsauer Reform vgl. Strobel 1971; Berger 1995; Fink 2001; Kummer 2006; Strobel 2009. Die neuere Forschung rückt von einem festen Baumschema oder der Vorstellung einer „Bauschule" ab, vgl. Berger 1995, S. 5–13. Tatsächlich ließen die „Hirsauer Konstitutionen" die Berücksichtigung lokaler Bautraditionen und regionaler Gewohnheiten ausdrücklich zu, vgl. Fink 2001, v. a. S. 206.

Abb. 46. Prüfening, St. Georg, Inschrifttafel von 1119, Aufnahme 2013 (Foto: Uwe Moosburger, altrofoto Regensburg)

Abb. 47. Morter bei Latsch, Kirche St. Vigilius und Blasius, Weiheinschrift 1080 (Athesia-Tappeiner Verlag, Bozen)

Bereits im Augsburger Dom, 100 Jahr zuvor, fungierte dieses Ornament als Bedeutungsträger: Über dem später eingezogenen Gewölbe im Südarm des Westquerschiffes des Doms von Augsburg hat sich der Mäanderfries als Teil des ottonischen Dekorationssystems aus der Zeit um 1000/05 erhalten. Im Zuge von zwei Redaktionen wurde der Fries um 1065 (Phase II) und gegen 1150 (Phase III) modifiziert, indem man seine Syntax neu konfigurierte und ihn um blütenförmige Füllmotive bereicherte.[120] Die oberen, durch die gotischen Gewölbe heute den Blicken entzogenen Augsburger Mäanderfriese waren rein geometrisch angelegt, verzichteten also anders als das 1934 freigelegte Mäanderband unterhalb der Obergaden im Mittelschiff und Westquerhaus sowie oberhalb der Arkaden in den Seitenschiffen auf die Einfügung von Tondi mit Heiligenbüsten und christlichen Symbolen. Bei den beiden Redaktionen behielt man den geometrischen Grundduktus der Friese zwar bei, die Artifizienz und Komplexität der Mäanderformen in Phase III kündigte jedoch bereits sein Ende an.[121] Der durch das Kloster Reichenau neu begründeten Traditionslinie gehört auch der Mäanderfries in der Michaelskirche von Burgfelden bei Balingen im Zollernalbkreis (spätes 11. Jahrhundert) an.[122] Interessanterweise gibt es auch in Dänemark Ende des 11. Jahrhunderts, ausgehend von der Ausmalung der Kirche im jütländischen Jelling (1080–1100 oder um 1125), gleich mehrere Beispiele (z.B. Tamdrup Kirke und Råsted Kirke, beide ca. 1100–1125), bei denen breite, mehrregistrige, perspektivische Mäanderfriese in ottonischer Tradition Bilderzyklen rahmen.[123]

Das Prüfeninger Dekorationssystem sollte in Entsprechung zum reduktiven Bau- und Ausstattungsprinzip frei von schmückendem Beiwerk sein, nur der klaren Struktur folgend. Dies schloss, anders als die Mäanderfriese von St. Emmeram in Regensburg oder von St. Gangolf in Bamberg, auch integrierte Heiligenbilder oder sonstige Füllmotive wie Blüten aus, nichts sollte den Lesefluss stören. In der streng geometrischen Formensprache und reduzierten Farbpalette reicht der Prüfeninger Wandfries über vergleichbare Darstellungen der Zeit hinaus und bereitet gleichsam die ornamentale Rippen- und Bogenmalerei der Zisterze Walderbach mit ihrer hybriden Ornamentik aus Flechtwerk und abgewandelten Mäandermotiven vor. Interessant scheint in diesem Zusammenhang auch die Knotenornamentik früher Zisterzienserfenster, wiederum ein Formprinzip auf der Grundlage eines fortlaufenden Rapports.[124] Aber auch die Vorliebe der Frühgotik für ausgeprägte Labyrinthformen, etwa die erwähnten Einlegearbeiten in den Fußböden französischer Kathedralen, scheint in einem neuen analytischen Denken sowie einer meditativen Grundkomponente begründet. Nicht zu vergessen die Transformationsprozesse, die im 12. Jahrhundert auch in Kloster Prüfening ablesbar werden: Antike Bildmotive wurden, wie es in der Miniatur der Minotauromachie und den beiden Labyrinthdarstellungen in hochmittelalterlichen Handschriften sowie den

Mäanderfriesen der Georgskirche zum Ausdruck kommt, in eine christliche Botschaft überführt und metaphorisch interpretiert.[125]

Die offensichtliche Vorbildwirkung ottonischer Mäanderfriese für die Klosterkirche St. Georg ebenso aber die Parallelen zu zeitgenössischen, gleichfalls rein geometrisch gestalteten Wandabschlussfriesen wie jenen der Michaelskirche von Burgfelden sind evident, nicht minder augenfällig die Übereinstimmungen mit der ehemaligen Holzdecke von Balingen. Es scheint daher naheliegend, für die Ausführung des Prüfeninger Wandfrieses und der Deckendekoration eine Werkstatt aus dem Bodenseegebiet, und damit einen Kulturimport aus der Hirsauer Heimatregion des Schwarzwaldes und des Bodenseegebiets nach Prüfening, anzunehmen. Zumindest der Prüfeninger Mäanderfries entpuppt sich als eine Klammer ins Schwäbische: Mit Blick auf die Martinskirche von Sindelfingen und die Klosterkirche Reichenau-Niederzell erscheint jedoch auch die Einbeziehung der Dach- und Deckenkonstruktionen in die Diskussion des Bezugsrahmens erfolgversprechend.

Gewiss, die Wirkkraft der Mäanderfriese ist wissenschaftlich noch nicht untersucht. Dennoch stellt sich die Frage, inwieweit die weite Verbreitung des Mäanders im schwäbischen Kulturraum unter Umständen nicht nur für die romanische Epoche (wie in Prüfening) von Bedeutung und Vorbild war, sondern auch die Wiederentdeckung dieser Ornamentform am Übergang von der Spätgotik zur Renaissance beeinflusst haben könnte, wozu abschließend der Blick auf das Chorgestühl des Ulmer Münsters gelenkt sei: Das von Jörg Syrlin d. Ä. konzipierte und in den Jahren 1469–74 unter Beteiligung des Bildschnitzers Michel Erhart ausgeführte Chorgestühl besitzt an den horizontalen Versatzkanten (zwischen den Armlehnen der vorderen und den Pultflächen der hinteren Reihen) sowie an den Vertikalleisten des Dorsales (Rückwand) in den Eichenkorpus virtuos intarsierte Dekorationen mit geometrischen Ornamenten, teilweise in wirkungsvoller

Abb. 48. Ulm, Münster Unserer Lieben Frau, Chorgestühl, östlicher Abschnitt der Nordseite, Versatzkante mit intarsiertem Zinnenmäander, Ausschnitt, Aufnahme 2020 (Foto: Michael Schmidt)

Perspektivdarstellung (rautierte Zierleisten, Dreiecks-, Klötzchen- und Konsolfriese, Rhombenketten).[126] In der Forschung unbeachtet geblieben ist der perspektivische Zinnenmäander des nordöstlichen Gestühlabschnitts, also der Bereich an der Prophetenseite zwischen den Wangenbüsten der antiken „Philosophen“ Cicero und Pythagoras (Abb. 48). Syrlin galt auf dem neuen Gebiet der Intarsien nördlich der Alpen gleichermaßen als Pionier wie Spezialist, nicht weniger spektakulär war jedoch sein ornamentales Repertoire. Es steht zu vermuten, dass eine Mehrzahl dieser Formen entweder über Musterbücher vermittelt wurde oder sogar einer direkten Begegnung mit italienischen oder tirolischen Objekten entstammte. Ob dies auch für den Mäander gilt, sei dahingestellt, zumal die romanischen Kirchen der Region zwischen Bodensee und Mittelschwaben in hinreichender Weise entsprechendes Anschauungsmaterial geboten hätten.[127] So scheint es möglich, dass bei dieser Motivwahl dezidiert eine regionale Komponen-

120 Zum Dekorationssystem des Augsburger Doms vgl. Exner 2010/11 und Porst 2010/11, jeweils mit Farbtafeln I, IV.2, IV.3; Kah 2014; Exner 2019b.

121 Im ottonischen Augsburger Dom war der Mäander das allgegenwärtige Dekorationssystem. Auch in Anbauten wie der Ulrichskapelle nördlich des Querhauses kam das Ornament vor, dort in einer Höhe von 2 m über dem Bodenniveau vergleichsweise tief platziert (Babucke/ Bakker/ Schaub 2000, S. 119–123). Entgegen ersten Annahmen wird der Raum durch die neueste Forschung nicht als mehr als Profanraum gedeutet, sondern als Teil des Domklosters. Das bei archäologischen Grabungen in Sturzlage gefundene, geborgene und teilrekonstruierte Wandfragment befindet sich heute im Diözesanmuseum St. Afra in Augsburg. Es steht vermutlich mit dem Einsturz des Westbaus im Jahr 994 in Verbindung und wäre dann ein Beleg dafür, dass bereits unter Bischof Ulrich (925–973) der Mäander im ersten ottonischen Augsburger Dom eingeführt war.

122 Zu Burgfelden vgl. Hecht/ Hecht 1979, Bd. I, S. 152 f., Bd. II, Abb. 365, 383. Die geografische Lage ist interessant: Burgfelden und Balingen liegen auf halbem Weg von der Reichenau nach Hirsau.

123 Bildbeispiele bei Haastrup/ Egevang 1986, S. 64–71 (Jelling), 72–77 (Tamdrup), 84–87 (Råsted).

124 Dazu Frodl-Kraft 1965. Unklar bleibt allerdings die Herleitung dieser Ornamentik, ob als Rückgriff auf Langobardisch-Karolingisches aus der Zeit um 800, stellvertretend seien hier der Flechtbandfries an der Ostwand von St. Prokulus in Naturns oder die Flechtornamente der Ringkrypta von St. Emmeram in Regensburg genannt (zur Datierung vgl. Exner 1998b, S. 105 f.; Exner 2019a, S. 88), oder unter dem Einfluss der zeitgenössischen byzantinischen oder islamischen Kunst entstanden, für Letzteres plädiert Frodl-Kraft – vielleicht war es auch eine Symbiose aus beiden Richtungen.

125 Die Beispiele für einen Kulturtransfer aus der Antike in das Mittelalter sind vielfältig, neben der erwähnten Portalanlage von St-Gilles z. B. der ehemalige Mosaikfußboden der romanischen Klosterkirche Tegernsee aus der Zeit um 1073 mit hinterlegtem kosmologischem Programm, vgl. Ramisch 1999, oder die Bronzetür des Augsburger Doms, um 1005, vgl. Diemer/ Diemer 2019.

126 Die Kunstgeschichte hat das Dekorationssystem des Chorgestühls des Ulmer Münsters bisher nur gestreift, vgl. Weilandt 1996, S. 456–460; Gropp 1999, S. 46–62; Maier-Lörcher 2019, S. 8 f. Untersuchungen am wenig jüngeren Chorgestühl von St. Martin in Memmingen unterstreichen jedoch die kunstgeschichtliche Bedeutung der Intarsienarbeiten um 1500, vgl. Naumovic 2006/07.

127 Durch die Zugehörigkeit zum Bistum Konstanz und den Einfluss des Klosters Reichenau, das bis ins 14. Jahrhundert über die Pfarrrechte in Ulm verfügte, wies Ulm seit jeher eine starke Südwestorientierung auf, aber auch die Grenze zum Bistum Augsburg war nah, lag unmittelbar vor der Stadt.

te zum Tragen kam. Nicht außer Acht gelassen werden sollte, dass der früh- und hochmittelalterliche Mäander wohl auch späteren Jahrhunderten eine Schule des perspektivischen Sehens war. Wie dem auch sei: Der Mäander des Ulmer Chorgestühls mutet wie ein erster Versuch einer Wiederbelebung an, ehe der Mäander als rahmendes Ornament in den Dekorationssystemen der Hochrenaissance zu neuer Bedeutung gelangte.[128] Nach wie vor sind jedoch viele motivgeschichtliche Fragen zum mittelalterlichen Mäander offen oder bilden eine Forschungsaufgabe – weit über Prüfening hinaus.

128 Frühe Formen von Renaissancemäandern finden sich neben der Textilkunst, hier häufig in einer Verschmelzung mit Macramé, gerade im Dekorationssystem von Bibliotheken wie der Libreria Piccolomini am Dom von Siena (1492–95, Ausmalung 1502–07 von Pinturicchio unter Mitwirkung des jungen Raffael). Ein prominentes Beispiel in der Hochrenaissance ist die Verwendung des Mäanders in den vier Scheidbögen der Stanza della Segnatura im Vatikanischen Palast, Raffaels 1508–11 ausgeführtem Meisterwerk. Raffael rahmte damit seine vier Fresken („Die Schule von Athen" für die Disziplin der Philosophie, „Disputa del Sacramento" für die Theologie, „Parnass" für die Schönen Künste, „Kardinaltugenden" für die Jurisprudenz) und unterstützte so das großartige Bildprogramm als einen Paganes und Christliches versöhnenden Kulturentwurf auch im Dekorativen, interessanterweise gerade in jenem Gemach, das sich Papst Julius II. als Privatbibliothek und Studierzimmer auserkoren hatte und für humanistische Konzepte prädestiniert war.

Literatur

900 Jahre Prüfening 2010 – *900 Jahre Prüfening. Kloster – Schloss – Schule*. Beiträge des 24. Regensburger Herbstsymposions für Kunst, Geschichte und Denkmalpflege vom 13.–15. November 2009, Regensburg 2010

Alphei 1993 – Alphei, Cord: *Die Hildesheimer Michaeliskirche im Wiederaufbau 1945–1960*, Hildesheim/Zürich/New York 1993

Amman/ Peda 1990 – Ammann, Gert/ Peda, Gregor: *Stift Stams* (Schnell, Große Kunstführer Nr. 111), München/Zürich ²1990

Andergassen 2002 – Andergassen, Leo: *Südtirol. Kunst vor Ort. Kunstführer Südtirol*. Mit einem speziellen Freskenführer, Bozen 2002

Augustyn 2019 – Augustyn, Wolfgang: *Die Sibyllen. Zu einem antiken Thema in der Kunst des Mittelalters und der Neuzeit*, 2 Teilbde. (Veröffentlichungen des Zentralinstituts für Kunstgeschichte in München, Bd. 51; Schriften der Forschungsstelle Realienkunde, Bd. 5), Passau 2019

Aumüller u. a. 2010/11 – Aumüller, Thomas/ Exner, Matthias/ Herrmann, Bernhard/ Kayser, Christian/ Porst, Angelika/ Sahler, Autenrieth 1998 – Autenrieth, Hans Peter: *Oberitalienische Wandmalereien vom 9. bis 11. Jahrhundert. Zum Stand der Konservierung, Dokumentation und kunsthistorischen Forschung*, in: Exner 1998a, S. 129–154

Hildegard/ Winkler, Reinhold: *Der Augsburger Dom – ein verkannter Großbau der ersten Jahrtausendwende. Neue Befunde zu Architektur und Dekorationssystem*, in: Jahrbuch der Bayerischen Denkmalpflege 64/65 (2010/11), S. 9–56

Babucke/ Bakker/ Schaub 2000 – Babucke, Volker/ Bakker, Lothar/ Schaub, Andreas: *Archäologische Ausgrabungen im Museumsbereich*, in: Rummel, Peter (Hrsg.): Das Diözesanmuseum St. Afra in Augsburg (Jahrbuch des Vereins für Augsburger Bistumsgeschichte e. V., Teilb. 1, 34 [2000]), Augsburg 2000, S. 99–128

Bajtlik 2019 – Bajtlik, Jan: *Ariadnes Faden. Götter – Sagen – Labyrinthe*. Aus dem Polnischen von Thomas Weiler, Frankfurt am Main 2019

Berger 1995 – Berger, Rolf: *Hirsauer Baukunst – ihre Grundlagen, Geschichte und Bedeutung* (Beiträge zur Kunstgeschichte, Bd. 12), Bd. 1, Witterschlick/Bonn 1995

Berschin/ Kuder 2015 – Berschin, Walter/ Kuder, Ulrich: *Reichenauer Buchmalerei* 850–1070, Wiesbaden 2015

Bohland 1965 – Bohland, Joseph: *Die Bergung und Wiederherstellung der romanischen Deckenmalerei von St. Michael zu Hildesheim*, in: Niedersächsische Denkmalpflege 5, 1960–1964 (1965), S. 44–56

Brekle 2002 – Brekle, Herbert E.: *Die Prüfeninger Weiheinschrift von 1119. Eine paläographisch-typographische Untersuchung*, Regensburg 2005

Brinkmann/ Koch-Brinkmann 2020 – Brinkmann, Vinzenz/ Koch-Brinkmann, Ulrike (Hrsg.): *Bunte Götter – Golden Edition. Die Farbe der Antike* (Katalogbuch zur Ausstellung „Bunte Götter – Golden Edition. Die Farben der Antike", vom 30. Januar bis 30. August 2020 im Liebieghaus, Skulpturensammlung, Frankfurt am Main), München/London/New York 2020

Carratelli 1996 – Carratelli, Giovanni Pugliesi (Hrsg.): *The Western Greeks. Classical civilization in the Western Mediterranean* (englischsprachiger Katalog zur Ausstellung „I Greci in Occidente" im Palazzo Grassi, Venezia, 24. März bis 8. Dezember 1996), Milano 1996

Chrobak 2010 – Chrobak, Werner: *Die Hirsauer Reform*, in: 900 Jahre Prüfening 2010, S. 9–15

Claussen/ Skriver 2007 – Claussen, Hilde/ Skriver, Anna: *Die Klosterkirche Corvey, Bd. 2: Wandmalerei und Stuck aus karolingischer Zeit* (Denkmalpflege und Forschung in Westfalen, Bd. 43,2), Mainz 2007

Dendorfer 2010 – Dendorfer, Jürgen: *Regensburg im „Investiturstreit". Prüfenings Anfänge im Kontext der Stifts- und Klostergründungen um 1100*, in: 900 Jahre Prüfening 2010, S. 17–27

Diemer/ Diemer 2019 – Diemer, Dorothea/ Diemer, Peter: *Die Augsburger Bronzetür*, in: Krüger, Thomas M./ Groll, Thomas (Hrsg.): Bischöfe und ihre Kathedrale im mittelalterlichen Augsburg (Jahrbuch des Vereins für Augsburger Bistumsgeschichte 53 (2019/II)), Augsburg 2019, S. 171–198

Dietl 2010 – Dietl, Albert: *Die Regensburg-Prüfeninger Buchmalerei des 12. Jahrhunderts*, in: 900 Jahre Prüfening 2010, S. 43–50

Elsen 1951 – Elsen, Alois: *St. Georg in Prüfening. Ende oder Anfang einer Restaurierung?*, in: Der Zwiebelturm 6 (1951), S. 185–189, 212–215

Endres 1902 – Endres, Joseph Anton: *Romanische Deckenmalereien und ihre Tituli zu St. Emmeram*, in: Zeitschrift für christliche Kunst 15, 1902, S. 205–210, 235–240, 275–282, 297–306

Endres 1905/06 – Endres, Joseph Anton: *Romanische Malereien in Prüfening. Literarische und ikonographische Notizen*, in: Die christliche Kunst 2 (1905/06), S. 160–171

Exner 1998a – Exner, Matthias (Hrsg.): *Wandmalerei des frühen Mittelalters. Bestand, Maltechnik, Konservierung.* Eine Tagung des Deutschen Nationalkomitees von ICOMOS in Zusammenarbeit mit der Verwaltung der Staatlichen Schlösser und Gärten in Hessen, Lorsch, 10.–12. Oktober 1996 (ICOMOS – Hefte des Deutschen Nationalkomitees, Bd. 23), München 1998

Exner 1998b – Exner, Matthias: *Denkmäler frühmittelalterlicher Wandmalerei in Bayern. Bestand, Ergebnisse, Aufgaben*, in: Exner 1998a, S. 99–118

Exner 2007 – Exner, Matthias: *Das Bildprogramm der Klosterkirche im historischen Kontext. Die karolingische Ausmalung der Klosterkirche / Der romanische Bilderzyklus an Ostwand und Apsiden*, in: Goll, Jürg/ Exner, Matthias/ Hirsch, Susanne (Bearb.): Müstair. Die mittelalterlichen Wandbilder in der Klosterkirche. UNESCO-Welterbe, hrsg. von den Freunden des Klosters St. Johann in Müstair, Zürich 2007, S. 83–113

Exner 2010/11 – Exner, Matthias: *Von der bauzeitlichen Ausmalung zur romanischen Neufassung. Die Wandmalereibefunde in ihrem historischen Kontext*, in: Aumüller u. a. 2010/11, S. 9–56, hier S. 38–49, 52–54

Exner 2011 – Exner, Matthias: *Mittelalterliche Wandmalerei im Kloster Lorsch. Die Gestaltungsphasen der „Torhalle" und eine verlorene Ausstattung der Nazariuskirche*, in: Hessisches Landesmuseum/Verwaltung der Staatlichen Schlösser und Gärten Hessen (Hrsg.): Kloster Lorsch. Vom Reichskloster Karls des Großen zum Weltkulturerbe der Menschheit (Ausstellung Museumszentrum Lorsch, 28. Mai 2011 bis 29. Januar 2012), Petersberg 2011, S. 312–329

Exner 2019a – Exner, Matthias: *Die frühmittelalterlichen Wandmalereien*, in: Pfarrei St. Zeno Naturns (Hrsg.): St. Prokulus in Naturns, Bozen 2019, S. 49–105

Exner 2019b – Exner, Matthias: *Die ottonischen Wandmalereien im Dom zu Augsburg – Neue Funde im historischen Kontext*, in: Krüger, Thomas M./ Groll, Thomas (Hrsg.): Bischöfe und ihre Kathedrale im mittelalterlichen Augsburg (Jahrbuch des Vereins für Augsburger Bistumsgeschichte 53 [2019/II]), Augsburg 2019, S. 157–169

Faber/ Exner 2018a – Faber, Annette/ Exner, Matthias: *832 Jahre den Blicken entzogen. Die romanischen Malereien in St. Gangolf, Bamberg*, in: Denkmalpflege Informationen 168 (2018), S. 6–9

Faber/ Exner 2018b – Faber, Annette/ Exner, Matthias: *Romanische Malereien – 832 Jahre den Blicken entzogen*, in: Die Denkmalpflege 76 (2018), Heft 2, S. 192–194

Fabian/ Lange 2012 – Fabian, Claudia/ Lange, Christiane: *Pracht auf Pergament. Schätze der Buchmalerei von 780 bis 1180* (Bayerische Staatsbibliothek, Ausstellungskataloge Nr. 86; Ausstellung in der Kunsthalle der Hypo-Kulturstiftung München, 19. Oktober 2012 bis 13. Januar 2013), München 2012

Fink 2001 – Fink, Alexandra: *Romanische Klosterkirchen des Heiligen Bischofs Otto von Bamberg (1102–1139)*, Petersberg 2001

Frodl-Kraft 1965 – Frodl-Kraft, Eva: *Das „Flechtwerk" der frühen Zisterzienserfenster. Versuch einer Ableitung*, in: Wiener Jahrbuch für Kunstgeschichte NF 20 (1965), S. 7–20

Gerstl 2014 – Gerstl, Doris: *Zur Entdeckung und Restaurierung der romanischen Wandmalereien in St. Georg in Prüfening*, in: Verhandlungen des Historischen Vereins für Oberpfalz und Regensburg 154 (2014), S. 293–309

Goll 2007 – Goll, Jürg: *Die Wandbilder in Raum und Zeit*, in: Goll, Jürg/ Exner, Matthias/ Hirsch, Susanne (Bearb.): Müstair. Die mittelalterlichen Wandbilder in der Klosterkirche. UNESCO-Welterbe, hrsg. von den Freunden des Klosters St. Johann in Müstair, Zürich 2007, S. 47–74

Gropp 1999 – Gropp, David: *Das Ulmer Chorgestühl und Jörg Syrlin der Ältere. Untersuchungen zu Architektur und Bildwerk* (Neue Forschungen zur deutschen Kunst, IV), Berlin 1999

Gruben 1986 – Gruben, Gottfried: *Die Tempel der Griechen*, Darmstadt [4]1986

Gruber/ Nothdurfter 2017 – Gruber, Karl/ Nothdurfter, Hans: *Vor-Romanik in Südtirol*, Bozen 2017

Haastrup/ Egevang 1986 – Haastrup, Ulla/ Egevang, Robert (Red.): *Danske kalkmalerier, Bd. 1: Romansk tid 1080–1175*, hrsg. vom Nationalmuseet København, København 1986

Haubrichs 1980 – Haubrichs, Wolfgang: *‚Error inextricabilis'. Form und Funktion der Labyrinthabbildung in mittelalterlichen Handschriften*, in: Meier, Christel/ Ruberg, Uwe (Hrsg.): Text und Bild. Aspekte des Zusammenwirkens zweier Künste in Mittelalter und früher Neuzeit, Wiesbaden 1980, S. 63–174

Heath Wiencke 1975 – Heath Wiencke, Martha: *Lerna, in: Argos, Archäologisches Museum*, in: Corpus der minoischen und mykenischen Siegel, Bd. V, Teil 1 [CMS V,1]: Kleinere griechische Sammlungen, bearb. von Ingo Pini, Berlin 1975, S. 27–114

Hecht/ Hecht 1979 – Hecht, Josef/ Hecht, Konrad: *Die frühmittelalterlichen Wandmalereien des Bodenseegebietes*, 2 Bde., Sigmaringen 1979

Hirsch/ Goll 2007 – Hirsch, Susanne/ Goll, Jürg: *Katalog der karolingischen Wandbilder*, in: Goll, Jürg/ Exner, Matthias/ Hirsch, Susanne (Bearb.): Müstair. Die mittelalterlichen Wandbilder in der Klosterkirche. UNESCO-Welterbe, hrsg. von den Freunden des Klosters St. Johann in Müstair, Zürich 2007, S. 115–225

Jacobsen 2006 – Jacobsen, Werner: *Entwicklungslinien des Kirchenbaus im 11. Jahrhundert im Reich und in Italien*, in: Stiegemann, Christoph/ Wemhoff, Matthias (Hrsg.): Canossa 1077. Erschütterung der Welt. Geschichte, Kunst und Kultur am Aufgang der Romanik, Bd. I: Essays (Ausstellung im Museum in der Kaiserpfalz, im Erzbischöflichen Diözesanmuseum und in der Städtischen Galerie am Abdinghof zu Paderborn, 21. Juli bis 5. November 2006), München 2006, S. 284–295

Jäggi 2016 – Jäggi, Carola: *Ravenna. Kunst und Kultur einer spätantiken Residenzstadt. Die Bauten und Mosaiken des 5. und 6. Jahrhunderts*, Regensburg [2]2016

Jakobs 1998 – Jakobs, Dörthe: *Die Wandmalereien von St. Georg in Reichenau-Oberzell. Untersuchung – Dokumentation – Kontroversen*, in: Exner 1998a, S. 161–190

Jakobs 1999 – Jakobs, Dörthe: *Sankt Georg in Reichenau-Oberzell. Der Bau und seine Ausstattung. Bestand, Veränderung, Restaurierungsgeschichte*, 3 Bde. (Forschungen und Berichte der Bau- und Kunstdenkmalpflege in Baden-Württemberg, Bd. 9), Stuttgart 1999

Kah 2014 – Kah, Daniela: *Die romanischen Wandmalereien*, in: Der Augsburger Dom. Sakrale Kunst von den Ottonen bis zur Gegenwart, hrsg. von der Diözese Augsburg, Berlin/München 2014, S. 44–48

Karlinger 1920 – Karlinger, Hans: *Die hochromanische Wandmalerei in Regensburg* (Einzeldarstellungen zur süddeutschen Kunst, Bd. 1), München/Berlin/Leipzig 1920

Kern 1982 – Kern, Hermann: *Labyrinth. Erscheinungsformen und Deutungen; 5000 Jahre Gegenwart eines Urbilds*, München 1982

Kimpel/ Suckale 1995 – Kimpel, Dieter/ Suckale, Robert: *Die gotische Architektur in Frankreich 1130–1270*, München 1995

KLEIN 2002 – KLEIN, PETER: *Dendrochronologische Untersuchungen an Bohlen der Holzdecke von St. Michael*, in: Grote, Rolf-Jürgen/ Kellner, Vera (Hrsg.): Die Bilderdecke der Hildesheimer Michaeliskirche. Erforschung eines Weltkulturerbes. Aktuelle Befunde der Denkmalpflege im Rahmen der interdisziplinären Bestandssicherung und Erhaltungsplanung der Deckenmalerei, München/Berlin 2002, S. 80–81

KLEMM 1987 – KLEMM, ELISABETH: *Die Regensburger Buchmalerei des 12. Jahrhunderts*, in: Mütherich, Florentine/ Dachs, Karl (Red.): Regensburger Buchmalerei. Von frühkarolingischer Zeit bis zum Ausgang des Mittelalters. Ausstellung der Bayerischen Staatsbibliothek und der Museen der Stadt Regensburg (Bayerische Staatsbibliothek, Ausstellungskataloge Bd. 39; Ausstellung in Regensburg, 16. Mai bis 9. August 1987), München 1987, S. 39–58

KLUG 1951 – KLUG, OTTO: *St. Georg in Prüfening*, in: Der Zwiebelturm 6 (1951), S. 240

KUMMER 2006 – KUMMER, STEFAN: *Kloster Hirsau und die sogenannte Hirsauer Bauschule*, in: Stiegemann, Christoph/ Wemhoff, Matthias (Hrsg.): Canossa 1077. Erschütterung der Welt. Geschichte, Kunst und Kultur am Aufgang der Romanik, Bd. I: Essays (Ausstellung im Museum in der Kaiserpfalz, im Erzbischöflichen Diözesanmuseum und in der Städtischen Galerie am Abdinghof zu Paderborn, 21. Juli bis 5. November 2006), München 2006, S. 359–370

Kunstdenkmäler 1914 – *Die Kunstdenkmäler von Oberpfalz und Regensburg, Bd. 20: Bezirksamt Stadtamhof* (Die Kunstdenkmäler des Königreichs Bayern), bearb. von Hans Karlinger, Georg Hager und Georg Lill, München 1914

KUNZE-GÖTTE 1994 – KUNZE-GÖTTE, ERIKA: *Sphyrelata*, in: IX. Berichte über die Ausgrabungen in Olympia. Herbst 1962 bis Frühjahr 1966, hrsg. vom Deutschen Archäologischen Institut, Berlin/New York 1994, S. 101–139

KYRIELEIS 2008 – KYRIELEIS, HELMUT: *Sphyrelata. Überlegungen zur früharchaischen Bronze-Großplastik in Olympia*, in: Mitteilungen des Deutschen Archäologischen Instituts, Athenische Abteilung, Bd. 123 (2008), S. 177–198

KYRIELEIS 2011 – KYRIELEIS, HELMUT: *Olympia. Archäologie eines Heiligtums*, Darmstadt/Mainz 2011

LCI – *Lexikon der christlichen Ikonographie*, hrsg. von Engelbert Kirschbau, Rom/Freiburg i. Br./Basel/Wien 1970

LOOSE/ VOIGT 1986 – LOOSE, GISELA/ VOIGT, RAINER: *Tessin. Kunst und Landschaft zwischen Gotthard und Campagna Adorna* (DuMont Kunst-Reiseführer), Köln 1986

LUDWIG 1998 – LUDWIG, THOMAS: *Die Einhards-Basilika in Steinbach im Odenwald*, in: EXNER 1998a, S. 67–74

MAIER-LÖRCHER 2019 – MAIER-LÖRCHER, BARBARA: *Das Chorgestühl des Ulmer Münsters* (Schnell, Kunstführer Nr. 2907), Regensburg 2019

MARR 2020 – MARR, BERND: *Die Bauforschung. Wieder entdeckte Bausteine der Baugeschichte von St. Gangolf*, in: Leicht, Karl Martin (Red.): St. Gangolf – Bamberg. Renovierung 2016–2019, hrsg. von der Katholischen Kirchenstiftung St. Gangolf Bamberg, Bamberg 2020, S. 32–39

MERTENS 2010 – MERTENS, HOLGER: *Zur anstehenden Konservierung und Restaurierung der romanischen Wandmalereien von St. Georg*, in: 900 Jahre Prüfening 2010, S. 71–73

MERTENS-HORN 1990 – MERTENS-HORN, MADELEINE: *Archaische Tondächer westgriechischer Typologie in Delphi und Olympia*, in: Hesperia 59,1 (1990), S. 235–248

MÜLLER 2002 – MÜLLER, ULFRID: *Ein schwieriger und langer Weg vom Baum im Wald bis zur fertig gemalten Decke. Wie es gewesen sein wird – Rückschlüsse, Vermutungen, Möglichkeiten*, in: Grote, Rolf-Jürgen/ Kellner, Vera (Hrsg.): Die Bilderdecke der Hildesheimer Michaeliskirche. Erforschung eines Weltkulturerbes. Aktuelle Befunde der Denkmalpflege im Rahmen der interdisziplinären Bestandssicherung und Erhaltungsplanung der Deckenmalerei, München/Berlin 2002, S. 72–79

MURBACH 1967 – MURBACH, ERNST: *Zillis. Die romanische Bilderdecke der Kirche St. Martin*, Zürich/Freiburg i. Br. 1967

NAUMOVIC 2006/07 – NAUMOVIC, TINA: *Die Intarsienfelder am Memminger Chorgestühl*, in: Memminger Geschichtsblätter 2006/2007, S. 181–193

NAY 2015 – NAY, MARC ANTONI: *Die Bilderdecke von Zillis. Grundlagen und Versuch einer Rekonstruktion*, Chur 2015

NAY 2018 – NAY, MARC ANTONI: *St. Martin in Zillis* (Schweizerische Kunstführer GSK, Serie 84, Nr. 835), Bern 2018

NOTHDURFTER/ KERSTING/ GEBAUER 2019 – NOTHDURFTER, HANS/ KERSTING, THOMAS/ GEBAUER, BRIGITTE: *Der Kirchenbau und die Friedhöfe*, in: St. Prokulus in Naturns, hrsg. von der Pfarrei zum Hl. Zeno in Naturns, Bozen 2019, S. 11–47

OSTENDORF 1904 – OSTENDORF, FRIEDRICH: *Die eigentümliche Art der Dachbildung romanischer Kirchen in Deutschland*, in: Die Denkmalpflege 6 (1904), S. 72 f.

PALAZZO 2006 – PALAZZO, ERIC: *Rom, die Gregorianische Reform und die Liturgie*, in: Stiegemann, Christoph/ Wemhoff, Matthias (Hrsg.): Canossa 1077. Erschütterung der Welt. Geschichte, Kunst und Kultur am Aufgang der Romanik, Bd. I: Essays (Ausstellung im Museum in der Kaiserpfalz, im Erzbischöflichen Diözesanmuseum und in der Städtischen Galerie am Abdinghof zu Paderborn, 21. Juli bis 5. November 2006), München 2006, S. 277–282

PAPPALARDO/ CIARDIELLO 2012 – PAPPALARDO, UMBERTO/ CIARDIELLO, ROSARIA: *Griechische und römische Mosaiken*, München 2012

PERONI 1998 – PERONI, ADRIANO: *Das Baptisterium von Novara. Architektur und Ausmalung*, in: EXNER 1998a, S. 155–160

PFAFFEL 2020 – PFAFFEL, WILHELM: *Das Presbyterium der Klosterkirche Prüfening: Texte und ihre Entschlüsselung*, in: Studien und Mitteilungen zur Geschichte des Benediktinerordens und seiner Zweige 131 (2020), S. 185-245

PORST 2010/11 – PORST, ANGELIKA: *Die Befunde der frühen Ausmalungsphasen im Dachraum*, in: AUMÜLLER u. a. 2010/11, S. 9–56, hier S. 31–37, 52

PREIS/ PREIS 2014/15 – PREIS+PREIS, Werkstätten für Restaurierung: *Prüfening, Klosterkirche St. Georg. Restaurierung/Konservierung Romanische Malerei im Presbyterium, Neubemalungsbestand von 1907/16. Arbeitsbericht,* Parsberg 2014/15 (unveröffentlicht; ein Exemplar beim Bayerischen Landesamt für Denkmalpflege)

PREIS/ PREIS 2017 – PREIS + PREIS, Werkstätten für Restaurierung: *Prüfening, Ehemalige Klosterkirche St. Georg. Holzdecken-Fragmente im Dachraum des südlichen Seitenschiffes. Untersuchungsbericht 2017,* Parsberg 2017 (unveröffentlicht; ein Exemplar beim Bayerischen Landesamt für Denkmalpflege)

PREIS/ PREIS 2018 – PREIS + PREIS, Werkstätten für Restaurierung: *Prüfening, Ehemalige Klosterkirche St. Georg. Konservierung Romanische Friese in den Dachräumen. Projektbericht,* Parsberg 2018 (unveröffentlicht; ein Exemplar beim Bayerischen Landesamt für Denkmalpflege)

RAMISCH 1999 – RAMISCH, HANS: *Ein kosmologisches Fußbodenmosaik aus der Zeit um 1073 in der ehemaligen Benediktinerkirche St. Quirin in*

Tegernsee, in: Jahrbuch des Vereins für christliche Kunst in München e. V. 21 (1999), S. 193–213

RIETHMÜLLER 1996 – RIETHMÜLLER, JÜRGEN W.: *Die Tholos und das Ei. Zur Deutung der Thymele von Epidauros*, in: Nikephoros 9 (1996), S. 71–109

RÜSCH 1999 – RÜSCH, ELFI: *Sant'Ambrogio in Prugiasco-Negrentino* (Schweizerische Kunstführer GSK, Serie 66, Nr. 653), Bern 1999

RUOFF/ SEIFERT/ WALDER 1997 – RUOFF, ULRICH/ SEIFERT, MATHIAS/ WALDER, FELIX: *Dendrochronologische Untersuchungen 1994/95*, in: Bläuer Böhm, Christine/ Rutishauser, Hans/ Nay, Marc Antoni (Hrsg.): Die romanische Bilderdecke der Kirche St. Martin in Zillis. Grundlagen zur Konservierung und Pflege, Bern/Stuttgart/Wien 1997

Salzburg 2016 – *Salzburg. Architektur und Kunst*, bearb. von Hildegard Kretschmer (Reclams Städteführer), Leipzig 2016

SCHEMPER-SPARHOLZ 1999 – SCHEMPER-SPARHOLZ, INGEBORG: *Bartholomäus Steinle (um 1580–um 1628/29), Hochaltar der Stiftskirche Stams*, in: Lorenz, Hellmut (Hrsg.): Barock (Geschichte der bildenden Kunst in Österreich, Bd. 4), München/London/New York 1999, S. 519–521

SCHLESIER 2008 – SCHLESIER, RENATE: *„Ariadne“*, in: Moog-Grünewald, Maria (Hrsg.): Mythenrezeption. Die antike Mythologie in Literatur, Musik und Kunst von den Anfängen bis zur Gegenwart (Der neue Pauly, Supplemente, Bd. 5), Stuttgart/Weimar 2008, S. 140–150

SCHMID 2016 – SCHMID, EKKEHARD: *Basilika und Klosteranlage Weingarten. Wallfahrtskirche zum Kostbaren Blut Christi* (Schnell, Kunstführer Nr. 528), Regensburg [38]2016

SCHMIDT 2002 – SCHMIDT, MICHAEL: *Renovierung und Restaurierung in der frühen Neuzeit. Vom funktionalen zum demokratischen Denkmalverständnis*, in: Jahrbuch der Stiftung Thüringer Schlösser und Gärten 5 (2001), Lindenberg 2002, S. 125–139

SCHMIDT 2018 – SCHMIDT, MICHAEL: *Die Innenrenovierung von St. Peter in Straubing in den Jahren 1976–78 im historischen und denkmalmethodischen Kontext oder: Romanik Reloaded 3.0*, in: Dietl, Albert/ Huber, Alfons (Hrsg.): 800 Jahre Stadt Straubing. Ein Kosmos der Geschichte und Kunst, 2 Bde. (Historischer Verein für Straubing und Umgebung, Bd. 6), Straubing 2018, Bd. 1, S. 215–266

SCHNEIDER 2006 – SCHNEIDER, LAMBERT: *Peloponnes. Mykenische Paläste, antike Heiligtümer und venezianische Kastelle in Griechenlands Süden* (DuMont Kunst-Reiseführer), Ostfildern [2]2006

SCHNEIDER/ HÖCKER 1990 – SCHNEIDER, LAMBERT/ HÖCKER, CHRISTOPH: *Die Akropolis von Athen. Antikes Heiligtum und modernes Reiseziel* (DuMont – Dokumente), Köln 1990

SCHNIERINGER 2009 – SCHNIERINGER, KARL: *Das Dach der Klosterkirche in Windberg*, in: Husty, Ludwig/ Rind, Michael M./ Schmotz, Karl (Hrsg.): Zwischen Münchshofen und Windberg. Gedenkschrift für Karl Böhm (Internationale Archäologie: Studia honoraria, Bd. 29), Rahden 2009, S. 367–371

SCHNIERINGER 2022 – SCHNIERINGER, KARL: *Dachwerke vor 1250. Bestand in Bayern*, in: Dachwerke vor 1250 in Deutschland und Nachbarregionen, hrsg. von der Vereinigung der Landesdenkmalpfleger [in Druckvorbereitung, erscheint 2022]

SKRIVER 2019 – SKRIVER, ANNA: *Die frühmittelalterlichen Wandmalereifragmente im Niedermünster*, in: Wintergerst, Eleonore: Die Ausgrabungen unter dem Niedermünster in Regensburg, durchgeführt und dokumentiert von Klaus Schwarz, Bd. III/2: Befunde und Funde der nachrömischen Zeit. Auswertung (Bayerische Akademie der Wissenschaften/Bayerisches Landesamt für Denkmalpflege; Münchner Beiträge der Vor- und Frühgeschichte, Bd. 66), München 2019, S. 309–423

SLEHOFER 2000 – SLEHOFER, VERA: *Kretische Mythen*, in: Siebenmorgen, Harald (Hrsg.): Im Labyrinth des Minos. Kreta – die erste europäische Hochkultur (Archäologische Veröffentlichungen des Badischen Landesmuseums, Bd. 2; Ausstellung des Badischen Landesmuseums im Schloss Karlsruhe, 27. Januar bis 29. April 2001), München 2000, S. 241

STEIN 1987 – STEIN, HEIDRUN: *Die romanischen Wandmalereien in der Klosterkirche Prüfening* (Studien und Quellen zur Kunstgeschichte Regensburgs, Bd. 1), Regensburg 1987

STEIN-KECKS 2009 – STEIN-KECKS, Heidrun: *Die Klosterkirche Prüfening und ihre Wand- und Deckenmalereien*, in: Baumann, Maria (Red.): Mönche, Künstler und Fürsten. 900 Jahre Gründung Kloster Prüfening (Ausstellung Museum Obermünster, 17. Oktober bis 22. November 2009; Kunstsammlungen des Bistums Regensburg, Kataloge und Schriften, Bd. 38), Regensburg 2009, S. 53–60

STROBEL 1971 – STROBEL, RICHARD: *Die Hirsauer Reform und das Würfelkapitell mit Ecknasen*, in: Zeitschrift für Württembergische Landesgeschichte 30 (1971), S. 21–116

STROBEL 2009 – STROBEL, RICHARD: *Prüfening und die „Hirsauer Bauschule“*, in: Baumann, Maria (Red.): Mönche, Künstler und Fürsten. 900 Jahre Gründung Kloster Prüfening (Ausstellung Museum Obermünster, 17. Oktober bis 22. November 2009; Kunstsammlungen des Bistums Regensburg, Kataloge und Schriften, Bd. 38), Regensburg 2009, S. 37–38

TAUSCH 2010 – TAUSCH, SABINE: *St. Georg in Prüfening. Die Umgestaltungsmaßnahmen im 17. und 18. Jahrhundert*, in: 900 Jahre Prüfening 2010, S. 51–60

TUREK 2018 – Restaurierungswerkstatt TUREK: *Prüfening, Ehem. Klosterkirche St. Georg. Raumschale. Selektive Sondierung der gefassten und bemalten Oberflächen,* Forchheim 2018 (unveröffentlicht; ein Exemplar beim Bayerischen Landesamt für Denkmalpflege)

TUREK 2019 – Restaurierungswerkstatt TUREK: *Prüfening, Kath. Pfarr- und ehemalige Benediktinerabteikirche St. Georg. Datensicherung Wandmalerei 2004 bis 2019,* Forchheim 2019 (unveröffentlicht; ein Exemplar beim Bayerischen Landesamt für Denkmalpflege)

TUREK 2020 – TUREK, PETER: *Die Sensation – Der Mäanderfries des 12. Jahrhunderts*, in: Leicht, Karl Martin (Red.): St. Gangolf – Bamberg. Renovierung 2016–2019, hrsg. von der Katholischen Kirchenstiftung St. Gangolf Bamberg, Bamberg 2020, S. 40–47

VERGILIUS 2017 – P. VERGILIUS MARO: *Aeneis – Lateinisch/Deutsch*. Übersetzt und herausgegeben von Edith und Gerhard Binder (Reclams Universal-Bibliothek, Nr. 18918), Stuttgart 2017

VOUTSA 2018 – VOUTSA, KATERINA: *Linear B. Die Schrift der mykenischen Paläste*, in: Steinmann, Bernhard (Red.): Mykene. Die sagenhafte Welt des Agamemnon, hrsg. vom Badischen Landesmuseum Karlsruhe (Sonderausstellung des Badischen Landesmuseums Karlsruhe in Kooperation mit dem Ministerium für Kultur und Sport der Republik Griechenland im Schloss Karlsruhe, 1. Dezember 2018 bis 2. Juni 2019), Darmstadt 2018, S. 162–167

WEILANDT 1996 – WEILANDT, GERHARD: *Der wiedergefundene Vertrag Jörg Syrlins des Älteren über das Hochaltarretabel des Ulmer Münsters. Zum Erscheinungsbild des frühesten holzsichtigen Retabels*, in: Zeitschrift für Kunstgeschichte 59 (1996), S. 437–460

WIBIRAL 1998 – WIBIRAL, NORBERT: *Die romanische Klosterkirche in Lambach und ihre Wandmalereien. Zum Stand der Forschung* (Österreichische Akademie der Wissenschaften, Veröffentlichungen der Kommission für Kunstgeschichte, hrsg. von Hermann Fillitz, Bd. 4), Wien 1998

Michael Schmidt

Omnis potestas a domino deo est – Das Wandgemälde der „Zwei-Schwerter-Lehre" am nordöstlichen Vierungspfeiler von St. Georg in Prüfening und seine Datierung

Das im Jahr 1900 freigelegte Fresko *gladius duplex* an der Innenseite des nordöstlichen Vierungspfeilers der ehemaligen Prüfeninger Klosterkirche St. Georg zählt zu den bekanntesten Darstellungen des kirchlichen Herrschaftsverständnisses im Hochmittelalter (Abb. 1).[1] Unterhalb eines Kraggesimses, in einer Höhe von etwa 2,80 m mit den Abmessungen von circa 1,50 × 1,50 m angebracht, zeigt es die treuhänderische Übergabe von zwei Schwertern durch den inschriftlich bezeichneten Apostel Petrus (*S. PETR* [St. Petrus] // *DNS* [Dominus]) an die beiden seitlich postierten Personen, weshalb das Bild bisweilen auch „Schwertverleihung durch den hl. Petrus" genannt wird.[2] Ein Schwert, das *gladius spiritualis*, überreicht der in der Bildmitte auf einem mit Löwenköpfen herrschaftlich attribuierten Faltstuhl (Faldistorium) thronende Apostelfürst dem zu seiner Rechten stehenden geistlichen Herrscher mit Inful, das andere Schwert, das *gladius materialis*, dem gekrönten weltlichen Herrscher zu seiner Linken (Abb. 2).[3] Die Identifizierung des geistlichen Schwertempfängers, ob Bischof oder Papst, bleibt offen. Alle drei Figuren sind nimbiert und tragen Zeremonialgewänder. Mitunter wurde eine Identifizierung der beiden seitlichen Figuren mit historischen Persönlichkeiten, etwa Papst Silvester und Kaiser Konstantin, vorgeschlagen.[4] Das Gemälde bedient sich der Schwertmetapher als Symbol für Gerichtsbarkeit und Gerechtigkeit sowie (ritterliche) Rechtsgeschäfte, Treueverhältnisse und Belehnungen. Die Übergabe von Zeremonienschwertern als Teil herrschaftlicher Repräsentationsriten ist bereits in den frühmittelalterlichen Krönungsordines belegt, ihren prägnantesten Ausdruck fanden diese Kleinodien in den sächsischen Kur- und Ehrenschwertern des späten Mittelalters und der frühen Neuzeit (z. B. Darstellung auf dem Dresdner Moritzmonument, 1553).[5] Als signifikantes Zeichen der Amts- und Rechtsgewalt erscheint das Schwert in der Bibel, etwa beim Salomonischen Urteil: „Und der König fuhr fort: Holt mir ein Schwert!" (1 Könige 3,24), aber auch in der Petrus-Malchus-Episode bei der Verhaftung Jesu am Ölberg (Joh 18,10).

Abb. 2. Prüfening, St. Georg, Petrusfresko, Kopf des weltlichen Herrschers mit Krone, Aufnahme 2015/18 (Foto: Peter Turek, Forchheim; Turek 2019, DSC_0584.jpg)

Linke Seite:
Abb. 1. Prüfening, ehem. Klosterkirche St. Georg, nordöstlicher Vierungspfeiler,
Fresko „Schwerterübergabe durch den hl. Petrus", Aufnahme 2015/18 (Foto: Peter Turek, Forchheim; Turek 2019, DSC_0486.jpg)

1 Stein-Kecks 2006, v. a. S. 395–399; Wittlinger 2018, S. 432, mit Abb. 18, beschließt seine Untersuchung zum Papst-Kaiser-Verhältnis im Mittelalter mit dem Prüfeninger Fresko. Ausführliche Beschreibung des Gemäldes in Kunstdenkmäler 1914, S. 204 f., 208; Stein 1987, S. 108 f.

2 Karlinger 1920, S. 16. Andere Lageangaben, die die Unterkante des Gemäldes in einer Höhe von 5 m angeben, vgl. Kunstdenkmäler 1914, S. 204, und Schmitz 1975, S. 60, sind unzutreffend.

3 Eine sichere Identifizierung der dargestellten Krone mit der Reichskrone ist nicht möglich. Zwar teilt die gemmierte Krone mit aufgesetzten Gliedern oder Platten Wesensmerkmale mit der sogenannten Kaiser- bzw. Reichskrone, andererseits fehlt deren Bügel. In den Reliquienrang stieg Letztere überhaupt erst im Spätmittelalter auf, nachdem sie 1315 zunächst mit der Krone Karls des Großen gleichgesetzt wurde und seit 1442 als Insignie der Kaiserkrönung diente.

4 Schmitz 1975, S. 61; Stein 1987, S. 109.

5 Vgl. Moning 2005.

Das Bild – Regie und Wirkung

Das Prüfeninger Gemälde ist nach dem Prinzip der Heilshierarchie choreographiert, streng gegliedert nach Rang und Würde, zum Apostelfürsten hin gestaffelt. Innerhalb des pyramidalen Bildaufbaus nimmt das Haupt des hl. Petrus den Hochpunkt ein, während die Köpfe der beiden Schwertempfänger, zudem noch demutsvoll gesenkt und dreiviertelgewendet, tiefer platziert sind. Petri Pontifikaltracht entspricht mit Albe, Dalmatika, Kasel und Pallium sowie Hörnerinful seiner herausgehobenen Stellung; mit seiner ikonenhaften Frontalität und der christusgleichen Physiognomie nimmt er auch formal die Rolle des *vicarius Christi* an. Auf diese Weise wird er sinnbildlich zum Träger der Schlüsselgewalt als der ihm von Christus überantworteten Löse- und Bindegewalt (Mt 16,18–19). Die beiden vertikal präsentierten Schwerter (heute oxydiert) rahmen gleichsam den hl. Petrus und untermalen so die Bildkomposition (Abb. 3). Immer wieder kommt der Zirkel als Konstruktionshilfe bei den rundbogigen Formen, allen voran der Anlage der Nimben, aber auch bei der Binnenzeichnung der Köpfe, wie den Brauenbögen, zum Einsatz. Hinterfangen wird die Szene von einer dreibogigen, mit zinnenbekrönten Türmchen besetzten Stadtkulisse als Abbreviatur des Himmlischen Jerusalems.[6] Über dem mittleren Segmentbogen erhebt sich als Symbol der *Ecclesia* eine Frauenbüste. Der Hintergrund in intensivem Blau verleiht dem Gemälde feierlich-hieratischen Charakter. Das Gemälde, durch eine schwarze Umrisslinie bildhaft gerahmt, legt sich wie ein Bildteppich über das primäre Dekorationssystem und überschneidet teilweise dessen Raumkanten. Schon in gestalterischer Hinsicht stellt sich damit die grundlegende Frage nach der Gleichzeitigkeit von bauzeitlichem Dekorationssystem und Bild.

Doch zunächst zum Bildinhalt: Das Gemälde steht in Wechselwirkung mit den drei anderen, ebenfalls als Dreierbild komponierten, gleich großen Gemälden an den anderen drei Vierungspfeilern, darunter am südöstlichen Pfeiler Mose zwischen Aaron und Hur (Abb. 4).[7] Hierbei handelt es sich um eine alttestamentliche Vorläuferszene des Zwei-Schwerter-Gemäldes: Aaron und Hur, die sich beide zuvor schon beim Kampf gegen Amalek in Refidim als sprichwörtliche Stützen von Mose erwiesen haben (Ex 17,12), bekommen von diesem vor seinem Aufstieg auf den Berg Sinai zur Erlangung der Gesetzestafeln das Richteramt übertragen, das sie in gottgefälliger Weise und gegen Anfeindungen des Volkes gemeinsam ausüben.[8] Im Unterschied zur zeitgenössischen Gewandung im Petrusgemälde sind die Gewänder in diesem Bild betont schlicht; die Barttracht weist Mose – anders als das christusgleiche Gesicht des hl. Petrus – als Propheten aus. Am westlichen Prüfeninger Pfeilerpaar sind im Süden Maria zwischen zwei Engeln (sogenannte Verkündigung) und im Norden die drei hll. Jungfrauen (möglicherweise als Verkörperungen der drei christlichen Tugenden) dargestellt.[9] Man geht wohl nicht fehl, die vier Gemälde der Vierungspfeiler, die den *chorus maior* der Klosterkirche abstecken, als Grundsäulen christlichen Herrschaftsverständnisses zu deuten.

Zahlreich sind die Würdigungen des Wandgemäldes, so etwa auch im Dehio-Handbuch der deutschen Kunstdenkmäler: „Bedeutsam als älteste erhaltene Monumentaldarstellung der ‚Zwei-Schwerter-Lehre' und pro-päpstliche Parteinahme im Investiturstreit."[10] Das Gemälde wird damit in den Rang eines kirchenpolitisch-theologischen Statements des Hier und Jetzt erhoben. Seit seiner Entdeckung und Freilegung im Jahr

Abb. 3a, b. Prüfening, St. Georg, Gegenüberstellung des Petrusfreskos mit sichtbarem Licht und unter UV 360 nm. Durch das UV-Fluoreszenz-phänomen wird die unterschiedliche Bearbeitung zwischen der romanischen Malerei und den angrenzenden, von Haggenmiller übermalten Bereichen der Wanddekoration besonders augenfällig, Aufnahmen 2015/18 (Fotos: Peter Turek, Forchheim; Turek 2019, DSC_0486.jpg, DSC_7851xs.jpg)

Abb. 4. Prüfening, St. Georg, nordwestlicher Vierungspfeiler, Fresko „Mose zwischen Aaron und Hur", Aufnahme 2015/18 (Foto: Peter Turek, Forchheim; Turek 2019, DSC_0480.jpg)

1900 galt das Gemälde der Schwerterverleihung durch den Papst als Manifest der „Investiturtheorie der gregorianischen Partei" und ist hierin von „größtem geschichtlichem Interesse" (Hans Karlinger),[11] nach Alois Elsen *das* „Geschichtsbild im Stil der Regensburger Buchmalerei des 12. Jahrhunderts".[12] Im Unterschied zu den Chormalereien verzichtete man bei den Vierungsgemälden aufgrund ihres hohen dokumentarischen Wertes im Zuge der damaligen Kampagne auf eine Restaurierung oder gar Übermalung. Trotz Malschichtverlusten – Ergebnis auch der Freilegung – nahm man 1915/16 lediglich eine Konservierung der schwach gebundenen, al secco aufgetragenen Farben vor (Abb. 5; siehe S. 138, Abb. 3). Die Unterschiedlichkeit des Vorgehens wird gerade in einem Vergleich mit den unmittelbaren Anschlussbereichen deutlich, wo das Team um Hans Haggenmiller das Dekorationssystem nach Befund flächig rekonstruiert hat (siehe Abb. 3).[13]

Es erscheint seither als *das* Prüfeninger Programmbild; folglich wurden seine historischen und kirchenpolitischen

6 Eine derartige architektonische Rahmung zeigen beispielsweise auch die sogenannten Goldenen Altäre dänischer Kirchen, z. B. Sahl Kirke. Für den Altar aus Lisbjerg, heute Nationalmuseum Kopenhagen, liegt mit 1135 eine dendrochronologische Datierung vor.

7 Vgl. Stein 1987, S. 112.

8 Ex 24,13 f.: „Da erhob sich Mose mit seinem Diener Josua und stieg den Gottesberg hinaus. Zu den Ältesten sagte er: Bleibt hier, bis wir zu euch zurückkehren; Aaron und Hur sind ja bei euch. Wer ein Anliegen hat, wende sich an sie." Vgl. Stein 1983, S. 202–204.

9 Dehio 2008, S. 544.

10 Ebd.

11 Karlinger 1920, S. 16.

12 Kunstdenkmäler 1914, S. 212; Elsen 1942.

13 Zitat nach Elsen 1942; Hubel 2008, S. 67 f. vgl. den Beitrag von Peter Turek in diesem Band (Kapitel „Vierungspfeiler").

Hintergründe ausführlich beleuchtet.[14] Demgegenüber wurden Fragen nach der Verortung des Gemäldes im ikonografischen Kontext bisher nur am Rande gestellt. Ebenso steht eine Abklärung des Wirkungszusammenhangs des Prüfeninger Petrusgemäldes mit den schriftlich überlieferten Wand- und Deckengemälden sowie ihren zugehörigen Tituli in der Klosterkirche St. Emmeram, die gleichfalls die heils- und reichsgeschichtliche Konnexität und damit das Verhältnis von *Regnum/Imperium* und *Sacerdotium* thematisieren, noch aus; auch arbeitet die dortige Ausmalung dezidiert mit der Schwertmetapher.[15] Dass das Prüfeninger Gemälde eine bildmediale Wirkung entfaltete und schon zeitgenössisch stark beachtet wurde, belegt ein gewirkter, inschriftenreicher Teppich mit Darstellung der Schwerterverleihung aus einem Zyklus von Bildteppichen aus dem Chor der Augsburger Klosterkirche St. Ulrich und Afra, wohl von 1172, von dessen Existenz wir allerdings nur aus schriftlichen Quellen Kunde haben.[16]

Abb. 5. Prüfening, St. Georg, Petrusfresko mit Anschlusszone, Aufnahme um 1912 (Foto: Bayerisches Landesamt für Denkmalpflege [BLfD], Bildarchiv, Nr. 01050891)

Die Macht der Bilder

Im Investiturstreit ging es zwar vordergründig um das Recht der Bischofsernennung und die Investitur mit Ring und Stab, die Fragen waren jedoch grundlegender Natur und kreisten um das Verständnis von weltlicher und geistlicher Herrschaft und insbesondere um das Verhältnis von Papst und Kaiser. Wer durfte dem Kaiser die Krone verleihen? Oder: Wer hatte die Verfügungsgewalt und das Lehensrecht, wer das Primat über weltliche und geistliche Dinge? Diese Differenzierung in eine weltliche und eine geistliche Macht wurde seit Papst Gelasius I. im Jahr 494 häufig durch die *gladius duplex*-Metapher verbildlicht.[17] Das Bild der beiden Schwerter wird über das Jesus-Apostel-Gespräch beim Abendmahl, Lk 22,38: „Da sagten sie: Herr, hier sind zwei Schwerter. Er erwiderte: Genug davon!" biblisch verankert. Im Investiturstreit entfaltete die spätantike Gelasianische Zwei-Gewalten-Theorie eine neue mediale Wirkmacht: Die seit den Karolingern geübte und sich unter den Ottonen und Saliern verdichtete, auf der Vorstellung des sakralen Königtums fußende „christomimetische Herrscherideologie" (Stefan Weinfurter) – demonstriert in den Miniaturen ottonisch-salischer Handschriften, allen voran dem Krönungsbild im Sakramentar Heinrichs II. (um 1004; Bayerische Staatsbibliothek München, Clm 4456, fol. 11r) – sah sich seit 1040 zunehmender kirchlicher Kritik ausgesetzt und begründete schließlich ein neues kirchliches Herrschaftsverständnis.[18] Die kuriale Position mündete in den Anspruch, wonach der Papst als Nachfolger des Apostelfürsten von diesem auch die Verfügungsberechtigung beider Schwerter übernommen habe, daher auch zuständig sei für die Investitur der Bischöfe und das *beneficium* der Kaiser.[19] Die Ereignisse um Canossa im Jahr 1077 stehen sinnbildhaft für den Wandel des Herrschaftsverständnisses.

Prüfening gilt als Exemplum kirchlichen Bauens im Zeitalter des Investiturstreits. Der Kirchenbau fällt in eine Hochphase dieses Ringens zwischen geistlicher und weltlicher Macht oder, anders, in die Auseinandersetzung zwischen Kirche, also Papst und Kurie, einerseits und Reich, also Kaiser und Hof, andererseits – zu Recht, denn St. Georg wurde unter dem Eindruck der Gregorianischen Reform und ihrer neuen liturgischen Ansätze konzipiert.[20] Bereits 1119 war die Klosterkirche unter Dach, 1125 wurde der fertig ausgemalte Bau schlussgeweiht.[21] Möglicherweise gingen die Arbeiten unter Abt Erbo I. durch die arbeitsteilige Verwendung des Gerüstes, also für Bau und Ausmalung, Hand in Hand.[22] Die Chronologie des Kirchenbaus und seiner frühen Ausmalung ist keineswegs nur Erkenntnis der jüngeren Wissenschaft, sie wurde schon vom Prüfeninger Historiker Johann Evangelist Kaindl (1744–1824) proklamiert.[23] Als führende Künstlerpersönlichkeit dieser ersten Ausmalungsphase der Kirche hat Josef Anton Endres einen ansonsten nicht weiter bekannten „Waltherus pictor" ins Spiel gebracht, der in einer von Bischof Otto für Prüfening ausgestellten Kaufurkunde als Zeuge genannt wird, dennoch sah er sich beim Künstlernamen noch nicht am Ziel: „Es ist nicht ausgeschlossen, daß irgendwo unter den Prüfeninger Literalien eine Notiz verborgen liegt, welche jene Frage in zweifelloser Weise löst."[24] Eingedenk Endres' Appells beschritt jüngst Wilhelm Pfaffel völlig neue Wege in der Frage der Zuschreibung der Wandgemälde des Presbyteriums und der Nebenchöre. In seinem Ende 2020 erschienenen Aufsatz präsentiert der Regensburger Altphilologe den Prüfeninger Buchmaler und Schreiber Eilolf als Schöpfer der dortigen Malereien. Dessen Namen glaubt er in den Resten einer Inschrift, die eine selbstbewusste Künstlersignatur darstelle, an der östlichen Wandvorlage der nördlichen Hochchorwand entziffern zu können (siehe S. 144, Abb. 12). Die Fragmente der Inschrift hat Pfaffel – wie Papyrusfragmente – in Detektivarbeit zum Wortlaut „ANNIS QUINQUE / FECIT FRATER OMNIA / EILOLFUS BRUFINGENSIS" („In fünf Jahren hat alles gemacht der Bruder Eilolfus aus Prüfening") vervollständigt. Die seit Langem diskutierte Frage, inwieweit Mitglieder des Prüfeninger Skriptoriums unter Abt Erbo I. in die Arbeiten an den Wandgemälden eingebunden waren, wäre damit beantwortet. Wenngleich viele der kunsthistorischen Schlussfolgerungen Pfaffels nicht zutreffend sind, andere sich erst noch der wissenschaftlichen Bewährung unterziehen müssen, so erscheint die Zuweisung der Wandgemälde im Presbyterium, mitunter sogar die künstlerische Gesamtleitung der ersten Ausstattungsphase der Georgskirche, an diese Künstlerpersönlichkeit bemerkenswert. Auch die angegebene Ausführungsdauer von fünf Jahren passt exakt in den Zeitraum von 1119, dem Jahr der Altarweihe, bis 1125, dem Jahr der Schlussweihe. Demgegenüber ist Pfaffels Spätdatierung der Chormalereien in die 1140er Jahre – was wohl zum einen aus der Unkenntnis der Forschungslage resultiert, zum anderen dem Versuch geschuldet scheint, das Bildprogramm mit dem Werk des Honorius Augustodunensis zu verknüpfen – zurückzuweisen, unnötig schwächt sie seine ansonsten stringente Argumentation.[25] Nur

14 Vgl. Stein 1987, S. 109–112, 114 f.

15 Überliefert bei Piendl 1961, S. 46–51, v. a. S. 47: „Extra speram magnam versus caput agni in sinistra parte desuper ianuam chori, ubi habetur figura Salomonis discernentis inter duas meretrices: Afferte michi inquiens gladium: 3 Reg. 3. Hoc habetur distichon monocolon: Summe pater rerum solus sine fine dierum / Omnia disponis sub iure tui Salomonis."

16 Karlinger 1920, S. 67; Karlinger 1928, S. 42; Stein 1983, S. 200 f., 211–215; Stein 1987, S. 110 f.; Stein-Kecks 2006, S. 399 (dort mit Datierungszeitraum zweites/drittes Viertel 12. Jahrhundert für die Augsburger Teppichfolge).

17 Jaffé 1885, S. 85, zum Jahr 494, Nr. 632 (387): „‚Duo sunt', inquit, quibus principaliter mundus hic regitur, auctoritas sacra pontificum et regalis potestas, in quibus tanto gravius est pondus sacerdotum, quanto etiam pro ipsis regibus Domino in divino reddituri sunt examine rationem." Zur Zwei-Schwerter-Theorie siehe Levison 1951; Zey 2017, S. 16–18.

18 Weinfurter 2006, S. 36–40. Heinrich II. und Heinrich III. reklamierten das Recht der Ernennung und Absetzung von Päpsten für sich. Im Sakramentar Heinrichs II. krönt Christus den Herrscher und verleiht die Insignien, darunter das Reichsschwert – der Kaiser als *vicarius Christi*.

19 Stein-Kecks 2008, S. 52.

20 Jacobsen 2006; Palazzo 2006.

21 Fink 2001, S. 78.

22 Ebd.

23 Endres 1905/06, S. 165.

24 Endres 1905/06, S. 169 f. Quellenstelle siehe MB 1777, S. 11.

25 Hinsichtlich der Datierung der Presbyteriumsmalereien referiert Pfaffel 2020 den Forschungsstand der Dissertation von Stein 1987, Erkenntnisse der letzten Jahrzehnte lässt er unberücksichtigt. Zur Künstlerinschrift siehe Pfaffel 2020, S. 230–243, Zitat S. 242. Zum Prüfeninger Skriptorium vgl. Dietl 2010, v. a. S. 44 f.

wäre der Werdegang Eilolfs, unter der Annahme, dass sich das Prüfeninger Skriptorium erst in den 1130er Jahren etablierte, ein umgekehrter, hätte ihn somit von der Wand- zur Buchmalerei geführt. Wie dieser Diskussionsanriss zeigt, bleiben jedoch viele Fragen offen.

Im Gegensatz zur historischen wurde die künstlerische Bedeutung des Gemäldes höchst unterschiedlich beurteilt. So sah beispielsweise Max Doerner – veröffentlicht 1920 immerhin in Hans Karlingers Werk „Die hochromanische Wandmalerei in Regensburg“ – die künstlerische Qualität des Vierungsgemäldes gegenüber den Chormalereien als nachrangig an: „Die Pfeilerbilder in Prüfening zeigen nicht den feinen Geschmack und das hohe künstlerische und technische Können wie die Chorbilder. Der Grund ist ein glatt abgezogener, weniger kalkreicher und darum grauerer Verputz, ohne Kalktünche. Die Konturen wirken gleichmäßig stark und einförmig gegen die Chorbilder. Der Hintergrund, und bei manchen Figuren auch die Haare, Augenbrauen und Bärte sind mit reinem Ultramarin gemacht, der aber hier nicht mit Ocker unterlegt ist, und darum grell und störend die Gesamtwirkung der Bilder zerreißt. Die Bilder sind rein zeichnerisch aufgefaßt, in kolorierendem Umrißstil [...].“[26] Eine derartige künstlerische Geringschätzung forderte Karlinger förmlich zum Widerspruch heraus: Dieser postulierte einen Unterschied zwischen den älteren, traditionsgebundenen Malereien im Kirchenraum, die *cum grano salis* durch eine gemeinsame Handschrift geprägt seien, und den „zierhaften“ Vierungsbildern. In Letzteren erkannte Karlinger gewissermaßen „Frühwerke eines neuen Stils [...], der sich im Breiten erst im 13. Jahrhundert auswirkt“.[27] Die starke Mitwirkung der Binnenzeichnung, die miniaturartig feinen Farben und die „Flüchtigkeit des Moments“ führte er auf einen Miniaturmaler des Prüfeninger Skriptoriums zurück, der hier die Prinzipien der Buchmalerei auf die Wand übertragen hat.[28] Dieser Einschätzung folgte 1956 auch Franz Dambeck, der zwischen den Wandgemälden in Chor und Nebenchören einerseits und den Vierungsbildern andererseits „eine breite Entwicklungslücke“ und einen fundamentalen Stilunterschied erkannte. Während er die Chormalerei der „ornamentalen Flächenmalerei mit breiter Konturierung“ zurechnete, verkörperten die Vierungsgemälde bereits eine „zeichnende Malerei“.[29] Immer wieder wurden die Vierungsgemälde daher auch mit der Blüte der Prüfeninger Buchmalerei um oder kurz nach der Mitte des 12. Jahrhunderts in Verbindung gebracht.[30]

Die Datierungsfrage – Chronologie einer Diskussion

Forschung unterliegt stets einem Wandel, ist nie statisch, mitunter sogar dynamisch. Die Folge sind Verschiebungen und Anpassungen. Dies gilt in besonderer Weise auch für die Datierung der Prüfeninger Wandgemälde in 100 Jahren Forschungsgeschichte.[31] Den Anfang machte Hans Karlinger mit seiner ausführlichen Darlegung im Kunstdenkmälerband von 1914 und in seinem Überblickswerk „Die hochromanische Wandmalerei in Regensburg“ von 1920. Er ging von einer Zweiphasigkeit der malerischen Ausstattung aus und schlug für die Ausmalung des Chores die 1130er Jahre, für die übrigen Wandgemälde einschließlich der Vierungsbilder die späten 1150er Jahre, gegen 1160, vor.[32] Während er in der Chormalerei ein Prüfeninger Frühwerk erkannte, das „nicht notwendig mit dem Salzburger Stil verknüpft“ ist, plädierte er im Fall der Vierungsbilder für eine starke Abhängigkeit von Salzburg als dem „Mittelpunkt der süddeutschen Malerei des 12. Jahrhunderts“.[33] Vor allem die stilistischen Parallelen zu den Brustbildern von Heiligen in der Nischenarchitektur des sogenannten Paradieses, dem ehemaligen West- bzw. Nonnenchor, der Benediktinerinnen-Abteikirche Nonnberg in Salzburg aus der Mitte des 12. Jahrhunderts und Hauptwerk der byzantinisch beeinflussten Salzburger Wandmalerei führte er dabei ins Feld.[34]

Eine reziproke Datierung trug Alois Elsen 1942 vor, wobei auch er von einer Zweiphasigkeit der Ausmalung der Georgskirche ausging, allerdings in den Vierungsbildern den älteren Bestand und in der Chorausmalung das jüngere Werk sah. Einem nicht näher belegten, offenbar kurz vor 1177 gefertigten Eintrag in den Klosterannalen von St. Emmeram zufolge rühmte die Regensburger Reichsabtei einen Kirchenmaler, dem nach Erledigung seines Auftrags figürlicher Malereien im Chorquadrat der Klosterkirche Prüfening die Ausmalung der Klosterkirche Tegernsee sowie des Neubaus des ehemaligen Hippolytusklosters in St. Pölten befohlen wird.[35] Basierend auf dieser kryptischen Quellenstelle kehrte Elsen die Abfolge der Arbeitsabläufe um und datierte die Vierungsbilder, gleichsam als Testbilder für die spätere Chorausmalung, in die Zeit um 1150/60, die übrigen Wandgemälde mit dem Höhepunkt des Deckenbildes der *Sponsa-Ecclesia* wegen Unterschieden in Technik und Komposition eine Generation später, nämlich in die Zeit um 1170/80, geschaffen unter dem zeitgenössisch hochgeschätzten „vir magnus litterature“ Abt Erbo II.[36]

Während die Darlegung von Elsen wissenschaftlich weitgehend unbeachtet blieb, bestimmte Otto Demus mit seinem Überblickswerk „Romanische Wandmalerei“ von 1968 über Jahrzehnte die Datierungsmeinung zu Prüfening. Demus, Vertreter der „Wiener Schule der Kunstgeschichte“ und der österreichischen Denkmalpflege, argumentierte ausgehend von einem Vergleich mit den Werken der Prüfeninger Buchmalerei nunmehr zugunsten der Einheitlichkeit der Ausmalung und für eine Datierung in das zweite Viertel des 12. Jahrhunderts, „allenfalls die Mitte des 12. Jahrhunderts“.[37] Hans-Georg Schmitz unterstützte diesen Ansatz, indem er in seiner 1975 verlegten Dissertation „Kloster Prüfening im 12. Jahrhundert“ das Weihejahr 1125 als terminus post quem für die Malereien einschließlich der Vierungsbilder definierte.[38] Diesem Ansatz folgten Jörg Traeger und in ihrer 1987 erschienenen Dissertation Heidrun Stein-Kecks.[39] Zur möglichen Datierung resümierte sie dort: „Die Prüfeninger Malereien sind im zweiten Viertel des 12. Jahrhunderts entstanden, dies lässt sich wohl mit Sicherheit sagen. Dabei kann der Beginn zwischen 1120 und 1130 schwanken, das Ende vielleicht schon um 1140/45 oder um 1150 liegen.“[40]

Diese Auffassung sollte sich indes in den letzten beiden Jahrzehnten ändern, demzufolge seien sämtliche Wandge-

Abb. 6. Prüfening, St. Georg, Fresko „gladius duplex", Bereich der Petrus-Inschrift, Detailaufnahme 2015/18 (Foto: Peter Turek, Forchheim; Turek 2019, DSC_0540.jpg))

mälde gleichzeitig entstanden und mit der Schlussweihe der Kirche 1125 vollendet gewesen. Erste Forschungsberichte hierzu wurden von Heidrun Stein-Kecks in den Jahren 2006 und 2008 vorgelegt, eine vertiefende Betrachtung der Datierungsfrage im Jubiläumsjahr 2009 anlässlich der 900. Wiederkehr der Klostergründung. Die Koinzidenz der Prüfeninger Baudaten mit dem Ereignis des Wormser Konkordats von 1122 dürfte diesen Forschungswandel wohl entscheidend beeinflusst haben: „Die repräsentative Reihung der Heiligen im Chor, die statische Ruhe selbst in den narrativen Szenen der Seitenkapellen, die Einbindung der Malerei in die Geometrie der Architektur, aber auch die aus der dunklen Grundierung in ausdrucksstarken Formen modellierten Gesichter bestätigen die Datierung in die Zeit um bzw. kurz nach 1122."[41] Somit dient Stein-Kecks ein historisches Ereignis, das Wormser Konkordat von 1122, als Datierungsmarke für die Ausmalung der Kirche: „Diese eindeutige Parteinahme im Investiturstreit grenzt die Datierung noch weiter ein. Im Jahr 1122 erzielten Heinrich V. und Calixtus II. in Worms ein Konkordat, einen – freilich nur kurzlebigen – Kompromiss in der Frage der Rechte des Königs bzw. des Papstes. Der König verzichtete darin auf die Investitur der Bischöfe. In der Liste der Unterschriften auf der kaiserlichen Ausfertigung erscheint der Regensburger Bischof Hartwig I. Das Prüfeninger Petrusgemälde mag im Zusammenhang der gesamten Chorausmalung das Konkordat unmittelbar reflektieren, den Moment des Ausgleichs nutzen und den Anspruch des Papstes dauerhaft im Bild festhalten."[42] Mit dieser Frühdatierung erschien St. Georg in Prüfening noch mehr als bisher als Momentaufnahme der kirchlichen Position und des kurialen Herrschaftsverständnisses zum Zeitpunkt des Wormser Konkordats. Auf diese Weise wurde das Vierungsgemälde gleichsam in die Nähe einer kirchlichen Pressemitteilung zum Wormser Konkordat gerückt und einheitlich zum übrigen Bestand der figürlichen und dekorativen

26 Doerner 1920, S. 78.
27 Kunstdenkmäler 1914, S. 215; Karlinger 1928, S. 29.
28 Kunstdenkmäler 1914, S. 214–219; Karlinger 1920, S. 16, 67.
29 Dambeck 1955/56, S. 39.
30 Elsen 1942.
31 Vgl. Stein 1987, S. 145–149.
32 Karlinger 1920, S. 54. Dazu auch Stein 1987, S. 145.
33 Karlinger 1920, S. 63.
34 Dazu Buberl 1909; Frodl 1956; Koch 1998; Lanc 1998, jeweils mit weiterführender Literatur.
35 Die Identifizierung dieser Quellenstelle bleibt eine Aufgabe der künftigen Forschung. Interessanterweise standen die vier hier genannten Klöster St. Emmeram, Prüfening, Tegernsee und St. Pölten in einer engen historischen Beziehung. Vor allem Tegernsee übernahm unter diesen zeitweilig eine Führungsrolle: So wurde das Hippolytuskloster in St. Pölten 791 vom Benediktinerkloster Tegernsee aus gegründet, und in der zweiten Hälfte des 11. Jahrhunderts pflegten St. Emmeram und Tegernsee unter dem in beiden Klöstern tätigen Abt Eberhard einen engen wissenschaftlichen und regen kulturellen Austausch, allen voran in der Buchmalerei (siehe Ramisch 1999, v. a. S. 210); Kooperationsprojekte zwischen den Skriptorien von St. Emmeram und Prüfening traten im 12. Jahrhundert hinzu, worauf Dietl 2010, S. 46, aufmerksam machte – von einer überlagernden Konkurrenzsituation zwischen den beiden Klöstern, wie sie beispielsweise Pfaffel 2020, S. 232, annimmt – kann also nicht die Rede sein. Insbesondere in baulicher Hinsicht versicherten sich Tegernsee und St. Emmeram im 12. Jahrhundert wiederholt der gegenseitigen Unterstützung, etwa als Tegernsee St. Emmeram nach der Brandzerstörung 1166 Hilfe zusagte (vgl. dazu Quellen bei Piendl 1961, S. 45). In diesem Zusammenhang ist es durchaus vorstellbar, dass es nach der Mitte des 12. Jahrhunderts eine konzertierte Aktion zur künstlerischen Neugestaltung der benediktinischen Klosterkirchen gab. Die Notwendigkeit bestand sowohl für das Kloster St. Emmeram nach dem erwähnten Brand von 1166 (Abschluss der Arbeiten mit den 1171 datierten Chorfenstern) als auch für das ehemalige Benediktinerkloster und seit 1080 als Augustiner-Chorherrenstift geführte St. Pölten mit seiner Ausgestaltung nach Brand 1150 (siehe Kunstdenkmäler 1999, S. 6, mit weiterführender Literatur).
36 Wattenbach 1861, S. 607.
37 Demus 1968, S. 188, und Bildunterschrift zu Abb. 205.
38 Schmitz 1975, S. 60–62.
39 Traeger 1980, S. 57–59; Stein 1983; Stein-Kecks 1987.
40 Stein 1987, S. 148.
41 Stein-Kecks 2008, S. 54.
42 Stein-Kecks 2008, S. 52; Stein-Kecks 2009, S. 57.

Wandmalerei datiert.

Wie aber steht es um die Gleichzeitigkeit der Malerei in den Chören und der Vierungsbilder? Auffällig ist, dass in der jüngeren Forschung die Stilkritik, die Frage künstlerischer Provenienzen und Werkstätten sowie technische Aspekte gegenüber der historischen Determinante kaum mehr eine Rolle spielen. Die im Zuge der Maßnahme gewonnenen naturwissenschaftlichen Erkenntnisse sind zusammen mit den restauratorischen und stilistischen Beobachtungen jedenfalls aufschlussreich.[43] Während im Hauptchor und in den Nebenchören der Putzaufbau aus einem geglätteten, circa 1,0–1,5 cm starken Kalkunterputz, der die gröbsten Unebenheiten des Bruchsteinmauerwerks egalisiert, mit relativ groben Sandzuschlägen und darüber einer dünnschichtigen, ca. 1–3 mm starken Kalkschlämme besteht, wurden die vier Vierungsgemälde über einem einlagigen, grauen Kalkputz mit sorgfältig geglätteter und verdichteter Oberfläche aufgebaut. Statt einer Kalkschlämme als Träger der Malschicht firmiert hier also eine eigene Putzschicht, sodass die Malerei der Vierungsbilder ihre spezifische Haptik entfaltet. Nach dem technischen Befund der Wandgemälde im sonstigen Kirchenraum (Presbyterium, Nebenchöre, Vorhalle sowie Mäanderfriese) ist deren Mischtechnik aus Kalkfresko-, Kalk- und Seccomalerei hier hinsichtlich der Kalktechnik optimiert.[44] Die Vierungsbilder gehören also einem anderen Typus von Malerei an. Auch der Einsatz von dickschichtigem Ultramarin für Hintergrund und einzelne Gestaltungen, beispielsweise der Krone des weltlichen Herrschers, ausgemischt mit Kreide und wenig Quarz, hebt das Petrusbild aus dem Kontext der übrigen Wandgemälde und rückt es in einen hierokratischen Kontext – schließlich galt das aus Lapislazuli hergestellte Pigment im Mittelalter wegen der schwierigen und kostenintensiven Beschaffung aus dem Mittleren Osten als ausgesprochenes Luxusgut (Abb. 6).[45] Schon aufgrund ihres technischen Aufbaus und der künstlerischen Umsetzung erscheinen die Vierungsbilder als Höhepunkt der gesamten Ausmalung der Prüfeninger Georgskirche. Darüber hinaus macht die andersgeartete Technik eine andere Werkstatt wahrscheinlich, die mit dieser Ausführung betraut wurde. Vielleicht ist aber auch eine andere Zeitstellung in Betracht zu ziehen, womit aber eine ältere Einschätzung wieder an Plausibilität gewönne. Denn die stilistischen Unterschiede zu den Wandmalereien in den Nebenchören sind, wie ein Vergleich mit den Apostelköpfen der Decke des Benediktuschores zeigt, erheblich (Abb. 7). Bleibt das Datierungsargument des Wormser Konkordats.

Abb. 7. Prüfening, St. Georg, Decke des südlichen Nebenchores, Apostelköpfe gruppiert um das Himmlische Jerusalem, Aufnahme um 1912 (Foto: BLfD, Bildarchiv, Nr. 01029925)

Canossa, Worms, Besançon – und kein Ende

Zwar regelte der in Worms zwischen Papst Calixtus II. und Heinrich V. geschlossene Vertrag zentrale Fragen der Investitur, das Ende des Streits zwischen den beiden Universalmächten war indes noch nicht in Sicht. Worms war nicht der Abschluss, eher eine Zwischenstation, verschaffte lediglich eine Atempause. Deshalb begann das Spiel, kaum war die Tinte unter dem Wormser Konkordat trocken, von vorne. Beide Universalgewalten mussten lernen, dass auf einen Vertrag, eine Deeskalation, wenig später oftmals eine neue Stufe der Eskalation folgte. Nichts war in diesem Konflikt von Dauer: Zu unversöhnlich stand man sich gegenüber. Der Streit sollte sich besonders unter Kaiser Friedrich I. Barbarossa, beginnend mit seiner Wahlanzeige an Papst Eugen III. vom März 1152 sowie der Versetzung Bischof Wichmanns von Naumburg-Zeitz nach Magdeburg, nochmals zuspitzen und im *beneficium*-Streit (also Lehensstreit) auf dem Reichstag von Besançon im Jahr 1157 seinen Höhepunkt erreichen. Weiterhin virulent war die Frage der päpstlichen Verfügungsgewalt und des *favor apostolicus* über die Kaiserkrone.[46] Als stets neue zentrale Frage im Verhältnis von Hof und Kurie entpuppte sich: War die Verleihung der Kaiserwürde ein konstitutiver oder nur noch ein zeremonieller Akt? Erfolgte die Bestimmung durch den Papst oder war die Wahl durch die Reichsfürsten, deren Emanzipation zunehmend Gestalt annahm, ausschlaggebend?

Höhe- und Wendepunkte innerhalb des Investiturstreits – der Begriff ist im Übrigen als „investiturae controversia" durch Wilhelm von Malmesbury bereits zeitgenössisch geprägt – brannten sich in das kollektive Gedächtnis ein. Denn vielen Zeitgenossen, wie auch Otto von Freising, schien mit Canossa die gottgewollte Ordnung der *civitas permixta* des Augustinus zerbrochen.[47] Wichtige Ereignisse des Investiturstreits wurden von den Zeitgenossen sorgsam registriert und über Generationen tradiert. Vor allem der Gang Kaiser Heinrichs IV. zu Papst Gregor VII. auf die Burg Canossa und der dreitägige Bußakt im Januar 1077, aber ebenso die vom Papst an den Tag gelegte Bereitschaft zur Versöhnung („Entsühnung") wurden früh Gegenstand von Erinnerungsbildern. An anderer Stelle habe ich versucht, die sogenannte Beichtszene am Nordportal der Alten Kapelle als Reflex auf diesen Bußgang des Kaisers zu deuten.[48] Investitur- und Herrschaftsstreit wurden medial ausgetragen, waren daher bildgegenständig. Die jeweils eigene Position zu reklamieren, schien umso wichtiger, da der Frontverlauf nicht immer klar war. Denn eine der Linien verlief auch innerhalb der Kirche. Der Streit wurde oftmals mit feiner Klinge geführt, die Botschaft aber war stets eindeutig. Beide Seiten setzten auf den propagandistischen Effekt der Bilder: Die kaiserliche Seite reklamierte mit der Taufschale Friedrichs (Kunstgewerbemuseum der Staatlichen Museen zu Berlin) oder der reliquiengleichen Kopfbüste Barbarossas (Cappenberger Kopfreliquiar), beide um 1160 gefertigt, die Gottesnähe des Königs (übrigens von kirchlicher Seite nicht bestritten und ein konstituierendes Wesensmerkmal des Königtums[49]), die kirchliche Seite griff einmal mehr auf die Konstantinische Schenkung als *traditio legis* zurück. Das *Regnum* hingegen betonte die Kontinuität der Römischen Kaiser und den *honor imperii*. Interessant erscheinen in diesem Zusammenhang auch die bereits erwähnten Tituli in der Kirche des Reichsstiftes (!) St. Emmeram in Regensburg, die unter Berufung auf die Danielsprophetie und die Lehre von den vier Weltreichen ein Bekenntnis zum Kontinuitätsgedanken des *Regnum* respektive des *Imperium* formulierten.[50] Die „relative Verfügungsgewalt" (Friedrich Kempf) der Kurie wurde seit dem frühen Mittelalter immer wieder medial bekundet, beginnend mit dem Mosaik im Speise- und Empfangssaal des Lateranpalastes, dem Leonischen Triclinium, und im Bedarfsfall aktualisiert, sodass allen voran die päpstliche Residenz über die Jahrhunderte mit vielfältigen Propagandabildern aufgeladen wurde.[51] Die Reihe der päpstlichen Bilder des hohen Mittelalters fand ihren Abschluss in den 1246 von byzantinischen Künstlern geschaffenen Fresken in der Silvesterkapelle der Basilika Santi Quattro Coronati al Laterano in Rom, auf einem nochmaligen Höhepunkt der Auseinandersetzungen zwischen Papst und Kaiser, nunmehr zwischen Innozenz IV. und Friedrich II. Im Mittelpunkt des Zyklus verleiht Kaiser Konstantin als Dank für seine Heilung von schwerer Krankheit und seine Aufnahme in die Kirche (Taufe) das Phrygium und das Territorium des späteren Kirchenstaats samt Rom an den thronenden Papst Silvester, anschließend leistet er willig den Stratordienst, indem er den Papst auf einem Schimmel durch Rom führt.

Besonders auch zur Zeit des Investiturstreits wurde das päpstliche Selbstverständnis gleich mehrfach in und mit Bildern vor Augen geführt, wobei (schon zur Vermeidung von weiterer Kritik an den päpstlichen Zugeständnissen) das Wormser Konkordat als Erfolg reklamiert und im Sinne einer gestärkten päpstliche Position in den Fresken der Beratungsräume des Lateranpalastes, darunter dem nur aus späteren Abbildungen bekannten Thronbild Papst Calixtus' II. und einem Gemälde mit der Übergabe der Heinrich-Urkunde, propagandistisch ausgelegt wurde.[52] Ein weiteres Wandgemälde zierte die Nikolauskapelle im Lateran. Mit seiner Darstellung der Kaiserkrönung Lothars III. durch Papst Innozenz II. und seiner beigefügten Inschrift war es Anlass

43 Siehe den Beitrag von Peter Turek in diesem Band.
44 Vgl. Mertens 2010, S. 71.
45 Ultramarin labortechnisch nachgewiesen durch Frank Mucha, Naturwissenschaftliches Labor, Fachrichtung Konservierung und Restaurierung, Fachhochschule Erfurt vom 20.01.2020, siehe den Beitrag von Peter Turek in diesem Band.
46 Kempf 1975, v. a. S. 109.
47 Wattenbach-Schmale 1976, S. 59. Otto von Freisings Vorstellung folgt freilich einem retrospektiven Geschichtsverständnis, das auf die „christomimetische Herrscherideologie" (Weinfurter 2006, S. 36) unter Heinrich II. und Heinrich III. rekurriert. Hinweis auf die Begriffsgeschichte bei Zey 2017, S. 109 f.
48 Schmidt 2015/16, S. 91–97.
49 Erkens 2017, S. 216.
50 Endres 1902, S. 235–237; Piendl 1961, S. 46–49.
51 Ladner 1935; Kempf 1975, S. 109; Wieczorek/ Weinfurter 2017, Kat.-Nr. B.1.4.1, S. 184; Wittlinger 2018, S. 79–84.
52 Schmidinger 1956/57, S. 112; Herklotz 1989; Zey 2017, S. 109 f.

für neuerliche diplomatische Spannungen zwischen Hof und Kurie anlässlich des Kaiserzugs Friedrichs I.[53] Barbarossa verlangte bei seiner Begegnung mit Papst Hadrian IV. in Sutri 1155 die Entfernung des Gemäldes und der Inschrift (was aber, wie die zahlreichen Nachzeichnungen aus der frühen Neuzeit belegen, unterblieben war), ehe er widerwillig den Marschall- und Stratordienst leistete (man erinnere sich hier an die spätere proaktive Darstellung dieses Themas in Santi Quattro Coronati).[54] Denn keineswegs war die päpstliche Position gegen Mitte des 12. Jahrhunderts gefestigt, sondern musste sich auch Überlegungen am Kaiserhof erwehren, die in den „Trierer Stilübungen" gar eine kaiserliche Selbstkrönung ins Spiel brachten. Tatsächlich war nach dem Streit auf dem Reichstag von Besançon der Papst auf kaiserlicher Seite zum Koronator degradiert worden.[55] Und auch die Reichsfürsten forderten ihren Anteil an der Kaiserwerdung zunehmend lauter ein. Es stellte sich fortan die drängende Frage nach der Qualität der Kaiserkrönung, ob konstitutioneller oder zeremonieller Akt. Damit aber ging es für den Papst in der Mitte des 12. Jahrhunderts längst nicht mehr um einen Ausbau seiner Positionen und seines Einflusses (Maximalposition), wie die von Otto von Freising bzw. Rahewin einem päpstlichen Legaten in den Mund gelegten Worte auf dem Reichstag von Besançon 1157 zeigen: „A quo ergo habet, si a domno papa non habet imperium?"[56], bisweilen musste er sogar um den status quo (Minimalposition) bangen.

Schon unter diesem Gesichtspunkt soll das Bild *gladius duplex* nochmals betrachtet werden: Auffällig ist, dass die beiden Empfänger des Schwertes auf gleicher Höhe stehen, gleich groß und nimbiert sind, wenngleich dem kirchlichen Vertreter durch seine Positionierung zur Rechten Petri eine gewisse Bevorrechtigung zuteil wird.[57] Und dennoch steht Prüfening, was zu wenig beachtet wird, hier in der mittelalterlichen Tradition von Zwei-Schwerter-Bildern, bei denen der kirchliche Würdenträger stets den Platz zur Rechten des Schwertspenders einnimmt. Auch in Prüfening sind die beiden Schwertempfänger von Gott ausersehen, erschienen im Sinne von Lev 19,1 heilig: „Seid heilig, denn ich, der Herr, euer Gott, bin heilig." Keiner der beiden Empfänger des Schwertes erfährt abgesehen von der Seitenwahl eine weitergehende Privilegierung, vielmehr herrscht der Anspruch einer (gerade auch von Otto von Freising propagierten) paritätischen Herrschaftsteilung vor. Es gibt keine Hierarchisierung wie sie noch das Tricliniumsmosaik im Patriarchium, dem alten Papstpalast am Lateran, zeigte (Abb. 8 und 9). Im Mittelpunkt des Mosaiks in der Hauptapsis des Tricliniums Leos III. steht eine kombinierte Darstellung der Aussendung der Zwölf Apostel durch Jesu (Mt 10,5–15; Mk 6,7–13; Lk 9,1–6) und der Einsetzung des Petrusmandats respektive Jurisdiktionsprimats (Mt 16,18–19) durch die Übertragung der Vollmacht auf den zur Rechten Christi (der übrigens auf einem Felsen steht) mit dem Hirtenstab voranschreitenden Petrus, der bereits durch den sprechenden Namen „Fels" für diese Rolle der Nachfolge ausersehen ist. Flankiert wird die Manifestation des kirchlichen Missionsauftrags durch die Mosaikdarstellungen an den Stirnseiten der Apsis: Links übergibt Christus Petrus die Schlüssel des Himmelreichs und Konstantin das Labarum, jenes der Legende nach mit dem Christogramm geschmückte Feldzeichen, mit dem er 312 in der Schlacht an der Milvischen Brücke über Maxentius siegen sollte, in der rechten Darstellung verleiht Petrus die geistlichen und weltlichen Zeichen (Abb. 8). Während dort der Apostelfürst, auf seinem Schoß liegen die Himmelsschlüssel, Leo III. als seinen Nachfolger einsetzt und ihm als päpstliches Amtszeichen das stolaartige Pallium übergibt, erhält Karl der Große von ihm als Ausweis seiner Funktion als *defensor ecclesiae* und weltliches Herrschaftszeichen die Fahne.[58] Die seitlichen Mosaikdarstellungen versinnbildlichen in ihrer Gegenüberstellung die *traditio legis* der Kirche. So wird die Übergabe der Schlüssel durch Christus zur Grundlage der Amtsgewalt des Petrus und der mit den Zeichen militärischer Macht ausgestattete Kaiser Konstantin wird zur Präfiguration Kaiser Karls des Großen. Allerdings erscheinen Leo und Karl nicht gleichrangig, sondern es werden Unterschiede herausgearbeitet. Während Petrus und Leo bereits durch das gleiche weiße priesterliche Gewand miteinander verbunden sind (durch die Restaurierungsgeschichte des Mosaiks von SS. Salvatore della Scala Santa wurde die Gewandfarbe über die Jahrhunderte verändert, weshalb die ursprüngliche gewandspezifische Bedeutung des Mosaiks verloren ging), trägt Karl der Große ein weltliches, germanisches Gewand mit geschnürten Hosen, sodass er in seiner Bedeutung abgestuft erscheint; darüber hinaus wandte sich Leo III. in der ursprünglichen Konzeption des Mosaiks, wie es in einer aquarellierten Kopie der Zeit nach 1595 der Biblioteca Apostolica Vaticana (Abb. 9) dokumentiert ist, selbstbewusst an den Betrachter, indem er en face ausgerichtet, Karl der Große hingegen als Ausdruck seiner Ergebenheit ins Dreiviertelporträt gewendet war.

Die in der Forschung unisono beschworene Deutung des Prüfeninger Petrusgemäldes als Ausdruck der hierokratischen Interpretation der Zwei-Schwerter-Lehre scheint diskussionswürdig. Denn diese Interpretation setzt voraus, dass der Empfänger des geistlichen Schwertes ein Bischof, und nicht der Papst, ist. So eindeutig ist die Sachlage in Prüfening aber keineswegs, und so scheint eine Identifizierung des Geistlichen als Papst, gerade mit Verweis auf andere, wenngleich spätere Bildbeispiele, sehr wohl denkbar. Bei einer Miniatur des Sachsen- und Schwabenspiegels aus dem frühen 14. Jahrhundert nimmt Christus – als rekurrierte man auf die ottonisch-salische Herrscherideologie – die Schwertverleihung an die beiden seitlich Stehenden vor (vgl. Abb. 10a, b): Ein Schwert überreicht er dem inschriftlich bezeichneten Petrus (*Sanctus Petrus Papa*) zu seiner Rechten, das andere einem Kaiser (ursprüngliche Inschrift später ausradiert, vielleicht

53 Ladner 1935, S. 280–290, mit Fig. 11.

54 Freising/ Rahewin 1986, S. 416 f.: „Rex venit ante fores, iurans prius Urbis honores, / Post homo fit pape, sumit quo dante coronam." („Der König kommt vor die Tore, beschwört zunächst die Rechte der Stadt, wird dann des Papsts Mann, von ihm erhält er die Krone.").

55 Höing 1955/56.

56 Freising/Rahewin 1986, S. 416 f.: „Von wem hat er denn das Kaisertum, wenn er es nicht vom Herrn Papst hat?"

57 Zur Bedeutungshierarchie von linker und rechter Seite im biblischen Kontext grundlegend Mt 25,33.

58 Wieczorek/Weinfurter 2017, Kat.-Nr. B.1.4.1, S. 184 (Beitrag Irmgard Siede); Wittlinger 2018, S. 79–84, 432.

Abb. 8. Rom, SS. Salvatore della Scala Santa, Mosaik in der Rundnische des Tricliniums Leos III. aus dem alten Papstpalast (Patriarchium) am Lateran, um 800, Druckgrafik aus Alfonso Chacón (Ciacconio), *Vitae et res gestae pontificum Romanorum*, Rom 1677, Tafel neben S. 569. Der Kupferstich dokumentiert nach den Zerstörungen des Mosaiks im Pontifikat Sixtus V. 1585–90 eine erste Restaurierung, durchgeführt auf Veranlassung des Barberini-Papstes Urban VIII. (1623–44; Wappen mit den drei Bienen an den beiden Seitenpilastern), wobei man ganz offensichtlich auf Nachzeichnungen von Onofrio Panvinio zurückgriff (Foto: Bildarchiv Foto Marburg, Bilddatei Nr. bhpd24261; Bibliotheca Hertziana-Nr. 340171; [(CC BY-NC 4.0) foto.biblhertz.it/bhpd24261])

Abb. 9. Rom, rechte Stirnseite des Tricliniumsmosaiks im Lateran, um 800. Aquarellierte Kopie auf Papier, Rom, nach 1595 (© 2021 Biblioteca Apostolica Vaticana, ms. Vat.lat.5407, fol.186r; Repro aus: Wieczorek/ Weinfurter 2017, Kat.-Nr. B.1.4.1, S. 184)

um die Bildaussage personen- und zeitunabhängig, nur ans Amt gebunden, zu deklarieren. Auch in dieser Miniatur stehen – wie in Prüfening – die beiden Schwertempfänger einander gleichrangig und gleichberechtigt gegenüber. Die Frage, welches Amt der Geistliche auf dem Gemälde in Prüfening repräsentiert, ist damit entscheidend für die Deutung des Gemäldes, ob diese mit einer offensiven (wie bisher in der Forschung postuliert) oder vielleicht doch eher mit einer defensiven Bildaussage verbunden ist.

Darüber hinaus war die Zwei-Schwerter-Theorie kein Exklusivrecht der Kirche, sondern wurde auch von kaiserlicher Seite bemüht. So sieht Otto von Freising bereits im Prolog zum IV. Buch der *Historia de duabus civitatibus* den Römischen Kaiser auf der Grundlage der Gelasianischen Zwei-Gewalten-Lehre mit dem Papst auf einer Stufe stehen! Der Freisinger Bischof und Onkel Kaiser Friedrichs I. schreibt: „Duae, inquiunt, personae a Deo in ecclesia sunt constitutae, sacerdotalis et regalis. Quarum una Christi tractare debet sacramenta ac ecclesiastica spiritali gladio exercere iudicia. Altera gladium materialem contra hostes ecclesiae, pauperes ecclesiaque Dei ab incursione malorum defensando, sceleratos puniendo, ad secularia iudicia exerendum portat. Hii sunt duo gladii, que in passione Domini leguntur. Sed uno tantum Petrus usus invenitur.“[59] Diese Vorstellung der Gleichrangigkeit der Herrscher wirkte auch im Spätmittelalter in prokaiserlichen Bildern der Zwei-Schwerter-Lehre fort (was seitens des Papstes freilich nicht unwidersprochen blieb). Namentlich im Sachsenspiegel, der in zahlreichen Kopien eine weite Verbreitung erfahren hatte, wurde dem realpolitischen Ringen der beiden Universalgewalten um die Suprematie das Bild pari-

Abb. 10a, b. Sachsen- und Schwabenspiegel, Miniatur der Schwerterübergabe, Anfang 14. Jahrhundert (Heidelberg, Universitätsbibliothek, Cod. Pal. germ. 167, fol. 18r) (Foto: Heidelberg, Universitätsbibliothek)

tätischer Herrschaftsteilung als Ur- und Idealform gegenübergestellt (z. B. Heidelberger Bilderhandschrift, um 1300). Beschworen wird die Allianz von Kaiser Konstantin und Papst Silvester, ihr einträchtiges Regieren und ihr geradezu freundschaftlicher Umgang miteinander. Die Umarmungsszene auf dem Thron steht sinnbildlich für den hergestellten Schulterschluss (Abb. 11).[60] Der Text des Sachsenspiegels untermauert den in der Miniatur formulierten bildlichen Appell an eine Herrschaftsteilung: „Ebenso sollen weltliches Gericht und geistliches zusammenwirken“.[61] Der Stauferkaiser Friedrich I. Barbarossa argumentierte gleichfalls über die Lehre von den zwei Gewalten und dem Bild der beiden Schwerter. Bereits in seiner Wahlanzeige vom März 1152 an Papst Eugen III., die in Teilen wörtlich die Zwei-Gewalten-Definition von Papst Gelasius I. von 494 repetiert (!), macht er sich dieses Bild zu eigen.[62] Dabei gab es an seinem Hof sogar Stimmen, die ein kaiserliches Verfügungsrecht über beide Schwerter im Auge hatten. In der legendenreichen Aachener *Vita Karoli Magnis* von 1165, zur Unterscheidung von Einhards Kaiserbiografie auch *Vita Caroli Magni imperatoris* genannt und als Wunderbericht in Zusammenhang mit der Kanonisation des Karolingers im Auftrag Kaiser Friedrichs I. verfasst, wird Karl der Große beispielsweise als „ventilator [wörtlich: Taschenspieler] utriusque gladii“ gefeiert.[63]

Obwohl die *gladius-duplex*-Vorstellung von beiden Seiten für die eigenen Zwecke instrumentalisiert wurde, stellte keine der beiden Seiten, weder die päpstliche noch die kaiserliche, die Grundidee der Zwei-Schwerter-Lehre in Abrede. Es sei daher hier die Frage gestellt, inwieweit das Prüfeninger Petrusgemälde nicht eine konsensuale Herleitung

59 Freising 1974, S. 290–293: „Zwei Personen, so sagen sie, sind von Gott in der Christenheit eingesetzt, eine priesterliche und eine königliche. Die eine soll Christi Sakramente verwalten und mit dem geistlichen Schwert in kirchlichen Angelegenheiten Herrschaftsrechte ausüben. Die andre führt das weltliche Schwert gegen die Feinde der Christenheit, um weltliche Herrschaft auszuüben, indem sie die Armen und die Kirchen Gottes vor den Angriffen der Bösen schützt und die Frevler bestraft. Das sind die beiden Schwerter, von denen in der Leidensgeschichte des Herrn die Rede ist. Aber nach der Schrift hat Petrus nur eines gebraucht.“

60 Wieczorek/ Weinfurter 2017, Kat.-Nr. B.3.4.1, S. 277, mit Abb. S. 278 f. (Beitrag Bernd Schneidmüller). Der Sachsenspiegel, verfasst von Eike von Repgow zwischen 1220 und 1230, formuliert „Kaiserrecht“, abgeleitet von den Kaisern Konstantin und Karl dem Großen, siehe Lück 2009, mit weiterführender Literatur.

61 Zitiert nach Wieczorek/ Weinfurter 2017, S. 277.

62 Altmann/ Bernheim 1920, S. 105: „Cum enim duo sint, quibus principaliter hic mundus regitur, videlicet, auctoritas sacra pontificum et regalis potestas, omnium Christi sacerdotum oboedientiae devoti colla submittere parati sumus […].“ Als Verfasser der Wahlanzeige kommen Wibald von Stablo, Abt des Klosters Corvey, oder Bischof Eberhard II. von Bamberg in Frage.

63 Koch 1972, S. 179; Appelt 1975, S. 237.

von Herrschaft widerspiegelt: Denn es war nicht der Papst, der das Schwert verlieh, sondern der Apostelfürst als Stellvertreter Christi. Damit keine Irritationen aufkommen oder andere Interpretationen möglich werden konnten, als verleihe etwa hier der Papst zwei Schwerter, eines an einen Bischof, eines an einen König oder Kaiser, war der hl. Petrus auf dem Prüfeninger Vierungsbild inschriftlich bezeichnet! Denn dass sich alle Macht und Herrschaft von Gott ableitet, war im Mittelalter gängige Vorstellung, wie sie auch in der von der kaiserlichen Kanzlei standardisiert gebrauchen Formel *omnis potestas a domino deo est* immer wieder zum Ausdruck kommt.[64] Folgerichtig nimmt in anderen mittelalterlichen Darstellungen der Zwei-Schwerter-Lehre Christus anstelle von Petrus die Übertragung der Schwerter vor.[65] Diskussio-

Abb. 11. Eike von Repgow, Heidelberger Bilderhandschrift des Sachsenspiegels, Miniatur eines prokaiserlichen Modells der Zwei-Gewalten-Herrschaft, um 1300 (Heidelberg, Universitätsbibliothek, Cod. Pal. germ. 164, fol. 22r) (Foto: Heidelberg, Universitätsbibliothek)

nen eröffnet aber möglicherweise die maltechnische Umsetzung der Prüfeninger Beischrift: Denn die mit schwarzer Linie konturierte und in Kalkweiß ausgelegte Petrus-Inschrift wurde nach dem stratigrafischen Befund erst in einem letzten Arbeitsschritt auf dem durchlaufend angelegten ultramarinblauen Hintergrund aufgebracht (vgl. Abb. 6). Stellt sich die Frage, ob das Prüfeninger Gemälde ursprünglich ohne Petrus-Inschrift konzipiert war und diese erst in einem sekundären Stadium, z. B. zur Vermeidung politischer Irritationen, nachgetragen wurde. Vor allem in der Gegenüberstellung des Petrusbildes, das auf der Begründung der Schlüsselrolle des Petrus im Neuen Testament (Mt 16,19) basiert, mit der alttestamentlichen Präfiguration, wie sie in der Dreiergruppe von Moses zwischen Aaron und Hur zum Ausdruck kommt, scheint das Appellative an eine idealtypische irdische Herrschaft auf. Für ein zeitlich befristetes Vikariat bis zur Wiederkehr am Jüngsten Tag wurden jedenfalls immer wieder auch Papst Silvester und Kaiser Konstantin als Vorbilder bemüht.

Frühere Datierungsansätze neu diskutieren

Zusammenfassend ergeben sich erhebliche Zweifel an der zuletzt in der Wissenschaft postulierten Kausalität des Prüfeninger Petrusgemäldes und des Wormser Konkordats, damit aber auch an der Frühdatierung des Wandbildes. Auch andere Ereignisse, wie der Streit auf dem Reichstag von Besançon 1157, sollten im Licht des technischen Befundes in die Diskussion mit einbezogen werden und die Datierungsansätze gegen oder kurz nach Mitte des 12. Jahrhunderts der älteren Forschung nochmals eingehend gewürdigt werden.[66]

64 So auch in einer Urkunde Kaiser Heinrichs V., in der er dem südpfälzischen Reichskloster Klingenmünster ältere Herrschaftsrechte bestätigt, ausgestellt in Regensburg im Juli 1111 (MGH, Nr. 286).

65 Vgl. Wieczorek/Weinfurter 2017, Kat.-Nr. B.3.4.2, S. 277–280 (Beitrag Viola Skiba).

66 Die Ereignisse um Kaiser Friedrich I. strahlten beispielsweise auch auf Regensburg und seinen Bischof Hartwig II. aus, vgl. Traeger 1980, S. 59.

Abb. 12. Prüfening, St. Georg, Petrusfresko, Ausschnitt, Aufnahme um 1912 (Foto: BLfD, Bildarchiv, Nr. 01029929)

Abb. 13. Salzburg, Nonnberg, Stiftskirche, ehemaliger Westbau (sogenanntes Paradies), Westwand, Nische 6, hl. Gregor, Aufnahme 1992 (Foto: Bundesdenkmalamt Wien; Aufnahme Michael Oberer)

Abb. 14. Dedikationsblatt des Antiphonars von St. Peter in Salzburg: Der thronende Apostel Petrus als Empfänger der Handschrift, flankiert von Bischof Rupert und dem hl. Amandus, unterhalb der dedizierende Abt mit assistierenden Diakonen, um 1160/65 (Wien ÖNB, Cod. Ser. Nov. 2700, Pag. 166) (Foto: Österreichische Nationalbibliothek Wien)

Abb. 15a, b. Prüfening, St. Georg, Kopf des hl. Petrus, mit Einstichloch für den Zirkel in der Stirnmitte, zwei Aufnahmen mit unterschiedlichen Belichtungszeiten, Aufnahmen 2015/18 (Fotos: Peter Turek, Forchheim; Turek 2019, DSC_0556.jpg)

Nicht übersehen werden sollte auch, dass das Programm des Petrusbildes philosophisch-theologisch immer wieder, beginnend bei Hans Karlinger, mit dem kirchenreformatorischen Werk *Summa Gloria* des vermutlich nach 1126 bis zu seinem Tod 1150 oder 1151 in Regensburg ansässigen pro-päpstlichen Benediktinermönchs Honorius Augustodunensis in Verbindung gebracht wurde.[67] Überdies sind stilistische Kriterien nicht von der Hand zu weisen: Die Nähe des Vierungsbildes in Komposition, der Bildrahmung mittels Stadtkulisse und der hierokratisch-byzantinischen Attitüde in einer an der Bildsprache von Salzburg-Nonnberg (um 1150; Abb. 12 und 13) orientierten Malerei sowie die Gemeinsamkeiten in Physiognomie und Pontifikaltracht mit Salzburg, wie sie im Dedikationsblatt des Antiphonars der Erzabtei St. Peter in Salzburg (um 1160/65) aufscheinen (Abb. 14), könnten so eine Erklärung finden. Aber auch die Bezüge des Zwei-Schwerter-Gemäldes zur Prüfeninger Buchmalerei, insbesondere zum *Glossarium Salomonis* (1158–65; Verfasser war der Bibliothekar und Leiter des Skriptoriums Wolfger, Schreiber Mönch Swicher) und vor allem der *Ethymologiae* des Isidor von Sevilla (um 1160–65), sind evident, die Ähnlichkeiten etwa des Petrus- mit dem Christuskopf der dortigen Konsanguinitätstafel (Bayerische Staatsbibliothek München, Clm 13031, fol. 102v) geradezu frappierend.[68] Die Darstellung von Augenbrauen und Nase mittels einer durchgehenden rundbogigen und gleichmäßig breiten, zirkelgeführten Linie verbindet das Prüfeninger Vierungsbild aufs Engste mit dem Regensburger Zeichenstil (Abb. 15a, b und 16), rückt es nahe an die Apostelfiguren des Wandgemäldezyklus der Friedhofskapelle St. Michael in Perschen (Lkr. Schwandorf), um 1165/70.[69] Erkennbare Unterschiede gibt es indes zu den wenig jüngeren Werken der Buchmalerei, etwa dem *Hexaemeron* des Ambrosius (um 1165–70; Bayerische Staatsbibliothek München, Clm 14399, fol. 52r), bei denen die Physiognomie differenzierter gestaltet ist; so ist beispielsweise die Linienführung zwischen Augenbrauen und Nase nunmehr durch einen Ab-

67 Kunstdenkmäler 1914, S. 212 f.; Karlinger 1920, S. 15; Traeger 1980, S. 57/59; Stein-Kecks 2006, S. 399; zuletzt grundsätzlich auch Pfaffel 2020, S. 203–206, wenngleich in anderem Zusammenhang und mit anderen Schlussfolgerungen.

68 Abb. bei Klemm 1987, Tafel 23; Dietl 2010, S. 47, mit Abb. 9. Zu den Schreibern und Illustratoren des Prüfeninger Skriptoriums siehe Dietl 2010, S. 44–46.

69 Kunstdenkmäler 1910, Fig. 59 (S. 77).

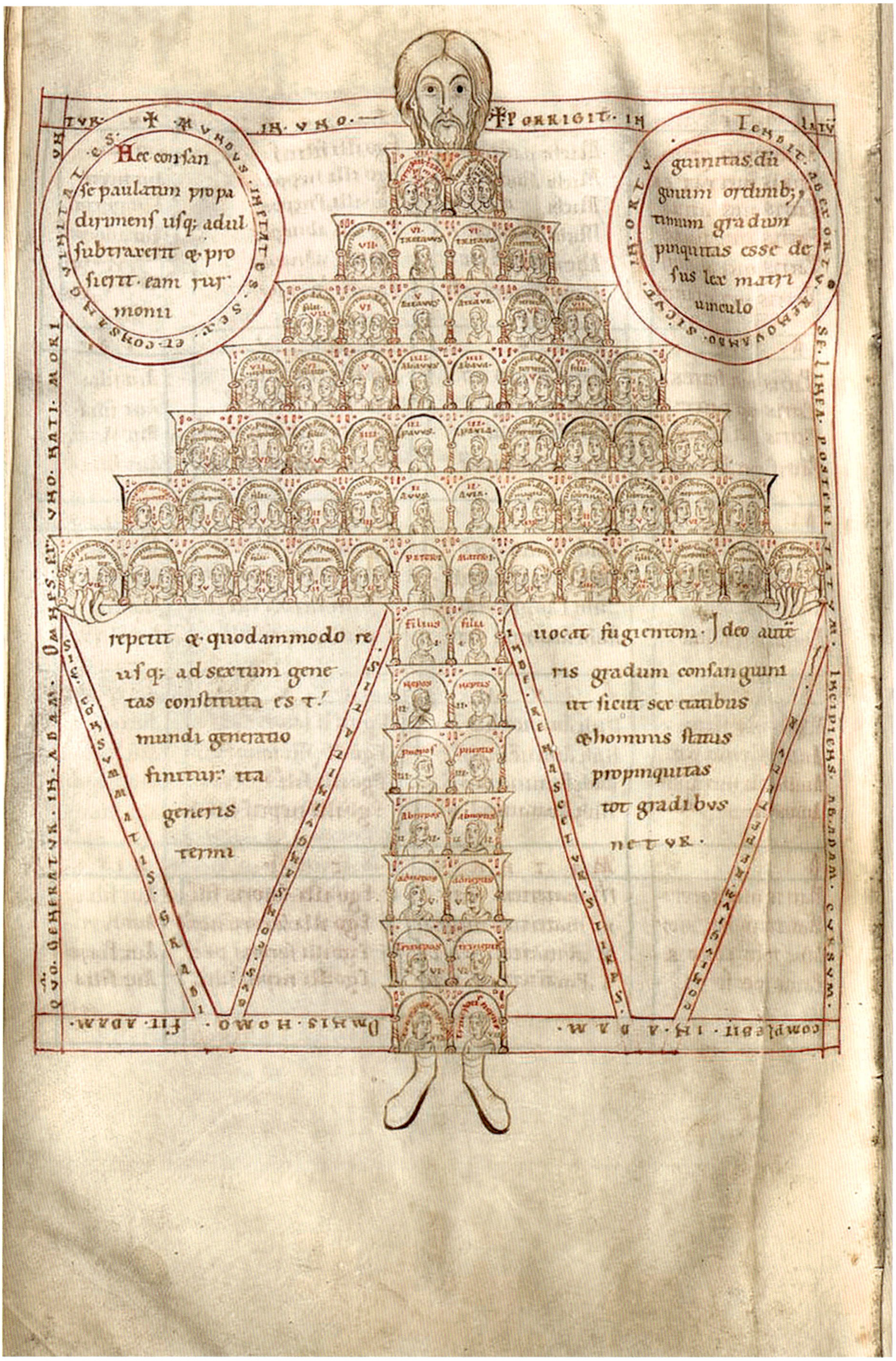

Abb. 16. Isidor von Sevilla, *Ethymologiae*, Konsanguinitätstafel, um 1160–65 (Bayerische Staatsbibliothek München, Clm 13031, fol. 102v) (Foto: Bayerische Staatsbibliothek München)

satz unterbrochen.[70] All dies verschiebt das Prüfeninger Petrusbild in seiner mit der Buchmalerei korrespondierenden Malweise in die Zeit gegen bzw. kurz nach der Mitte des 12. Jahrhunderts. Als Auftraggeber der Vierungsgemälde kämen damit Erbo I. (1121–62) in seiner späten Regierungszeit oder seine Nachfolger Godefrid (1162/63), Eberhard (1163–68) und Erbo II. (1168–87) in Betracht. Letzterer wurde in der Forschung unter Verweis auf die schriftliche Überlieferung („qui ambitum pictis tabulis decoravit"[71]) als Auftraggeber eines Gemäldezyklus im Kreuzgang genannt, jedoch wurde dabei außer Acht gelassen, dass Werke der Tafelmalerei („tabulae"!) in Deutschland vor 1170, zumal außerhalb des Kontextes von Altären, bislang nicht bekannt sind.[72] Verlockend ist es, diese „bemalten Tafeln" auf die Situation der Vierungspfeiler zu beziehen, dies umso mehr als diese vier Gemälde geradezu den Eindruck von autonomen, mit ihrer umlaufenden schwarzen Konturlinie wie gerahmt erscheinenden Bildwerken, insbesondere gewirkten Wandteppichen, evozieren.[73] In diesem Zusammenhang wäre eben auch zu diskutieren, inwieweit das Wort „ambitus" – lat. Gang, Umgang; Kreuzgang; Kreislauf; Umfang, Rand – zwangsläufig auf den Klosterkreuzgang zu beziehen ist oder ob damit auch begrenzende oder umgangsartige Raumteile, allen voran die architektonisch und liturgisch bedeutsame, daher bereits zeitgenössisch gewürdigte Vierung, gemeint gewesen sein könnten.[74] Anlass für eine redaktionelle Hinzufügung der Vierungsbilder zum erbauungszeitlichen Bestand der Wandmalereien könnten Nachreparaturen oder Maßnahmen an der Decke geboten haben.[75] In diesem Zusammenhang wäre auch die überlieferte Weihe des Nikolausaltars nördlich des Kreuzaltars vom 27. Dezember 1174 in die Überlegungen mit einzubeziehen.[76] Interessanterweise wurde unter den Reliquien dieses Altars mit dem Haar des Apostels Petrus („de capillis sancti Petri apostoli") erstmals dezidiert auch eine Reliquie des Apostelfürsten genannt! Scheint es unter diesem Gesichtspunkt abwegig, die Anfertigung der Vierungsbilder in den Kontext einer neuen Petrus-Verehrung im Kloster Prüfening zu stellen?

70 Klemm 1987, S. 29, mit Kat.-Nr. 36; Dietl 2010, S. 48, mit Abb. 10.

71 Zitiert nach Wattenbach 1861, S. 607; vgl. Kunstdenkmäler 1914, S. 170, 230. Bereits Elsen 1942 stellt den Überlieferungswert der Stelle aus den Prüfeninger Annalen bezüglich des Kreuzgangs in Frage und bezieht diese auf die Chorausmalung.

72 Zu den Inkunabeln der Tafelmalerei in Deutschland zählen das Soester Antependium aus dem Walburgiskloster Soest, um 1170 (LWL-Museum für Kunst und Kultur, Münster), ferner das sogenannte Aschaffenburger Tafelbild, um 1240/50 (Stiftsschatz und Stiftsmuseum von St. Peter und Alexander in Aschaffenburg), die beiden Altaraufsätze aus der Wiesenkirche in Soest/Westfalen (Kreuzigungsretabel, um 1240; Gnadenstuhl- oder Dreifaltigkeitsretabel, um 1265/70; heute Gemäldegalerie der Staatlichen Museen zu Berlin) sowie der sogenannte Rosenheimer Altaraufsatz, um 1270 (Bayerisches Nationalmuseum München), vgl. Poeschke u. a. 2005, jeweils mit Einzelbeiträgen zu den genannten Werken.

73 Die Umrisslinie gehört zum Freskenbestand des 12. Jahrhunderts, wie durch UV-Aufnahmen des Mose-Aaron-Hur-Gemäldes zu belegen ist; sie ist damit keine Erfindung Haggenmillers.

74 Immerhin wurde die Arkadensituation dieser „Pforten" in den Klosterkirchen von St. Emmeram und Prüfening, in den zeitgenössischen Quellen „januae" genannt, eigens betont, siehe Textstelle zu St. Emmeram bei Piendl 1961, S. 46 f., 49 f.; ähnlich für Prüfening bei Elsen 1942. In Kombination dazu die Chorbiforien: Auch hier erwies sich die Klosterkirche von Prüfening als Taktgeberin. Zum Zitat der Doppelarkade im Chor der Niedermünsterkirche nach dem Vorbild von St. Georg siehe den Beitrag von Karl Schnieringer in diesem Band. Querverbindungen zwischen Haupt- und Nebenchören unterstützten das liturgische Kommunizieren, ermöglichten Prozessionen und beförderten wohl kirchenmusikalische Neuerungen in Form von Antwortgesängen beim Chorgebet, zu Letzterem siehe Morsbach/ Schrüfer 2003, S. 22.

75 Vgl. den Beitrag von Isolde Schmidt in diesem Band.

76 Wattenbach 1861, S. 612. In diesem Fall wäre freilich das Verhältnis zwischen dem der Überlieferung nach 1172 gefertigten Wirkteppich von St. Ulrich und Afra in Augsburg und dem Prüfeninger Petrusgemälde, damit aber die Frage nach Perzeption und Rezeption dieser Bilder zur Schwerterübergabe, gänzlich neu zu diskutieren

Quellen und Literatur

ALTMANN/ BERNHEIM 1920 – ALTMANN, WILHELM/ BERNHEIM, ERNST: *Ausgewählte Urkunden zur Verfassungsgeschichte Deutschlands im Mittelalter: Zum Handgebrauch für Juristen und Historiker*, Berlin [5]1920

APPELT 1975 – APPELT, HEINRICH: *Die Kaiseridee Friedrich Barbarossas*, in: Wolf, Gunther: Friedrich Barbarossa (Wege der Forschung, Bd. 390), Darmstadt 1975, S. 208–244 (erstmals erschienen in: Österreichische Akademie der Wissenschaften, Philosophisch-Historische Klasse: Sitzungsberichte, 252/4, Wien 1967)

Bibel – [Die] Bibel: *Altes und Neues Testament*. Einheitsübersetzung, Stuttgart 1980

BUBERL 1909 – BUBERL, PAUL: *Die romanischen Wandmalereien im Kloster Nonnberg in Salzburg und ihre Beziehungen zur Salzburger Buchmalerei und zur byzantinischen Kunst*, in: Kunstgeschichtliches Jahrbuch der K[aiserlich-] K[öniglichen] Zentral-Kommission für Erforschung und Erhaltung der Kunst- und Historischen Denkmale 3 (1909), S. 25–98

DAMBECK 1955/56 – DAMBECK, FRANZ: *Die rückrestaurierten Fresken der Allerheiligenkapelle in Regensburg*, in: 14. Bericht des Bayerischen Landesamtes für Denkmalpflege 1955 (1956), S. 35–40

DEHIO 2008 – DEHIO, GEORG: *Handbuch der Deutschen Kunstdenkmäler, Bayern V: Regensburg und die Oberpfalz*, bearb. von Jolanda Drexler, Achim Hubel und Astrid Debold-Kritter, aktualisiert von Peter Morsbach und Achim Hubel, München/Berlin [2]2008

DEMUS 1968 – DEMUS, OTTO: *Romanische Wandmalerei*, München 1968

DIETL 2010 – DIETL, ALBERT: *Die Regensburg-Prüfeninger Buchmalerei des 12. Jahrhunderts*, in: 900 Jahre Prüfening. Kloster – Schloss – Schule, hrsg. vom Arbeitskreis Regensburger Herbstsymposion (Beiträge des 24. Regensburger Herbstsymposions für Kunst, Geschichte und Denkmalpflege vom 13. bis 15. November 2009), Regensburg 2010, S. 43–50

DOERNER 1920 – DOERNER, MAX: *Die Technik*, in: Karlinger, Hans: Die hochromanische Wandmalerei in Regensburg (Einzeldarstellungen zur süddeutschen Kunst, Bd. 1), München/Berlin/Leipzig 1920, S. 73–80

ELSEN 1942 – ELSEN, ALOIS: *Wandmalereien in der ehemaligen Benediktinerabteikirche Prüfening*, in: Roselius, Ludwig (Hrsg.): Deutsche Kunst. Meisterwerke der Baukunst, Malerei, Graphik und des Kunsthandwerks 8 (1942), 1. Lieferung, Tafel 3/4

ENDRES 1902 – ENDRES, JOSEPH ANTON: *Romanische Deckenmalereien und ihre Tituli zu St. Emmeram*, in: Zeitschrift für christliche Kunst 15, 1902, S. 205–210, 235–240, 275–282, 297–306

ENDRES 1905/06 – ENDRES, JOSEPH ANTON: *Romanische Malereien in Prüfening. Literarische und ikonographische Notizen*, in: Die christliche Kunst 2 (1905/06), S. 160–171

ERKENS 2017 – ERKENS, FRANZ-REINER: *Sachwalter Gottes. Der Herrscher als christus domini, vicarius Christi und sacra majestas*. Gesammelte Aufsätze. Zum 65. Geburtstag hrsg. von Martin Hille, Marc von Knorring, Hans-Christof Kraus (Historische Forschungen, 116), Berlin 2017

FINK 2001 – FINK, ALEXANDRA: *Romanische Klosterkirchen des heiligen Bischofs Otto von Bamberg (1102–1139)*, Petersberg 2001

FREISING 1974 – FREISING, OTTO VON: *Chronica sive Historia de duabus civitatibus / Die Geschichte der zwei Staaten*, übers. von Adolf Schmidt, hrsg. von Walther Lammers (Freiherr vom Stein-Gedächtnisausgabe, Bd. 16), Darmstadt [3]1974

FREISING/ RAHEWIN 1986 – FREISING, OTTO VON / RAHEWIN: *Gesta Frederici seu rectius Cronica / Die Taten Friedrichs oder richtiger Cronica*, übers. von Adolf Schmidt, hrsg. von Franz-Josef Schmale (Freiherr vom Stein-Gedächtnisausgabe, Bd. 17), Darmstadt [3]1986

FRODL 1956 – FRODL, WALTER: *Die romanischen Wandgemälde in der Stiftskirche am Nonnberg in Salzburg*, in: Österreichische Zeitschrift für Kunst und Denkmalpflege 10 (1956), S. 90–101

HERKLOTZ 1989 – HERKLOTZ, INGO: *Die Beratungsräume Calixtus' II. im Lateranpalast und ihre Fresken. Kunst und Propaganda am Ende des Investiturstreits*, in: Zeitschrift für Kunstgeschichte 52 (1989), S. 145–214

HÖING 1955/56 – HÖING, NORBERT: *Die „Trierer Stilübungen", ein Denkmal der Frühzeit Kaiser Friedrich Barbarossas*, in: Archiv für Diplomatik, Schriftgeschichte, Siegel- und Wappenkunde [AfD] 1 (1955), S. 257–329; 2 (1956), S. 125–249

HUBEL 2008 – HUBEL, ACHIM: *Konservieren, nicht Rekonstruieren! Die theoretische Grundsatzdiskussion der Denkmalpflege um 1900*, in: Greipl, Egon Johannes (Hrsg.): 100 Jahre Bayerisches Landesamt für Denkmalpflege 1908–2008, Bd. 3: Katalog. Inhalte – Praxis – Schwerpunkte (Katalog der Jubiläumsausstellungen in Regensburg, Passau, Nürnberg, Würzburg, Bamberg, Augsburg und München), Regensburg 2008, S. 64–68

JACOBSEN 2006 – JACOBSEN, WERNER: *Entwicklungslinien des Kirchenbaus im 11. Jahrhundert im Reich und in Italien*, in: Stiegemann, Christoph/ Wemhoff, Matthias (Hrsg.): Canossa 1077. Erschütterung der Welt. Geschichte, Kunst und Kultur am Aufgang der Romanik, Bd. I: Essays (Ausstellung im Museum in der Kaiserpfalz, im Erzbischöflichen Diözesanmuseum und in der Städtischen Galerie am Abdinghof zu Paderborn, 21. Juli bis 5. November 2006), München 2006, S. 284–295

KARLINGER 1920 – KARLINGER, HANS: *Die hochromanische Wandmalerei in Regensburg* (Einzeldarstellungen zur süddeutschen Kunst, Bd. 1), München/Berlin/Leipzig 1920

KARLINGER 1928 – KARLINGER, HANS: *Bayerische Kunstgeschichte, Erster Teil: Altbayern und Bayerisch-Schwaben* (Bayerische Heimatbücher, Bd. 5), München 1928

KEMPF 1975 – KEMPF, FRIEDRICH: *Der „favor apostolicus" bei der Wahl Friedrich Barbarossas und im deutschen Thronstreit (1198–1208)*, in: Wolf, Gunther: Friedrich Barbarossa (Wege der Forschung, Bd. 390), Darmstadt 1975, S. 104–120

KLEMM 1987 – KLEMM, ELISABETH: *Die Regensburger Buchmalerei des 12. Jahrhunderts*, in: Mütherich, Florentine/ Dachs, Karl (Red.): Regensburger Buchmalerei. Von frühkarolingischer Zeit bis zum Ausgang des Mittelalters. Ausstellung der Bayerischen Staatsbibliothek und der Museen der Stadt Regensburg (Bayerische Staatsbibliothek, Bd. 39; Ausstellung in Regensburg, 16. Mai bis 9. August 1987), München 1987, S. 39–58

KOCH 1972 – KOCH, GOTTFRIED: *Auf dem Wege zum Sacrum Imperium. Studien zur ideologischen Herrschaftsbegründung der deutschen Zentralgewalt im 11. und 12. Jahrhundert* (Forschungen zur mittelalterlichen Geschichte, 20), Berlin 1972, S. 178–279

KOCH 1998 – KOCH, RUDOLF: Kat.-Art. *Salzburg, Benediktinerinnen-Abtei Nonnberg*, in: Fillitz, Hermann (Hrsg.): Früh- und Hochmittelalter (Geschichte der bildenden Kunst in Österreich, Bd. 1), München/New York 1998, Kat.-Nr. 32, S. 236 f.

Kunstdenkmäler 1910 – *Die Kunstdenkmäler von Oberpfalz und Regensburg, Bd. 18: Bezirksamt Nabburg* (Die Kunstdenkmäler des Königreichs Bayern), bearb. von Richard Hoffmann und Felix Mader, München 1910

Kunstdenkmäler 1914 – *Die Kunstdenkmäler von Oberpfalz und Regensburg, Bd. 20: Bezirksamt Stadtamhof* (Die Kunstdenkmäler des Königreichs Bayern), bearb. von Hans Karlinger, Georg Hager und Georg Lill, München 1914

Kunstdenkmäler 1999 – *Die Kunstdenkmäler der Stadt St. Pölten: Die Kunstdenkmäler der Stadt St. Pölten und ihrer eingemeindeten Ortschaften* (Österreichische Kunsttopographien, Bd. 54), bearb. von Thomas Karl, Herbert Karner, Johann Kronbichler und Thomas Pulle, Horn 1999

Ladner 1935 – Ladner, Gerhart B.: *I mosaici e gli affreschi ecclesiastico-politici nell'antico palazzo lateranense*, in: Rivista di Archeologia christiana 12 (1935), S. 265–292

Lanc 1998 – Lanc, Elga: Kat.-Art. *Salzburg, Benediktinerinnen-Abtei Nonnberg, Kirche Mariae Himmelfahrt*, in: Fillitz, Hermann (Hrsg.): Früh- und Hochmittelalter (Geschichte der bildenden Kunst in Österreich, Bd. 1), München/New York 1998, Kat.-Nr. 165, S. 426 f.

Levison 1951 – Levison, Wilhelm: *Die mittelalterliche Lehre von den beiden Schwertern*, in: Deutsches Archiv für Erforschung des Mittelalters [DA] 9 (1951), S. 14–42

Jaffé 1885 – Jaffé, Philippus: *Regesta pontificum Romanorum: ab condita ecclesia ad annum post Christum natum MCXCVIII*, Leipzig 1885

Lück 2009 – Lück, Heiner: *Der Beitrag Eikes von Repgow zur Verwissenschaftlichung und Professionalisierung des Rechts im 13. Jahrhundert*, in: Puhle, Matthias (Hrsg.): Aufbruch in die Gotik. Der Magdeburger Dom und die späte Stauferzeit, Bd. 1: Essays (Landesausstellung Sachsen-Anhalt aus Anlass des 800. Domjubiläums im Kulturhistorischen Museum Magdeburg, 31. August bis 6. Dezember 2009), Mainz 2009, S. 300–311.

MB [Monumenta Boica]: Monumenta Boica, Bd. 13: *Monumenta Priflingensia*, Monumenta Weltenburgensia, München 1777

Mertens 2010 – Mertens, Holger: *Zur anstehenden Konservierung und Restaurierung der romanischen Wandmalereien von St. Georg*, in: 900 Jahre Prüfening. Kloster – Schloss – Schule, hrsg. vom Arbeitskreis Regensburger Herbstsymposion (Beiträge des 24. Regensburger Herbstsymposions für Kunst, Geschichte und Denkmalpflege vom 13. bis 15. November 2009), Regensburg 2010, S. 71–73

MGH [Monumenta Germaniae Historica]: *Diplomata regum et imperatorum Germaniae. Die Urkunden der deutschen Könige und Kaiser, Bd. 7: Die Urkunden Heinrichs V. und der Königin Mathilde*, hrsg. von Matthias Thiel, unter Mitwirkung von Alfred Gawlik [in Vorbereitung; bis zum Erscheinen der vollständigen Druckausgabe digitale Vorab-Edition unter: http://www.mgh.de/ddhv/dhv_286.htm; Abrufdatum: 06.03.2020]

Moning 2005 – Moning, Marcel: *Kur- und Ehrenschwerter*, in: Paravicini, Werner (Hrsg.): Höfe und Residenzen im spätmittelalterlichen Reich. Bilder und Begriffe, Teilbd. I: Begriffe (Residenzforschung, Bd. 15/2), Ostfildern 2005, S. 287-289

Morsbach/ Schrüfer 2003 – Morsbach, Peter/ Schrüfer, Werner: *Dompfarrkirche Niedermünster Regensburg*, Regensburg 2003

Palazzo 2006 – Palazzo, Eric: *Rom, die Gregorianische Reform und die Liturgie*, in: Stiegemann, Christoph/ Wemhoff, Matthias (Hrsg.): Canossa 1077. Erschütterung der Welt. Geschichte, Kunst und Kultur am Aufgang der Romanik, Bd. I: Essays (Ausstellung im Museum in der Kaiserpfalz, im Erzbischöflichen Diözesanmuseum und in der Städtischen Galerie am Abdinghof zu Paderborn, 21. Juli bis 5. November 2006), München 2006, S. 277–282

Pfaffel 2020 – Pfaffel, Wilhelm: *Das Presbyterium der Klosterkirche Prüfening: Texte und ihre Entschlüsselung*, in: Studien und Mitteilungen zur Geschichte des Benediktinerordens und seiner Zweige 131 (2020), S. 185–245

Piendl 1961 – Piendl, Max: *Fontes monasterii Emmerami Ratisbonensis. Bau- und kunstgeschichtliche Quellen*, in: Piendl, Max (Hrsg.): Quellen und Forschungen zur Geschichte des ehemaligen Reichsstiftes St. Emmeram in Regensburg (Thurn und Taxis-Studien, Bd. 1), Kallmünz 1961, S. 1–183

Poeschke u. a. 2005 – Poeschke, Joachim/ Arnhold, Hermann/Luchterhandt, Manfred/ Portsteffen, Hans: *Das Soester Antependium und die frühe mittelalterliche Tafelmalerei. Kunsttechnische und kunsthistorische Beiträge*. Akten des wissenschaftlichen Kolloquiums vom 5.–7. Dezember 2002, veranstaltet vom Institut für Kunstgeschichte der Universität Münster, vom Westfälischen Landesmuseum für Kunst und Kulturgeschichte in Münster und der Fachhochschule Köln (Westfalen 80, 2002), Münster 2005

Ramisch 1999 – Ramisch, Hans: *Ein kosmologisches Fußbodenmosaik aus der Zeit um 1073 in der ehemaligen Benediktinerkirche St. Quirin in Tegernsee*, in: Jahrbuch des Vereins für Christliche Kunst in München e. V. 21 (1999), S. 193–213

Schmidinger 1956/57 – Schmidinger, Heinrich: *Das Papstbild in der Geschichtsschreibung des späteren Mittelalters*, in: Römische Historische Mitteilungen 1 (1956/57), S. 106–129

Schmidt 2015/16 – Schmidt, Michael: *Die Alte Kapelle und St. Kassian in Regensburg – Mythos und kollektive Erinnerung oder: Wie aus der Kapelle St. Maria sub gradu eine Memorie des hl. Rupert wurde*, in: Denkmalpflege in Regensburg 15 (2015/2016), S. 46–107

Schmitz 1975 – Schmitz, Hans-Georg: *Kloster Prüfening im 12. Jahrhundert* (Miscellanea Bavarica Monacensia, 49), München 1975

Stein 1983 – Stein, Heidrun: *Geistliche und weltliche Gewalt – Freskenzyklus im chorus maior der Prüfeninger Klosterkirche*, in: Beiträge zur Geschichte des Bistums Regensburg 17 (1983), S. 157–228 [Magisterarbeit]

Stein 1987 – Stein, Heidrun: *Die romanischen Wandmalereien in der Klosterkirche Prüfening* (Studien und Quellen zur Kunstgeschichte Regensburgs, Bd. 1), Regensburg 1987 [Dissertation]

Stein-Kecks 2006 – Stein-Kecks, Heidrun: *Wandmalerei im Zeitalter des Investiturstreits – Programmbilder und Bildprogramme im Streit um die Macht in Kirche und Welt*, in: Stiegemann, Christoph/ Wemhoff, Matthias (Hrsg.): Canossa 1077. Erschütterung der Welt. Geschichte, Kunst und Kultur am Aufgang der Romanik, Bd. 1: Essays (Ausstellung im Museum in der Kaiserpfalz, im Erzbischöflichen Diözesanmuseum und in der Städtischen Galerie am Abdinghof zu Paderborn, 21. Juli bis 5. November 2006), München 2006, S. 395–406

Stein-Kecks 2008 – Stein-Kecks, *Heidrun: Bilder der Romanik: Die Klosterkirche Prüfening und ihre Wand- und Deckenmalereien*, in: Greipl, Egon Johannes (Hrsg.): 100 Jahre Bayerisches Landesamt für Denkmalpflege 1908–2008, Bd. 3: Katalog. Inhalte – Praxis – Schwerpunkte (Katalog der Jubiläumsausstellungen in Regensburg, Passau, Nürnberg, Würzburg, Bamberg, Augsburg und München), Regensburg 2008, S. 47–57

Stein-Kecks 2009 – Stein-Kecks, Heidrun: *Die Klosterkirche Prüfening und ihre Wand- und Deckenmalereien*, in: Baumann, Maria (Red.): Mönche, Künstler und Fürsten. 900 Jahre Gründung Kloster Prüfening, Ausstellung Museum Obermünster, 17. Oktober bis 22. November 2009 (Kunstsammlungen des Bistums Regensburg, Kataloge und Schriften, Bd. 38), Regensburg 2009, S. 53–60

Traeger 1980 – Traeger, Jörg: *Mittelalterliche Architekturfiktion. Die Allerheiligenkapelle am Regensburger Domkreuzgang*, München/Zürich 1980

TUREK 2019 – Restaurierungswerkstatt TUREK: *Prüfening, Kath. Pfarr- und ehemalige Benediktinerabteikirche St. Georg. Datensicherung Wandmalerei 2004 bis 2019*, Forchheim 2019 (unveröffentlicht; ein Exemplar beim Bayerischen Landesamt für Denkmalpflege)

WATTENBACH 1861 – WATTENBACH, WILHELM (Bearb.): *Annales Pruveningenses / Notae Pruveningenses* (Monumenta Germaniae Historica, Scriptores, Bd. 17: Annales aevi Suevici), hrsg. von Georg Heinrich Pertz, Hannover 1861, S. 606–612

WATTENBACH/SCHMALE 1976 – WATTENBACH, WILHELM/SCHMALE, FRANZ-JOSEF: *Deutschlands Geschichtsquellen im Mittelalter, Bd. 1: Vom Tode Kaiser Heinrichs V. bis zum Ende des Interregnum*, Darmstadt 1976, S. 46–66

WEINFURTER 2006 – WEINFURTER, STEFAN: *Canossa. Die Entzauberung der Welt*, München ²2006

WIECZOREK/ WEINFURTER 2017 – WIECZOREK, ALFRIED/ WEINFURTER, STEFAN (Hrsg.): *Die Päpste und die Einheit der lateinischen Welt. Antike – Mittelalter – Renaissance* (Katalog zur Ausstellung, 21. Mai bis 31. Oktober 2017, Reiss-Engelhorn-Museen, Museum Zeughaus, Mannheim), Darmstadt 2017

WITTLINGER 2018 – WITTLINGER, MARK TOBIAS: *Kaiser, Rom und Apostelfürst. Herrscher und Petrus vom 8. bis zum 12. Jahrhundert* (Forschungen zur Kaiser- und Papstgeschichte des Mittelalters. Beihefte zu J. F. Böhmer, Regesta Imperii, Bd. 42), Köln/Weimar/Wien 2018

ZEY 2017 – ZEY, CLAUDIA: *Der Investiturstreit* (C.H. Beck Wissen, 2852), München 2017

Isolde Schmidt

Die Prüfeninger Klosterkirche St. Georg im 19. Jahrhundert
Ihre Erhaltung als staatliche Bauaufgabe

Das Benediktinerkloster St. Georg in Prüfening wurde am 21. März 1803 säkularisiert.[1] Bis zuletzt bestand eine lebendige Klostergemeinschaft, die sich auch der Bildung und den Wissenschaften widmete. Mit der Aufhebung endete von einem Tag auf den anderen die fast 700-jährige Klostertradition. Abt und Mönche mussten das Kloster verlassen, Kunstschätze wurden abtransportiert, Einrichtungen veräußert, Immobilien durch kurfürstliche Kommissäre versteigert. Schließlich wurde auch für den Prüfeninger Klosterkomplex ein Käufer gesucht. Den Zuschlag erhielt der Fürstlich Thurn und Taxissche Geheime Rat und spätere Generalpostdirektor Alexander Freiherr von Vrints-Berberich (1764–1843).[2] Der Baron, der im Dienst des Fürsten von Thurn und Taxis in Regensburg stand,[3] erwarb das Prüfeninger Klosterensemble wegen seiner stadtnahen Lage. Es war für den Um- und Ausbau in eine standesgemäße Residenz vorgesehen.[4]

1 Dallmeier 2010, S. 35–41.
2 Gerstl 2003, hier S. 55; Dallmeier 2010, S. 36.
3 Vrints-Berberich war fürstlicher Reichstagsgesandter, höchster Verwaltungsbeamter in Funktion eines dirigierenden Geheimen Rats und eines künftigen Generalpostdirektors der Thurn und Taxisschen Lehenposten im Deutschen Bund, vgl. Dallmeier 2010, S. 37.
4 Styra 2009, S. 130–138.

Bernhard Grueber, Stahlstich, um 1840, bezeichnet: Prüfening (Foto: Historisches Museum der Stadt Regensburg, Inv.-Nr. G 1980 311 17 1; Repro nach: Mönche, Künstler und Fürsten 2009, S. 159)

Nicht veräußerlich war die Klosterkirche St. Georg. Sie wurde 1806 zur Pfarrkirche bestimmt.[5] Die Organisation des Bauunterhalts war zunächst noch unklar. Bis 1803 hatte das begüterte Benediktinerkloster die Kirche instand gehalten. Die Pfarrei Prüfening war mittellos, weshalb die Baupflege über viele Jahre vernachlässigt wurde. Erst nach Abschluss des Konkordats mit der katholischen Kirche (1817) und der Verabschiedung einer Verfassung (1818) übernahm der bayerische Staat die Baupflicht. Seit 1819 ist die Staatliche Bauverwaltung für den Erhalt des Kirchengebäudes zuständig.[6] Über die verschiedenen Aufgaben der Bauverwaltung und die Schwerpunkte des staatlichen Bauunterhalts im 19. Jahrhundert geben die Archivalien Auskunft.[7] Anhand der Bauakten lassen sich die verschiedenen Maßnahmen an der Prüfeninger Kirche belegen; Pläne und Zeichnungen dokumentieren den jeweiligen Bestand, aber auch verlorene Bauzustände oder nicht realisierte Planungen. Sie sind im Anhang aufgelistet und kommentiert.

Reparaturen am Hauptdach und am Schindeldach über dem südlichen Seitenschiff

Den vernachlässigten baulichen Zustand des Kirchengebäudes beschreibt der königliche Landbauinspektor Mayer in seinem Bericht vom Juni 1819.[8] Seit mehreren Jahren war keine „Reparatur" mehr durchgeführt worden und die Dächer und Hauptmauern wiesen „viele schadhafte Stellen" auf; zahlreiche Scheiben der unteren Chor- und Querhausfenster waren gebrochen und die Verdachung des Giebels über dem Hauptportal defekt. Der Landbauinspektor mahnte: „mit Wendung dieser Baufälle ist es die höchste Zeit wenn nicht der Dachverband und Plafond Schaden nehmen und überhaupt die Reparatur sich vergrößern soll". Im Haushaltsjahr 1819/20 fand eine umfassende Instandsetzung statt, bei der diese Schäden an der Kirche behoben wurden.[9] Umfangreichste und kostspieligste Maßnahme war die Reparatur des Kirchendaches. Zu dieser Zeit war das Hauptdach noch fast vollständig mit Mönch-Nonne-Ziegeln („Haggen und Preißen") gedeckt, deren Deckziegel in Mörtel gebettet waren. Die Maurer hatten die steilen Satteldächer zu „übergehen"; sie tauschten die beschädigten Hohlziegel und legten die lockeren „frisch in Mörtel". Um Reparaturmaterial für diese nicht mehr gebräuchliche Deckung zu gewinnen, wurde ein Teil der Dachfläche mit Biberschwanzziegeln („Taschen") gedeckt. Allein für die Dachreparatur wurden je 90 Taglöhne für Maurer und für Handlanger verausgabt.[10]

1833 ließ die Königliche Bauinspektion das Dach über dem südlichen Seitenschiff instand setzen.[11] Das Pultdach überdeckt auch den dort angebauten ehemaligen zweigeschossigen Kreuzgangflügel. Das Dach setzt hoch an und läuft trotz relativ flacher Neigung am Obergaden der Kirche in halber Höhe der Fenster an. Um die beiden Rundfenster nicht zu verdecken, ist die Dachfläche um die Fenster grabenartig ausgeschnitten. Wegen des Deckungsmaterials und der komplizierten Geometrie war dieses flach geneigte Dach sehr reparaturanfällig.[12] Es besaß eine Deckung aus hölzernen Schindeln, die nicht besonders langlebig waren; zudem floss über dieses Dach der Regen vom Mittelschiffdach ab. Von dort herabfallende Ziegel- und Mörtelbrocken blieben liegen, drückten die Schindeldeckung ein oder durchschlugen sie. Als 1833/34 die Dachreparatur durchgeführt wurde, mussten erst einmal verfaulte Konstruktionshölzer ausgetauscht und die darunterliegenden Gewölbe instand gesetzt werden. Es folgten weitere Reparaturen an der südlichen Schindeldeckung in den Haushaltsjahren 1849/50 und 1855/56.[13]

Als am Hauptdach der Kirche 1844/45 erneut wieder größere Reparaturen an der Mönch-Nonne-Deckung anstanden, wurde eine vollständige Umdeckung auf Biberschwanzziegel in Doppeldeckung vorgenommen.[14] Während der Arbeiten kamen neue Schäden zum Vorschein: „Mauerbänke, Balkenvorköpfe" und Sparren wurden „verfault" vorgefunden. Um den betreffenden Dachabschnitt einer „umfassenden, nachhaltigen Restauration" zu unterziehen, ließ die Bauinspektion die Schäden am Dachwerk reparieren und schadhafte Hölzer auswechseln.[15]

Regelung der Baupflicht 1863–66

Bei der Aufhebung des Klosters Prüfening scheint für das Kurfürstentum Bayern die gewinnbringende Verwertung des Klosterkomplexes im Vordergrund gestanden zu haben. Obwohl Klostergebäude und Kirche auf Süd- und Westseite ineinandergriffen, räumliche Verbindungen bestanden und teils bis heute bestehen, wurde beim Besitzübergang keine klare Trennung von Kirchen- und Klosterbesitz vorgenommen. So ging der Fassadenbau (von 1718), mit Ausnahme der ebenerdigen Kirchenvorhalle und der darunterliegenden Gruft, in den Besitz des Barons von Vrints-Berberich über. Fragen der Baupflege und der jeweiligen Kostentragung blieben außer Acht bzw. wurden nur mündlich geregelt. Zur Pfarrkirche gehört bis heute nur der Grund, auf dem sie steht, d. h. der Kirchengrund endet Handbreit vor den Außenmauern. Es wurde nicht einmal ein Grundstücksstreifen um die Kirche gewährt. Geregelt wurde nur ein Zugangsrecht zur Kirche. Die neuen Besitzverhältnisse erzeugten Probleme, die während des ganzen 19. Jahrhunderts und darüber hinaus bestanden.

Die Kosten für den Bauunterhalt des Daches über dem südlichen Seitenschiff und des als „Schlossgang" bezeichneten ehemaligen nördlichen Kreuzgangflügels wurden zunächst zur Hälfte von der Gutsherrschaft getragen. Beim westlichen Kirchenvorbau war die Frage der Kostenverteilung umstritten. Grundsätzlich war der Gutsherrschaft die Beteiligung an den Maßnahmen wegen der Häufigkeit der Reparaturen und den erheblichen Kosten lästig, auch wenn im Baufall das Benehmen mit ihr gesucht wurde.[16] Obwohl der Baron von Vrints-Berberich und ab 1843 dessen Pflegesohn und Gutsnachfolger Alexander Freiherr van Zuylen Nyevelt (1804–70)[17] die Räume der beiden Geschosse über der Kirchenvorhalle bewohnten und ihnen auch das Dachgeschoss gehörte, verwahrte man sich dagegen, für Kosten am Giebel der Kirchenfassade herangezogen zu werden.

Auch der Baubehörde war es nicht angenehm, auf unsicherer Rechtsgrundlage Zahlungen zu fordern und diese wiederholt anmahnen zu müssen.

Als 1863 größere Maßnahmen zum baulichen Brandschutz der Kirche durchzuführen waren, musste eine verbindliche Regelung der Baupflicht getroffen werden. Am 10. Juni 1863 beantragte die Regierung eine Stellungnahme von ihrer Rechtsabteilung, auf deren Grundlage das Baupflichtverhältnis zwischen dem bayerischen Staat und der Gutsherrschaft vertraglich zu regeln war.[18] Wie die Gutachter bei der Durchsicht der Akten feststellten, war beim Verkauf des Klosters keine vertragliche Vereinbarung bezüglich der Baupflicht getroffen worden. In ihrem Gutachten bewerteten diese die Frage der Baupflicht nach der allgemeinen Rechtsauffassung: Die von der Gutsherrschaft benützten zwei Stockwerke über der Vorhalle mit Giebel und Dach des Kirchenvorbaus sowie das Dach über dem südlichen Seitenschiff und dem „Schlossgang" seien gemeinschaftlich mit dem Staat zu unterhalten. Nicht in Anspruch zu nehmen sei die Gutsherrschaft für die „Gruft" unter der Vorhalle und den „Umfassungsbau des Seitenschiffs der Kirche". Nach einem längeren Rechtsstreit kam am 22. März 1866[19] zwischen dem bayerischen Staat und dem damaligen Gutsbesitzer van Zuylen ein Vertrag zustande, der die bisherige Regelung der Kostenteilung ablöste.

Von da an übernahmen Staat und Gutsbesitzer jeweils die volle Baulast für einzelne Gebäudeteile: Der Gutsbesitzer war künftig für den Dachbereich über dem Schlossgang allein zuständig, der noch durch eine Brandmauer vom Seitenschiff der Kirche zu trennen war. Diese sollte auf Kosten des Staates errichtet werden. Beim Kirchenvorbau übernahm van Zuylen die alleinige Verantwortung für die von ihm genutzten Räume im zweiten und dritten Geschoss, einschließlich der Fenster und des Daches. Für die Umfassungsmauern des Kirchenvorbaus und den Giebel der Fassade sollte künftig der Staat die volle Baulast tragen. Dieser hatte auch die Abtrennung des Kirchendaches vom Dachraum des Kirchenvorbaus durch Brandwände zu besorgen.

Als Grundlage für das Rechtsgutachten und den Vertrag waren Bestandspläne erforderlich, aus denen die Besitzverhältnisse deutlich hervorgingen.[20] Die Königliche Baubehörde legte am 9. April 1863 der Regierung Oberpfalz die Pläne mit der Bemerkung vor, dass man sie später zu Katasterplänen, d. h. Inventarplänen zu ergänzen gedenke.[21]

Brandschutzmaßnahmen 1867 und 1869

Südliches Seitenschiff: Brandmauer und Neueindeckung des Daches mit Eisenblech 1867

Nachdem 1866 eine Einigung über den Bauunterhalt erzielt war, konnten die Brandschutzmaßnahmen an der Kirche vorgenommen werden. Zuerst wurde 1867 eine feuerbeständige Abtrennung zwischen Kirche und Schlossgang geschaffen.[22] Die bislang nicht bis zur Dachhaut reichende Außenmauer

5 Gerstl 2016, hier S. 216, Anm. 6. – Ab 1817 gehörten auch Dechbetten, Ziegetsdorf, Grass und Pentling zur Pfarrei. Heute ist St. Georg Pfarrkirche der Gemeinde St. Bonifaz-St. Georg.

6 Ab 1811: Königliche (Land-)Bauinspektion Regensburg, ab 1856: Königliche Baubehörde Regensburg I, ab 1872: Königliches Landbauamt Regensburg.

7 Staatliches Bauamt Regensburg, Archiv der Dombauhütte. Eine erschöpfende Archivrecherche war aus zeitlichen Gründen leider nicht möglich. Für den Beitrag wurden nur die Akten des Landbauamtes Regensburg durchgesehen: Archiv der Staatlichen Dombauhütte Regensburg, Akten des Königlich-Bayerischen Land-Bauamtes Regensburg, Pfarrkirche in Prüfening 1820–1910, 1910–192.

8 Juni 1819, Landbaumeister Mayer, Kgl. Bauinspektion Rgb, „Kostenanschlag über nothwendige Reparatur der Klosterkirche Prüfening als jetziger Pfarrkirche".

9 21. August 1820, Mayer/Kgl. Bauinspektion Rgb, Verzeichnis der auf die pro 1819/20 genehmigte und bereits vollendete Reparatur des Gotteshauses zu Prüfening erlaufenen Kosten (412 f 3 x) [f/fl = Gulden, x = Kreuzer].

10 Juni 1819, Landbaumeister Mayer, Kgl. Bauinspektion Rgb, „Kostenanschlag über nothwendige Reparatur der Klosterkirche Prüfening als jetziger Pfarrkirche".

11 Beilage zum Kostenanschlag vom 18. Dezember 1833, Oertel/Kgl. Bauinspektion Rgb, „Spezieller Kosten-Anschlag über die Herstellung der schadhaften Schindeldachung des südlichen Seitenschiffes und des damit verbundenen Schloß-Ganges (238 f 34 x)".

12 Reparaturen an der südlichen Schindeldachung 1833/34: insg. 224 f 19 x.

13 1849/50: insg. 136 f 32 x; 1855/56: Auswechselung von 30 Sparren, insg. 77 f 34 x.

14 20. Mai 1844, Oertel/Kgl. Bauinspektion Rgb Nr. 803 an RegOpfuR KdI, betr. LBU-Etat 1844/45 resp. baulicher Zustand der Prüfeninger Pfarrkirche; Bewilligung von 186 Gulden pro 1844/55.

15 Wofür die Kreisregierung weitere 200 f genehmigte, vgl. 29. Mai 1844, RegOpfuR KdI an Kgl. Bauinspektion Rgb. – Nach Abschluss der Maßnahme sollten 3000 Stück „Hacken und Preißen" versteigert werden; ebenso elf Stück alte ausgewechselte Trumen (?) Eichenholz verschiedener Länge von 6'–16' und Stärke von 7"–12", die allerdings nach einer Randnotiz vom 10. Juni 1844 nicht veräußert werden durften, vgl. 7. Juni 1844, Kgl. Bauinspektion Rgb Nr. 878 an Rentamt Stadtamhof.

16 2. Juni 1856, Pfarrer G. Schmidt/Pfarramt Prüfening an Kgl. Bauinspektion Rgb.

17 Er gab das Gut an seinen Bruder weiter, der es schließlich 1899 an den Fürsten Albert I. von Thurn und Taxis von Regensburg verkaufte.

18 1. Juli 1863, RegOpfuR KdI, Abschrift Nr. 16 966: „Extract aus dem Geschäftsprotocolle der Königlichen Regierung der Oberpfalz und von Regensburg, Kammer der Finanzen Nr. 14 221."

19 22. März 1866, Übereinkommen zwischen Alexander Freiherr van Zuylen Nyevelt und Karl von Stokar, kgl. Baubeamter.

20 Die Regensburger Baubehörde erhielt den Auftrag, Pläne „schleunigst" herstellen zu lassen und „darin die Frh. von Zuylen'schen Räumlichkeiten genau ersichtlich zu machen", vgl. 16. März 1863, RegOpfuR KdI Nr. 15 018 an Kgl. Baubehörde Rgb I.

21 9. April 1863, Kgl. Baubehörde Rgb I an RegOpfuR KdI mit 7 Beilagen.

22 Durch Steinmetzmeister Joseph Baumgarten, Maurermeister Mayer, Spänglermeister G. Hochapfel, Zimmerermeister Ludwig Hofmann, vgl. 27. März 1867, Protokoll abgehalten im Betreff der Umwandlung der Schindeldachung des südlichen Seitenschiffes der Pfarrkirche zu Prüfening in eine Dachung aus verbleitem Eisenblech.

des südlichen Seitenschiffes wurde mit einer Aufmauerung aus feuerfesten Backsteinen erhöht und abschließend mit einer Abdeckschicht aus großen Quadern versehen. Die Quader erhielten eine schräge, der Dachneigung folgende Oberseite.[23] Zugleich wurden in die Brandwand schlossseitig Steinkonsolen eingelassen, zur Auflage der Dachkonstruktion über dem Schlossgang, die nicht in die Brandwand einbinden durfte.[24]

Die Dachform blieb unverändert, doch musste die Deckung anstelle der Holzschindeln aus verbleitem Eisenblech bestehen. Das Blech über dem südlichen Seitenschiff wurde direkt auf der Steinabdeckung der Brandwand mittels eingebleiter Eisendübel befestigt und erhielt eine eigene Traufkante.[25]

An den Traufen der oberen Dächer wurden als Schutzmaßnahme Schneefanggitter angebracht.[26] Die in den Dachraum des südlichen Seitenschiffes führende „Schlupföffnung" in der westlichen Giebelwand, die vom Korridor des Schlossgebäudes aus zu erreichen war, sollte einen feuerfesten Verschluss, eine „gut schließende eiserne Türe" erhalten.

Sicherung des westlichen Kirchendaches durch eine Brandwand 1869

Das Dach des westlichen Schlossgebäudetraktes sattelt im rechten Winkel auf das westliche Hauptdach von Kirchenvorbau und Kirche. Zwischen dem Mittelschiff der Kirche und dem Dach des westlichen Kirchenvorbaus bestand keine feuersichere Trennung.[27]

Mit dem alten romanischen Westgiebel der Kirche bestand zwar ein massiver Abschluss; doch wies eine jüngere Giebelaufmauerung größere Ausbrüche auf, über die im Dachraum ein Brandüberschlag hätte erfolgen können. Im Sommer 1869 wurde dort eine Brandschutzmaßnahme vorgenommen: Die alte westliche Giebelwand des Mittelschiffes wurde aufgemauert und als Feuermauer um 18 Zoll[28] über Dach hochgeführt. Neu zu errichten war außerdem eine Brandmauer gegen den Dachraum zur feuersicheren Trennung der Dachräume über dem Mittelschiff der Kirche und dem westlichen Gebäudetrakt des Schlosses. Um der Feuergefahr durch Blitzeinschlag vorzubeugen, wurden zwei Blitzableiter an den Türmen installiert.[29]

Feuchtigkeit als Grundproblem – Bau einer Entwässerungsanlage 1865[30]

Nach dem Kauf des Prüfeninger Klosters veranlasste der Baron Vrints-Berberich ab 1804 den Abbruch mehrerer Klostergebäude.[31] Aus dem Abbruchmaterial ließ er Anschüttungen im Gelände vornehmen. Das Gelände innerhalb der Klostermauern wurde von dem Aschaffenburger Hofgärtner Franz Ludwig Bode in einen Landschaftsgarten nach englischem Vorbild umgestaltet. In diese Anlage war die mittelalterliche Klosterkirche als „Parkbau" eingebunden, wie die alte Wegeführung um die Kirche belegt. Deren idyllische Lage unter Bäumen ist Teil des Parkkonzeptes, sie blieb aber nicht ohne Nachteile für das Kirchengebäude.

Das feuchte Mauerwerk der Kirche war schon beim ersten Ortstermin der Regensburger Bauinspektion im Sommer 1819 ein Thema. Sie beanstandete damals die zu nahe an die Kirchenmauern gepflanzten Bäume und Sträucher der Parkanlage des Barons, die man für Schäden mitverantwortlich machte.[32] Zweige zerstörten Putzoberflächen, Buschwerk hielt die Sonne ab und behinderte das Trocknen der Mauern. Wiederholt musste die Bauinspektion einen Rückschnitt der Bäume und Sträucher fordern. Abgesehen von einigen Putzreparaturen und Säuberungen von Dachrinnen wurden zunächst keine Maßnahmen ergriffen. Die Probleme mit der Feuchtigkeit blieben ungelöst.

Bei einem Ortstermin im Januar 1842, bei dem es um die Begutachtung der restaurierten Altargemälde ging, erklärte Bauinspektor Friedrich Wilhelm Oertel: „dass die Bilder vor allem an der Seite des südlichen Seitenschiffes so sehr vermodert waren, glaubt man dem Umstand zuschreiben zu müssen, daß die Fenster des Schlossganges vermauert und [...] ringsum von Gebüsch und Bäumen umgeben waren".[33]

Im Februar 1863 wurde bei einer Besichtigung der Kirche mit Regierungsvertretern beschlossen, wirksame Maßnahmen gegen die Feuchtigkeit des Mauerwerks zu ergreifen, die spürbare Verbesserungen bringen sollten. Man stellte fest, „daß der längs der drei Seiten der Kirche im freiherrlich van Zuylen'schen Garten und Hofraum gezogene Graben in seinem dermaligen Zustande zur allmählichen möglichsten Entfeuchtung der Kirche nicht geeignet sei, und einer Erweiterung so wie Pflasterung bedürfe, dann daß die Herstellung von Versitzgruben und beziehungsweise Ableitungsgräben dringend nöthig sei".[34] Nachdem der Gutsbesitzer sein Einverständnis gegeben hatte, wurde am 27. März 1863 die Baubehörde angewiesen, die Planung für das Projekt der Erweiterung, Planierung und Pflasterung dieser Gräben, der Regulierung der Wasserläufe und der Anlage der nötigen Versitzgruben zu erarbeiten und Pläne vorzulegen. Diese sollten die nötigen Längen- und Querprofile enthalten und mit den nötigen Höhenangaben versehen sein.[35]

Bis das Entwässerungssystem realisiert werden konnte, vergingen zwei weitere Jahre.[36] Bis dahin versuchte man der hohen Luftfeuchtigkeit und der fehlenden Luftzirkulation im Innenraum durch den Einbau von Lüftungsklappen in die Kirchenfenster entgegen zu wirken.[37] Außerdem wurden in den Jahren 1863/64 neue Dachrinnen angebracht und schadhafte ergänzt.[38] Das in Dachrinnen gesammelte Regenwasser wurde über Stehrohre abgeleitet. Der Ablauf führte in den Graben um die Kirche und von dort über im Boden verlegte Kanäle in Sickergruben.

Diese Anlage war bis 1904 in Funktion. Sie wurde mit dem Anschluss der Pfarrkirche an die städtische Kanalisation überflüssig.[39] Die Ableitungsgräben und Versitzgruben wurden damals verfüllt bzw. beseitigt.

Statische Untersuchungen 1872–75

Mauer- und Gewölberisse im Innern der Kirche waren schon länger bekannt. Im Oktober 1838 meldete der Prüfeninger Pfarrer, das Chorgewölbe sei so ruinös, dass der Priester am Hochaltar nicht mehr zelebrieren könne, da Mörtelstücke herunterfielen und sich ein Riss durch das Gewölbe ziehe.[40] Zunächst beschränkten sich die Maßnahmen auf das Verschließen der Risse.[41]

1863 wurde die Regierung erneut auf Längsrisse im Gewölbe aufmerksam gemacht, die an vielen Stellen von den Wänden abstünden.[42] Die um eine Stellungnahme hierzu aufgeforderte Bauinspektion reagierte gelassen: Die fraglichen Sprünge bestünden schon seit dem Einbau der Gewölbe in Lang- und Querhaus (1608) anstelle der ursprünglichen Kassettendecken. Es habe sich in letzter Zeit „keine merkliche und gefahrdrohende Veränderung an dem Zustand“ gezeigt.[43]

Im Sommer 1869 ordnete die Regierung die Entfernung von Bauschutt auf dem Gewölbe über der Treppe zum Oratorium[44] an, da man diesen Missstand als Ursache für die Risse in den Seitenwänden ansah.[45] Dies zeigt, dass die statischen Probleme in der Prüfeninger Kirche bekannt waren. Die Baubehörde beunruhigten sie aber nicht. Erst ein Schreiben des neuen Regensburger Landbauamtes alarmierte die Behörden.[46] Vorstand Anton Harrer (1872–79)[47] hatte wegen der verschiedenen Mauer- und Gewölberisse die Kirche „in allen Theilen eingesehen und sorgfältigst untersucht“. Sein Gutachten schließt mit dem Satz: „Der Zustand des schönen Bauwerkes ist zwar [...] im Augenblick nicht gefährlich, aber die Erscheinungen an demselben geben zu erheblichen Bedenken Veranlassung.“[48] Zur „Vermeidung von Unglücksfällen“ ordnete die Regierung die Anbringung eines Hängegerüstes im Gewölbescheitel und die Entnahme lockerer Putzteile sowie das Verschließen und Verputzen der Risse an. Das Landbauamt wurde aufgefordert, „periodisch Nachsicht zu pflegen“.[49] Die Rissbeobachtungen sollten fortgesetzt und auch Gewölbe und Fundamente untersucht werden. Bauamtmann Harrer vermutete, dass der spätere Einbau der Gewölbe die Risse verursacht habe.[50] In seinem Bericht vom 1. Juni 1874 schlussfolgerte er daher, dass zum Erhalt der Hauptmauern der Kirche langfristig an die Beseitigung der Gewölbe im Hauptschiff gedacht werden müsse.[51] Die Regierung widersprach und gab zu bedenken, dass eine Entfernung des Gewölbes im Hochbau und dessen Ersatz durch eine flache Holzdecke mit großen Kosten verbunden wäre, denn mit Herausnahme der Gewölbe wäre die alte Basilika „noch lange nicht wieder hergestellt“. Die gesamte innere Einrichtung hätte mit hölzerner Decke bei Feuergefahr geringeren Schutz als zuvor. Das Bischöfliche Ordinariat bezeichnete die bestehenden Deckengemälde in kirchlicher Beziehung als „äußerst wichtig, ja als Unica im ganzen Occident, indem das hier dargestellte Martyrium des Hl. Georg sich in keiner abendländischen Kirche vorfinde“.[52]

---

23 Skizze, vgl. ebd.
24 Skizze, vgl. ebd.
25 Aus einem mit Schienen und Draht verstärkten, eingerollten Traufblech, Skizze, vgl. ebd.
26 21. August 1867, von Stokar/Kgl. Baubehörde Rgb I Nr. 463 an RegOpfuR KdI.
27 Am 22. Mai 1869, von Stokar/Kgl. Baubehörde Rgb I Nr. 232 an Reg OpfuR KdI, Vorlage der gewünschten Unterlagen für die Brandschutzmaßnahme. Kostenanschlag über die Herstellung einer Feuermauer. – Am 29. Mai 1869, (RE) RegOpfuR KdI Nr. 13 416 an Kgl. Baubehörde Rgb I, wird Baubehörde angewiesen, die Maßnahmen schnellstmöglich ausführen zu lassen (zu festgestellten Kosten von 235 fl).
28 41,4 bis 54 cm (1 Zoll entspricht einem Längenmaß zwischen 2,3 und 3 cm).
29 6. März 1869, Ziegler (Verweser)/Kgl. Baubehörde Rgb I Nr. 110 an RegOpfuR KdI, betr. Blitzableiter.
30 10. März 1865, Kgl. Baubehörde Rgb I, Protokoll über die Verakkordierung der Arbeiten bei Verbesserung der Wasserableitung an der Umfassung der Pfarrkirche zu Prüfening (Maurermeister Mayer), mit Kostenanschlag vom 10. März 1865 (500 f).
31 Zum Beispiel der östliche Kreuzgangflügel, Kapitelsaal, Marienkapelle und Teile der Konventsbauten, vgl. Morsbach 2010, hier S. 67.
32 7. Dezember 1819, Popp/Kgl. Landbauinspektion Nr. 68 an RegRegkr KdF, Landbauinspektionsbericht, ADbhR, Lba, Pfarrkirche Prüfening 1820–1910. – 6. Januar 1820, Popp/Kgl. Landbau-Inspektion des Regenkreises Nr. 81 an das Patrimonial-Gericht zu Prüfening.
33 31. Januar 1842, Oertel/Kgl. Bauinspektion Rgb ad Nr. 491 an RegRegkr KdI.
34 Außerdem sollten Dachrinnen auf der Nordseite ergänzt und einige Sparren der Dachung des nördlichen Seitenschiffes repariert sowie das Dachgesims ergänzt werden (3), die Mauer auf der Nordseite in Ordnung gebracht (1) und das Hauptgesims an der Westfassade (2) instand gesetzt werden, vgl. 16. Februar 1863, RegOpfuR KdI Nr. 10759 an Kgl. Baubehörde Rgb I.
35 27. März 1863, RegOpfuR KdI Nr. 17321 an Kgl. Baubehörde Rgb I.
36 10. März 1865, von Stokar/Kgl. Baubehörde Rgb I und Maurermeister Mayer, Protokoll über die Verakkordierung der Arbeiten bei Verbesserung der Wasserableitung an der Umfassung der Pfarrkirche zu Prüfening; – von Stokar/Kgl. Baubehörde Rgb I, Kostenanschlag gemäß RE Nr. 17321 vom 27. März 1865 (500 f).
37 13. April 1863, RegOpfuR KdI Nr. 18663 an Kgl. Baubehörde Rgb I. – 26. April 1863, von Stokar/Kgl. Baubehörde Rgb I Nr. 436 an RegOpfuR KdI (Kostenanschlag Lüftungsklappen).
38 16. Februar 1863, RegOpfuR KdI Nr. 10759 an Kgl. Baubehörde Rgb I.
39 Pläne zum Verlauf der Entwässerungsleitungen und Kanäle im Akt (Lba, Pfarrkirche Prüfening 1820–1910).
40 17. Oktober 1838, Pfarrer Wolfgang Seidl/Kath. Pfarramt Prüfening an Kgl. Bauinspektion Rgb.
41 Laut einer Randnotiz von Landbauinspektor Mayer/Kgl. Bauinspektion, ebd.
42 Schreiben des bischöflichen Visitationskommissärs, vgl. 13. April 1863, RegOpfuR KdI Nr. 18663 an Kgl. Baubehörde Rgb I.
43 24. April 1863, Kgl. Baubehörde Rgb I Nr. 436 an RegOpfuR KdI.
44 Unklar ist allerdings, um welchen Gewölbeabschnitt es sich handelte.
45 9. Juni 1869, (RE) RegOpfuR KdI Nr. 14569 an Kgl. Baubehörde Rgb I. – 15. Juli 1869, Kgl. Baubehörde Rgb I Nr. 279 an RegOpfuR KdI (Rückseite): Die Arbeiten wurden ausgeführt (36 f 36 x).
46 Aufgrund eines Hinweises seines Vorgängers, des Leiters der Baubehörde Regensburg I, Karl von Stokar.
47 Der in Landshut geborene Anton Harrer (1817–85) hatte als Architekt und bayerischer Bauamtmann zum Zeitpunkt seines Amtsantritts schon zahlreiche historistische Bauten im Stil der Neuromanik, der Neugotik und der Neorenaissance errichtet.
48 30. September 1872, Bauamtmann Anton Harrer/Königliches Landbauamt Regensburg (künftig: LbaR) an RegOpfuR KdI.
49 1. Oktober 1872, RegOpfuR KdI Nr. 23477 an LbaR.
50 30. September 1872, Harrer/LbaR an RegOpfuR KdI.
51 1. Juni 1874, Harrer/LbaR Nr. 938 an RegOpfuR KdI.
52 9. September 1874, Brenner/RegOpfuR KdI Nr. 11966 (12 Seiten) an LbaR.

Offenbar unterbreitete Bauamtmann Harrer der Regierung noch weitere Vorschläge zur Rückführung der Kirche in ihren ursprünglichen Bauzustand. Dies lehnte die Regierung umgehend als undurchführbar ab.[53] Anton Harrer wurde von der Regierung angewiesen, Fundamentuntersuchungen vornehmen zu lassen und unter Eingabe der nötigen Pläne wieder zu berichten, wie tief die Fundamente gegründet seien und ob sie sich infolge der Mehrbelastung durch den Gewölbeeinbau gesenkt hätten.[54] Am 9. Januar 1875 teilte der Bauamtmann mit, dass er durch Aushebung mehrerer Schürfgruben an den Außenmauern der beiden Seitenschiffe die Fundamente untersucht habe. Diese stünden bis 2 m tief auf ganz trockenem hartem Sandboden.[55] Die Regierung nahm dieses Resultat mit Erleichterung auf:[56] Wegen der ursprünglich guten Beschaffenheit der Fundamente sei eine Bewegung oder Absenkung des Umfassungsmauerwerks durch die Gewölbe in vertikaler Richtung nun nicht mehr zu befürchten. Da sich auch eine Wiederöffnung der Scheitelrisse am Gewölbeverputz nicht gezeigt und auch die früher erhobenen Abweichungen der Umfassungsmauern von der Senkrechten konstant geblieben seien, könne man sich künftig auf ein Beobachten der Risse beschränken.[57]

Als Ursache für einen Riss im Scheidbogen zwischen Kirchenschiff und Vierung wurde die Lasteinleitung aus einer provisorischen Abstützung des diagonal über die Vierung geführten Dachbinders ermittelt, der im Auflagebereich schadhaft war.[58] Abhilfe brachte erst der Einbau einer „Diagonalversteifung" im Jahr 1883.[59]

Maßnahmen im Innern

Die Pfarrgemeinde von Prüfening, die ab 1806 die ehemalige Klosterkirche als Pfarrkirche nutzte, beließ den Kirchenraum weitgehend so, wie sie ihn von den Mönchen übernommen hatte. Sie war finanziell nicht in der Lage, größere Veränderungen vorzunehmen. Die staatliche Baupflicht deckte nur die Maßnahmen am Außen- und Innenbau der Kirche ab.[60] Für liturgische Bedürfnisse und die Ausstattung war der „Cultusregiefond" zuständig. Ausnahmsweise übernahm der Staat 1822 und 1852 die Kosten für Reparatur und Umbau der Orgel.[61]

Immer wieder wurden Wünsche nach einer Aufwertung des Innenraums an die Königliche Bauverwaltung herangetragen. Im Frühjahr 1836 wurden Pflasterreparaturen vor den Seitenwänden der Vorhalle ausgeführt.[62] Um die Restaurierung der geschädigten Altargemälde finanzieren zu können, beantragte Pfarrprovisor Priester Nikolaus Iberer 1841 eine Genehmigung für den beabsichtigten Verkauf des „entbehrlich gewordenen" schmiedeeisernen Chorgitters, das in der Barockzeit zur Abgrenzung gegen das Kirchenschiff eingesetzt worden war.[63] Ein großes Anliegen war der Kirchengemeinde die Tünchung der Raumschale. Im Juli 1858 wurden von Seiten der Kirche Staub und Spinnweben an den Gewölben beanstandet. An den gefelderten Brüstungen der westlichen Empore und der Oratorien blätterte die Farbe ab. Der Zustand der inneren westlichen Kirchentür war „des Gotteshauses unwürdig".[64]

Zwar waren bereits 1863 die ersten Kostenangebote für eine Innenrenovierung eingeholt worden, doch mussten eine Reinigung und Tünchung der Raumschale und eine Restaurierung der barocken Deckengemälde wegen dringenderer Maßnahmen mehrmals verschoben werden. Erst 1885 kam die Innenrenovierung in Gang. Die Bezirksregierung in Stadtamhof war bereit, die Restaurierung der Prüfeninger Kirche „nach allen Kräften" zu unterstützen. Die Notwendigkeit der „Restauration" sei „notorisch" und stehe „aktenmäßig außer Zweifel".[65] Es müsse jedoch zuvor die Stabilität der Mauern und des Gewölbes erwiesen und die „Versteifung" erfolgreich verlaufen sein.[66] Bauamtmann Karl Ziegler (1879–91) teilte der Bezirksregierung am 31. März 1885 mit, die Stabilität der Gewölbe sei durch die 1883 vorgenommenen „Verbesserungen am Dachstuhl über dem Presbyterium" nun „vollkommen gesichert"; eine weitere Setzung der Fundamente habe nicht stattgefunden. Die verputzten Risse der Gewölbe des Langhauses seien nicht wieder „aufgesprungen". Es bestehe daher kein Hindernis mehr, die Restaurierung der Deckengemälde vorzunehmen.[67] 1886 wurden die Raumschale geweißt und die Deckengemälde restauriert.[68] Bei dieser Gelegenheit sollten die abgebauten Altäre nach Abschluss der Malerarbeiten mit weniger tiefen Mensen wiederaufgebaut werden.[69] Im Langhaus wurden 22 im Boden liegende und als störend empfundene Grabplatten aus dem Pflaster herausgelöst und an den Seitenwänden aufgestellt.[70]

Die als besonders wertvoll erkannte Grabplatte des sel. Abtes Erminold († 1121)[71], die seit der Barockzeit in der Wand des südlichen Seitenschiffes[72] eingelassen war, sollte an ihren ursprünglichen zentralen Platz vor dem Hochchor versetzt werden.[73] Die Platte mit der vollplastisch ausgeführten überlebensgroßen Figur des Abtes Erminold war anlässlich seiner Seligsprechung 1283 von dem damaligen Prüfeninger Abt Ulrich in Auftrag gegeben worden. 1707 fanden die Hebung seiner Gebeine und die Beisetzung der Reliquien unter dem Hochaltar statt.[74] 1886 ließ die Pfarrei eine „stylgerechte Tumba" in weißem Kalkstein anfertigen.[75] Diese bestand aus einem rechteckigen Mittelpfeiler und vier Ecksäulchen, auf die man die Grabplatte bettete.[76] Die Rückversetzung des Erminoldgrabmals ins Zentrum der Kirche entsprach dem Wunsch nach einer sehenswürdigen Präsentation des bildhauerisch herausragenden Kunstwerks aus der Frühzeit des Klosters.[77] Nur ein Jahrzehnt später wurde die Reromanisierung der Kirche betrieben und mit konkreten Maßnahmen eingeleitet.

Wiedergewinnung der romanischen Klosterkirche

Freilegung der romanischen Wandmalereien und Neuausmalung des Hauptchores 1897–1901

Bereits 1874 waren am oberen Abschluss der Wände im Dachraum der Kirche Wandmalereien festgestellt worden.[78] Die Entdeckung eines Mäanderfrieses wurde aber zum damaligen Zeitpunkt nicht weiter beachtet. Erst als 1897 bei Putzreparaturen im Nordchor Malereireste zum Vorschein kamen, erregte dies plötzlich große Aufmerksamkeit. Bauamtmann Philipp Kremer (1891–99) ließ, nach Rücksprache mit Georg Hager, Konservator am Bayerischen Nationalmuseum, die Spuren von Wandmalerei an den Wänden weiterverfolgen und „bloßlegen".[79] Den Malereifunden maß man außerordentlich große Bedeutung bei. 1897/98 wurden in beiden Nebenchören Wände und Gewölbe von Putz- und Tünchschichten befreit und die bauzeitliche Oberfläche freigelegt.[80] Angeblich hatte auch das Kultusministerium Zuschüsse versprochen.[81] Im Juni 1898 wurden die Arbeiten im Hauptchor fortgesetzt. Hier war das Ergebnis weniger befriedigend, die Malereien nur fragmentarisch erhalten, da sie teilweise dem abgenommenen Putz anhafteten. Im Zuge der Freilegung der Malereien im Chorbereich wurde angeblich vom Kultusministerium bereits 1898 die vollständige Reromanisierung der Kirche als Ziel formuliert.[82] Um dem Kirchenraum wieder die nötige Würde zu verleihen, wurde daher von der Kirchengemeinde eine Restaurierung gefordert, die letztlich zu einer weitgehenden Neuausmalung führte. Diese von Konservator Hans Haggenmiller vom Generalkonservatorium geleiteten Arbeiten wurden 1901 abgeschlossen. 1915/16 wurden in den Nebenchören Konservierungsmaßnahmen an den freigelegten Malereien durch Konservator Josef Schmuderer vom Generalkonservatorium vorgenommen.[83]

Freilegung der romanischen Architektur auf der Nordseite 1898/99

Um die romanische Chorarchitektur auf der Nordseite zur Wirkung zu bringen, regte das Generalkonservatorium im Juni 1898 den Abbruch eines hölzernen Einbaus im westlichen Joch des nördlichen Nebenchores an. Das barockzeitliche Oratorium störe „in sehr unschöner Weise die malerische

53 Das Schreiben von Bauamtmann Harrer mit seinen Vorschlägen vom 10. September 1874 ist nicht im Akt, nur die Antwort der Regierung, vgl. 21. September 1874, Brenner/RegOpfuR Nr. 19364 an Harrer/LbaR.

54 21. September 1874, Brenner/RegOpfuR Nr. 19364 an Harrer/LbaR.

55 Randbemerkung: „falsch!", vgl. 9. Januar 1875, Harrer/LbaR (ad Nr. 11966 RE vom 16. Sept. 1874) an RegOpfuR KdI, Beilage: Mappe mit 7 Plänen.

56 25. Januar 1875, RegOpfuR KdI Nr. 784 an LbaR.

57 Die Ergebnisse der Rissbeobachtungen sind im Grundriss dokumentiert, vgl. Anhang Nr. 8.

58 9. September 1874, Brenner/RegOpfuR KdI Nr. 11966 an LbaR, Stellungnahme zum Gutachten Harrers vom 1. Juni 1874, S. 6 f.

59 8. Juni 1882, Ziegler/LbaR Nr. 690 an RegOpfuR KdI (186 M 5 Pfg.). – 31. März 1885, Ziegler/LbaR Nr. 456 an Bezirksamt Stadtamhof.

60 27. September 1858, Künsberg/RegOpfuR KdI Nr. 40441 an Kgl. Baubehörde Rgb I.

61 22. August 1822, Popp/Kgl. Landbauinspektion Rgb an RegRegkr KdF, Vertrag („Akkord") mit Orgelmacher Georg Adam von Wiesent. – 1852 Reparatur durch den Domorganisten J. Hanisch, vgl. 5. März 1852, Künsberg/RegOpfuR KdI Nr. 12715 an Kgl. Bauinspektion Rgb, betr. die Reparatur der Orgel in der Kloster- und Pfarrkirche zu Prüfening; Kostenanschlag des hiesigen Orgelbauers Anton Breil.

62 Auf Bitte des Bischöflichen Ordinariats, 29. März 1836, von Schenk/RegRegkr KdI an Kgl. Bauinspektion Rgb.

63 24. Oktober 1841, RegOpfuR KdI ad Nr. 2221 an Kgl. Bauinspektion Rgb, betr. die „Restauration" der Altargemälde.

64 30. Juli 1858, Pfarrer G. Schmidt/Kath. Pfarramt Prüfening an Kgl. Baubehörde Rgb I; Reparatur oder Erneuerung wurde durch den Etat pro 1859/60 beantragt. – Auch einige Altarbilder waren restaurierungsbedürftig, vgl. 30. Juli 1858, Pfarrer G. Schmidt/Kath. Pfarramt Prüfening an Kgl. Baubehörde Rgb I. – Die Reinigung der Gewölbe war jedoch nicht über den LBU-Etat finanzierbar, vgl. 25. September 1858, Denzinger/Kgl. Baubehörde Rgb I an RegOpfuR KdI.

65 18. März 1885, kgl. Regierungsrat Mund/Kgl. Bezirksamt Stadtamhof Nr. 1078 an LbaR.

66 Ebd.

67 31. März 1885, Ziegler/LbaR Nr. 456 an Kgl. Bezirksamt Stadtamhof.

68 Für die Restaurierung der Deckengemälde war ein Zuschuss von 350.000 RM aus der Kreisbaureserve genehmigt worden.

69 14. Juli 1886, Ziegler/LbaR an RegOpfuR KdI, Altäre bzw. Altargemälde betreffend.

70 Zunächst war die Herausnahme von nur zwölf Grabplatten aus dem Bodenpflaster geplant, das aufgerissene Pflaster wurde an den betreffenden Stellen ergänzt, vgl. 20. Juli 1886, RegOpfuR KdI Nr. 11074 an LbaR.

71 Fuchs 2009, S. 47–49.

72 Fuchs 2009, S. 47.

73 In der Mittelachse des Langhauses, im ersten Joch des Mittelschiffes von Osten.

74 Fuchs 2009, S. 47.

75 Aus einem Schreiben des Vorstandes der Kirchenverwaltung geht hervor, dass für die Herstellung der Tumba zunächst „eine ältere steinerne Tumba als Geschenk in Aussicht stand. Nachdem dieses nicht sich rentierte, mußte aus weißem Kalkstein eine neue stylgerechte Tumba angefertigt werden" (zu 180 M, statt 40 M), vgl. 15. April 1887, Wissmuth/Vorstand der Kath. Kirchenverwaltung an LbaR; 20. Juli 1886, RegOpfuR KdI Nr. 11074 an LbaR.

76 Hinweise auf das Aussehen der Tumba gibt die Aufmaßzeichnung von Friedrich Karl Weysser von 1901 (Grundriss), in: Hallinger 2008, S. 62, Abb. 6; vgl. auch Hubel 1974, S. 186: Die „Tumba" wurde später – wohl 1951 – durch den heutigen gemauerten und verputzten Unterbau ersetzt.

77 Zur besseren Lesbarkeit wurde die ursprünglich am Rand aufgemalte Inschrift in den originalen Stein eingemeißelt, vgl. Fuchs 2009, S. 47.

78 Es wurde bemerkt, dass „im Dachraum über den neuen Gewölben [...] sich überall sichtbar Überreste romanischer Ornamente" zeigten, vgl. 9. September 1874, Brenner/RegOpfuR KdI Nr. 11966 an LbaR, S. 3.

79 23. Juli 1897, Philipp Kremer/LbaR Nr. 2124 an RegOpfuR KdI. – Hallinger 2008, S. 59.

80 Hallinger 2008.

81 Mertens 2010, S. 71.

82 Ebd.

83 19. November 1915, Hager/Generalkonservatorium Exp. Nr. 2052 an LbaR.

Arkadenstellung" zwischen dem Hauptchor und dem nördlichen Nebenchor.[84] Außerdem unterbreche es die romanische Wandmalerei und den Blick auf die bereits aufgedeckten romanischen Wandmalereien am Gewölbe.[85] Aus dem Antrag des Generalkonservatoriums geht hervor, dass das Oratorium „nur aus einem einzigen Gewölbejoch" bestand, das unter dem alten romanischen Gewölbe eingezogen war, „einem daraufgelegten Fußboden und zwei Brüstungen". Es habe keinen Zugang mehr und könne nur mittels einer hohen Leiter, die zu diesem Zwecke eigens aufgestellt werden müsse, erstiegen werden. Gerechtfertigt erscheine seine Entfernung auch dadurch, dass das Oratorium seit der Klosteraufhebung „vollständig zwecklos" sei und „nicht den mindesten Kunstwert" habe.[86] Die Abtragung des Oratoriums im nördlichen Nebenchor wurde durch das Ministerium am 21. Juni 1898 genehmigt[87] und im gleichen Jahr ausgeführt.[88] Nach Abbruch des Gewölbes mussten Mauer- und Putzschäden beseitigt und die zur Auflagerung des Gewölbes ausgebrochenen Quader der Wandvorlagen ergänzt werden. Zur Wiederherstellung des vermauerten und nun freigelegten Zwillingsfensters (Biforium) in der Südwand des Nordchores war „ein Zwischengeländer im südlichen Arkadenbogen neu anzufertigen".[89]

Öffnung der Arkade im Nordquerhaus 1899

Die Freilegung des Nordchores gab den Befürwortern einer Rückführung der Kirche auf die romanische Architektur weiteren Auftrieb. Nur zwei Monate später, im August 1898, sprach sich Konservator Haggenmiller für die Wiederherstellung des freien Durchblicks vom nördlichen Seitenschiff zum Nordchor aus.[90] Die Öffnung einer vermauerten Arkade in der Ostwand und einer durch einen Altar verstellten Arkade in der Westwand des Querhauses sollte den freien Blick aus dem nördlichen Seitenschiff durch das Querhaus hindurch in den Nebenchor ermöglichen.[91] Die hierfür notwendige Transferierung eines Altars fand 1899 statt.[92] Auf der Südseite war durch die Verbauung des Südquerhauses mit Sakristei und Psallier- bzw. Mönchschor eine Freilegung der romanischen Architektur zunächst kein Thema. Sie war bereits durch das Generalkonservatorium 1898 ausgeschlossen worden.[93] Jedoch signalisierte die 1898 von der Pfarrei vorgenommene Transferierung des Chorgestühls[94] in die Vierung, dass man dieses Vorhaben nicht so ohne weiteres aufgeben wollte.

Nicht genehmigte Planungen 1905–10

Erste Planung (1904/05) zur Verlegung der Sakristei

Das Fürstenhaus Thurn und Taxis[95], das 1899 das Schlossareal als Sommersitz erworben hatte, plante 1904 im Bereich des 1804 abgebrochenen östlichen Kreuzgangflügels einen Neubau. Das Gebäude sollte bis auf sechs Meter Abstand an das Südquerhaus der Kirche heranreichen. Bauamtmann Friedrich Niedermayer (1899–1909) sah nun eine Möglichkeit, im Bereich dieses Zwischenraums einen Anbau an das südliche Querhaus zu errichten, in den Sakristei und Mönchs- bzw. Psallierchor hätten verlegt werden können. Damit wäre auch einer Freilegung des Südchores nichts mehr im Wege gestanden. Jedoch wurde die von Georg Hager spontan als „sympathisch" bewertete Maßnahme im Juni 1905 per Ministerialentscheid abgelehnt.

Zweite Planung (1905) zur Verlegung des Dachbodenzugangs im Südchor (I), zur Reromanisierung der Kirche (II) und zur Außeninstandsetzung (III)

Noch bevor über dieses Vorhaben eine endgültige Entscheidung gefallen war, legte Bauamtmann Niedermayer im Januar 1905[96] eine zweite Planung vor. Das Projekt sollte, im Anschluss an das erste, in drei Bauabschnitten durchgeführt werden: Es umfasste erstens die Verlegung und Verbesserung des Dachbodenzugangs aus dem Südchor. Das Landbauamt verfolgte diese Maßnahme als vordringlich, obwohl das Generalkonservatorium sich bereits 1898 gegen eine Freilegung des Südchores ausgesprochen hatte.[97]

Zweitens war eine – angeblich vom Generalkonservatorium 1904 angeregte – Rückführung der Kirche „in die romanische Ausgestaltung" durch Abbruch der Gewölbe in den drei Schiffen und im Querhaus und die Wiederherstellung der bauzeitlichen Holzdecken vorgesehen; außerdem die Rückführung der Fenster auf den romanischen Bauzustand.[98] Da die geplanten Fensterausbrüche und -vermauerungen auch den Außenbau betroffen hätten, schloss Niedermayers Planung drittens eine Außeninstandsetzung mit ein. Der Plan des Rückbaus der Kirche auf ihren romanischen Bauzustand wurde jedoch nicht genehmigt.[99]

Nach Ablehnung der ersten Planung von 1904/05 und des zweiten Teils der Planung von 1905 reduzierte Niedermayer sein zweites Projekt auf die Teile I und III. Nachdem das Generalkonservatorium einer Verlegung des Dachbodenzugangs und der Entfernung des Zwischengewölbes im Südchor (I) aus denkmalpflegerischen Gründen nicht zugestimmt hatte,[100] wurde 1907 nur Teil III, die Außeninstandsetzung, genehmigt und von 1908–10 ausgeführt.[101]

Der Nachfolger von Bauamtmann Niedermayer, Carl Prandtl (1909–20), startete einen weiteren vergeblichen Versuch, die Freilegung des Südchores durchzusetzen: Zwar könne von einer zwingenden Veranlassung nicht gesprochen werden, so Prandtl 1910, doch würde die Freilegung des südlichen Nebenchores „den Wünschen der meisten Kunstfreunde entgegen kommen, denen die spätere, für die jetzigen Verhältnisse entbehrliche Zutat ein Dorn im Auge ist."[102]

Außeninstandsetzung – Freilegung des romanischen Mauerwerks 1907–10

Hand in Hand mit der Innenrestaurierung der Kirche sollte ursprünglich „im Interesse der Erhaltung des hochwichtigen Denkmals" eine Instandsetzung des Äußeren vorgenommen werden.[103] Obwohl diese Außeninstandsetzung zunächst durch die Rekonstruktion der romanischen Fensteröffnungen und die dadurch bedingten Ausbrüche und Vermauerungen veranlasst war, wurde sie trotz des Wegfalls dieser Maßnahme als notwendig erachtet und zur Ausführung genehmigt.

An Türmen und Umfassungsmauern wurde der dem Mauerwerk noch zum größten Teil anhaftende Kalkputz abgeschlagen und das Mauerwerk auf Sicht freigelegt. Die Mörtelfugen wurden ausgekratzt und mit Portlandzement neu verfugt.[104] Nur Hauptchor und Nebenchöre, Südquerhausgiebel, Treppenhausgiebel (ehemalige Alexiuskapelle) und nördlicher Kapellenanbau behielten den ursprünglichen Putz, der ergänzt und mit wetterfester Farbe gestrichen wurde.[105] Am nördlichen Querhausgiebel bestand eine Bruchsteinaufmauerung, die im 17. Jahrhundert zur Gewinnung einer steileren Dachfläche aufgebracht worden war. Diese wurde aus ästhetischen Gründen durch regelmäßiges Quadermauerwerk ersetzt.

Zusammenfassung

Sechzehn Jahre nach der Aufhebung des Klosters Prüfening übernahm die staatliche Bauverwaltung die Baupflicht an der ehemaligen Klosterkirche St. Georg. Zunächst stand die gewöhnliche Instandhaltung des Kirchengebäudes im Vordergrund. Nach der Jahrhundertmitte wurde aus Gründen des Brandschutzes eine bauliche Trennung von Kirche und Klostergebäuden notwenig. Wegen Besitzüberschneidungen war auch die Zuständigkeit für den Bauunterhalt zwischen der Gutsherrschaft und dem bayerischen Staat neu zu regeln. Schrittweise wurden die Ursachen schädigender Mauerfeuchte und umfangreicher Gewölbe- und Mauerrisse erkundet, Pläne angefertigt und erste Maßnahmen getroffen, um diese zu beheben. In den frühen 1880er Jahren wurde eine seitens der Kirche seit Jahrzehnten geforderte Innenrestaurierung durchgeführt, die neben der Tünchung der Raumschale auch die Restaurierung der barocken Deckengemälde und eine Translozierung des berühmten Erminoldgrabmals umfasste.

Bereits ab den 1870er Jahren regte der Vorstand des Königlichen Landbauamtes eine Reromanisierung des durch nachmittelalterliche Veränderungen geprägten Kirchenraums an. Die Vorschläge wurden von der Regierung strikt

84 10. Juni 1898, Schmid, Graf/Generalkonservatorium Exp. Nr. 648 an StminIKiuSchuA (Abschrift).

85 Ebd.

86 Ebd.

87 21. Juni 1898, StminIKiuSchuA an RegOpfuR KdI (Abschrift Nr. 9926).

88 Die Arbeiten wurden aus Etatmitteln des Landbauamtes bestritten, vgl. 12. November 1898, Kremer/LbaR Nr. 2708 an RegOpfuR KdI.

89 Mit „Zwischengeländer" war das Säulchen des Biforiums, d. h. des Zwillingsfensters gemeint; die Kosten der Maßnahme betrugen insg. 557,– M, einschl. der Kosten für Einrüsten des nördlichen Nebenchores und des Hauptchores, vgl. ebd. (Anm. 88).

90 8. August 1898, Konservator Haggenmiller an das Generalkonservatorium (Abschrift).

91 Durch die Wiedereröffnung der nördlichen Arkade würde auch der große, im ersten Joch der Nordwand stehende Seitenaltar besser zur Geltung kommen, vgl. ebd.

92 2. Oktober 1899, Niedermayer/LbaR Nr. 2750 an Generalkonservatorium.

93 8. August 1898, Konservator Haggenmiller an das Generalkonservatorium (Abschrift).

94 Tausch 2010, hier S. 52.

95 Nach dem Tod von Alexander Freiherr van Zuylen (1804–70) war dessen Bruder, François Guislain Freiherr van Zuylen van Nyevelt (1835–1906), Gutsnachfolger geworden. Dieser verkaufte im April 1889 das Prüfeninger Gut an Fürst Albert I. von Thurn und Taxis, der das Schloss mit seiner Familie über viele Jahrzehnte als neue Sommerresidenz bewohnte, vgl. Styra 2009, hier S. 132.

96 1. eine Verlegung des Dachbodeneingangs (2.500,– M), 2. „Instandsetzungsarbeiten im Innern der Kirche" (17.000,– M) und 3. eine Außeninstandsetzung (5.500,– M) mit veranschlagten Gesamtkosten von 25.000,– M, vgl. Januar 1905, Niedermayer/LbaR, Projekt über Bauvornahmen in der Pfarrkirche zu Prüfening.

97 Das Generalkonservatorium sprach sich 1898 wegen der Benützung als Turmzugang gegen eine Abtragung des Zwischengewölbes im Südchor aus. Es empfahl lediglich die Verlegung bzw. Zurückversetzung der Brüstung dieses Oratoriums, „die jetzt unter dem Arkadenbogen bis in die Flucht der inneren südlichen Hauptchorwand vortrete", „in die äußere Flucht dieser Hauptchorwand" (als „ein wesentlicher Gewinn für die künstlerische Wirkung der Chorarchitektur" und die bessere Sichtbarkeit der hier aufgedeckten Wandmalereien), 10. Juni 1898, Schmid, Graf/Generalkonservatorium ad Nr. 648 an StminIKiuSchuA (Abschrift).

98 Zu Gesamtkosten von 17.000,– M.

99 Nach Hallinger 2008, S. 59: Wegen der Probleme mit den Malereien traten diese Pläne jedoch in den Hintergrund.

100 „Wie wir bis jetzt von irgend einer Restauration der Malereien in den beiden Nebenchören absichtlich Abstand genommen haben, um wenigstens einen Teil der romanischen Wandmalereien möglichst lange vollkommen unberührt der Forschung zu erhalten, so möchten wir auch die durch das Zwischengewölbe im südlichen Nebenchor gewährte bequeme Zugänglichkeit eines Bruchstückes dieser Malereien ohne dringenden Anlaß vorerst nicht beseitigt sehen.", vgl. 17. Mai 1907, Hager/Generalkonservatorium Nr. 60/ad Nr. 109899 an Stmin IKiuSchuA (Abschrift).

101 Leistungsverzeichnisse und Abrechnungen in den Bauakten des Landbauamtes.

102 23. April 1910, Prandtl/LbaR an RegOpfuR KdI. – Georg Hager äußerte sich dazu erneut ablehnend und sprach sich „für möglichst langes Belassen des Einbaus" aus: „Wir können uns auch jetzt nicht entschließen, der Beseitigung zuzustimmen.", vgl. 19. Mai 1910, Hager, Angermair/Generalkonservatorium Nr. 1742 an LbaR.

103 Januar 1907, Niedermayer/LbaR, „Kostenanschlag (II) über Instandsetzung der Thürme und Fassaden der Pfarrkirche Prüfening (Kosten: bei der Prüfung auf 5.800,– M festgesetzt)".

104 Türme und Fassaden waren von ihrem Kalkputz „vollständig zu befreien", die Fugen durchgehend 1,5 cm aufzumachen und mit Portlandzementmörtel „nach vorheriger Anfeuchtung zu sättigen", vgl. Oktober 1908, Niedermayer/LbaR, Leistungsverzeichnis über die Instandsetzungsarbeiten der Umfassungen in der Pfarrkirche zu Prüfening.

105 Auch die beschädigten profilierten steinernen Dachgesimse wurden repariert und getüncht. Wegen der vorhandenen Gerüste wurden auch die Dächer und Dachbekrönungen instand gesetzt.

abgelehnt. Erst nach der Freilegung der romanischen Wandmalereien in den Chören 1897/98 löste der Gedanke auch auf höherer Ebene, in Regierung, Kultusministerium und beim Generalkonservatorium, Zustimmung aus. Als Verfechter der Idee einer Rückführung des Baus auf seinen romanischen Bauzustand traten die Bauamtmänner Anton Harrer, Philipp Kremer, Friedrich Niedermayer und Carl Prandtl auf. Als Architekten waren sie durchweg Anhänger des stilgerechten historischen Bauens. Sie vertraten einen freien, schöpferischen Umgang mit dem historischen Baudenkmal, der vor allem dem Zeitgeschmack verpflichtet war. Über die eigentliche Aufgabe des Bauerhalts, der Baupflege und Instandsetzung des Kirchengebäudes gingen diese um die Jahrhundertwende verfolgten Projekte weit hinaus.

Anhang: Pläne der Königlichen Bauverwaltung 1833–75

Beamte und Mitarbeiter der Königlichen Bauverwaltung Regensburg fertigten im Zuge ihrer Arbeit verschiedene Pläne des Prüfeninger Kirchengebäudes bzw. einzelner Gebäudeteile an. Diese wurden als Arbeitsgrundlage für den Bauunterhalt, als Inventarpläne zur Regelung der Baupflichtverhältnisse mit der Gutsherrschaft und zur Veranschaulichung der Besitzgrenzen zwischen Kirche und Schloss benötigt. Ein kompletter Plansatz mit Grundriss, Ansichten und Schnitten der Kirche entstand 1872–75. Nachfolgend wird eine Auswahl an Zeichnungen und Plänen, thematisch und in chronologischer Reihenfolge geordnet, vorgestellt (Abbildungen Nr. 1–14, siehe S. 122 ff.). Die Pläne befinden sich im Archiv der Staatlichen Dombauhütte Regensburg.

Dach über südlichem Seitenschiff und „Schlossgang"

Für den gewöhnlichen, von Maurern und Zimmerern durchgeführten Bauunterhalt waren im 19. Jahrhundert Pläne, selbst bei größeren Reparaturmaßnahmen, nicht nötig. Die Arbeiten wurden in Leistungsverzeichnissen genau beschrieben und vor Ort mit den Meistern besprochen.

An den Reparaturkosten für das untere südliche Dach war die Gutsherrschaft zur Hälfte beteiligt. Daher informiert eine Zeichnung über Lage, Größe und Konstruktion des Daches. Das Blatt enthält einen Situationsplan mit den Gebäudeumrissen und den Schnittachsen, einen Grundriss der Dachkonstruktion und einen Querschnitt gegen Osten durch Kirchenschiff und Kreuzgangflügel. Die Darstellungen sind nicht sehr präzise und maßgenau.

Nr. 1 (Abb. S. 122)
Dach über südlichem Seitenschiff und „Schlossgang"
Lageplan, Horizontalschnitt und Querschnitt gegen Osten
Kgl. Bauinspektion Rgb, Verfasser unbekannt
undatiert, um 1833
Feder auf Zeichenpapier
Blatt: H. 33,5 cm × B. 41,5 cm, einmal gefaltet
bezeichnet: Zeichnung von der Schindeldeckung an der Südseite der Kirche zu Prüfening
ADbhR, Mappe: Katasterpläne und Hausinventar, Pfarrkirche in Prüfening

Regelung der Baupflicht 1863, 1866

Für ein Rechtsgutachten und als Vertragsgrundlage für die Regelung des Baupflichtverhältnisses zwischen dem bayerischen Staat und der Gutsherrschaft waren Pläne erforderlich, aus denen die Besitzverhältnisse hervorgingen.[106] Die Regensburger Baubehörde legte diese Pläne am 9. April 1863 mit der Bemerkung vor, dass man sie später zu Katasterplänen zu ergänzen gedenke.[107]

Es handelt sich um drei Grundrisse des westlichen Langhauses und um einen Querschnitt durch den Kirchenvorbau gegen Westen, in denen auch die angrenzenden Schlossgebäude erfasst sind. Die originalen Pläne sind grau und rötlich mit Pinsel lavierte Federzeichnungen im Maßstab 1:100.[108] Sie sind rechts unten mit „Klein" signiert. In den Grundrissen ist – in gestrichelter Linie – der Schnittverlauf im jeweiligen Geschoss angegeben. Diese sind immer so gewählt, dass sie möglichst viele, für die Besitzverhältnisse relevante Informationen enthalten. In allen Plänen ist die Besitzzugehörigkeit der Gebäudeteile farblich kenntlich gemacht.

Nr. 2 (Abb. S. 123)
Südseitenschiff, westlicher Kirchenvorbau, Grundriss Erdgeschoss
Karl von Stokar/Kgl. Baubehörde Rgb I; signiert: „Klein"
undatiert, wohl 1863
Feder auf Zeichenkarton, laviert; Maßstab 1:100
Blatt: H. 41,5 cm × B. 34 cm, einmal gefaltet
bezeichnet: „Pfarrkirche zu Prüfening. Ein Theil des Grundrisses zu ebner Erde. Bemerkung: Grauroth sind die von der Kirchenstiftung benutzten und ihr gehörigen Flächen, Blaugrau sind die von Freyherrn von Zuylen benützten Flächen, so wie dessen Grundbesitz angelegt."
ADbhR, Mappe: Katasterpläne und Hausinventar, Pfarrkirche in Prüfening

Nr. 3 (Abb. S. 124)
Südseitenschiff und westlicher Kirchenvorbau, Grundriss zweites Geschoss
Karl von Stokar/Kgl. Baubehörde Rgb I
undatiert, wohl 1863
Feder auf Zeichenkarton, laviert; Maßstab 1:100
Blatt: H. 41,5 cm × B. 34 cm, einmal gefaltet
bezeichnet: „Pfarrkirche zu Prüfening. Ein Theil des Grundrisses in der Höhe des II. Stockwerkes der Vorhalle. Bemerkung: Es gielt dieselbe wie für den Grundriss des I. Stockwerkes"
ADbhR, Mappe: Katasterpläne und Hausinventar, Pfarrkirche in Prüfening

Nr. 4 (siehe S. 125)
Westlicher Kirchenvorbau, Teilgrundriss drittes Geschoss
Karl von Stokar/Kgl. Baubehörde Rgb I
undatiert, wohl 1863
Feder auf Zeichenkarton, laviert; Maßstab 1:100
Blatt: H. 20,8 cm × B. 34 cm
bezeichnet: „Pfarrkirche zu Prüfening. Ein Theil des Grundrisses in der Höhe des III. Stockwerkes der Vorhalle.“ Bemerkung: „Es gielt dieselbe wie für den Grundriss des I. Stockwerks“
ADbhR, Mappe: Katasterpläne und Hausinventar, Pfarrkirche in Prüfening

Nr. 5 (Abb. S. 126)
Querschnitt nach Westen
Karl von Stokar/Kgl. Baubehörde Rgb I, signiert „Klein“, undatiert, wohl 1863
Feder auf Zeichenkarton, laviert; Maßstab 1:100
Blatt: H. 42 cm × B. 34 cm
bezeichnet: „Pfarrkirche zu Prüfening. Querschnitte. Bemerkung: Es gielt dieselbe wie für den Grundriss des I. Stockwerks.“
Legende: x = Thüröffnung vom Kirchendachboden durch eine Dachabschlussmauer zum Dachboden des Freiherrn von Zuylenschen Wohnhauses; y = Einfache Verbindungsstiege; z = Schlupfloch im Vorhausdachboden zur Verbindung mit dem Dachboden obigen Wohnhauses
ADbhR, Mappe: Katasterpläne und Hausinventar, Pfarrkirche in Prüfening

Entwässerung 1863/65

Zur Planung einer 1865 ausgeführten Entwässerungsanlage außen um die Kirche fertigte die Regensburger Baubehörde im Frühjahr 1863 Pläne an:[109] Der Lageplan enthält einen Kirchengrundriss und Teile des Parks, der auf Nord- und Ostseite an die Kirche grenzt. Im Lageplan sind Verlauf und Lage der gepflasterten Entwässerungsgräben, Kanäle und Versitzgruben eingezeichnet; außerdem die Schnittlinien der Geländeprofile.

Das zweite Blatt enthält einen Längsschnitt und sechs Querschnitte bzw. Geländeprofile (A bis F) der Kirche. Auffällig sind die springenden Boden- bzw. Geländeniveaus im Innen- und Außenbereich. In den Schnitten sind auch die geplanten Kanäle und Versitzgruben erfasst.

Nr. 6 (Abb. S. 127)
Lageplan, Grundriss der Kirche
Karl von Stokar/Kgl. Baubehörde Rgb I
Mai 1863
Feder auf Zeichenpapier, grau und grün laviert; Maßstab 1:250
Blatt: H. 42 cm × B. 29,52 cm [urspr. 33,3 cm] (das Blatt wurde später in der Breite nachträglich beschnitten, Zirkeleinstiche, Eintragung von Maßen in Bleistift)
bezeichnet: „Project zur Entfeuchtung der Kirche zu Prüfening. Situation“
ADbhR, Mappe: Katasterpläne und Hausinventar, Pfarrkirche in Prüfening

Nr. 7 (Abb. S. 128)
Geländeschnitte und Längsschnitt durch die Kirche
Karl von Stokar/Kgl. Baubehörde Rgb I, signiert: „Klein“
Mai 1863
Feder auf Zeichenkarton, grau und grün laviert; Maßstab 1:250
Blatt: H. 42 cm × B. 33,3 cm, einmal gefaltet
bezeichnet: „Project zur Entfeuchtung der Kirche zu Prüfening. Profile“
ADbhR, Mappe: Katasterpläne und Hausinventar, Pfarrkirche in Prüfening

Bestands- oder Inventarpläne 1875

Am 9. Januar 1875 legte das Regensburger Landbauamt der Regierung den angeforderten Plansatz vor:[110] ein Grundriss, zwei Ansichten, ein Längsschnitt und drei Querschnitte der Prüfeninger Pfarrkirche. Die Blätter sind ohne Datum, tragen den Stempel des Landbauamtes und sind von Bauamtmann Anton Harrer (1872–79) signiert. Die Zeichnungen scheinen jedoch nicht aus einer Hand zu sein. Die Regierung monierte Maßungenauigkeiten und kleinere formale Mängel.[111]

Der Grundriss (Blatt 1) gibt eine Übersicht über die Schnittverläufe. Es sind neben Hauptmauern, Pfeilern und Gewölben auch die Standorte der Altäre, der Kanzel und des Laiengestühls angegeben; außerdem die Ergebnisse der zwischen 1872 und 1874 gemessenen Mauerbewegungen („Überhänge der Mauern aus der Senkrechten“).

Der Querschnitt des Langhauses nach Westen (Blatt 2) verläuft durch den nördlichen Kapellenanbau (St. Michael) und das 3. Joch (von Westen) sowie den südlich angebauten Schlossgang. Vom Innenraum sind die westliche Emporenbrüstung und das innere Westportal in der Ansicht dargestellt.

Der Plan schneidet die Dachwerke des Langhauses, des Schlossgangs und des westlichen Schlossgebäudes. Dargestellt ist der Giebel der barocken Westfassade, während vom Dach über dem Kirchenvorbau nur die Dachlinie angedeutet ist.

106 16. März 1863, RegOpfuR Nr. 15018 an Kgl. Baubehörde Rgb I.
107 9. April 1863, von Stokar/Kgl. Baubehörde Rgb I an RegOpfuR KdI mit 7 Beilagen.
108 Drei Kopien dieser (Inventar-)Pläne entstanden im Mai 1865 als Beilage zu den verschiedenen Vertragsausfertigungen, vgl. 16. Mai 1865, RegOpfuR KdI Nr. 20379 an Kgl. Baubehörde Rgb I.
109 Beilage von „2 Blätter Pläne“ zum Bericht vom 10. Mai 1863, von Stokar/Kgl. Baubehörde Rgb I Nr. 269 an RegOpfuR KdI.
110 9. Januar 1875, Harrer/LbaR (ad Nr. 11966 RE vom 16. September 1874) an RegOpfuR KdI, Beilage: Mappe mit 7 Plänen.
111 „Die Pläne werden noch einer Richtigstellung zu unterziehen sein, indem die beiden bezüglichen Schnitte weder unter sich, noch mit der Wirklichkeit zusammenstimmen; ferner bedarf theilweise die Bezifferung der Maßstäbe der Abänderung.“, vgl. 25. Januar 1875, Reg OpfuR KdI Nr. 784 an LbaR.

Im Querschnitt durch das Querhaus nach Osten (Blatt 3) ist im Bereich der Vierung der Blick in das Hauptchorpolygon frei. Im südlichen Querhausarm sind der Psallierchor und die Sakristei eingebaut. Die Ostwand des nördlichen Querhausarmes ist im unteren Bereich geschlossen. Dieser Bauzustand bestand bis 1898, bis zur Öffnung der vermauerten Arkade zum Nordchor. Im Querschnitt sind auch die Ansätze der Osttürme erfasst.

Im Querschnitt durch Choranlage und Türme nach Osten (Blatt 4) sind die besonderen Verhältnisse im Südchor nachvollziehbar: Der Südchor ist durch den späteren Einbau einer Zwischendecke geteilt. Von der südlich angebauten ehemaligen Alexiuskapelle, die als Treppenhaus dient, gelangt man in die obere Ebene des Südchores. Von hier führt eine hölzerne Treppe über einen Durchbruch im Gewölbe weiter in Turm und Dachboden. Auffällig ist, dass der Nordchor ohne Einbauten dargestellt ist. Zum Zeitpunkt der Planerstellung war dort ein Oratorium eingebaut. Auch das Biforium in der Südwand des nördlichen Nebenchores, das im Plan zu sehen ist, war 1874 noch vermauert. Der Planverfasser Harrer nahm im Plan einen Zustand vorweg, der erst 1898 erreicht war. Die Freilegung des Nordchores war lange vor der Ausführung geplant.

Im Längsschnitt nach Süden (Blatt 5) ist der im Südquerhausarm eingebaute Psallierchor mit der Sakristei im Unterbau dargestellt. Den westlichen Teil des Langhauses nimmt die Empore ein, zu der man vom Kirchenraum aus über einen eingehausten Treppenaufgang gelangt. Es gibt bzw. gab auch einen Zugang vom Korridor des westlichen Schlossgebäudes. Etwas östlich der Empore in der Obergadenwand ist ein Oratorium angebracht, das nur vom Schlossgang aus erreichbar war.

Die Ansicht von Osten (Blatt 6) zeigt den vornehmsten Teil der romanischen Basilika, mit ausladendem östlichem Querhaus, Osttürmen über den Nebenchören und Dreiapsidenschluss. Der polygonale Schluss des Hauptchores war erst 1608 unter Abt Johannes V. (1606–19) anstelle der halbrunden romanischen Apsis errichtet worden. In den Plan sind auch die beiden, erst 1869 an den Türmen installierten Blitzableiter eingezeichnet.

Auf der Ansicht von Westen (Blatt 7) ist die barocke Fassade des 1718–20 errichteten Kirchenvorbaus dargestellt. Hinter der Fassade verbirgt sich im Erdgeschoss die Kirchenvorhalle. Die beiden Geschosse darüber enthalten Wohnräume. Ursprünglich waren es die Gasträume für den kaiserlichen Prinzipal-Kommissar, Herzog Christian zu Sachsen-Zeitz, Kardinal und Erzbischof zu Gran, dessen steinernes Wappen über dem Hauptportal prangt.[112] Die dreiteilige, durch Kolossalpilaster gegliederte Front schließt mit einem geschweiften Giebel. Während in der zentralen Rundnische eine Georgsgruppe steht, bekrönen die Figuren des hl. Otto und des hl. Benedikt von Anton Neu die seitlichen Eckpostamente des Giebels. Die Ansätze der romanischen Osttürme überragen den Giebel der Westfassade. Sie sind durch einen feineren Federstrich von der Fassade abgesetzt.

112 Kunstdenkmäler 1914, hier S. 181.

Nr. 8 (Abb. S. 129)
Grundriss
Anton Harrer, LbaR
1874/75
Feder auf Zeichenpapier, laviert
Blatt: H. 86 cm × B. 60 cm; Maßstab 1:100
bezeichnet: Pfarrkirche in Prüfening. Blatt 1, Grundriss
ADbhR, Plansammlung, Pfarrkirche in Prüfening
Foto: BLfD, Michael Forstner, Nr. 110123-31

Nr. 9 (Abb. S. 130)
Querschnitt gegen Westen
Anton Harrer, LbaR
1874/75
Feder auf Zeichenpapier, laviert
Blatt: H. 86,4 cm × B. 62,5 cm; Maßstab 1:100
bezeichnet: Pfarrkirche in Prüfening. Blatt 2, Querschnitt nach der Linie a–b
ADbhR, Plansammlung, Pfarrkirche in Prüfening
Foto: BLfD, Michael Forstner, Nr. 110123-30

Nr. 10 (Abb. S. 130)
Querschnitt durch das Querhaus gegen Osten
Anton Harrer, LbaR
1874/75
Feder auf Zeichenpapier, laviert
Blatt: H. 87,5 cm × B. 62,5 cm; Maßstab 1:100
bezeichnet: Pfarrkirche in Prüfening. Blatt 3, Querschnitt nach der Linie c–d
ADbhR, Plansammlung, Pfarrkirche in Prüfening
Foto: BLfD, Michael Forstner, Nr. 110123-29

Nr. 11 (Abb. S. 131)
Querschnitt durch Chor und Türme nach Osten
Anton Harrer, LbaR
1874/75
Feder auf Zeichenpapier, grau laviert
Blatt: H. 87,3 cm × B. 60,7 cm; Maßstab 1:100
bezeichnet: Pfarrkirche in Prüfening. Blatt 4, Querschnitt nach der Linie g–h
ADbhR, Plansammlung, Pfarrkirche in Prüfening
Foto: BLfD, Michael Forstner, Nr. 110123-28

Nr. 12 (Abb. S. 132)
Längsschnitt nach Süden
Anton Harrer, LbaR
1874/75
Feder auf Zeichenpapier, laviert
Blatt: H. 85 cm × B. 60 cm; Maßstab 1:100
bezeichnet: Pfarrkirche in Prüfening. Blatt 5, Längenschnitt nach E–F
ADbhR, Plansammlung, Pfarrkirche in Prüfening
Foto: BLfD, Michael Forstner, Nr. 110123-27

Nr. 13 (Abb. S. 133)
Ostansicht
Anton Harrer, LbaR
1874/75
Feder auf Zeichenpapier, laviert

Blatt: H. 85,6 cm × B. 63,7 cm; Maßstab 1:100
bezeichnet: Pfarrkirche in Prüfening. Blatt 6, Ansicht gegen die Ostseite
ADbhR, Plansammlung, Pfarrkirche in Prüfening
Foto: BLfD, Michael Forstner, Nr. 110123-26

Nr. 14 (Abb. S. 134)
Westansicht
Anton Harrer, LbaR
1874/75
Feder auf Zeichenpapier, laviert
Blatt: H. 87,7 cm × B. 63,5 cm; Maßstab 1:100
bezeichnet: Pfarrkirche in Prüfening. Blatt 7, Westliche Ansicht
ADbhR, Plansammlung, Pfarrkirche in Prüfening
Foto: BLfD, Michael Forstner, Nr. 110123-25

Abkürzungen

ADbhR – Archiv der Staatlichen Dombauhütte Regensburg

Generalkonservatorium – Königliches Generalkonservatorium der Kunstdenkmale und Altertümer Bayerns

Kath. – Katholische, -es

Kgl. Baubehörde Rgb I – Königliche Baubehörde Regensburg I

Kgl. Bauinspektion Rgb – Königliche Bauinspektion Regensburg

LbaR – Königliches Landbauamt Regensburg

LBU-Etat – Landbau-Unterhaltungs-Etat

RE – Regierungsentscheid

RegOpfuR KdI – Regierung von Oberpfalz und Regensburg Kammer des Innern

RegRegkr KdF – Regierung des Regenkreises Kammer der Finanzen

RegRegkr KdI – Regierung des Regenkreises Kammer des Innern

StminIKiuSchuA – Bayerisches Staatsministerium des Innern für Kirchen- und Schulangelegenheiten

Literatur

900 Jahre Kloster Prüfening 2010 – *900 Jahre Kloster Prüfening. Kloster – Schloss – Schule.* Beiträge des 24. Regensburger Herbstsymposions für Kunst, Geschichte und Denkmalpflege vom 13.–15. November 2009, Regensburg 2010

Dallmeier 2010 – Dallmeier, Martin: *Die nachklösterliche Epoche. Das Fürstliche Schloss Prüfening bei Regensburg*, in: 900 Jahre Kloster Prüfening 2010, S. 35–41

Fuchs 2009 – Fuchs, Friedrich: *Zur Polychromie des Erminoldgrabmals und dessen computergestützter Simulation der Erstfassung*, in: Mönche, Künstler und Fürsten 2009, S. 47–49

Gerstl 2003 – Gerstl, Doris: *Prüfening – vom Kloster zum Schloss. Abt Rupert Kornmann und Freiherr Alexander von Vrints-Berberich*, in: Das Fürstentum Regensburg. Von der freien Reichsstadt zur bayerischen Kreishauptstadt. Beiträge des 17. Regensburger Herbstsymposions für Kunst, Geschichte und Denkmalpflege vom 22.–24. November 2002, Regensburg 2003, S. 50–59

Gerstl 2016 – Gerstl, Doris: *Park Prüfening – „Fluren italienischer Schönheit“*, in: Dittscheid, Hans-Christoph/Gerstl, Doris/Hespers, Simone (Hrsg.): Kunst-Kontexte. Festschrift für Heidrun Stein-Kecks (Studien zur Internationalen Architektur und Kunstgeschichte 140), Petersberg 2016, S. 216–225

Hallinger 2008 – Hallinger, Johannes: *Ans Licht gebracht: Die Freilegung und Restaurierung der Prüfeninger Wandmalereien 1897–1916*, in: Greipl, Egon Johannes (Hrsg.): 100 Jahre Bayerisches Landesamt für Denkmalpflege 1908–2008, Bd. 3: Katalog. Inhalte – Praxis – Schwerpunkte, Regensburg 2008, S. 59

Hubel 1974 – Hubel, Achim: *Der Erminoldmeister und die deutsche Skulptur des 13. Jahrhunderts*, in: Beiträge zur Geschichte des Bistums Regensburg, hrsg. von Georg Schwaiger und Josef Staber, Bd. 8, Regensburg 1974, S. 53–241

Kunstdenkmäler 1914 –*Die Kunstdenkmäler von Oberpfalz und Regensburg, Bd. 20: Bezirksamt Stadtamhof* (Die Kunstdenkmäler des Königreichs Bayern), bearb. von Hans Karlinger, Georg Hager und Georg Lill, München 1914, S. 162–240

Mertens 2010 – Mertens, Holger: *Zur anstehenden Konservierung und Restaurierung der romanischen Wandmalereien von St. Georg*, in: 900 Jahre Kloster Prüfening 2010, S. 71–73

Mönche, Künstler, Fürsten 2009 – *Mönche, Künstler und Fürsten. 900 Jahre Gründung Kloster Prüfening.* Ausstellung Museum Obermünster, 17. Oktober bis 22. November 2009 (Kunstsammlungen des Bistums Regensburg, Kataloge und Schriften, Bd. 38), Regensburg 2009

Morsbach 2010 – Morsbach, Peter: *Prüfening. Kloster und Schloss. Ein Parforceritt durch 836 Jahre Baugeschichte (1109–1945)*, in: 900 Jahre Kloster Prüfening 2010, S. 61–70

Styra 2009 – Styra, Peter: *Regensburg wird privat*, in: Mönche, Künstler und Fürsten 2009, S. 130–138

Tausch 2010 – Tausch, Sabine: *St. Georg in Prüfening. Die Umgestaltungsmaßnahmen im 17. und 18. Jahrhundert*, in: 900 Jahre Kloster Prüfening 2010, S. 51–60

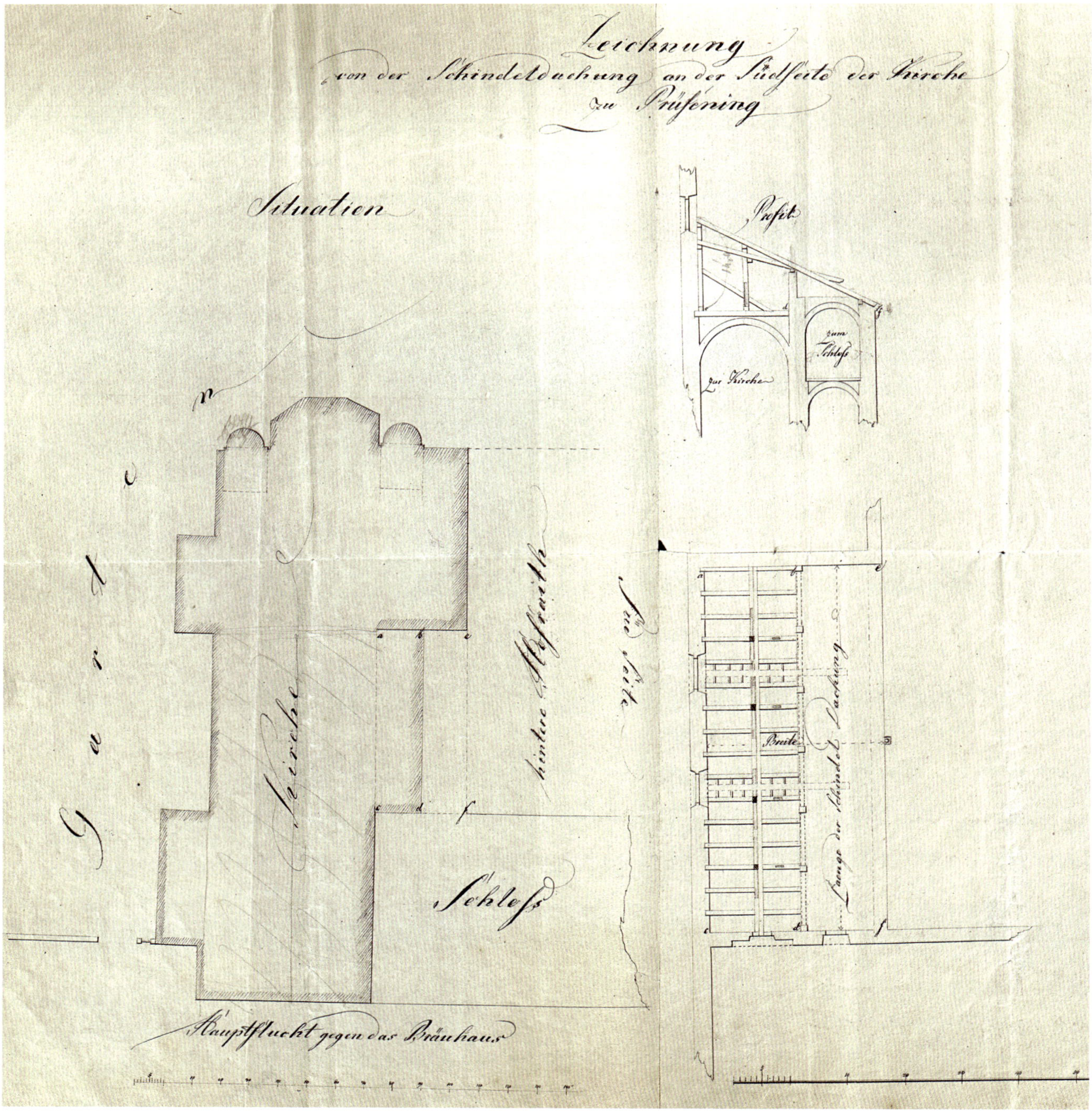

Abb. Nr. 1. Dach über südlichem Seitenschiff und „Schlossgang", Lageplan, Horizontalschnitt und Querschnitt gegen Osten, um 1833 (Plan: ADbhR)

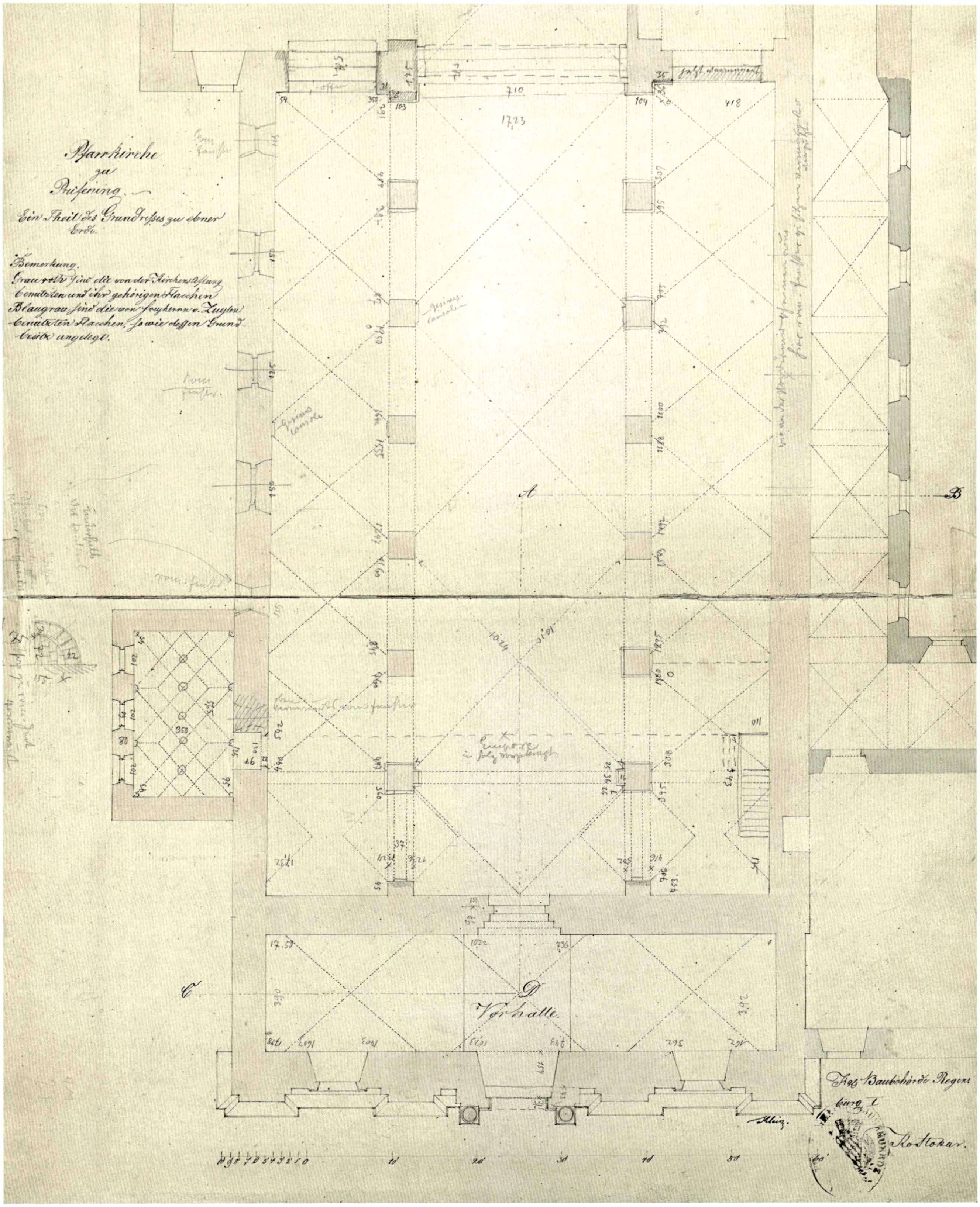

Abb. Nr. 2. Südseitenschiff, westlicher Kirchenvorbau, Grundriss Erdgeschoss, wohl 1863
(Plan: ADbhR)

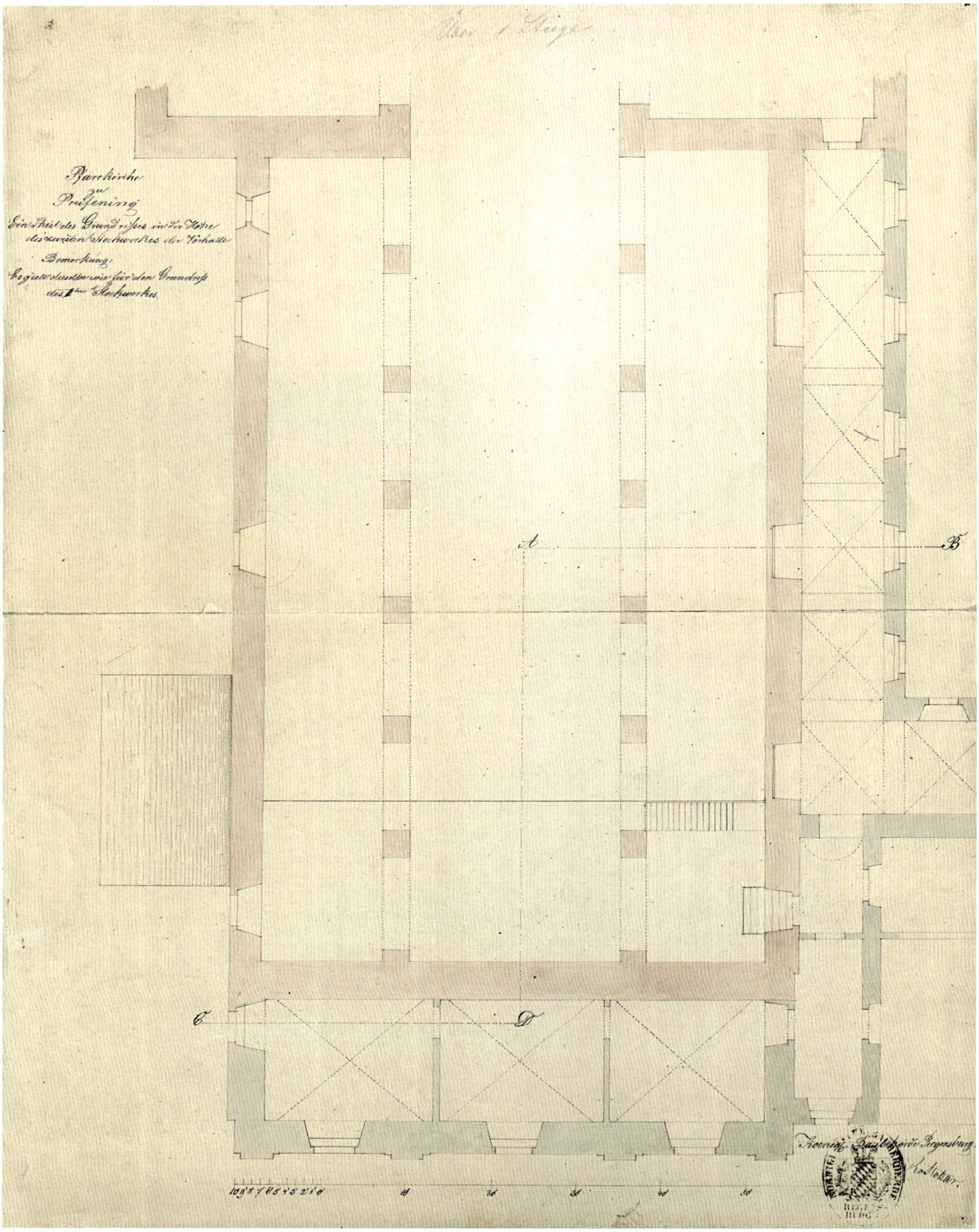

Abb. Nr. 3. Südseitenschiff und westlicher Kirchenvorbau, Grundriss zweites Geschoss, wohl 1863 (Plan: ADbhR)

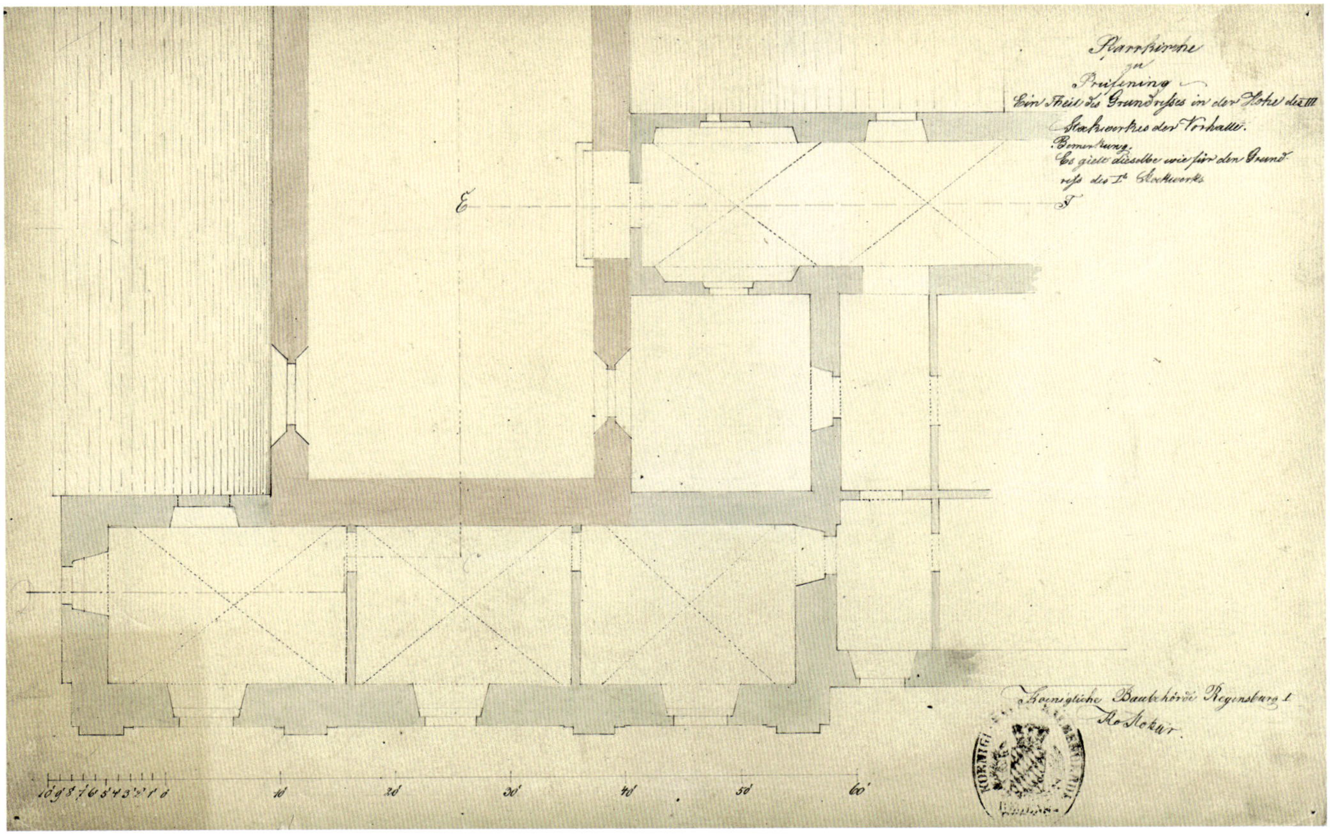

Abb. Nr. 4. Westlicher Kirchenvorbau, Teilgrundriss drittes Geschoss, wohl 1863 (Plan: ADbhR)

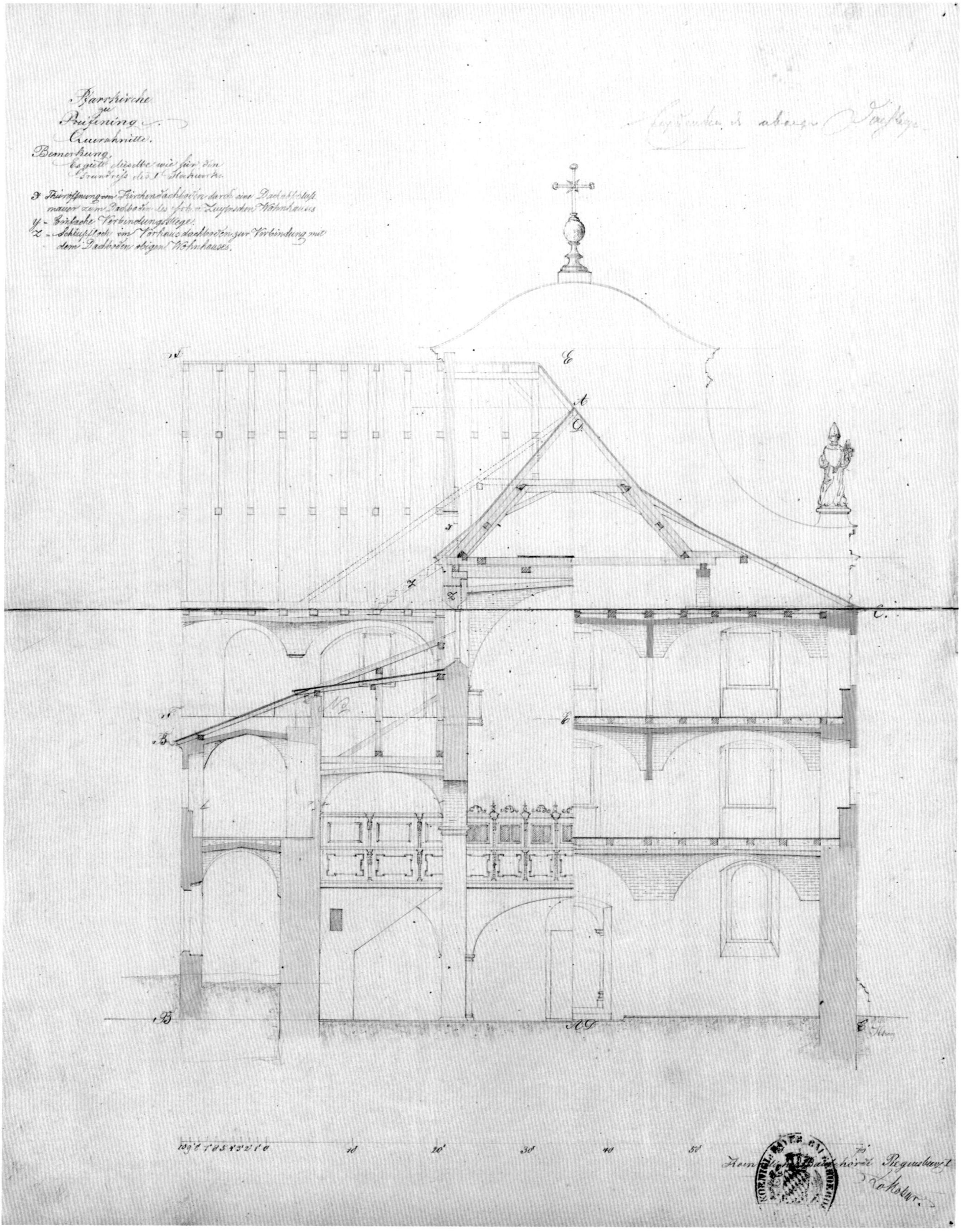

Abb. Nr. 5. Querschnitt nach Westen, wohl 1863 (Plan: ADbhR)

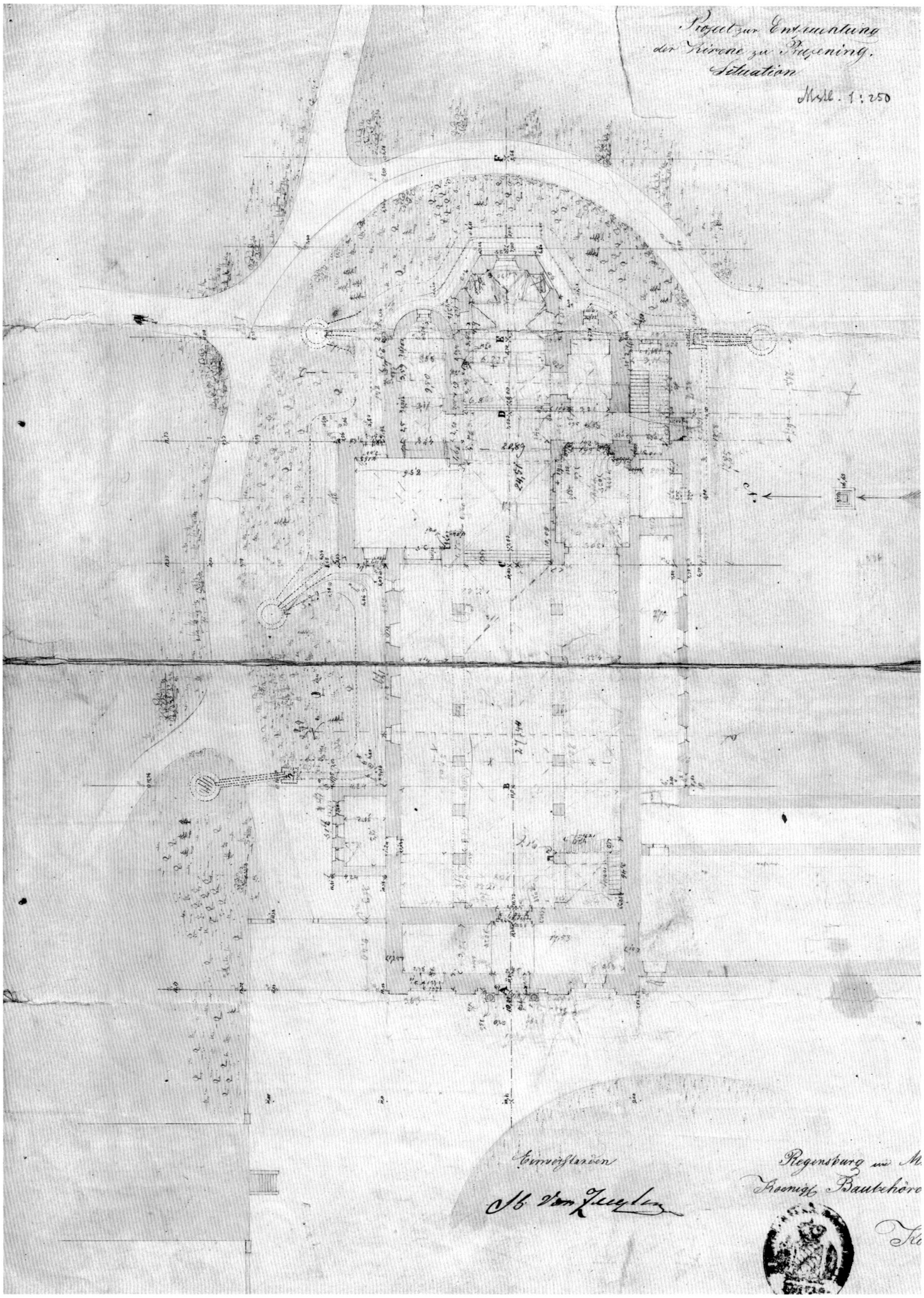

Abb. Nr. 6. Lageplan, Grundriss der Kirche, 1863 (Plan: ADbhR)

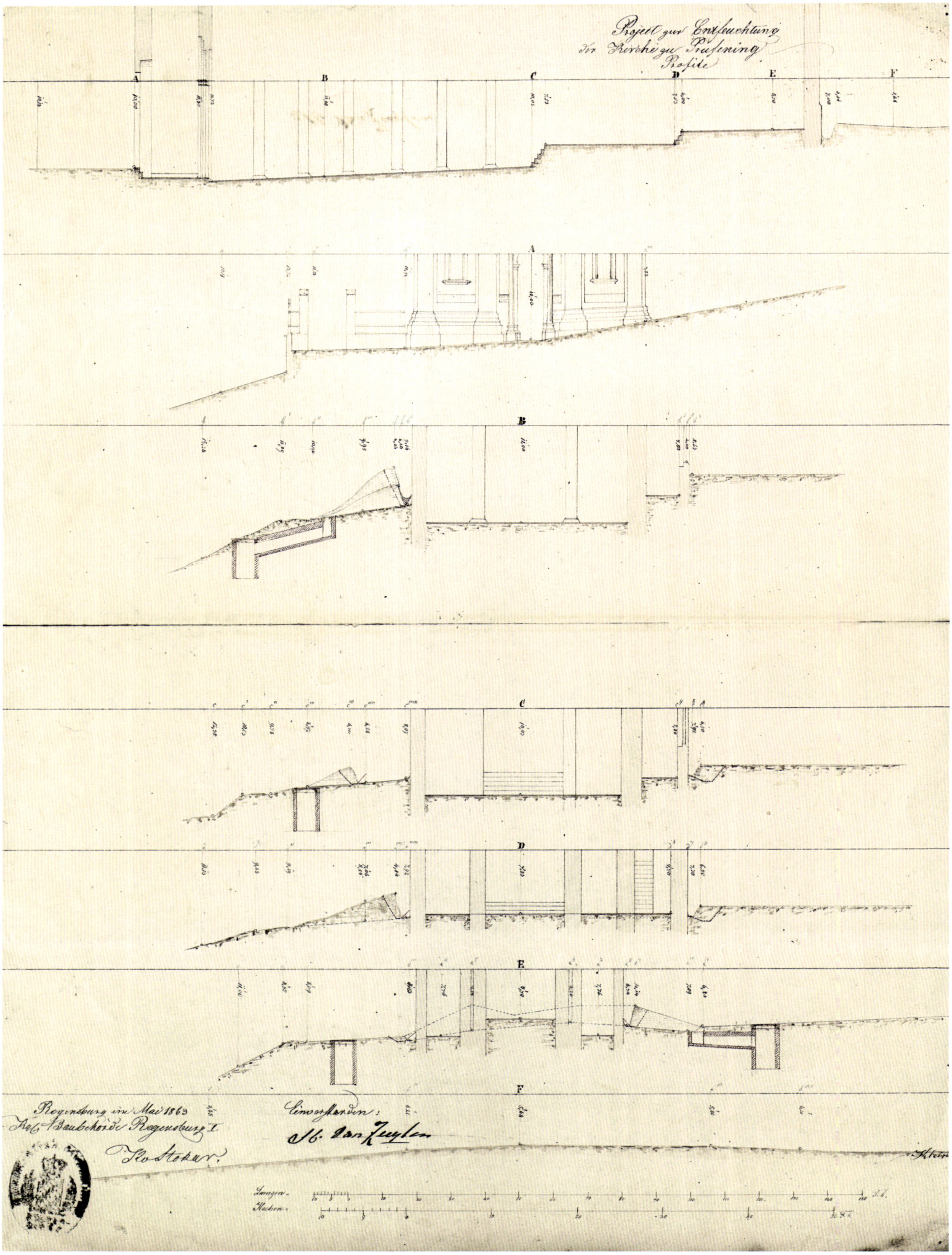

Abb. Nr. 7. Geländeschnitte und Längsschnitt durch die Kirche, 1863 (Plan: ADbhR)

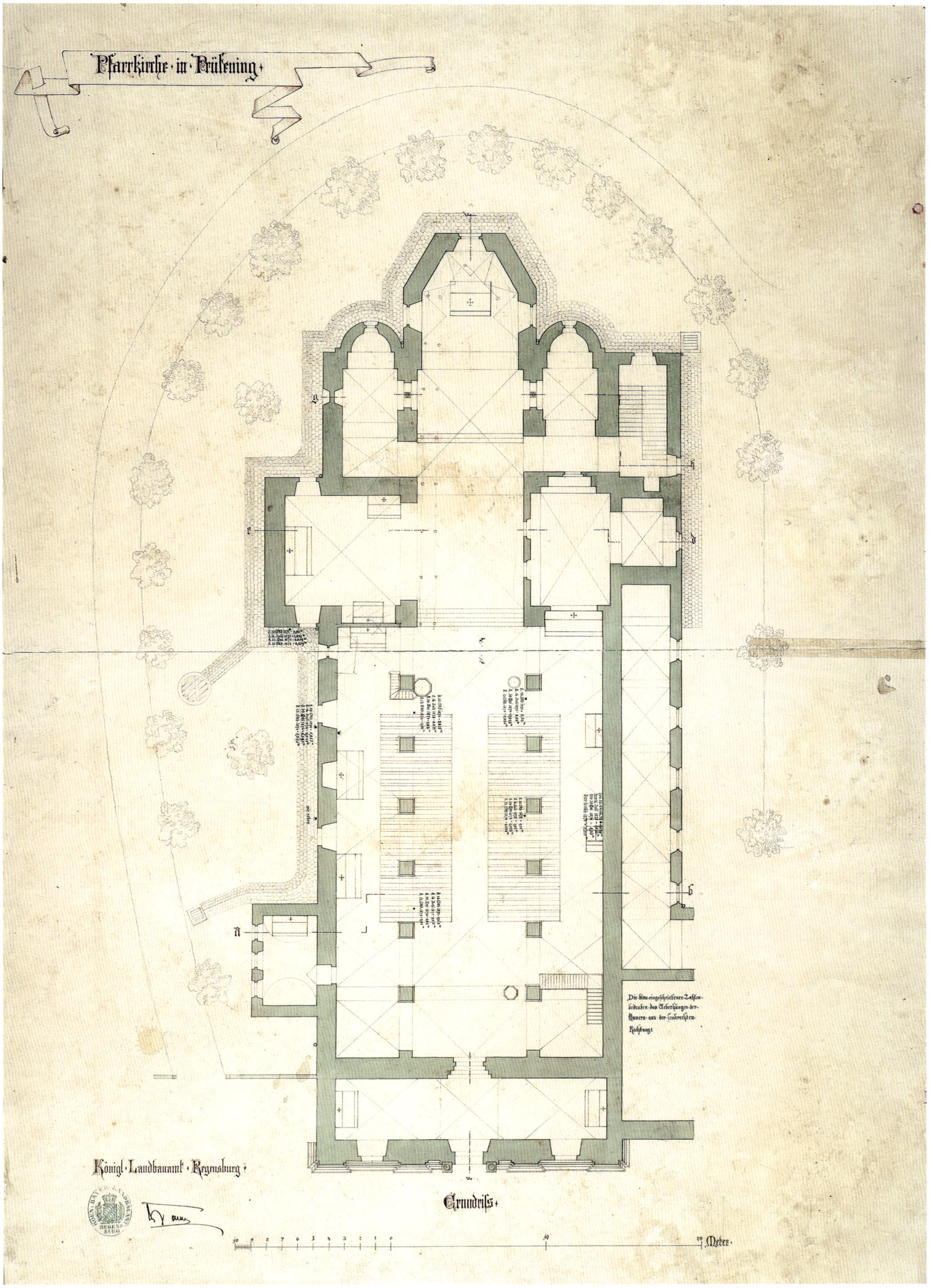

Abb. Nr. 8. Grundriss (Blatt 1), LbaR 1874/75 (Plan: ADbhR; Foto: BLfD, Michael Forstner)

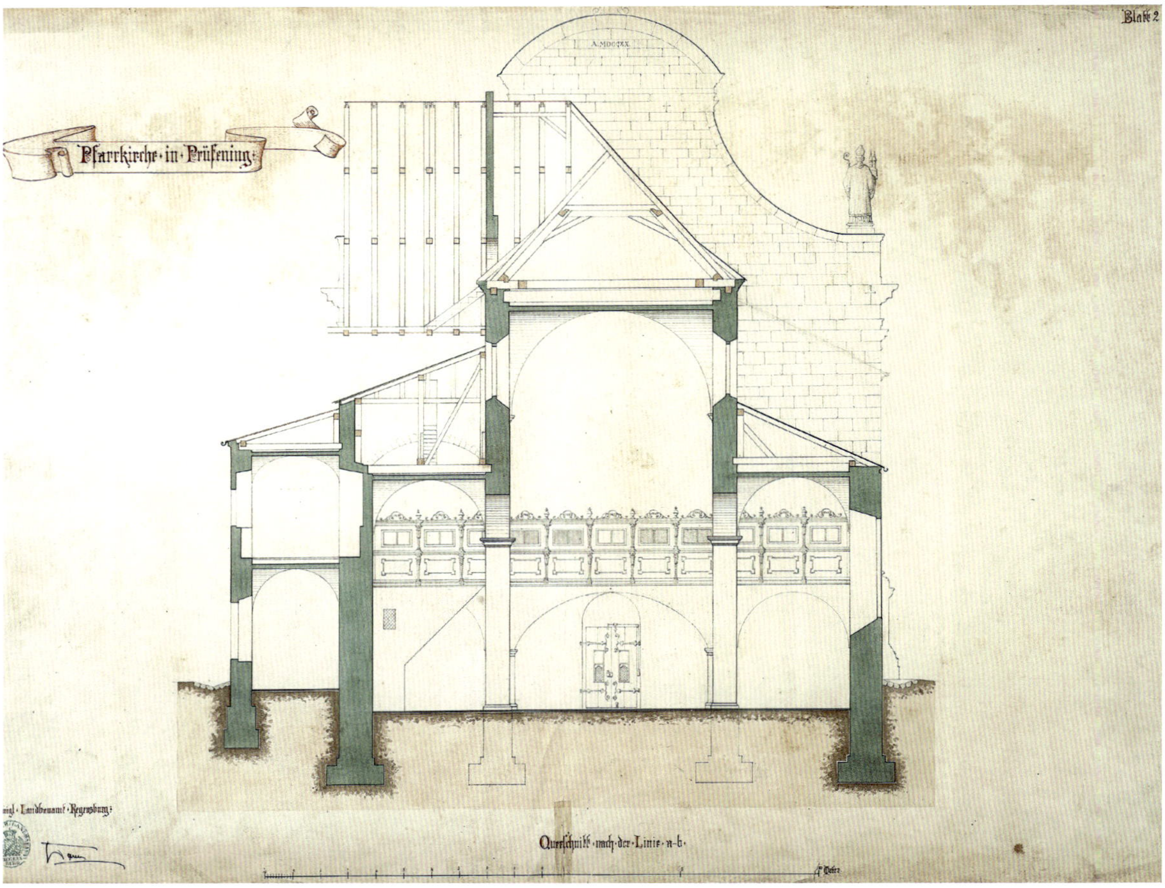

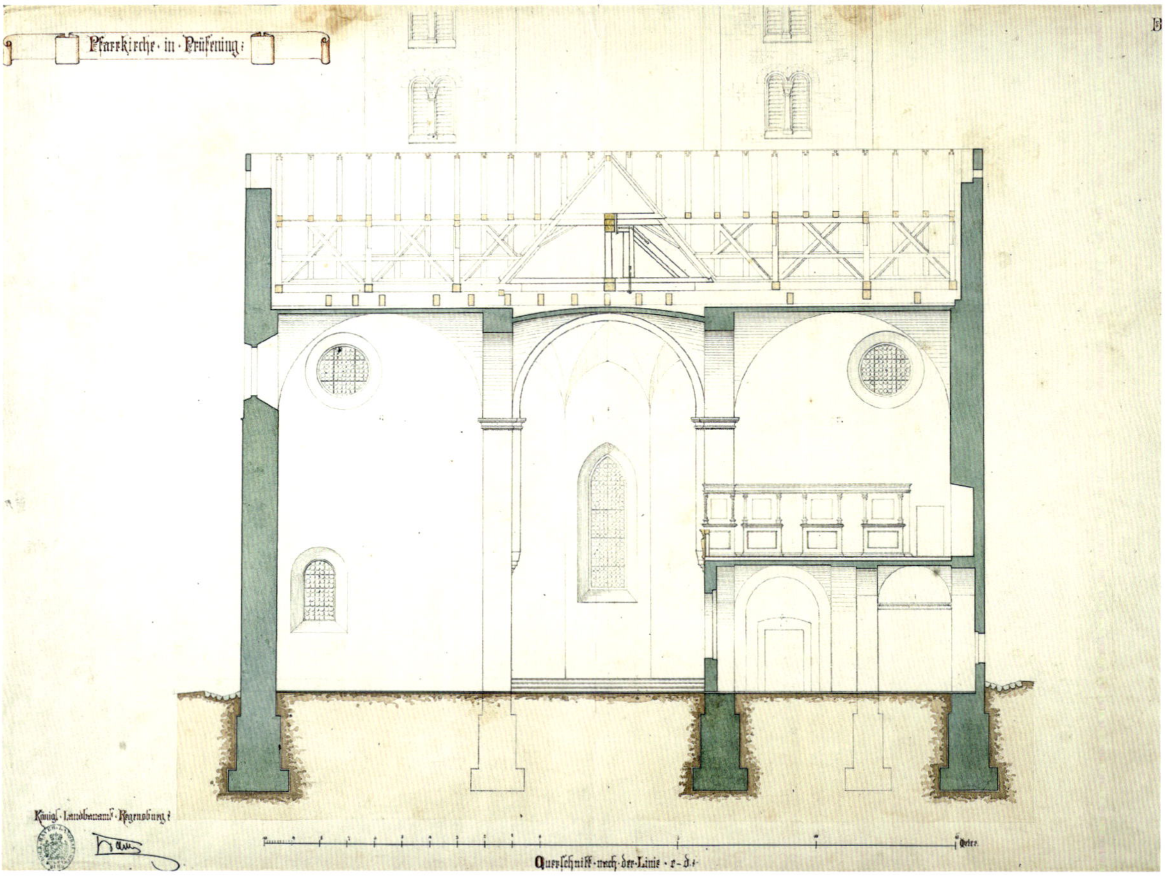

Abb. Nr. 9 (oben). Querschnitt gegen Westen (Blatt 2), LbaR, 1874/75 (Plan: ADbhR; Foto: BLfD, Michael Forstner)
Abb. Nr. 10 (unten). Querschnitt durch das Querhaus gegen Osten (Blatt 3), LbaR, 1874/75 (Plan: ADbhR; Foto: BLfD, Michael Forstner)

Abb. Nr. 11. Querschnitt durch Chor und Türme nach Osten (Blatt 4), LbaR, 1874/75 (Plan: ADbhR; Foto: BLfD, Michael Forstner)

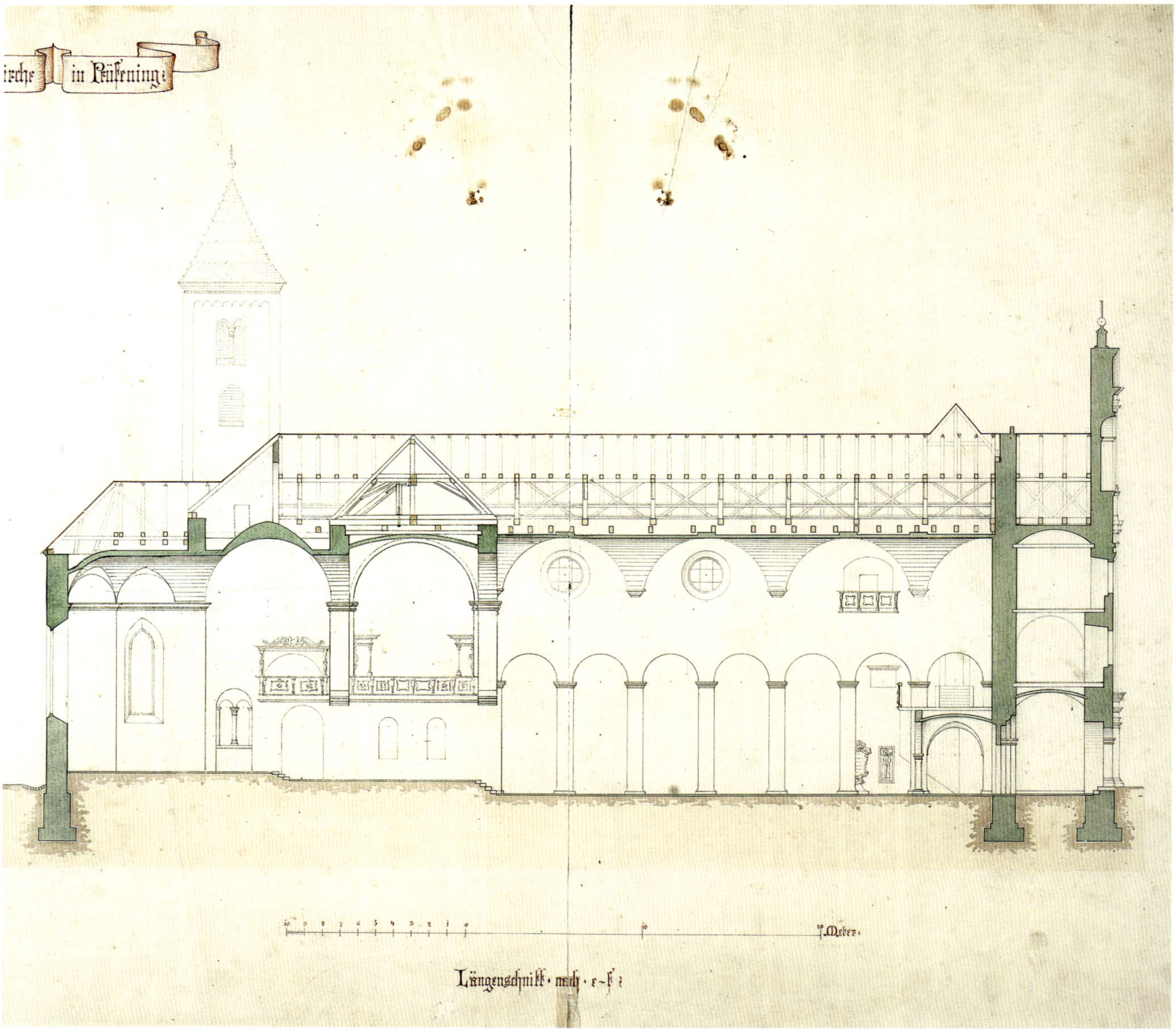

Abb. Nr. 12. Längsschnitt nach Süden (Blatt 5), LbaR, 1874/75 (Plan: ADbhR; Foto: BLfD, Michael Forstner)

Abb. Nr. 13. Ostansicht (Blatt 6), LbaR, 1874/75 (Plan: ADbhR; Foto: BLfD, Michael Forstner)

Abb. Nr. 14. Westansicht (Blatt 7), LbaR, 1874/75 (Plan: ADbhR; Foto: BLfD, Michael Forstner)

Michael Schmidt

Um 1900: Prüfening und seine romanischen Wandmalereien – Trauma oder Paradigma der bayerischen Denkmalpflege?

Am Anfang war Prüfening! Oder?

Jede wissenschaftliche Disziplin hat ihre Gründungsmythen. Die Denkmalpflege macht hier keine Ausnahme. Zumindest für die deutschsprachige Denkmalpflege beansprucht die um 1900 geführte Diskussion um den Wiederaufbau des Heidelberger Schlosses den Rang einer Genesis. Das Schloss war in zwei Etappen, im Pfälzischen Erbfolgekrieg 1689/93 und bei einem Brand nach Blitzschlag 1764, zerstört worden und wurde als Ruine zur Ikone der Romantik.[1] Als Folge einer in der zweiten Hälfte des 19. Jahrhunderts zunehmend öffentlich geführten Debatte über eine Vernachlässigung des Schlosses nahmen ab 1883 die Wiederaufbaupläne der staatlichen Bauverwaltung Gestalt an.[2] 1894 erging der Auftrag zur Wiederherstellung des Friedrichsbaus an Architekt Carl Schäfer.[3] Seine Planung folgte der Vorstellung der Rekonstruktion des Schlosses in den alten Formen (oder was man dafür hielt). Am Ergebnis entzündete sich umgehend Kritik, vor allem von Seiten der Denkmalpflege unter ihrem Wortführer Georg Dehio erhob sich lauter Protest gegen die geplanten nächsten Schritte rekonstruktiver Restaurierung, diesmal am Ottheinrichsbau und am Gläsernen Saalbau. Beide Seiten legten zwischen 1900–03 mehrere Streitschriften vor. Als Credo des neuen denkmalfachlichen Standpunkts gab Dehio – zusammen mit Cornelius Gurlitt, Alois Riegl und Georg Hager Exponent der modernen Denkmalpflege – in seiner berühmt gewordenen „Straßburger Kaiserrede“ 1905 das Schlagwort „Konservieren statt Restaurieren“ aus: Der angetroffene Zustand eines Denkmals, damit auch seine Veränderungs- und Restaurierungsgeschichte, aber ebenso die Spuren seiner Alterung sollten fortan bei Sanierungen erhalten werden und als stimmungsvoller Alterswert (Georg Hager: „Alterspatina“[4]) ablesbar bleiben. Eine historische Spuren glättende oder gar idealisierende Restaurierung wie im Zeitalter des Historismus war nicht mehr opportun.

Abb. 1. Prüfening, ehem. Klosterkirche St. Georg, weltlicher Herrscher als Adorant im Sockelbereich (vermutlich Kaiser Heinrich V.), im Hintergrund der nördliche Nebenchor (Johanneschor), Aufnahme 1901 (Foto: Bayerisches Landesamt für Denkmalpflege [BLfD], Bildarchiv, Nr. 01017907)

Ähnlich dem Streit um das Heidelberger Schloss wurde in Bayern die Diskussion um den Umgang mit den Ende des 19. Jahrhunderts „bloßgelegten“ romanischen Wandgemälden in der ehemaligen Klosterkirche Prüfening zum Stresstest der neuen denkmalpflegerischen Prinzipien, zum Sinnbild eines Paradigmenwechsels und zum Zeichen dafür, „dass und wie sich während ihrer Restaurierung die denkmalpflegerischen Zielsetzungen“ ändern konnten (Abb. 1 und 2).[5] Zahlreich sind die Würdigungen der Prüfeninger Maßnahme, exemplarisch jene von Achim Hubel: „Als 1897 in den Ostteilen der Kirche romanische Wand- und Deckengemälde entdeckt wurden, behandelte der Münchner Restaurator Prof. Hans Haggenmiller die Bilder im Hauptchor [...] nach der damals

1 Dazu ausführlich Heckmann 1999.

2 Siehe Gaukel 2005; Osteneck 2005, jeweils mit weiterführender Literatur. Vollmar 2020 ordnet den seit den 1950er Jahren am Heidelberger Schloss festgemachten denkmalpflegerischen Paradigmenwechsel in eine Traditionslinie ein und betont dabei den Anteil von Cornelius Gurlitt.

3 Carl Schäfer (1844–1908) war einer der profiliertesten Architekten des späten Historismus in Deutschland und Hochschullehrer. Neben dem Heidelberger Schloss (1890–1900) zeichnete er für die Renovierung des Paderborner Doms (1864–66) und die Vollendung der Westfassade des Meißner Doms (1903–08) verantwortlich.

4 Hager 1929, S. 269.

5 Hubel 2019, S. 99.

üblichen Praxis, d. h. sämtliche Darstellungen wurden nach der Freilegung restlos übermalt und Fehlstellen frei ergänzt [...]. So geriet der Hauptchor zu einem Musterbeispiel historistischer Wand- und Deckendekoration, die auf der Basis der romanischen Funde im Sinne eines Neuheitswertes wiederhergestellt worden waren. Als jedoch später (ab 1907) überlegt wurde, wie mit den Malereien in den Nebenchören und an den Vierungspfeilern zu verfahren sei, setzte der seit 1908 amtierende Generalkonservator des Bayerischen Landesamtes für Denkmalpflege, Georg Hager, die neuen Grundsätze durch. Die Bilder wurden 1915/16 lediglich konserviert und nicht mehr übermalt, so dass sie sich in stark fragmentiertem

Abb. 2. Prüfening, St. Georg, Blick in den Chor von Nordwesten, Aufnahme vor 1914 (Foto: BLfD, Bildarchiv, Nr. 02018594)

Zustand befinden und die Darstellungen teilweise kaum mehr zu sehen sind; aber sie zeigen bis heute den authentischen Zustand nach der Aufdeckung. In den besser erhaltenen Partien sind die originalen Bereiche den rekonstruierten verständlicherweise weit überlegen, weil sie die hohe Qualität der romanischen Bilder mit ihrer sicheren Pinselführung und der lebendigen Farbigkeit unverfälscht vermitteln. In Prüfening kann man also die konträre Verfahrensweise vor und nach 1900 am gleichen Objekt nachvollziehen."[6]

Mit Jürgen Pursches Aufsatz zum Einst und Jetzt in Prüfening und Johannes Hallingers Beitrag „Ans Licht gebracht" wurden die Vorgänge um die Restaurierung der Prüfeninger Wandmalereien umfassend beleuchtet. Im Begleitband zur Jubiläumsausstellung anlässlich der 100-Jahr-Feier des Bayerischen Landesamtes für Denkmalpflege im Jahr 2008 wurde unter Federführung des Referats für Dokumentationswesen erstmals auch ein großer Teil des zwischen 1898 und 1901 entstandenen Bildmaterials publiziert, darunter eine Aufnahme der freigelegten nördlichen Hochchorwand (Abb. 3) sowie Fotografien nach Beendigung der Restaurationsarbeiten im Presbyterium. Vor allem Letztere reflektieren authentische Aufnahmesituationen, noch vor dem Gerüstabbau im Jahr 1901.[7] Eine profunde Untersuchung über die genauen Arbeitsabläufe, die Entscheidungsprozesse und die zugrundeliegenden denkmalpflegerischen Standards legte Doris Gerstl 2014 vor; mit ihrer akribischen Quellenarbeit konnte sie bisherige Einzelaspekte zu einem Mosaik zusammenfügen. Diese drei Untersuchungen leisten damit einen fundamentalen Beitrag zur Würdigung der Prüfeninger Maßnahme in einer sich über die Jahrzehnte verselbstständigten Forschungsmeinung eines proklamierten Paradigmenwechsels, der Prüfening zu einem Parallelfall der Heidelberger Schlossdiskussion und zu einem Mythos der Denkmalpflege machte.[8] Die tatsächlichen Abläufe waren indes sehr viel komplexer und weit weniger klar artikuliert als vielfach suggeriert. Das Untersuchungsergebnis von Gerstl, dass die im Presbyterium gewählte Methode einer „Restauration" keine antiquierte Methode darstellte, sondern (noch) *state of the art* war, ist dabei von besonderer Bedeutung.[9] Hans Karlingers bereits 1919 gestellte Frage nach der Verantwortung („Wer trägt die Schuld") ist damit freilich noch nicht beantwortet, der Vorwurf des Systemversagens noch nicht entkräftet. Die Hintergründe der divergierenden Konzepte zwischen Presbyterium einerseits und den Nebenchören respektive den Vierungspfeilern andererseits sollen daher an dieser Stelle, nicht zuletzt im Hinblick auf die Übertragbarkeit der Heidelberger Antinomie (des antipodischen Begriffspaars Restaurierung versus Konservierung) auf Prüfening nochmals beleuchtet werden. Der administrative Rahmen wurde aufgrund der staatlichen Baupflicht an der Kirche auch durch das Landbauamt definiert. Dieses vertrat Ende des 19. und zu Beginn des 20. Jahrhunderts die historistische Idee der „Zurückführung der Kirche zu Prüfening in den romanischen Stil", was zu Reibungen mit dem Generalkonservatorium, seit 1917 Bayerisches Landesamt für Denkmalpflege, führte. Richtig ist, dass die Geschichte der Prüfeninger Restaurierung bisher ausschließlich von den Akten des Bayerischen Landesamtes für Denkmalpflege her erzählt wurde, während das Engagement des Landbauamtes in bisherigen Betrachtungen außen vor blieb. Der Beitrag von Isolde Schmidt in diesem Band ist daher geeignet, diese Lücke in der restaurierungswissenschaftlichen Forschung von Prüfening zu schließen, zudem liefert er mit den durchgesehenen Landbauamtsakten im Archiv der Staatlichen Dombauhütte Regensburg eine Art Gegenprobe.

Die Prüfeninger Restaurierung um 1900 im Gravitationsfeld von Denkmalpflege, staatlicher Bauverwaltung und Kirche

Was war geschehen? Schon lange wusste man aufgrund der im Dachraum erhaltenen Primärbefunde von der prächtigen Dekoration der Pfeilerbasilika in romanischer Zeit. Die Frage, inwieweit unter späteren Tüncheschichten hochmittelalterliche Wandmalereien auch im Kircheninneren noch vorhanden waren, stellte sich im Zuge der seit Längerem geplanten Innenrenovierung von Neuem. Mitte der 1890er Jahre sondierte man auf Initiative von Pfarrer Wißmath zunächst im Johanneschor, 1897 erfolgte durch einen Regensburger Handwerker, Sebastian Geiger, dann die Freilegung der Malereien in den Nebenchören, zeitgenössisch „Bloßlegung" genannt (Abb. 3–6). Das Generalkonservatorium und das Ordinariat waren in der Anfangsphase nicht eingebunden und wurden erst im Nachgang über die freigelegten Malereien informiert.[10] Nachdem wegen befürchteter Kosten von der Pfarrei zunächst eine (erneute) Übertünchung der Malereien ins Gespräch gebracht worden war, arrangierte sich die Denkmalbehörde allerdings rasch mit der Situation, mehr noch, das Generalkonservatorium verlieh der Erwartung Ausdruck, dass „die Aufdeckung der umfangreichen romanischen Wandgemälde [...] den Ruf des Baues noch bedeutend steigern" werde. Daher sprach das Generalkonservatorium in eben diesem Schreiben vom 3. Januar 1898 gegenüber dem Staatsministerium des Innern für Kirchen- und Schulangelegenheiten den „lebhafte[n] Wunsch" aus, „daß durch eine gründliche Untersuchung sämtlicher romanischer Wandflächen des Baues möglichst alle noch vorhandenen Reste der romanischen Ausmalung von der Tünche befreit werden". Der Erhaltungszustand der freigelegten Malereien in den Nebenchören wurde als gut be-

6 Pursche 2002; Hubel 2008; Hubel 2019, S. 99 f.

7 Für die Verwendung in den Kunstdenkmälern 1914 wurden diese Bilder bearbeitet, die Gerüststangen beispielsweise wegretuschiert. Anders als die Aufnahmen des Presbyteriums gehen die Abbildungen der Malereien in den Nebenchören und Vierungspfeilern auf eine Fotokampagne um 1912 zurück, mit dem Ziel, die Ästhetik und Unverfälschtheit der freigelegten romanischen Malereien im Inventarband zu dokumentieren. Der dadurch ermöglichte Bildvergleich zwischen den Malereien im Presbyterium und denen der Nebenchöre war ein wichtiger Anstoß für den Prüfeninger Methodendiskurs.

8 Vgl. Schmidt 2020.

9 Gerstl 2014, S. 309: „Festzuhalten bleibt, dass die unter Haggenmillers Leitung von 1898 bis 1901 erfolgte Restaurierung romanischer Wandmalereien im Presbyterium der ehem. Klosterkirche Prüfening als ein unter den damaligen Bedingungen übliches Verfahren zu werten ist, wie Hans Karlinger bereits 1919 einräumte."

10 Gerstl 2014, S. 295; Pfaffel 2020, S. 187 f.

Abb. 3. Prüfening, St. Georg, Blick vom Hauptchor zum Johanneschor, Zustand nach Abschluss der Freilegungsarbeiten im Presbyterium und vor Beginn der „Restauration" im Jahr 1900. Es handelt sich hierbei um die einzige bekannte historische Fotografie, die Rückschlüsse auf den Zustand der Malereien im Hochchor nach der Freilegung zulässt. Deutlich erkennbar ist der Unterschied zum besseren Erhaltungszustand des Dekorationssystems in den Nebenchören. Am linken Vierungspfeiler das Zwei-Schwerter-Gemälde (Foto: BLfD, Bildarchiv, Nr. 01029903)

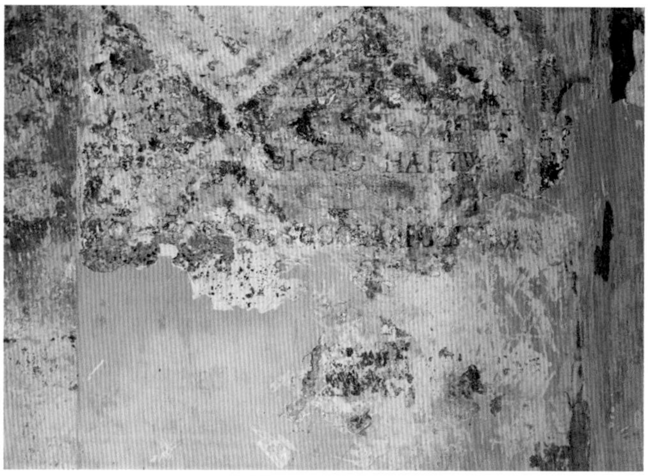

Abb. 4. Prüfening, St. Georg, freigelegte Inschrift, Aufnahme um 1900/01 (Foto: BLfD, Bildarchiv, Nr. 01029897)

Abb. 5. Prüfening, St. Georg, südlicher Nebenchor (Benediktuschor), Darstellung der versuchten Vergiftung des thronenden und im Mönchshabit dargestellten hl. Benedikt im Kloster Vicovaro, Szene aus der Heiligenlegende, Aufnahme vor 1914 (Foto: BLfD, Bildarchiv, Nr. 01029926)

zeichnet, als „zum Theil vorzüglich, einzelne kommen fast unverletzt und in merkwürdig frischem Farbzustand unter der entfernten Tünche zum Vorschein".[11] Für die Restaurierung wurde Hans Haggenmiller (1864–1947) vorgeschlagen, dem gerade erst die Restaurierung der vor 1869 freigelegten Wandmalereien in der romanischen Allerheiligenkapelle, der Grabkapelle Bischof Hartwigs II. am Regensburger Domkreuzgang, angetragen worden war: „Was die Conservirung der bis jetzt in den Nebenchören aufgedeckten Malereien anbelangt, so empfehlen wir dasselbe Verfahren, wie wir es in unserem vom 18. September 1897 datirten, an das hohe K. Staatsministerium gerichteten Gutachten betr. Wandgemälde in der Allerheiligenkapelle im Domkreuzgang zu Regensburg erörtert haben. Dieses Verfahren kann hier wiederum ohne Bedenken angewendet werden, weil die beiden Nebenchöre nicht in gottesdienstlicher Benützung stehen. Wir empfehlen, daß alle diejenigen Linien u. Umrisse, welche jetzt so schwach sind, daß sie nur in nächster Nähe sich erkennen lassen, von geschickter Hand u. unter sachverständiger Leitung mit der ursprünglichen Farbe nachgezogen werden."[12]

Nicht zuletzt um die tatsächliche Übertragbarkeit des Konzepts der Allerheiligenkapelle auf Prüfening abschließend zu beurteilen, sollten die Arbeiten an diesem romanischen Zentralbau nach Fertigstellung einer Qualitätsdiskussion unterzogen werden: „Nach Abschluß derselben wird sich einerseits der Erfolg beurtheilen lassen, anderseits wird die dort gewonnene Erfahrung auch für Prüfening nutzbar gemacht werden können." Für Prüfening sah der Vorschlag im Bedarfsfall ausdrücklich weitergehende „spezifische Vorschläge über die Ausführung der Conservirung" vor. Auf dieser Grundlage waren die Arbeiten im nördlichen Nebenchor mit der Anlage ornamentaler Probeflächen, etwa der Rekonstruktion des umlaufenden Mäanderbandes in der Sockelzone sowie der Wiederherstellung des Dekorationssystems an der südlichen Trennwand zum Presbyterium, tatsächlich angelaufen (Abb. 7 und 8),[13] ehe sie unterbrochen wurden. Die Gründe hierfür waren vielfältig, nicht zuletzt war Haggenmiller noch an anderen Baustellen gebunden. Schließlich war auch die ursprünglich bereits für 1897 geplante Restaurierung der Wandgemälde in der Allerheiligenkapelle ins Stocken geraten und musste auf 1902/03 (damit auf die Zeit nach Prüfening) verschoben werden – damit aber konnte der angedachte wichtige Entscheidungsparameter nicht in das Prüfeninger Konzept einfließen (Abb. 9).[14]

11 Bayerisches Landesamt für Denkmalpflege (BLfD), OA Regensburg, Kath. Pfarrkirche St. Georg, 1898–1944, Nr. 3: Entwurf eines Schreibens des Generalkonservatoriums an das Staatsministerium des Innern für Kirchen- und Schulangelegenheiten vom 03.01.1898, gez. Generalkonservator Graf, zitiert nach Pfaffel 2020, S. 188.

12 Ebd., vgl. Gerstl 2014, S. 296 f. Zum Bezugsschreiben Allerheiligenkapelle siehe BLfD, OA Regensburg, Domkirche St. Peter, Allerheiligenkapelle, Domkreuzgang, 1897–1944, Nr. 3: Entwurf eines Schreibens des Generalkonservatoriums an das Staatsministerium des Innern für Kirchen- und Schulangelegenheiten vom 18.09.1897, gez. Generalkonservator Graf. Zur Restaurierungspraxis der ergänzten bzw. nachgezogenen Konturlinie siehe Santner 2016, S. 110.

13 Hallinger 2008a, S. 60 mit Abb. 3.

14 Wegen seiner Tätigkeit in Prüfening stand nicht, wie zunächst vorgesehen, Haggenmiller zur Verfügung (siehe BLfD, OA Regensburg, Domkirche St. Peter, Allerheiligenkapelle, Domkreuzgang, 1897–1944, Nr. 13: Schreiben des Bauamtes an das Generalkonservatorium vom 08.05.1898, gez. Kremer), sodass die Arbeiten zunächst unter dem Münchner Kunstmaler Nikolaus Mathes anliefen (ebd., Nr. 15: Rechnung vom 08.08.1898). Das Vertragsverhältnis mit Mathes wurde nach Bedenken Haggenmillers ob der restauratorischen Vorgehensweise und befürchteter Nachforderungen (ebd., Vermerk auf der Rückseite der genannten Rechnung) beendet. Schließlich wurden die Arbeiten 1902/03, im direkten Anschluss an die Restaurierung des Prüfeninger Hochchores, von den Kunstmalern Friedrich Pfleiderer und Josef Kaupp unter Leitung von Haggenmiller ausgeführt (ebd., Nr. 21: Schreiben des Generalkonservatoriums vom 08.02.1902, gez. Graf; Nr. 25: Schreiben von Kaupp an das Generalkonservatorium vom 28.05.1903); siehe auch Huber 1996, S. 21. Andere Datierungsvorschläge für die Restaurierungsarbeiten an der Kapelle, z. B. Dambeck 1955/56, S. 35; Traeger 1980, S. 17; Borgmeyer u. a. 1997, S. 156, sind unzutreffend.

Für die Restaurierung der Arbeiten in den Jahren 1900/01 konnte mit Hans Haggenmiller, seit 1897 Konservator sowie Referent für Restaurierungsfragen am Bayerischen Nationalmuseum, ein ausgewiesener Restaurator und Kunstmaler gewonnen werden.[15] Hans Haggenmiller (1900 zum Professor ernannt) gilt als Exponent eines sogenannten Künstlerkonservators, sehr viel treffender schiene freilich der Begriff Künstler-Restaurator.[16] Ausgebildet als Dekorationsmaler an der Münchner Kunstakademie unter Rudolf Seitz (seit 1900 Rudolf von Seitz) hatte er sich auf dem Gebiet der Restaurierung von Wandgemälden einen Namen gemacht. Dem Grunde nach vermitteln seine Rahmengutachten den Eindruck eines sensiblen Umgangs mit dem mittelalterlichen Bestand: „Zu oberst blieb der Grundsatz bestehen, keine Übermalung im ganzen vorzunehmen."[17] Seine Expertise wurde geschätzt, weshalb er vom Generalkonservatorium immer wieder – neben seiner eigentlichen Museumstätigkeit – für wandrestauratorische Fachfragen sowie für die Koordinierung und Überwachung von Maßnahmen verpflichtet wurde, daneben legte er aber nicht selten selbst restauratorisch Hand an. Allein im Jahr 1901 führte er für das Generalkonservatorium „46 auswärtige Augenscheine, 84 Berichte und Gutachten sowie 81 Korrespondenzen" aus.[18] Mit der Lösung des Königlichen Generalkonservatoriums aus dem Verbund

Abb. 6. Prüfening, St. Georg, nördlicher Nebenchor (Johanneschor), Darstellung des Himmlischen Jerusalems, Aufnahme vor 1914 (Foto: BLfD, Bildarchiv, Nr. 01050897)

Abb. 7. Prüfening, St. Georg, Johanneschor, rekonstruierter Sockelmäander als Probefläche, Aufnahme 1900/01 (Foto: BLfD, Bildarchiv, Nr. 01050895)

mit dem Bayerischen Nationalmuseum im Jahr 1908 wechselte Haggenmiller zur Denkmalbehörde, deren Restaurierungswerkstätten er bis 1913 vorstand.[19] Georg Hager bezeichnete ihn später einmal als den „damals unbestritten [...] beste[n] Wandgemälderestaurator in Bayern".[20] Neben seiner beruflichen Tätigkeit sicherte er sich ein hohes Maß an eigenverantwortlicher künstlerischer Tätigkeit, wofür er von seinem Dienstherrn über all die Jahre immer wieder für mehrere Wochen, so auch in Prüfening, freigestellt wurde.[21] Gerade in seiner Person wird jedoch auch das denkmalpflegerische Dilemma jener Jahre deutlich, nämlich die Dis-

15 Biografische Daten nach Schneider/ Brandner/ Ramminger 2008, S. 338.

16 Der Begriff „Künstlerkonservator" wurde erst 1908 amtlich, siehe Huber 1996, S. 17; Vollmar 2017, S. 12 f. Auch Jakob Angermair, Karl Döttl, Alois Müller und Josef Schmuderer gehörten zu den Künstlerkonservatoren. Zu den Künstler-Restauratoren anhand österreichischer Beispiele siehe Santner 2016, S. 63–69.

17 Huber 1996, S. 20.

18 Ebd.

19 Huber 1996, S. 20 f.

20 Huber 1996, S. 41; vgl. Vollmar 2020, S. 195, Anm. 16.

21 Huber 1996, S. 21.

Abb. 8. Prüfening, St. Georg, Biforium im Johanneschor, Blick nach Süden Richtung Hochchor, freigelegter, nicht übermalter Ornamentbereich im oberen Archivoltenbereich und rekonstruierter Lünettenengel, Aufnahme 1901 (Foto: BLfD, Bildarchiv, Nr. 01029919)

krepanz zwischen (kunstgeschichtlicher) Theorie und (restauratorischer) Praxis. In diesen beiden unterschiedlichen Traditionslinien lag einer der Gründe für den späteren Konflikt des Bayerischen Landesamtes für Denkmalpflege in der Ära Georg Hager mit der Akademie der bildenden Künste.[22] Georg Hager nahm in der Rückschau zu diesem Problem Stellung: „Restaurieren ist das Los, das den Baudenkmalen als künftiges Schicksal in die Wiege fällt, das Los – und das Verhängnis. Ein Baudenkmal restaurieren kann heißen: Sein Leben verlängern, seinen Bestand aus dem Verfall oder gar Ruin wieder erheben. Restaurieren kann aber auch heißen: Die Erscheinung eines Baues verjüngen, sie dem Geschmack der Gegenwart anpassen. Alles Restaurieren bewegt sich in diesen beiden Richtungen. Indessen, es ist die Tragik des Restaurierens, daß es eine Lebensgefahr für das alte Werk bedeutet."[23]

In den Jahren 1898/99 dehnte das Landbauamt Regensburg – nunmehr auf Wunsch des Generalkonservatoriums (!) – die Freilegung von Wand und Decke auf das Presbyterium von St. Georg aus, wobei die Arbeiten zügig durchgeführt werden sollten, um die kirchliche Nutzungseinschränkung begrenzt zu halten; 1900 kamen die Bilder an den Vierungspfeilern hinzu.[24] Der Erhaltungszustand der in einer Mischtechnik aus Kalkfresko-, Kalk- und Seccomalerei ausgeführten, schwach gebundenen Wandgemälde – „im Ornamentalen gut und im Figürlichen schlecht" – war jedoch deutlich reduzierter als in den Nebenchören (eine Einschätzung, die sich durch restauratorische Nachbefundungen in jüngerer Vergangenheit bestätigte).[25] Die einzige überlieferte Fotoaufnahme, die die Nordwand des Chorjochs nach erfolgter Freilegung dokumentiert, bestätigt diese gravierenden Substanzverluste nach der Aufdeckung, teilweise sicherlich auch Ergebnis der gewählten Freilegungsmethode (vgl. Abb. 3). Die Frage, was mit den aufgedeckten Wandgemälden im Presbyterium geschehen solle, stellte sich hier noch drängender als in den Nebenchören. Von kirchlicher Seite stand die Entscheidung fest, wie aus einem Brief von Hans Haggenmiller an das Staatsministerium des Innern für Kirchen- und Schulangelegenheiten vom 1. Juni 1900 hervorgeht: „Auf Wunsch des bisch. Ordinariates Regensburg u. des kath. Pfarramtes Prüfening soll dieser Hauptchorraum baldigst restaurirt u. getönt werden, um kirchenvorschriftlich wieder ein würdiges Gepräge zu erhalten. Die Bloßlegung dieses dem Gottesdienst dienenden Raumes wurde nur unter obiger Bedingung gestattet, weshalb eine baldige Restaurierung befürwortet werden möchte [...]. Die Restaurierung dieses kirchlichen Raumes müsste etwas eingehender sein, als in den ausser Gebrauch stehenden Seitenräumen, welche ganz in der Art wie in der Allerheiligenkapelle zu Regensburg vorgeschlagen im nächsten Jahr konservirt werden sollten."[26]

Abb. 9. Regensburg, Domkreuzgang, Allerheiligenkapelle, Nordapsis während der Restaurierungsarbeiten in den Jahren 1902/03. Während das Dekorationssystem schon rekonstruiert ist, sind die figürlichen Szenen noch im Stadium der Bearbeitung, der östliche Teil (rechts) bereits teilrestauriert, der westliche Teil (links) im freigelegten, unrestaurierten Zustand (Foto: BLfD, Bildarchiv, Nr. 01027511/3)

Abb. 10. Königslutter am Elm, ehemalige Benediktinerkirche St. Peter und Paul (sogenannter Kaiserdom), Blick nach Nordosten Richtung Chor und Vierungspfeiler, Aufnahme um 1895/1920 (Foto: Bildarchiv Foto Marburg, Aufnahme-Nr. 1.016.995; Fotokonvolut: Archiv Dr. Franz Stoedtner)

Abb. 11. Königslutter am Elm, ehemalige Stiftskirche (sogenannter Kaiserdom), Blick nach Osten, im Vordergrund das Grab Kaiser Lothars III., Zustand nach der Innenrenovierung 2010 (Foto: Stadt Königslutter am Elm; Aufnahme: Hans Arndt)

Die Kirchenverantwortlichen wünschten also eine traditionelle „Restauration" im Sinne des späten Historismus, so wie sie damals deutschlandweit üblich war. Tatsächlich handelte es sich hierbei um keine Restaurierung nach heutigem Verständnis, sondern um eine Neufassung, die sich (mehr oder weniger) am (konkreten) Befund oder an idealtypischen Vergleichsbeispielen orientierte – eine Vorstellungswelt die auch eng mit dem neuromanischen Kirchenbau korrespondierte.[27] Als prominentes Beispiel einer solchen, damals gerade frisch abgeschlossenen Maßnahme sei die ehemalige Benediktinerklosterkirche in Königslutter (erbaut und ausgestattet etwa 1135–70; Renovation 1887–94, Ausmalung ausgeführt vom Braunschweiger Dekorationsmaler Adolf Quensen nach Entwürfen August Essenweins, unterstützt von Prinz Albrecht von Preußen, Prinzregent des Herzogtums Braunschweig; architektonische und denkmalpflegerische Betreuung bis zu seinem Tod bei Essenwein, danach bei Ernst Wiehe) genannt, deren Zyklen an den Hochwänden und dem Gewölbe des Hauptchores sowie den Querschiffarmen (gereihte Tugend- und Apostelfiguren, musizierende Engel) übrigens eine formale Nähe zur Prüfeninger Allerheiligenlitanei besitzen (Abb. 10 und 11). Diese Maßnahme war in Teilen durch den

22 Hallinger 2008b, S. 138.

23 Hager 1929, S. 266; vgl. dazu Huber 1996, S. 40.

24 Kunstdenkmäler 1914, S. 208; Gerstl 2014, S. 298. Zum von kirchlicher Seite ausgeübten Termindruck siehe Gerstl 2014, S. 309, mit Anm. 83.

25 BLfD, OA Regensburg, Kath. Pfarrkirche St. Georg, 1898–1944, Nr. 7: Haggenmiller an das Generalkonservatorium am 08.08.1898, zitiert nach Gerstl 2014, S. 298; vgl. S. 307 f.; Pursche 2002, S. 136 f., 143.

26 BLfD, OA Regensburg, Kath. Pfarrkirche St. Georg, 1898–1944, Nr. 77: Haggenmiller an Generalkonservatorium am 01.06.1900, zitiert nach Gerstl 2014, S. 298.

27 Als Idealbilder neuromanischen Kirchenbaus seien stellvertretend die Kirchen St. Benno in München (1888–95) und St. Gallus in Fremdingen (Lkr. Donau-Ries) genannt, die beide auf Entwürfe des Münchner Architekten Leonhard Romeis zurückgehen, in Fremdingen (1903–07) noch mit der originalen bauzeitlichen Ausstattung, Ausmalung und der an St. Michael in Hildesheim orientierten Bilderdecke erhalten, siehe Ries 2017, S. 2–11, oder für die Diözese Regensburg die doppeltürmige Pfarrkirche St. Joseph in Weiden, 1899–1901 nach Plänen von Johann Baptist Schott errichtet.

Abb. 12. Prüfening, St. Georg, in die Rekonstruktionsfassung integrierte Inschrift an der östlichen Wandvorlage der nördlichen Chorwand, jüngst von Wilhelm Pfaffel als Künstlersignatur des Buchmalers Eilolf gedeutet, Aufnahme 1901 (Foto: BLfD, Bildarchiv, Nr. 012029940)

mittelalterlichen Befund getragen oder insbesondere in der Apsis zumindest daran orientiert, wenngleich mitunter auch nur in der Farbgebung, während die Deckenmalereien an den 1695 erneuerten Gewölben im barockisierenden Duktus gestaltet wurden.[28] Die Königslutterer Ausmalung gilt als eines der Hauptwerke der wilhelminischen Epoche in der „Art von mittelalterlichem Klassizismus" (Martin Gosebruch).[29] Bedeutung erlangte die Maßnahme nicht zuletzt durch die zeitgenössischen Reflexionen von Architekt Ernst Wiehe zu den künstlerischen, theologischen und liturgischen Intentionen des Bildprogramms und dem Verhältnis zum mittelalterlichen Wandmalereibestand.[30] Im Bistum Regensburg hatten solche historistischen, das Vorbild der Romanik unter dem Stichwort eines Gesamtkunstwerks beschwörenden ganzheitlichen Raum- und Ausstattungskonzepte durch das jahrzehntelange Wirken des Regensburger Domvikars Georg Dengler (1839–96) eine baukünstlerische Gestalt und Prägefolie erhalten. Mit dem Hinweis, dass einer Freilegung der Malereien im Hochchor nur unter der Maßgabe einer anschließenden Restaurierung überhaupt zugestimmt worden sei, setzten Ordinariat und Kirchenstiftung die staatlichen Behörden zusätzlich unter konzeptionellen und terminlichen Druck, vor allem wussten sie das Argument des gottesdienstlichen Vorrangs auf ihrer Seite. Hinzu trat der schwierige Erhaltungszustand, wie Haggenmiller auch mit einem Abstand von zwei Jahrzehnten betonte: „Wäre die alte Hochchormalerei so gut wie im Südchor erhalten gewesen, dann würde ich, das dürfen Sie mir zutrauen und die besser erhalten gewesenen Vierungspfeiler zeigen dieses, eine Übermalung des altes Bestandes nicht zugelassen haben."[31] Der ursprüngliche Bauzeitenplan, der einen Beginn der Restaurierungsarbeiten in den Nebenchören vorsah, wurde eingedenk des liturgischen Prärogativs zugunsten der Restaurierung der Wandgemälde im Presbyterium geändert. Die Arbeiten wurden von Hans Haggenmiller geleitet, wobei den Hauptanteil vor Ort nach den Rechnungen jedoch der Kunstmaler Friedrich Pfleiderer leistete, unterstützt von Franz Haggenmiller, Josef Kaupp, Alois Müller (später Konservator am Generalkonservatorium) und weiteren freiberuflichen Kräften.[32] Im Oktober 1901 waren die Arbeiten mit dem Abbau der Gerüste abgeschlossen. Trotz allen Bemühens, etwa der Integration einer Inschrift von 1119/1125 in der Art eines Befundfensters in die Überfassung (Abb. 12) – bereits in Königslutter hatte man mit der Integration von mittelalterlichen Malereifragmenten in die Neufassung der Raumschale experimentiert –, entsprach das Ergebnis einer traditionellen „Restaurierung" (Abb. 13–15). Dass man auf der Insel Reichenau bereits einige Jahre zuvor neue denkmalpflegerische Wege beschritten hatte, sei nicht verschwiegen: So widerstand man bei den Freilegungen der, je nach Zeitansatz spätkarolingischen oder ottonischen, Langhaus-Malereien von St. Georg in Oberzell ab 1879 sowie den romanischen Malereien in der Apsis von St. Peter und Paul in Niederzell im Jahr 1900 der Versuchung einer Restaurierung, setzte stattdessen in Oberzell mit der Rekonstruktion der Bildszenen auf vorgehängten Tapeten auf neuartige Präsentationskonzepte und unterließ in Niederzell trotz einer nach der Freilegung erheblich reduzierten Malschicht restauratorische Eingriffe zugunsten der visuellen Unmittelbarkeit des freigelegten Zustandes (lediglich die bereits abgängige Sockelzone rekonstruierte man mittels Quadermalerei und Mäanderfries).[33]

Auf das Ergebnis der „Restaurierung" im Hochchor war man auf kirchlicher Seite, wie die Eloge des Regensburger Theologen und Historikers Joseph Anton Endres (1863–1924) im Jahr 1905 zeigt, stolz: „Es ist ein unvergleichlicher Anblick, den dieser Raum jetzt gewährt. Wir sind nur zu sehr gewohnt, die romanischen Kirchen in der Öde und dem Zustand der Plünderung und Verwüstung zu schauen, in dem sie uns die nähere Vergangenheit überliefert hat. Hier fühlen wir uns in die Glanzzeit des romanischen Stiles zurückversetzt."[34]

Welche Strahlkraft die Restaurierung von St. Georg in Prüfening zunächst entfaltete, zeigt die vom Generalkonservatorium seit 1903 empfohlene rekonstruierende Wiederherstellung der ehemaligen Klosterkirche auf dem Petersberg bei Eisenhofen (Lkr. Dachau), ausgeführt in den Jahren 1906–08 (Abb. 16).[35] Bei der Restaurierung der freigelegten Reste von romanischen Wandmalereien („sehr fragmentarisch, so daß zur Klarheit der interessanten Komposition viel ergänzt werden muß") ließ man sich augenscheinlich von Prüfening leiten (Abb. 17).[36] Die Federführung für die „Restauration" der Malereien der Hauptapsis und der Ausmalung der Apsiden („in der Art der Mittelapsis") im Jahr 1907 hatte unter fachlicher Beratung von Hans Haggenmiller sein Verwandter Franz Haggenmiller übernommen, assistiert von Josef Kaupp und

Abb. 13. Prüfening, St. Georg, Hochchor, Märtyrer im Bogenfeld der Südwand, Aufnahme 1901 (Foto: BLfD, Bildarchiv, Nr. 015051716)

Reinhard Lischka. Damit hatte sich auf dem Petersberg erneut das bereits in Prüfening und Regensburg (Allerheiligenkapelle) tätige Team zusammengefunden. Das bei den Mäanderfriesen und Marmorinkrustationen bemühte Prüfeninger Vorbild ist unverkennbar, bei den ornamentierten Fensterlaibungen der drei Apsiden wird der Befund vom nördlichen Nebenchor von St. Georg, dem Johanneschor, als Inbegriff idealtypischer Wandmalereien der Zeit der Romanik sogar wörtlich zitiert (Abb. 18 und 19). Die Wirkmacht der Gemälde von St. Georg und ihrer Restaurierung fand als Wanddekoration auch Niederschlag im Bayerischen Nationalmuseum, das 1894–1900 nach Plänen Gabriel von Seidls errichtet wurde und dessen historistisch-didaktisches Präsentationsprinzip auf einer Wechselwirkung des Sammlungsgutes mit der Raumkulisse,

28 Dazu Sievers/ Ellesat 2002, S. 212.

29 Gosebruch/ Gädeke 1998, S. 14.

30 Wiehe 1894; Springer 2010, S. 112–116, 120 f.

31 Bayerisches Hauptstaatsarchiv (BayHStA) MK 36373, Abschrift des Schreibens von Haggenmiller an Karlinger vom 16.05.1919, zitiert nach Gerstl 2014, S. 307. Diese Aussage bildet eine Replik auf die von Karlinger erhobenen Vorwürfe (s. u.).

32 Das vor Ort tätige Team ist über eine Zwischenrechnung vom 23.09.1901 dokumentiert, siehe BLfD, OA Regensburg, Kath. Pfarrkirche St. Georg, 1898–1944, Nr. 114.

33 Jakobs 2001, v. a. S. 74–76, 79 f.; Künstle/ Beyerle 1901.

34 Endres 1905/06, S. 161.

35 Hildebrandt u. a. 2001, S. 51 (Schreiben des Generalkonservatoriums vom 14.02.1903 an das Pfarramt Walkertshofen); Unger-Richter 2007, S. 27 f. Im Zuge barockzeitlicher Veränderungen wurden unter anderem der Obergaden abgetragen und der basilikal gestufte Querschnitt der Petersberger Kirche durch die Errichtung eines einheitlichen Satteldaches geschleift; im Inneren wurde anstelle einer älteren Felderdecke eine abgesenkte stuckierte Flachdecke eingezogen und das Fußbodenniveau erhöht. Sämtliche Veränderungen wurden 1906–08 im Sinne einer Wiederherstellung der romanischen Pfeilerbasilika rückgängig gemacht. Das Petersberger Konzept wurde durch die 1956 vorgenommene Freilegung der Arkadenpfeiler auf eine Natursteinsichtigkeit, die Abnahme respektive Übertünchung der von Haggenmiller gemalten Tondi an den Langhauswänden sowie eine Purifizierung der Ausstattung im Sinne einer radikalen Reromanisierung des Raums fortgeschrieben.

36 Mois 1975, insbesondere S. 10. Schreiben von Prof. Haggenmiller vom 16.10.1907 (Nr. 54), zitiert nach Hildebrandt u. a. 2001, S. 78 f.

in die Architekturzitate bayerischer Bauten eingefügt waren, beruhte. So lief im überkuppelten Rundsaal mit Mittelsäule und Ringgewölbe (nach ehemaliger Raumzählung IV, heute Raum 3), in der ursprünglichen Konzeption für die Aufnahme romanischer Kleinkunst bestimmt, auf Kämpferhöhe ein gemaltes Ornamentband um, das den Mäanderfries des Prüfeninger Johanneschores – gleichermaßen Idealbild eines romanischen Dekorationssystems und Probestück einer tagesaktuellen Restaurierung im Königreich Bayern – zitierte (Abb. 20 und 21; vgl. Abb. 7).[37] In der Kuppel befand sich ein Inschriftenband mit Künstlernamen aus romanischer Zeit und Sentenzen aus der Ordensregel des hl. Benedikt sowie den Traktaten des Durandus und des Theophilus Presbyter. Das Dekorationssystem des Rundsaals geht wohl auf einen Entwurf von Rudolf Seitz zurück, ist aber nicht ohne Beteiligung der Kommission zur Einrichtung des Bayerischen Nationalmuseums, der unter anderem Hugo Graf und Georg Hager angehörten, denkbar. Die ursprüngliche Ausmalung der Konche

Abb. 15. Prüfening, St. Georg, Kopf der thronenden Maria als Ecclesia und Braut Christi, Aufnahme 2014 (Foto: Preis & Preis, Parsberg; Aufnahme: Lisa Otto; PREIS/ PREIS 2014/15, Nr. 4.3)

Abb. 14. Prüfening, St. Georg, Kuppel des Presbyteriums, rekonstruierte Darstellung der thronenden Maria als Ecclesia und Braut Christi, Aufnahme 1901 (Foto: BLfD, Bildarchiv, Nr. 01051721)

Abb. 16. Petersberg, ehemalige Klosterkirche St. Peter und Paul, Innenraum nach Osten, Aufnahme 2017 (Foto: BLfD, Michael Schmidt, P2610682)

Abb. 17. Petersberg, Kirche St. Peter und Paul, Hauptapsis, Aufnahme 2020 (Foto: BLfD, Michael Schmidt, P2990225)

des sogenannten Romanischen Lapidariums (Wessobrunner Saal, ehemals Saal V, heute Raum 4) führte im Übrigen Franz Haggenmiller, angelehnt an romanische Apsismalerei, aus.[38]

Grad und Umfang der Prüfeninger Restaurierung wurden als vorbildhaft angesehen, niemand zweifelte an der Befundtreue. Und noch Georg Dehio, am Heidelberger Schloss Gründungsvater der modernen Denkmalpflege und Prophet des „Konservierens statt Restaurierens", adelte (übrigens sehr zum Missfallen Georg Hagers, da er die Restaurierung als aufgezwungen ansah!) in seiner „Geschichte der deutschen Kunst" im Jahr 1919 das Prüfeninger Ergebnis: „Die gewissenhafte Restauration hat den Stilcharakter so wenig, als in solchen Fällen überhaupt möglich ist, verfälscht und gibt uns den Gesamteindruck so vollständig (nur die Apsis fehlt), wie nicht oft."[39]

Gleich nach Jahresbeginn erkundigte sich das Königliche Bauamt Regensburg mit Schreiben vom 15. Januar 1902 beim Generalkonservatorium, ob die „völlige Rückführung der Kirche von Prüfening auf ihre ursprüngliche Gestalt weiter verfolgt werden wird".[40] Nachdem eine Antwort des Landesdenkmalamtes zunächst auf sich warten ließ, erklärte das

37 Hinweis auf Mäander und Prüfening (allerdings unter Saal V) in Kunstdenkmäler 1914, S. 208. In der Festschrift Seidl 1902 und im amtlichen Führer Hager 1908 bleibt das Ornamentband unerwähnt. Für die Beschaffung der historischen Aufnahmen danke ich Herrn Dr. Matthias Weniger vom Bayerischen Nationalmuseum.

38 Angaben nach Seidl 1902, S. 50.

39 Dehio 1919, S. 147. Zur Distanzierung Hagers im Schreiben vom 03.07.1920 gegenüber dem Staatsministerium siehe Gerstl 2014, S. 304. Der vermeintliche Widerspruch zwischen der Restaurierungsethik von Georg Hager und der Georg Dehios war indes nur ein bedingter. Denn Letzterer plädierte bei nur fragmentarisch erhaltenen Wandmalereien für eine Wiederherstellung des „ursprünglichen Zustands", was eine rekonstruktive Neufassung einschloss, vgl. Feldtkeller 2008, S. 104. Die Maßnahme im Prüfeninger Presbyterium entsprach diesbezüglich wohl Dehios Grundsatz. Auch bei anderen Rekonstruktionsfällen, etwa dem Umgang mit dem eingestürzten Campanile von San Marco in Venedig (1902) oder dem ausgebrannten Kirchturm der Hamburger Michaeliskirche (1906), nahmen Dehio und Hager unterschiedliche denkmalpflegerische Standpunkte ein, vgl. Vollmar 2020, S. 192. Keinesfalls waren die Positionen Dehios und Hagers damit deckungsgleich.

40 BLfD, OA Regensburg, Kath. Pfarrkirche St. Georg, 1898–1944, Nr. 116: Schreiben des Landbauamtes an das Generalkonservatorium vom 15.01.1902, gez. Niedermayer.

Bauamt am 26. Oktober 1904, dass es nunmehr die „gänzliche Zurückführung der Kirche zu Prüfening in den romanischen Stil“ beabsichtige und hierfür die entsprechenden Haushaltsmittel beantragen werde.[41] Das Landbauamt griff damit erneut den Gedanken einer schöpferischen Wiederherstellung des romanischen Raumbildes auf, was durch eine Entfernung der barockzeitlichen Gewölbe im Querschiff, Langhaus und den Seitenschiffen zugunsten hölzerner Flachdecken sowie durch den Rückbau der frühneuzeitlichen Zwischendecke im Benediktuschor (südlicher Nebenchor) zur Herstellung eines Dachbodenzugangs erreicht werden sollte. Obwohl die Mitteilung die Denkmalbehörde zunächst ganz offensichtlich irritierte, denn der wissenschaftliche Referent Hager setzte mit Bleistift über das Wort „gänzliche“ ein Fragezeichen, stimmte das Generalkonservatorium dem Vorhaben am 29. Oktober 1904 zu (auch Hager hatte seine Zustimmung signalisiert), woraufhin das Landbauamt einen Kostenanschlag ausarbeitete.[42] Die Umsetzung dieser baurekonstruktiven Maßnahmen verhinderten dann allerdings das Kreisbaureferat und der Baukunstausschuss, wie aus einem Schreiben des Staatsministeriums des Innern für Kirchen- und Schulangelegenheiten vom 27. März 1905 hervorgeht.[43] Damit war letztlich von außen der Weg zu dem synkretistischen Raumbild aus Romanik und Barock gewiesen worden (Abb. 22), zugleich war damit dem Konzept einer wiederherstellenden Denkmalpflege, wie es das Generalkonservatorium etwa bei der ehemaligen Klosterkirche auf dem Petersberg bei Dachau noch propagiert hatte, eine Absage erteilt worden. Aber auch innerhalb des Denkmalamtes schritt die Meinungsbildung voran: Denn der seit dem 15. März 1907 (zunächst kommissarisch) mit den Direktionsaufgaben betraute Georg Hager stufte bereits zwei Tage später die Herstellung eines neuen Dachbodenzugangs in Prüfening als „nicht vordringlich“ ein, worauf das Staatsministerium die Regierung der Oberpfalz anwies, „mit Rücksicht auf das Gutachten des K. Generalkonservatoriums“ von der Bereitstellung von Haushaltsmitteln abzusehen.[44] Bis um 1910 unternahm das Landbauamt noch weitere Vorstöße zur Entfernung des Einbaus, konnte Generalkonservator Hager aber nicht umstimmen.[45] Vielmehr plädierte Hager in einem Schreiben vom 18. Mai 1907 an das Landbauamt für ein konzeptionelles Umdenken, um die Gemälde in ihrem freigelegten Zustand möglichst lange unverändert – für die „Forschung“ (!) – erhalten zu können. Der Brief lautet: „Zur Zuschrift vom 1. Dez. 1905 Nr. 2266 teilen wir mit, daß nach unserem Dafürhalten die Restaurierung der Wandmalereien in den beiden Seitenkapellen oder Nebenchören nicht vordringlich ist. Wir legen einen besonderen Wert darauf, daß neben den restaurierten Wandmalereien ein Teil möglichst lange völlig unberührt der Forschung erhalten bleibt. Wir hoffen, dass auch das katholische Pfarramt unserem Wunsche Rechnung trägt u. in der nächsten Zeit die Restaurierung

Abb. 18. Petersberg, Kirche St. Peter und Paul, Fensterlaibung des Fensters in der Hauptapsis (Foto: BLfD, Michael Schmidt, P2990255_1)

Abb. 19. Prüfening, St. Georg, nördlicher Nebenchor (Johanneschor), freigelegte Ornamentmalerei in der Laibung des östlichen Fensters, Aufnahme vor 1914 (Foto: BLfD, Bildarchiv, Nr. 01029914)

Abb. 20. München, Bayerisches Nationalmuseum, historische Aufnahme des Rundsaals (Saal Nr. IV, heute Raum 3) mit nach dem Zweiten Weltkrieg purifiziertem Mittelpfeiler, Schaft nach Vorbild der Knotensäule (heute Kanzelstütze) von St. Georg in Augsburg, Kämpferkapitell nach den Karyatiden des Nordportals von St. Jakob in Regensburg gestaltet; an der Wand umlaufender Mäanderfries nach Vorbild des nördlichen Nebenchores von St. Georg in Prüfening. Die Raumdekoration von Rudolf Seitz existierte bis zur Umgestaltung 1934/35 (Foto: Bayerisches Nationalmuseum München, Repro nach: Seidl 1902, Tafel XIV)

Abb. 21. München, Bayerisches Nationalmuseum, Rundsaal, Ausschnitt des umlaufenden Mäanderfrieses neben dem Arrangement eines Portals aus historischen Architekturteilen und dem Abguss des Tympanons vom südlichen Seitenportal von St. Ulrich in Regensburg, historische Aufnahme um 1930 (Foto: Bayerisches Nationalmuseum München; Aufnahme: Andreas Beringer, Foto-Nr. D47032)

nicht urgiert, umso mehr, als die Malereien ja in Nebenchören sich befinden. In einigen Jahren wird allerdings der Frage der Restauration wahrscheinlich näher zu treten sein, damit nicht die Gestaltung leidet. [gez.] Hager".[46]

Es fällt auf, dass Georg Hager um den fragilen Zustand der Malereien wusste und mittelfristig eine Maßnahme offenbar für unausweichlich hielt. Interessant ist freilich, dass er auf den Terminus „Konservierung" verzichtet und bei dieser Maßnahme *in futuro* von einer „Restauration" spricht. Fehlende Finanzmittel spielten, anders als von Karlinger später kolportiert, bei den Überlegungen Hagers im Übrigen keine Rolle. Der Grund für den Prüfeninger Konzeptwechsel ist vielmehr

41 BLfD, OA Regensburg, Kath. Pfarrkirche St. Georg, 1898–1944, Nr. 118: Schreiben des Landbauamtes an das Generalkonservatorium vom 26.10.1904, gez. Niedermayer.

42 Hallinger 2008a, S. 60 f.; Gerstl 2014, S. 302 f.; vgl. auch den Beitrag von Isolde Schmidt in diesem Band.

43 BLfD, OA Regensburg, Kath. Pfarrkirche St. Georg, 1898–1944, Nr. 120: Schreiben des Staatsministeriums des Innern für Kirchen- und Schulangelegenheiten vom 27.03.1905.

44 BLfD, OA Regensburg, Kath. Pfarrkirche St. Georg, 1898–1944, Nr. 128: Abschrift eines Schreibens des Staatsministeriums des Innern für Kirchen- und Schulangelegenheiten an die Regierung der Oberpfalz und von Regensburg vom 23.03.1907, gez. Dr. von Wehner.

45 BLfD, OA Regensburg, Kath. Pfarrkirche St. Georg, 1898–1944, Nr. 130: Schreiben des Landbauamtes Regensburg an das Generalkonservatorium vom 17.05.1910, gez. Prandtl: „Von den für die Instandsetzung der Kirche pro 1908 genehmigten Mitteln wurde eine Summe von rund 1000 M erübrigt; da diese in zweckdienlicher Weise für die Kirche verwendet werden soll, erlaube ich mir auf ein früheres Vorhaben des K. Bauamtes, das störende Zwischengewölbe im südlichen Nebenchor zu beseitigen, zurückzukommen. In dem Gutachten vom 17. Mai 1907 Nr. 609 wurde diese Bauvornahme als nicht vordringlich bezeichnet. Auch jetzt kann von einer zwingenden Veranlassung allerdings nicht gesprochen werden. Dagegen würde die Freilegung des Nebenchors den Wünschen der meisten Kunstfreunde entgegen kommen, denen die spätere, für die jetzigen Verhältnisse entbehrliche Zutat ein Dorn im Auge ist [...]." Vgl. dazu auch den Beitrag von Isolde Schmidt in diesem Band.

46 BLfD, OA Regensburg, Kath. Pfarrkirche St. Georg, 1898–1944, Nr. 127: Entwurf des Schreibens des Generalkonservatoriums an das Landbauamt vom 18.05.1907, gez. Hager.

Abb. 22. Prüfening, St. Georg, Innenraum nach Osten, Aufnahme vor 1914 (Foto: BLfD, Bildarchiv, Nr. 01029892)

im Zwischengeäst zu suchen und wurde erst durch das umsichtige Agieren respektive Taktieren Hagers ermöglicht.

Der Gedanke, die Wandmalereien der Nebenchöre in ihrem freigelegten Zustand möglichst lange zu erhalten, musste bei Hager schon länger gereift sein, denn bereits auf dem „Vierten Tag für Denkmalpflege" 1903 in Erfurt hatte er für ein Nichtberühren von Wandmalereien in den liturgischen Randzonen einer Kirche geworben (inwieweit diese Überlegungen schon mit Blick auf Prüfening formuliert worden waren, muss freilich dahingestellt bleiben): „Muß an die Wiederherstellung alter Wandmalereien in einer Kirche gegangen werden, so besteht immerhin die Möglichkeit daß ein Teil der Malereien an Stellen, welche nicht besonders in die Augen fallen, wie in einer Seitenkapelle, in einer der Seitenschiffe zugekehrten Wandfläche, von Wiederherstellung unberührt bleibt."[47]

Mit der Würdigung der Restaurierung im Kunstdenkmälerband des Bezirksamtes Stadtamhof, bearbeitet von Hans Karlinger,[48] unterband das Generalkonservatorium faktisch jedwede weitere Diskussion über das Prüfeninger Restaurierungskonzept und bereitete den Weg für das zwischen Presbyterium und den Nebenchören gleichermaßen divergierende wie differenzierende Konzept: „Die romanischen Wandmalereien der Georgskirche wurden 1897 ff. unter Leitung des K. Generalkonservatoriums aufgedeckt. [...] Bemalung des Hochchors – mit Ausnahme des nicht mehr ursprünglichen Chorschlusses – sowie der beiden Nebenchöre wurden ganz aufgedeckt. Die Malereien in den durch Einbauten und Altäre veränderten Kreuzflügeln und an den Vierungspfeilern wurden nur insoweit von der Tünche befreit, als es für eine Rekonstruktion des Gesamtbildes nötig war. Restauriert wurde unter Leitung des K. Konservators Professor Hans Haggenmiller die Ausschmückung des Hauptchores. Die übrigen Malereien blieben, abgesehen von den nötigen Konservierungsvornahmen, in ihrem Zustande nach der Aufdeckung erhalten."[49]

Die Darstellung in den Kunstdenkmälern liefert ein Resümee, ein Zwischenfazit, obwohl nicht frei von Verzerrungen (so wurde der Anteil des Landesamtes hinsichtlich der Freilegung überzeichnet). Und dennoch: Die Charakterisierung der Arbeiten im Presbyterium als „Ausschmückung" betont dezidiert den künstlerischen Gestaltungsanteil, während die Wandmalereien in den Nebenchören zunächst in ihrem freigelegten, unrestaurierten Zustand, also „naturnah", präsentiert wurden. Derartige unberührte, fragmentarische Zustände entsprachen einerseits ausdrücklich den Stimmungswerten Alois Riegls, andererseits dem dokumentarischen Wert der Gemälde, der nun zunehmend in einer Differenzierung zwischen der bloßen Rekonstruktion des Erscheinungsbildes und dem tatsächlichen materiellen Befund erkannt wurde, wie eine Aktennotiz von Georg Hager aus dem Jahr 1915 belegt: „Die restaurierten Malereien im Hauptchor erhalten durch die unberührten Malereien in den Nebenchören erst ihre richtige Wertung als kunstgeschichtliche Denkmäler. Das Presbyterium gibt ein Bild, wie die Ausmalung einst in unversehrtem Zustande eben gewirkt haben mag. Urkundlichen Wert aber als Dokument der romanischen Kunstübung haben nur noch die Malereien in den Nebenchören."[50] Nachdem erste Malschichtverluste beobachtet und im Zuge einer Bestandsaufnahme des Kurses Wandmaltechnik der Städtischen Malschule München 1914 dokumentiert worden waren, wurde eine Konservierung unausweichlich, die schließlich Josef Schmuderer im April 1916 ausführte.[51] Die lange Gerüststandzeit (Herbst 1915 bis Spätsommer 1916) war hierbei dem Umstand vertiefender Untersuchungen an den Gewölbeputzen geschuldet.

So oder anders? Von der Diskussion um das Wie zum konzeptionellen Neubeginn in Deggendorf

Die Wucht, mit der in den Jahren 1919 und 1920 die Diskussion über Prüfening hereinbrach, überraschte. Sie ist untrennbar mit dem Münchner Kunsthistoriker Hans Karlinger (1882–1944) verbunden, der in der ersten Hälfte des 20. Jahrhunderts sicherlich zu den profundesten Kennern der bayerischen Kunstgeschichte zählte: 1908 promovierte er bei Berthold Riehl und Paul Wolters im Fach Kunstgeschichte mit der Dissertation „Studien zur Entwicklungsgeschichte des spätgotischen Kirchenbaus im Münchener Gebiet". Seine breite Publikationstätigkeit, über 200 Aufsätze und 35 Monografien, darunter die Überblickswerke „Die hochromanische Wandmalerei in Regensburg" (1920), „Die romanische Steinplastik in Altbayern und Salzburg" (1924) oder „Die Kunst der Gotik" aus der Reihe der Propyläen-Kunstgeschichte (1926, ^{2}1942), unterstreicht seinen mediävistischen Schwerpunkt, daneben öffnete er sich bereits früh mit Veröffentlichungen wie „Neuere Postbauten in Bayern" (1925/1934), „Theodor Fischer" (1932) und „München und die Kunst des 19. Jahrhunderts" (posthum, 1966) für Themen der Gegenwarts- und der Volkskunst sowie für populärwissenschaftliche Darstellungsformate. (Besonders bemerkenswert ist in seinem Buch zur romanischen Plastik seine geradezu archäologische Beobachtungsgabe und der Einsatz der Fotografie. Dieses Medium wird er auch im Zusammenhang der Instandsetzung des Dionysiuschores an der Regensburger Emmeramskirche als Mittel der Dokumentation von Bau- und Überlieferungszuständen in der Baudenkmalpflege einfordern.) Von 1909–18 war er am Bayerischen Landesamt für Denkmalpflege tätig, wo er für die Bearbeitung von sechs Kunstdenkmälerbänden

47 Hager 1903, S. 129.

48 Georg Hager lobt im Vorwort von Kunstdenkmäler 1914, S. V/VI, die redaktionelle und wissenschaftliche Arbeit Karlingers: „Vor allem ist die eingehende Bearbeitung der so wichtigen Prüfeninger Bauten und Wandmalereien, die der weiteren Forschung eine gewiß dankbar empfundene, wertvolle Unterlagen bieten werden, ganz sein Werk."

49 Kunstdenkmäler 1914, S. 187.

50 BLfD, OA Regensburg, Kath. Pfarrkirche St. Georg, 1898–1944, Nr. 161: Aktennotiz von Georg Hager vom 23.01.1915, zitiert nach Stein 1987, S. 33; vgl. Pfaffel 2020, S. 189. Alters- und Stimmungswerte wurden um 1900 zu neuen Leitbildern der Denkmalpflege und Restaurierungspraxis, vgl. Santner 2016, S. 115.

51 Hager 1929, S. 271. Ausführlich dazu Hallinger 2008a, S. 61; Gerstl 2014, S. 306 mit Anm. 72.

verantwortlich zeichnete und an drei weiteren mitarbeitete, ehe er am 1. Januar 1919 als Kustos der Architektursammlung an die Technische Hochschule München wechselte und dort 1920 habilitierte, 1926–32 war er Professor an der Technischen Hochschule Aachen, 1932–44 kehrte er als Ordentlicher Professor für Kunstgeschichte an die Technische Hochschule München zurück.[52] Nach Mitteilung seines Sohnes war er allerdings nach einem Gestapo-Verhör im Jahr 1938 ein gebrochener Mann.[53] Am 27. März 1929 vermeldete im Übrigen die Münchner Zeitung die Berufung Karlingers als Nachfolger von Georg Hager im Amt des Generalkonservators.[54]

Die Prüfeninger Wandmalereien ließen Karlinger seit seiner Arbeit am Inventarband nicht mehr los. Vor allem das *Wie* der Restaurierung beschäftige ihn. Im Jahr 1919 machte Karlinger seine Kritik öffentlich. In einer vierteiligen Leitartikelserie auf der Titelseite der Münchner Neuesten Nachrichten Mitte Mai 1919 (also nach seinem Wechsel vom Landesamt an die Architektursammlung, damit nunmehr in einer Außenperspektive) diente ihm der Fall Prüfening als anschauliches Beispiel falscher Entscheidungsstrukturen in der Denkmalpflege: „Vor rund zwanzig Jahren wurden in dem romanischen Kloster Prüfening bei Regensburg Wandmalereien des 12. Jahrhunderts entdeckt. Nach der damals geltenden – wenn schon nicht mehr ganz neuen – Anschauung hat man den Hauptteil der Malereien nach der Freilegung von der Tünche ausgiebig restauriert. Zum Glück reichten die Mittel nicht für eine Restauration aller Teile, so daß die Malereien der Nebenchöre und Vierungspfeiler in aufgedecktem, unrestauriertem Zustand konserviert wurden. Dieser letztere, noch unberührt erhaltene Zustand zeigt eine Schönheit und Größe der künstlerischen Auffassung, dem ich – wohlgesagt in ganz Deutschland, abgesehen von den Wandmalereien im Nonnbergkloster zu Salzburg – nichts aus dem 12. Jahrhundert an die Seite zu setzen wüßte."[55]

Der Zeitpunkt der Artikelserie im Revolutionsjahr 1919, nur wenige Tage nach der brutalen Niederschlagung der Räterepublik in München Anfang des Monats Mai, war sicherlich kein Zufall. Und so sollte der Artikel wohl auch Ideen für eine neue Denkmalpflege unter geänderten Vorzeichen wachhalten. Karlinger haderte mit den Entscheidungsprozessen in Prüfening, die rechtlich und politisch vorgegeben, aber nicht fachlich motiviert waren, er stellte daher die Systemfrage: „Wen trifft an diesem Verlust die Schuld? Den verantwortlichen Denkmalpflegern könnte nach den damals geltenden Anschauungen nur der Vorwurf der Verkennung des künstlerischen Wertes gemacht werden, denn im übrigen war ihre Arbeit durch eine höhere Gewalt, den Willen der Kircheneigentümer, die eine Restauration forderten, bestimmt. Die Schuld liegt vielmehr am System [...]."[56]

Als Lösung schlug er vor, Vorgänge zu trennen, in solche von „internationaler Bedeutung" und Standardfälle: Erstere sollten künftig in Gremien eingehend diskutiert werden, während „Aufgaben lokalen Belangs" auf andere Ebenen delegiert werden sollten.[57] Des Weiteren stellte er die Strukturfrage, forderte beispielsweise eine „Klassifizierung" der Denkmäler sowie eine Beschränkung des denkmalpflegerischen Einflusses, nicht zuletzt, um so der Gefahr zu begegnen, „praktische Denkmalpflege gewissermaßen als archivmäßige Aufgabe aufzufassen".[58] Im Gegenzug sollten sich für die zeitgenössische Kunst künftig mehr Spielräume eröffnen, eine Forderung, die er später erneuern sollte.[59] Schließlich sprach er sich für eine stärkere Vergesellschaftung der denkmalpflegerischen Belange und gegen eine Individualisierung von Interessen aus: „so heißt die Aufgabe auch hier: das Althergekommene beweglicher machen, mit gutem Willen einstellen auf die neue Zeit, mithin Sozialisierung statt Individualherrschaft."[60] Seine Klage über den visuellen und materiellen Verlust der romanischen Presbyteriumsmalereien gerade im Abgleich mit den konservierten Malereien in den Nebenchören wog schwer: „Aus den Prüfeninger Malereifragmenten läßt sich ein stilistischer Geist ahnen, der den jüngst veröffentlichten Miniaturen der Bamberger Apokalypse ebenbürtig zur Seite steht. Gegen diese Bilder fällt der restaurierte Hochchor erheblich ab. (Das nicht zur Beschuldigung des Restaurators – ich glaube nicht, daß irgendwo ein dermaßen zeitloser Künstler existiert, der eine solche Aufgabe zu bewältigen vermöchte, und zwar je mehr er Künstler ist.) Die Folge ist, daß wir das wahre Bild der Hochchorfresken für immer verloren haben, denn der kunstgeschichtliche Trost, noch das Schema einer romanischen Dekoration zu besitzen, ist beschämend gering gegenüber dem zugrunde gegangenen Kunstwert."[61]

Die Thematisierung des Prüfeninger Falls nach über zwanzig Jahren (!) schlug hohe Wellen und löste eine intensive, auch inneramtliche und zwischenbehördliche Korrespondenz aus: Haggenmiller (mittlerweile altersbedingt aus dem Amt ausgeschieden, jedoch als Pensionär weiterhin gutachterlich tätig) und die Denkmalpflege sahen sich in der Defensive.[62] Mehr noch als sein Beitrag in den Münchner Neuesten Nachrichten, bei dem es sich primär um ein denkmalpflegerisches Positionspapier und politisches Statement handelte, musste seine fachliche Kritik ins Gewicht fallen, die Karlinger in seinem Buch „Die hochromanische Wandmalerei in Regensburg" im Jahr 1920 vortrug. Der Ansatz der Publikation war zukunftsweisend: Erstmals wurde hier systematisch die Veränderungs- und Restaurierungsgeschichte von Wandmalereien thematisiert, was bis dahin in der Kunstgeschichte allenfalls eine untergeordnete Rolle gespielt hatte. Seine Zeilen zu den Malereien in den drei Prüfeninger Chören lassen aufhorchen, wobei seine chromatische Würdigung zweifellos durch die expressionistische Farbenwelt seiner Gegenwart geprägt war: „Die Farbtöne sind erdig und satt. Wie weit die farbige Erscheinung des Hochchores noch Reste des ursprünglichen Bildes vermittelt, läßt sich nicht entscheiden. Die Restauration von 1897 ff. beabsichtigte eine völlige Rekonstruktion. Die Figuren wurden restlos nachergänzt, zum Teil übermalt, die Zwischenfarben ergänzt und zusammengestimmt. Der Vergleich mit den Nebenchören, an denen man keine Restaurierung vornahm, läßt erkennen, daß die alten Farben auch heute – also rund 30 Jahre nach der Aufdeckung – noch weitaus feuriger, glühender wirken: das tiefe Blau, die starken roten und bräunlichen Töne, das zarte, leuchtende Gelb, das energische Weiß erweckt die Empfindung, daß das ursprüngliche Bild ein mosaikartig lebhaftes, volles gewesen sein muß. Darnach ist der trübe Eindruck des Hochchores zu revidieren. Die Einzelheit der Zeichnung ist in den Nebenchören lückenhaft, aber zum Teil im Benediktuschor sehr gut erhalten, die Art der Modellierung der Flächen bei den Gesichtern, den Händen, auch bei einigen Gewandfalten läßt sich noch deutlich erkennen."[63]

Fortan stand der Vorwurf einer Fehlleistung aufgrund einer antiquierten Restaurierungsmethode im Raum. Aber war dieser Vorwurf berechtigt? Entsprach Prüfening nicht der gängigen restauratorischen Praxis – zumindest, wenn man innovative Konzepte wie auf der Insel Reichenau ausblendet? Haggenmiller sah sich zu Unrecht an den Pranger gestellt. Denn obwohl er in Prüfening wie auch bei anderen Baustellen im Bereich der Wandmalerei die restauratorische Leitung (mit heutigem Begriff: Fachbauleitung) innehatte,[64] kann von Alleingängen fern der Amtsmeinung, wie in Karlingers Eingaben impliziert, keine Rede sein. Vielmehr war das Vorhaben mit dem Generalkonservatorium abgestimmt – von Anfang an war beispielsweise auch Dr. Georg Hager (1863–1941; seit 1894 Konservator und Leiter der Inventarisation des Generalkonservatoriums, seit 1907 Direktor, 1908–28 Generalkonservator) eingebunden – und wurde letztlich auch vom Staatsministerien des Innern für Kirchen- und Schulangelegenheiten als bau- und budgetverwaltender Behörde sowie der Regierung der Oberpfalz oder dem Baukunstausschuss administrativ begleitet.[65]

Aber auch dem Landesamt haftete der Makel Prüfening an. Es dauerte lange, bis Generalkonservator Hager außerhalb des am 3. Juli 1920 mit dem Staatsministerium geführten Schriftwechsels eine öffentliche Antwort auf die Kritik Karlingers gab.[66] Erst im Jahr 1928 bei seinem Vortrag zur „Innenrestaurierung mittelalterlicher Kirchen", seiner Abschiedsrede auf dem „Tag für Denkmalpflege und Heimatpflege" in Nürnberg, wenige Wochen bevor er in den Ruhestand ging, kam er auf Prüfening zu sprechen. Eine Generation nach seiner Rede auf dem Erfurter „Vierten Tag für Denkmalpflege" im Jahr 1903, die ihm als Referenzfläche diente, richtete er aber nicht nur den Blick zurück, sondern auch nach vorne, hierin gleichermaßen Retrospektive wie Perspektive. Er konnte tatsächlich voller Stolz auf das Erreichte zurückblicken, denn die Prinzipien der modernen Denkmalpflege hatten sich etabliert. Seine Rede war Bilanz einer Ära in einer Zeit des Umbruchs wie auch Vermächtnis und Auftrag. Zentrale Passagen seines Vortrags, darunter auch die Beispiele von Kottingwörth und St. Oswald in Deggendorf, repetieren dabei bereits im Schreiben vom 3. Juli 1920 gegenüber dem Staatsministerium vorgetragene Argumente.[67]

Ziemlich genau in der Mitte seiner Rede kam er auf die Prüfeninger Restaurierung zu sprechen. Anhand der Prüfeninger Vorgänge beleuchtete er das Verhältnis von Denkmalpflege und Kirche. Zwar konnte der Generalkonservator auch in dieser Hinsicht am Ende seiner Amtszeit eine positive Bilanz vorweisen: Während er in Erfurt noch von einem auszufechtenden „Kampf" zur Erreichung des Ziels einer „unverfälschte[n] Bewahrung des ursprünglichen Charakters dieser Denkmäler" sprach,[68] dem allzu oft der „Drang des christlichen Gemütes nach rastloser Verschönerung des Hauses Gottes" entgegenstand,[69] konstatierte er nun eine gewandelte Sensibilität, eine kirchliche Aufbruchsstimmung und Aufgeschlossenheit. In diesen 25 Jahren hatte sich in Bezug auf Sehgewohnheiten und künstlerische Einstellungen viel getan. Prüfening indes stand, wie er ausführte, noch unter anderen Vorzeichen: Dort hatte er unter anderem den Verlust der einheitlich überlieferten barockzeitlichen Redaktion der Georgskirche zugunsten eines auf die Romanik rückrestaurierten Zustandes im Chorbereich zu beklagen und das Übergreifen der Freilegungsarbeiten aus den Nebenchören („wie das im Eifer der Entdeckung so zu gehen pflegt"[70]) auf den Hochchor. Dass diese Ausweitung der Freilegung vom Generalkonservatorium selbst initiiert worden war, lässt er indes geflissentlich unerwähnt. Der nachfolgende Abschnitt bildet den Kernpunkt seiner Rückschau auf Prüfening: „Die weitere Entwicklung der Sache in den Verhandlungen mit dem Herrn Bischof brachte es mit sich, daß wir, wollten wir wenigstens den hohen Wert der Wandmalereien als System einer völligen romanischen Raumdekoration auch in Zukunft sichtbar erhalten, im Presbyterium im Sinne der von der kirchlichen Oberbehörde verlangten Wahrung des Dekorums im Hochaltarraum die Hand zu einer Restaurierung der Presbyteriumsausmalung mit Ergänzungen bieten mußten, während es

52 Biografische Daten nach Ritz 1942; Karlinger 1966, S. 83, 106; Karlinger 1977; Schneider/ Brandner/ Ramminger 2008, S. 339 f.; bibliografische Übersicht bei Karlinger 1966, S. 106. Genau zehn Jahre, vom 01.01.1909 bis zum 31.12.1918, war Karlinger am Generalkonservatorium/BLfD beschäftigt, zunächst als wissenschaftlicher Hilfsarbeiter in der Inventarisation, 1914 wurde er zum Konservator ernannt, siehe BayHStA, Landesamt f. Denkmalpflege 893, Dr. Hans Karlinger. Die Überlieferung seiner Tätigkeit an der TU München ist lückenhaft, da der Personalakt entkernt wurde (TUM, Archiv, RA.C 133; TUM, Archiv, RA C 206). Für die Unterstützung bei der Archivrecherche danke ich Frau Eva Hölzl vom Archiv der TU München.

53 Karlinger 1977, S. 271. Demgegenüber irritierend seine damaligen Publikationen mit einem zeittypisch dominierten Heimat- und Kulturbegriff, z. B. Karlinger 1925/1928/1934, hier 1934, S. VII–XI; Karlinger 1942.

54 BayHStA, Landesamt f. Denkmalpflege 893: Abgelegt dort der entsprechende Ausschnitt der Münchner Zeitung, 27.03.1929, S. 3; Schneider/ Brandner/ Ramminger 2008, S. 340. Dieses Angebot lehnte Karlinger nach Mitteilung seines Sohnes jedoch ab, siehe Karlinger 1977, S. 271.

55 Karlinger 1919, Nr. 188. Die Artikelserie wurde im BLfD offenbar aufmerksam verfolgt, die entsprechenden Zeitungsausschnitte in der Personalakte des bereits aus den Diensten der staatlichen Denkmalpflege ausgeschiedenen ehemaligen Mitarbeiters abgeheftet (Bay HStA, Landesamt f. Denkmalpflege 893).

56 Karlinger 1919, Nr. 188.

57 Ebd.

58 Karlinger 1919, Nr. 186.

59 Karlinger 1928.

60 Karlinger 1919, Nr. 193.

61 Karlinger 1919, Nr. 188.

62 Dazu Gerstl 2014, S. 306 f.

63 Karlinger 1920, S. 15.

64 Pursche 2002, S. 136.

65 Biografische Daten nach Mader 1928/29; Hager 1968/69, S. 205 f.; Huber 1996, S. 39; Schneider/ Brandner/ Ramminger 2008, S. 337 f.; Vollmar 2020, S. 188 f.

66 Lediglich eine vorherige Äußerung Hagers ist in einem Schreiben an das Staatsministerium für Unterricht und Kultus vom 03.07.1920 in Zusammenhang mit den Einlassungen Karlingers belegt, siehe Huber 1996, S. 41.

67 Dieses Schreiben in Textauszügen bei Gerstl 2014, S. 304.

68 Hager 1903, S. 117.

69 Hager 1929, S. 266.

70 Hager 1929, S. 271.

Abb. 23. Prüfening, St. Georg, Soffitte der nördlichen Chorwandarkade, deutlich erkennbar hierbei die Abstufung im Restaurierungsgrad von innen nach außen, also vom liturgischen Kernbereich, dem Presbyterium, zu den Nebenchören: Rekonstruktionsfassung (Soffitte), teilrestaurierte Übergangszone (Palmettenranke), unrestaurierter Innenbereich des Johanneschores, Aufnahme 1901 (Foto: BLfD, Bildarchiv, Nr. 01029949)

Abb. 24. Prüfening, St. Georg, rekonstruierte Ornamentmalerei an der nördlichen Pfeilervorlage des Bogens vom Querhaus zum Johanneschor, im Hintergrund die durch das Retabel des Magdalenenaltars später verdeckte und daher unberührt erhalten gebliebene Weiheinschrift an der Nordwand des Querhauses, Aufnahme 1901 (Foto: BLfD, Bildarchiv, Nr. 01029947)

gelang, die Nebenchöre auch in Zukunft dem Plane kirchlicher Benützung zu entziehen und ihr ganzes aufgedecktes romanisches Ausmalungssystem völlig unberührt zu lassen. Erst 1916 haben wir die völlig unberührt gebliebene romanische Ausmalung der Nebenchöre, da die Farben abzustäuben begannen, mit wasserverdünntem Kalk (bestehend aus zwanzig Teilen Topfen und einem Teil gelöschtem Kalk) mittels Einstäuben fixiert, ohne daß dadurch die Farbtöne die geringste Aenderung erfuhren. So wurde die stilistische Erscheinung des Innern der Prüfeninger Klosterkirche, wie das 18. Jahrhundert sie geschaffen hatte, durchbrochen zugunsten der Erhaltung des Systems alter romanischer Ausmalung, die ans Tageslicht gekommen war."[71]

In der Darstellung Hagers erscheinen sowohl das synkretistische Raumkonzept als auch die Restaurierung der Wandmalereien damit als ein Kompromiss, als Ergebnis eines Interessensausgleichs und Moderationsprozesses zwischen den liturgischen und den denkmalpflegerischen Belangen, und weniger als Ergebnis eines Paradigmenwandels oder inneramtlicher Reflexion.[72] Auch wenn es die von Hager genannten Verhandlungen mit dem Bischof realiter wohl nicht gegeben hat, so spricht doch einiges für die von Hager postulierte Lesart in einem übertragenen Sinn, nämlich als Ausdruck einer seit Langem in der bayerischen Denkmalpflege gepflegten systemischen Differenzierung. Erstmals vorgetragen wurde das Votum der gottesdienstlich ungenutzten Nebenchöre in der Stellungnahme des Generalkonservatoriums vom 3. Januar 1898, bereits damals mit der Intention eines reduzierten Restaurierungsgrades. Hager ging bei der Erfurter Fachtagung der Denkmalpflege im Jahr 1903 aber noch einen Schritt weiter, indem er die funktionale Differenzierung mit der Frage der gottesdienstlichen Nutzung verknüpfte und damit eine Splittung in zu restaurierende und zu konservierende Wandmalereien ermöglichte. Interessanterweise bezeichnete Hager in seinem Nürnberger Vortrag von 1928 die Prüfeninger Nebenchöre als „profaniert"[73], damit aus der liturgischen Nutzung genommen. Nur weil sie nicht dem gottesdienstlichen Vorrang unterstanden, so seine Andeutung, habe sich die Tür für eine rein konservierende Maßnahme geöffnet.

Wie stichhaltig aber ist die Argumentation Hagers? Bereits bei seinem Vortrag in Erfurt 1903 betonte er die Zwänge, die sich aus dem kirchlichen Vorrang ergeben. „Eine Kirche ist kein Museum"[74], lautet einer der Stereotypen, mit denen sich die Denkmalpflege auseinanderzusetzen habe, und er beschrieb die sich daraus ergebenden restauratorischen Konsequenzen: „In Kirchen, in denen regelmäßig Gottesdienst gefeiert wird, verlangen die liturgischen Rücksichten, daß allenthalben oder wenigstens an allen Flächen, die beim Gesamtbild des Innern mitsprechen, die Gemälde in einen der Würde des Raumes entsprechenden Stand gesetzt werden.

Abb. 25. Prüfening, St. Georg, südöstlicher Vierungspfeiler, Moses als Mittelfigur einer Dreiergruppe, Aufnahme vor 1914 (Foto: BLfD, Bildarchiv, Nr. 01029937)

Abb. 26. Prüfening, St. Georg, südwestlicher Vierungspfeiler, Detail der Hand eines Engels zur Rechten Mariens, Ausschnitt aus der Verkündigungsszene, Aufnahme vor 1914 (Foto: BLfD, Bildarchiv, Nr. 01029939)

Der fragmentarische Charakter in der Zeichnung der Figuren und der Ornamente soll beseitigt, die Farbe soll etwas klarer und deutlicher werden, der Gesamteindruck der Bilder soll ein harmonischer sein, er soll Herz und Gemüt erheben."[75]

Die Ausführung der Prüfeninger Restaurierung folgte exakt diesen Vorgaben: Selbst der Stirnbogen, der sich vom Querhaus aus zu den beiden Nebenchören öffnete, sowie die südliche Innenwand des nördlichen Johanneschores wurden, da sie in Verbindung mit dem Gesamtraum und dem Presbyterium stehen (Abb. 23 und 24), in diesem Sinne restauriert (und nicht konserviert!). Für eine Konservierung blieben als Rückzugsort nur das Innere der Nebenchöre sowie die durch ihren Zeugniswert und den Erhaltungszustand privilegierten Gemälde an den Vierungspfeilern (Abb. 25 und 26).

Einige Beispiele aus dem ostbayerischen Raum mögen die Problemlage verdeutlichen, mit denen die Denkmalpflege um 1900 konfrontiert war: Im Jahr 1903 wurden in der damaligen Simultanpfarrkirche von Wilchenreuth (Lkr. Neustadt a. d. Waldnaab), heute evangelische Kirche St. Ulrich, unter rezenten Tüncheschichten Reste spätromanischer Apsismalereien aus der Zeit um 1200 entdeckt und sogleich freigelegt.[76] Der Erhaltungszustand wurde im Kunstdenkmälerband von 1907

71 Ebd.

72 Die Bereitschaft zu einem solchen „Ausgleich" zwischen den kirchlichen und den denkmalpflegerischen Belangen wurde von Hager 1903, S. 130, formuliert. Zu dieser Frage auch Feldtkeller 2008, S. 104 f.

73 Hager 1929, S. 271.

74 Hager 1903, S. 117.

75 Hager 1903, S. 129.

76 Zur evangelisch-lutherischen Kirche St. Ulrich in Wilchenreuth zuletzt Ottmann 2019 (jedoch mit einer diskussionswürdigen ikonografischen Einordnung v. a. der Christusfigur sowie einem unzutreffenden Urteil über die denkmalpflegerische Maßnahme, wichtig aber u. a. der Hinweis auf die Kirchenvisitation vom 27.06.1909, Zitat S. 142 f., und der Datierungsansatz für Kirche und Wandmalereien ins späte 12. Jahrhundert, S. 140). Weiterhin grundlegend sind Kunstdenkmäler 1907, S. 152–155; Morsbach/ Spitta 2001, S. 26–30; Dobler 2002, S. 435–439; Dehio Opf 2008, S. 872 f. Die Wandmalereien wurden in der älteren Literatur noch in die Zeit um 1200 datiert, in der neueren Forschung in die Zeit um 1230/40 und damit in den Übergang zur Gotik, weshalb Dobler die Malereien in seiner Dissertation zu den gotischen Wandmalereien in der Oberpfalz überhaupt behandelt. Erst in jüngerer und jüngster Zeit, siehe Morsbach/Spitta 2001, S. 26, sowie Ottmann 2019, gibt es wieder ein starkes Plädoyer für eine Datierung ins späte 12. Jahrhundert/um 1200. Die bisher als Hauptargument für eine Spätdatierung angeführte rahmende Ranke am Triumphbogen kommt indes bereits um 1170 vor, wie das sog. Soester Antependium aus dem St.-Walburgiskloster zeigt. Zentrale Fragen zu den Malereien von Wilchenreuth sind weiterhin offen und bleiben angesichts der dürftigen Befundlage eine Herausforderung für zukünftige Forschungen.

Abb. 27. Wilchenreuth, evang.-luth. Kirche St. Ulrich, barockes Hochaltarretabel in der ehemaligen Simultankirche (1910 in die katholische Expositurkirche St. Ulrich überführt), dahinter die 1903 freigelegten Wandmalereien in der Apsis, Aufnahme vor 1907 (Foto: BLfD, Bildarchiv)

Abb. 28. Wilchenreuth, evang.-luth. Kirche St. Ulrich, Verkündigung Mariens (links) und Maria bei der Geburt (rechts) aus einem Leben-Jesu-Zyklus, mit einem barockzeitlichen Wandschrank als ehemaliger Sakramentsnische (im Zuge der Auflösung des Simultaneums ausgebaut), Zustand nach der Freilegung, Aufnahme vor 1907 (Foto: BLfD, Bildarchiv, Nr. 01026106)

Abb. 29. Heroldsberg, Kirche St. Matthäus, Blick nach Osten auf das 1907/08 nach Entwurf von Johann Will gefertigte Altarretabel, im Schrein der sogenannte Heroldsberger Kruzifixus Tilman Riemenschneiders, an der Schildwand des Chorbogens eine gemalte Christusfigur (Foto: BLfD, Michael Schmidt, P3000213)

als „ruinös" bezeichnet,[77] nur an einzelnen Stellen, etwa im Bereich der linken Ellenbeuge der zentralen Christusfigur in der Kalotte, hatten sich überhaupt zusammenhängende Partien der Malschicht erhalten, ansonsten überwogen Partikelbefunde, wie das Generalkonservatorium am 16. Januar 1904 notierte: „In der Wölbung ist schwerst erkennbar ein in einer Mandorla (welche wiederum von einem grossen Kreise umgeben ist) sitzender Christus, es ist hier aber blos der Farbenniederschlag, welcher diese Formen verräth."[78] Für das Denkmalamt ließ dieser Zustand nur eine Schlussfolgerung zu: „Die jetzt gänzlich

77 Kunstdenkmäler 1907, S. 154.

78 BLfD, OA Wilchenreuth, Evang.-Luth. Kirche St. Ulrich, Nr. 7: Schreiben des Generalkonservatoriums an das Bezirksamt Neustadt a.d. Waldnaab vom 16.01.1904, gez. Generalkonservator Graf. Einzelne Passagen der Stellungnahme bereits bei Dobler 2002, S. 435, zitiert.

Abb. 30. Wilchenreuth, evang.-luth. Kirche St. Ulrich, Blick nach Osten, aktueller Zustand der Apsiskalotte mit Majestas Domini, auf dem Altar Kopie des Heroldsberger Kruzifixus, Aufnahme 2020 (Foto: BLfD, Michael Schmidt, P2990578/3)

bloßgelegten romanischen Wandmalerei in der Apsis, im Chorbogen und an der Chorstirnwand der Simultankirche Wilchenreuth sind leider zum größten Teil in den Einzelfiguren wie im Gesamtumfange so wenig erhalten, daß die Restaurierung einer Neumalung gleich kommt [...]. Bei dieser mangelhaften Gesamterhaltung ist, wie wir schon Eingangs bemerkten, eine Wiederherstellung von zweifelhaftem Wert und wäre auch mit großen Kosten verbunden."[79] Außerdem schien der stabile Zustand der Malereien einen Verzicht auf „besondere Konservierungsmaßnahmen" zu gestatten (Abb. 27 und 28).[80] Ungeachtet dessen, dass das anfängliche Votum des Generalkonservatoriums ebenso verhallte wie die vorgeschlagenen Alternativen einer Überdeckung oder einer Abnahme der Malereien für das Bayerische Nationalmuseum, hatte sich beim Generalkonservatorium die Einschätzung zum Zustand der Malereien wenig später geändert, sodass Referent Reinhard Lischka am 12. August 1907 gegenüber dem Staatsministerium des Innern für Kirchen- und Schulangelegenheiten die Inanspruchnahme des Staatsfonds vorschlug: „Es wäre dringend zu wünschen, daß dieselben möglichst bald wieder hergestellt werden, denn die Farben werden von Jahr zu Jahr bleicher und es würde immer schwerer werden die Malereien wieder gut herzustellen."[81] Die Maßnahme führten Kunstmaler Josef Weber aus Amberg und Wilhelm Orth aus Nürnberg aus. Nach der Reinigung der Malereien im Herbst 1908 entwickelte sich mit Beginn der restauratorischen Arbeiten eine Diskussion über den Grad der Retusche, wie die Stellungnahme des Konservators Karl Döttl vom 4. Juni 1909 erkennen lässt: „Die vorhandenen Lücken in der Bemalung der Apsis stören unseres Erachtens nicht in dem Maße, daß wir einer Ausführung derselben zustimmen möchten oder wenigstens nur dann, wenn die Kosten von der Kirchenverwaltung selbst übernommen werden."[82] Das Generalkonservatorium gestand damit zwar eine weitergehende Restaurierung der Malereien zu, sah diese aber außerhalb der konservatorischen Pflichtaufgaben angesiedelt und damit nicht als zuschusswürdig an – eine differenzierende Sichtweise, die auch andernorts zur Anwendung gelangte, um eine Zerreißprobe zwischen den Wünschen der örtlichen Kirchengemeinde und den denkmalpflegerischen Anliegen zu vermeiden. Nach einem Bericht in der Kirchenchronik geschah die Ergänzung und Restaurierung der Malereien „in völlig stilgemäßer Weise".[83] Tatsächlich aber waren die Ergänzungen weitreichend, von „behutsamen Instandsetzungen", wie zuletzt behauptet,[84] kann nicht die Rede sein, vielmehr erinnern Vorgehen und Ergebnis an die Malereien im Prüfeninger Presbyterium. Insbesondere die Restaurierung der Christusfigur in der Mandorla war möglicherweise weniger am Befund orientiert als intentional geleitet, zumindest nahm man den milde gestimmten Pantokrator gerne an, wie eine 1909 durchgeführte Kirchenvisitation des Dekanats Weiden vermeldet: „Einen wundervollen Schmuck bilden die Wandmalereien in der Apsis (um 1200), die im Herbst 1908 wieder sichtbar gemacht werden konnten. Besonders schön wirkt die in erhabener Ruhe und Milde thronende Gestalt Christi, des guten Hirten [...]."[85] Als Ergebnis „weitgehend modernen Ursprungs" ist die Wilchenreuther Majestas Domini nach dem Urteil Gerald Doblers nur noch in „thematischer Hinsicht von Interesse". Unterhalb eines fragmentarisch erhaltenen Leben-Jesu-Zyklus wurde auf einer bereits in früherer Zeit getauschten Putzfläche ein Teppichmuster frei rekonstruiert (1970 wieder entfernt). Aufgrund des Verlustes authentischer romanischer Wandmalerei durch die deckende Übermalung wurde im Jahr 1966 sogar die Entrestaurierung der Wilchenreuther Restaurierung diskutiert – aufgrund zu erwartender materieller Verluste aber wieder verworfen.[86] Im Unterschied zur Apsismalerei vernachlässigte die Forschung jedoch weitgehend die sonstige Restaurierungsgeschichte der Wilchenreuther Kirche, deren Neuausstattung eine unmittelbare Folge der 1905 beschlossenen und 1909/10 vollzogenen Auflösung des Simultaneums war.[87] Denn nach Überführung des barocken Hochaltarretabels und der spätgotischen Bildwerke in die nach Plänen von Heinrich Hauberrisser 1910/11 in der unmittelbaren Nachbarschaft errichtete katholische Expositurkirche St. Ulrich wurde die entstandene Lücke bis 1912 durch eine teilweise vom Nürnberger Architekten Johann Will konzipierte historisierende Ausstattung geschlossen (unter anderem mit einer vom akademischen Bildhauer Prof. Georg Leistner aus Nürnberg gefertigten bildschnitzerisch und fassungstechnisch detailgetreuen Kopie des Heroldsberger Kruzifixus, ei-

Abb. 31. Kottingwörth, St. Vitus, Vitus- und Taufkapelle, Blick auf Nord- und Ostwand, an der Nordwand Sakramentsnische von Loy Hering (im Zuge der Neugestaltung 1893/95 zurückgeführt), Aufnahme 2020 (Foto: BLfD, Michael Schmidt, P2990139)

Abb. 32. Kottingwörth, St. Vitus, Vituskapelle, Apostelfigur an der Ostwand als Beispiel für das durch Strichretuschen entstandene stimmige Gesamtbild, Aufnahme 2020 (Foto: BLfD, Michael Schmidt, P2990163)

nes mutmaßlichen, 1907 gerade eben restaurierten und neu gefassten Frühwerks von Tilman Riemenschneider[88]; Verlängerung der Nordempore in barockisierender Manier; Restaurierung der Kanzel samt Freilegung ihrer Malereien am Korb; Aufstellung eines historisch anmutenden Taufsteins aus Flossenbürger Granit vor dem Altar und eines Messingkronleuchters mit charakteristischer doppelköpfiger Adlerbekrönung; neues, ornamental gefasstes Laiengestühl in der Art bäuerlicher Möbelmalerei; Einbau einer Holzdecke statt der schadhaft gewordenen Weißdecke). Vieles in Wilchenreuth erinnert an die von Will geleiteten Innenrenovierungen der evangelischen Pfarrkirchen St. Bartholomäus in Rothenstadt (Stadt Weiden), ausgeführt 1910/11, und St. Matthäus in Heroldsberg (Abb. 29), wo an der Schildwand des Chorbogens eine stehende Christus-

79 BLfD, OA Wilchenreuth, Evang.-Luth. Kirche St. Ulrich, Nr. 7: Schreiben des Generalkonservatoriums an das Bezirksamt Neustadt a. d. Waldnaab vom 16.01.1904, gez. Generalkonservator Graf.

80 BLfD, OA Wilchenreuth, Evang.-Luth. Kirche St. Ulrich, Nr. 12: Schreiben des Generalkonservatoriums an die Regierung der Oberpfalz und von Regensburg vom 05.05.1904, gez. Generalkonservator Graf.

81 BLfD, OA Wilchenreuth, Evang.-Luth. Kirche St. Ulrich, Nr. 23: Schreiben des Generalkonservatoriums vom 12.08.1907 an das Staatsministerium des Innern für Kirchen- und Schulangelegenheiten, bearb. von Reinhard Lischka.

82 BLfD, OA Wilchenreuth, Evang.-Luth. Kirche St. Ulrich, Nr. 55: Schreiben des Generalkonservatoriums vom 04.06.1909 an die Simultankirchenverwaltung Wilchenreuth, gez. i. V. Alois Müller.

83 Dehio Opf 2008, S. 872.

84 Ottmann 2019, S. 141.

85 Zitiert nach Ottmann 2019, S. 142 f. Von Ottmann wurde die Sehnsucht nach dem mildtätigen Christusbild in der Gestalt des „Guten Hirten von Wilchenreuth“ erneut zum Ausdruck gebracht.

86 BLfD, OA Wilchenreuth, evang.-luth. Kirche St. Ulrich, interne Aktennotiz vom 13.05.1966, verfasst von Dr. Hans Ramisch.

87 Eine Würdigung dieses Sachverhalts lediglich bei Morsbach/ Spitta 2001, S. 28.

88 Die Aufstellung eines Kruzifixus als Altarbekrönung anstelle des einstigen barocken Retabels geht auf eine Anregung des Generalkonservatoriums zurück (BLfD, OA Wilchenreuth, evang.-luth. Kirche St. Ulrich, Nr. 47). Zur Zuschreibungs- und Restaurierungsgeschichte des Heroldsberger Kruzifixus siehe Kleberger 1981, v. a. S. 56. Die Instandsetzung der Heroldsberger Matthäuskirche 1907 wurde von Johann Will betreut, der auch für den Entwurf des neu geschaffenen Altarretabels, in dem der Kruzifixus platziert wurde, verantwortlich zeichnete. Ein Überblick der 1907/08 in Heroldsberg durchgeführten Maßnahmen bei Heckel 1998, S. 274 f.

figur in einer Art Mandorla sich mit den Worten des Kirchenpatrons und Evangelisten Matthäus an die Gläubigen wendet (Mt 11,28): „Kommt alle zu mir, die ihr euch plagt und schwere Lasten zu tragen habt. Ich werde euch Ruhe verschaffen." Die nunmehrige evangelische Ulrichskirche wurde in eine künstlerisch hochwertig ausgestattete, mit ihrem Fachwerkdachreiter und dem ummauerten Kirchhof mittelfränkisch intonierte protestantische Dorfkirche verwandelt (Abb. 30). Insbesondere mit ihren Prägezeichen der linksseitigen Empore, dem altarnahen zentralen Taufort sowie dem mit einem Doppeladler geschmückten Kronleuchter wird die evangelische Ulrichskirche in Wilchenreuth zum protestantischen Gegenentwurf zu der in neubarocken Formen errichteten katholischen Ulrichskirche. In ihrer Ausstattung evoziert sie bis heute den Eindruck eines historisch gewachsenen und geschlossenen Kircheninterieurs, im Ergebnis „ein freundliches Ensemble bäuerlicher Kirchengestaltung am Übergang des späten Historismus zum Heimatstil" (Dehio-Handbuch), dessen Mittelpunkt die Majestas Domini in der Apsiskalotte bildet.[89]

Auch in der ehemaligen Dominikanerinnenkirche Adlersberg (Lkr. Regensburg) diente die liturgische Nutzung als Argument für eine Maßnahmeerweiterung: „Wir teilen dem K. Landbauamt mit, daß die Restaurierung der Wandmalereien unter Leitung des G.C. [Generalkonservatorium, Anm. des Verf.] erfolgt ist. Die Auffrischung und Ergänzung der Malereien geschah in der Weise, wie wir bei im Gebrauch stehenden Kirchen Wandgemälde restaurieren lassen, d. h. durch Reinigung, Fixage und sorgfältige Retusche. Bei dem Bild der hl. 3 Könige wurde außerdem ergänzt."[90] (Dass in Adlersberg dennoch Umfang und Grad der Restaurierung gegenüber Prüfening positiv nachjustiert wurden, sei nicht verschwiegen.)

Im Zuge einer Kirchenrenovierung 1889 wurden in der Vituskapelle der gleichnamigen Pfarrkirche Kottingwörth an der Altmühl (Lkr. Eichstätt), bis zur Kirchenerweiterung 1760–63 deren Chor, danach Kapellenraum, mehrschichtige mittelalterliche Wandmalereien entdeckt, wie in einem Vermerk des Generalkonservatoriums beschrieben ist: „Die zweite Schicht wurde spätgotisch (Zeit Dürers) übermalt. Von der gotischen

Abb. 33. Deggendorf, ehem. St.-Oswald-Kapelle, Wandmalereien an der südlichen Chorwand mit Hochaltar, Aufnahme vor 1927 (Foto: BLfD, Bildarchiv, Nr. 01038033; Aufnahme: Karl Gröber)

Abb. 34. Deggendorf, ehemalige St.-Oswald-Kapelle, seit 1955 „Kriegergedächtniskirche", Blick nach Osten, Aufnahme 2020 (BLfD, Michael Schmidt, P299047)

Malerei sind nur noch geringe Spuren vorhanden. Die romanische Malerei aber ist wenigstens in den Umrissen noch ziemlich gut erhalten. Dieselben schildern das Leben des heiligen Vitus und sein Martyrium."[91] Aufgrund dieses Sachverhalts entschloss man sich zur Nachfreilegung und Restaurierung der zunächst als romanisch, damit bedeutungshierarchisch und ideologisch als privilegiert eingestuften Malereien, den Verlust der spätgotischen Raumredaktion nahm man dabei billigend in Kauf (Abb. 31). Georg Hager sorgte sich in seinem Schreiben um den „Charakter" dieser Malereien, sollte eine „Ergänzung der beschädigten Theile der Figuren u. Ornamente beabsichtigt" sein und plädierte für ein putzsicherndes Konservierungskonzept.[92] Diese Parameter wurden dem damals freiberuflich tätigen Kunstmaler (und späteren Konservator beim Landesdenkmalamt) Alois Müller auf den Weg gegeben, der die Wandmalereien 1893 restaurierte (Abb. 32). Die Bewertung der vorgenommenen Restaurierung differierte freilich: Während Hager Kottingwörth auch rückblickend als eine Konservierung (!) bezeichnete,[93] charakterisierte der Kunstdenkmälerband im Jahr 1908 die Maßnahme als eine „eingehende Restaurierung".[94] Nach heutigen Maßstäben handelt es sich bei der auf hohem restauratorischen Niveau durchgeführten Maßnahme um eine wichtige Zwischenstation in der Geschichte der bayerischen Denkmalpflege; zwar beschränkte sich Müller nicht auf eine Konservierung, die gewählte bestand- und befundgeleitete Restaurierungsmethode lässt bei den Ergänzungen und Retuschen jedoch eine Unterscheidung zum Bestand zu, sodass die Wandmalerei nicht überrestauriert wirkt, eine Überfassung wie wenige Jahre später in Prüfening wurde gänzlich vermieden. Die in mehreren Registern angeordneten Malereien aus der Zeit um 1310/13 zeigen einen bunten Reigen von Szenen aus dem Leben und Martyrium des Kirchenpatrons Vitus, daneben aber auch den Diözesanpatron Willibald, unter Arkadenbögen eine umlaufende Reihe von Apostelfiguren, mit Georg und Martin zwei populäre spätmittelalterliche Reiter- und Ritterheilige, Heilige aus der Gruppe der Vierzehn Nothelfer, Erzengel Michael als Seelenwäger sowie Adam und Eva nach dem Sündenfall. Die Darstellung von Kain und Abel bei der Opferspende an der Innenseite des Chorbogens steht in dezidiert romanischer Bildtradition (vgl. St. Jakob in Grissian/Südtirol, um 1200). Der annähernd quadratische, kreuzrippengewölbte Raum wurde bis 1895 in eine Taufkapelle umgestaltet und als romanisch-gotischer Altarraum der Kottingwörther Kirche (und mittelalterliches Gegensatzpaar zum barocken

89 Dehio Opf 2008, S. 873. Diese Sanierungsphilosophie war wesentlich für das denkmalpflegerische Schaffen des akademischen Zeichenlehrers an der Nürnberger Kunstgewerbeschule und Architekten Johann Will (1861–1941), vgl. dazu Will 1934. Für die Unterstützung bei der Recherche des Will'schen Beitrags danke ich Herrn Thilo Liebe, Leiter der Bibliothek des Landeskirchlichen Archivs der ELKB. Will nahm als Berater und Gutachter des Vereins für christliche Kunst in der evangelischen Kirche Bayerns auf viele Sanierungsmaßnahmen von protestantischen Landkirchen vor allem in Mittel- und Oberfranken Einfluss (z. B. evang.-luth. Kirchen in Küps 1898, Schmölz 1899/1935, St. Johannis in Nürnberg 1905, Heroldsberg 1907/08, Schönwald 1909); siehe auch Würdigung von Schulz 1947. Mit Rothenstadt bei Weiden und Wilchenreuth kann diese Reihe nunmehr um zwei wichtige Oberpfälzer Beispiele ergänzt werden.

90 BLfD, OA Adlersberg, Kath. Filialkirche St. Maria, Nr. 34: Schreiben des Generalkonservatoriums an das Landbauamt Regensburg vom 01.08.1910, gez. Döttl. Zu Adlersberg auch Dobler 2002, S. 120, 122, 136 mit Anm. 4 f.

91 BLfD, OA Kottingwörth, Kath. Pfarrkirche St. Vitus, 1875–1954, „Auszug aus dem Reisetagebuch" vom 29.02.1892.

92 BLfD, OA Kottingwörth, Kath. Pfarrkirche St. Vitus, 1875–1954, Entwurf eines Schreibens des Generalkonservatoriums vom 21.02.1893, gez. Hager. Von ihm wurde auch die Rückführung des renaissancezeitlichen Sakramentshauses in die Vituskapelle angeregt.

93 Hager 1929, S. 272.

94 Zitiert nach Kunstdenkmäler 1908, S. 107. Siehe auch Braun 2008, S. 10–13; Soffner-Loibl 2016, S. 16–19.

Abb. 35. Deggendorf, ehemalige St.-Oswald-Kapelle, freigelegte Malerei an der nördlichen Chorwand (Kreuzigung Christi, unterhalb Rautenband und Zyklus von Heiligenfiguren) zwischen einem gotischen Fenster und einem barocken querovalen Fenster, Aufnahme vor 1927 (Foto: BLfD, Bildarchiv, Nr. 01038032/002; Aufnahme: Karl Gröber)

Abb. 36. Deggendorf, ehemalige St.-Oswald-Kapelle, seit 1955 „Kriegergedächtniskirche", nördliche Chorwand mit Kreuzigung Christi und Ausschnitt der Gewölbemalereien mit Darstellung eines thronenden Kirchenvaters und eines musizierenden Engels, Aufnahme 2020 (BLfD, Michael Schmidt, P2990440)

Kirchenraum) herausgearbeitet. In gestalterische Fragen der Umgestaltung war Rudolf Seitz eingebunden. In der Raummitte wurde ein neuromanischer Taufstein, an der Kuppa mit Personifikationen der vier biblischen Paradiesflüsse, auf der Grundlage eines offensichtlich redigierten Entwurfs des Stadtamhofer Bildhauers Friedrich Preckel aufgestellt.[95] Die restaurierten Wandgemälde wurden – sehr vergleichbar ihrer Aufgabe in der evangelischen Ulrichskirche in Wilchenreuth – in den Dienst der neuen Funktion des Raums als Taufkapelle gestellt; sie wurden gleichsam zum Sinnbild des Taufortes, indem sie die Folie bilden für den mit der Taufe vollzogenen Eintritt in die Kirche, ihre Tradition und Geschichte.[96]

Konservierende Konzepte standen unter dem Vorbehalt nachgeordneter kirchlicher oder profaner Nutzungen. So bot sich in der Kapelle St. Oswald des 1415 vom Stadtkämmerer Hugo Neytthard gestifteten Deggendorfer Bruderhauses bereits Ende des 19. Jahrhunderts die Gelegenheit, die freigelegten gotischen Wandmalereien im Chor lediglich zu konservieren statt sie zu restaurieren. Dieses nach damaligen restauratorischen Grundsätzen außergewöhnlich zukunftsweisende Konzept geht auf Georg Hager (wie bereits in Kottingwörth auch hier in seiner Funktion als Mitarbeiter der Bibliothek und der Inventarisation des Generalkonservatoriums) zurück, der sich dafür einsetzte, „die Fresken zu belassen, wie sie sind"![97] Fast scheint es, als nähme Hagers Plädoyer das *Non Toccare!* der modernen Konservierungswissenschaft vorweg. Noch im Kunstdenkmälerband wird eine Generation später die Authentizität und Ästhetik der Bilder im Moment der Aufdeckung betont (Abb. 33): „Die Aufdeckung der Fresken erfolgte im Jahr 1892. Die Tünche wurde unter der Leitung des Kgl. Generalkonservatoriums entfernt, weitere Restaurierungen aber fanden nicht statt, so daß der alte Charakter der Bilder völlig gewahrt blieb."[98] Deggendorf markiert damit einen, wenngleich in der Wissenschaftsdiskussion bislang jedoch völlig unbeachtet gebliebenen Wendepunkt in der bayerischen Denkmalpflege, hin zu konservierenden Grundsätzen in der Wandmalerei. Über Jahrzehnte leistete man in Deggendorf dem Plädoyer Hagers Folge, indem man auf eine Restaurierung der Malereien in St. Oswald zugunsten einer Konservierung verzichtete, ehe man nach einer ersten Purifizierung 1938, als man die Kapelle der barockzeitlichen (wohl nach den Zerstörungen im Österreichischen Erbfolgekrieg 1743 entstandenen) Ausstattung beraubte und den Raum weiß auskalkte, im Zuge ihrer Profanierung und des Umbaus zu einer (christlich konnotierten) Gedächtnisstätte für die Opfer der Kriege („Kriegergedächtniskirche") 1954/55 eine umfangreiche Restaurierung zuließ, eine Konservierung folgte 1993/94. Die nachkriegszeitliche Umgestaltung der Kapelle war Ergebnis eines von der Stadt Deggendorf ausgelobten Architektenwettbewerbs, aus dem der renommierte Nürnberger Hochschullehrer Prof. Wunibald Puchner (1915–2009), ein gebürtiger Deggendorfer, als Sieger hervorging. Die Änderungen am Gebäude waren einschneidend: Die querformatigen, vierpassartigen Barockfenster wurden in Spitzbogenfenster zurückgeführt, im Langhaus eine hölzerne Bretterdecke eingezogen, der überlebensgroße Kruzifixus der Kapelle aus der Zeit um 1500 in der Art eines Chorbogenkreuzes neu platziert, der Dachreiter und die abgewalmte barockzeitliche Fassade durch einen weitgehend neu errichteten, hoch aufragenden Mauerschild ersetzt.[99] Bisher noch übertünchte Bereiche der für das Verständnis des Bildprogramms wichtigen Gewölbemalereien (Himmelskrönung Mariens im Scheitel, die vier Kirchenväter und musizierende Engel am Sternenhimmel in den östlichen Gewölbesegeln, die vier Evangelisten im westlichen Gewölbejoch) wurden freigelegt und restauriert (Abb. 34 und 35). In der Stellungnahme des Landesamtes für Denkmalpflege zur Maßnahme vom 14. Juni 1955 ist ein denkmalfachliches Unbehagen über die geplanten Maßnahme spürbar: „Die schon einmal freigelegte, gotische Malerei, die in der Neuzeit erneut übertüncht und jetzt wieder freigelegt worden ist, ist in ihrer fragmentarischen Art von voller Schönheit [...]. Die Restaurierung der Malereien soll grundsätzlich nur konservierend geschehen. Abschürfungen, Kratzstellen der Malschicht und Putzstellen dürfen nicht eingestimmt werden, da sie in hellem Grund ausgeglichen wirken. Die unteren Wandflächen im Chor sind soweit in hellem Grau lasierend zu behandeln, dass sie mit den alten aufgedeckten Partien ein gutes farbiges Bild ergeben."[100] Ein Vergleich von historischen und aktuellen

95 Der Entwurf erschien dem Generalkonservatorium unpassend und wurde zur weiteren Beratung Seitz anempfohlen, siehe BLfD, OA Kottingwörth, Kath. Pfarrkirche St. Vitus, 1875–1954, Schreiben vom 17.09.1895.

96 Zur weiteren Restaurierungsgesichte der Vituskapelle: Der bemalte, rottonige Sockel und Teile der Apostelkreuze – die Abbildungen in Kunstdenkmäler 1908 zeigten bereits einen stark geschädigten Zustand – wurden 1935 schließlich aufgegeben und durch einen kalkweißen Sockelputz ersetzt (BLfD, OA Kottingwörth, Kath. Pfarrkirche St. Vitus, 1875–1954, Schreiben des Landbauamtes Regensburg an das Bezirksamt Beilngries vom 02.01.1935, gez. Zahn), weiterhin zu einem unbekannten Zeitpunkt das von Rudolf Seitz projektierte hölzerne, barockisierende Abschlussgitter entfernt. Über den Verbleib der baldachinartigen Abdeckung des Taufsteins in neuromanischen Formen ist nichts bekannt.

97 Zitiert nach BLfD, OA Deggendorf, St.-Oswald-Kapelle – Kriegergedenkstätte, Schreiben vom 05.11.1892 (Nr. 3). Das zugrundeliegende Konzept stammt vom 04.11.1892 (gez. Hager; Nr. 2).

98 Kunstdenkmäler 1927, S. 55 mit Tafel IV; vgl. Hager 1929, S. 272.

99 Die Änderung des äußeren Erscheinungsbildes wurde vom BLfD kritisch begleitet, ein erster Vorschlag des aus dem ausgelobten Wettbewerb hervorgegangenen Siegerentwurfs von Prof. Puchner mit waaggerecht schließender Attika wegen fehlender städtebaulicher und denkmalpflegerischer Einfügung in den Straßenraum der Unteren Vorstadt dezidiert abgelehnt (Stadtarchiv Deggendorf, A/d 1984, Kriegergedächtnisstätte St.-Oswald-Kapelle, hier Zusammenstellung „Aus der Geschichte der Arbeitsgemeinschaft", Eingangsstempel 10.11.1955; BLfD, OA Deggendorf, St.-Oswald-Kapelle – Kriegergedenkstätte, u. a. Schreiben vom 26.04.1954, Nr. 21, gez. Ritz). Die architektonische Qualität der wegen baulicher Schäden damals neu aufgemauerten Fassadenscheibe wurde bis in die jüngere Vergangenheit diskutiert (vgl. Deggendorfer Zeitung vom 16.02.1995). Für seine Unterstützung bei der Klärung der Provenienz des Kruzifixes danke ich dem Leiter des Deggendorfer Stadtarchivs Herrn Erich Kandler.

100 BLfD-Schreiben vom 14.06.1955 an die Arbeitsgemeinschaft Kriegerdenkmal in Deggendorf, gez. Gebhard, siehe BLfD, OA Deggendorf, St.-Oswald-Kapelle – Kriegergedenkstätte, u. a. Schreiben vom 26.04.1954. Zu den geplanten Maßnahmen siehe auch ebd., Kostenvoranschlag der Firma Hans Mayerhofer, München, vom 17.12.1954.

Fotografien der Nordwand (Abb. 35 und 36) fällt ambivalent aus: Denn er belegt, in welcher Weise die restauratorischen Maßnahmen seit 1954/55 die Lesbarkeit der Wandgemälde verbessert haben, andererseits steht er mit dem eingetretenen Verlust des Heiligenzyklus (hll. Dionysius, Wolfgang, Leonhard, Barbara und Katharina) auch stellvertretend für die generelle Gefährdungslage von Wandmalereien, in Deggendorf wie andernorts.

Wie bei St. Oswald riet das Generalkonservatorium auch bei der Frage des Umgangs mit den zwischen 1852/57 und 1869 freigelegten Wandmalereien in der Allerheiligenkapelle des Domkreuzgangs von einer „Restauration" ab: „Von einer Restauration, welche Ergänzungen ins Auge fasst, ist vollständig abzuraten. Da die Kapelle nicht in gottesdienstlicher Benützung steht, so fehlt einer derartigen Restauration auch jede Veranlassung."[101] Und tatsächlich agierten die zuvor in Prüfening tätigen Kunstmaler und Restauratoren trotz unverändert nachgezogener Konturen zumindest hinsichtlich der verdichteten Farbflächen und der Binnenzeichnung zurückhaltender als in der Georgskirche. (Dass dessen ungeachtet in der Nachkriegszeit hier eine „Entrestaurierung" durchgeführt wurde, wird noch zu erzählen sein.) Nach Empfehlung des Generalkonservatoriums sollten auch die 1910 aufgedeckten Wandgemälde in der Kirche von Lerchenfeld (Lkr. Regensburg) aus der Zeit von 1261 zunächst nur konserviert, nicht aber restauriert werden: „Retuschen sollen vorerst nicht vorgenommen werden; ganz besonders aber ließe sich nicht raten, die Gemälde zu ergänzen, da bei der wenigen Benützung der Kapelle hierzu kein zwingender Grund vorliegen dürfte und unberührte Funde äußerst selten sind."[102] Aber auch in Lerchenfeld kam es schließlich anders, sodass die Wandmalereien letztendlich von Johann Böckl aus Weiden „renoviert" (Dehio-Handbuch Oberpfalz) wurden.[103]

Perspektiven in der Denkmalpflege

Prüfening ist auch ein Lehrstück über die Möglichkeiten und Grenzen des Machbaren. Erfolg kann nur dort gelingen, wo ein partnerschaftliches Miteinander möglich ist. Entscheidend sind die Rahmenbedingungen, damals wie heute. Dass die „weitgehende Restaurierung" der Prüfeninger Wandmalereien im Presbyterium „nicht unser Ideal" war, hatte Hager bereits in einem Schreiben vom 3. Juli 1920 gegenüber dem Staatsministerium für Unterricht und Kultus eingeräumt.[104] Prüfening war für ihn wahrlich kein „Schulbeispiel", sondern vielmehr ein zeittypischer Kompromiss. Auch die evangelisch-lutherische Stadtpfarrkirche Unser Frauen in Memmingen berief sich bei der Restaurierung der 1890–94 freigelegten und bis 1901 unter Leitung von Hans Haggenmiller restaurierten spätgotischen Wandzyklen auf das kirchliche Primat. Über Art und Umfang der Restaurierung kam es zu Missklängen unter „Kunsthistorikern" und „Archäologen". Die kirchliche Oberbehörde stand jedoch zu ihrer konzeptionellen Forderung einer Restaurierung: „Dennoch wäre die Gesamterscheinung ohne jede Nachhilfe mit neuer Farbe eine so ungleichmäßige geworden, daß sie sich für einen Raum verbot, der dem kirchlichen Kultus dient."[105] Folgerichtig zählte Hager auch die Memminger Frauenkirche zu den Kompromisslösungen.[106] Folgt man dem Diktum Hagers, dann wird Prüfening zu einer Momentaufnahme denkmalpflegerischen Handelns. Gerade aufgrund dieser Zwänge betrachtete er in der Rückschau das in Prüfening Erreichte als Erfolg: „Zweifellos würde heute eine Restaurierung wie die Prüfeninger nicht mehr durchgeführt, an ihre Stelle würde eine konservierende (nicht restaurierende) Behandlung treten, für die wir heute, wo sich die Geistlichkeit mehr an unsere Anschauungen gewöhnt hat, wohl auch die Zustimmung der kirchlichen Oberbehörde finden würden."[107]

Tatsächlich ist die Zeit um 1900 eine Phase des Findens und Definierens denkmalpflegerischer Methoden, mitunter des Experimentierens mit restauratorischen Modi. Auch die wissenschaftliche Diskussion war in vielerlei Hinsicht zukunftsweisend. Vieles von dem, was heute in der Denkmalpflege selbstverständlich erscheint, wurde damals grundgelegt, bis hin zu den Grundsätzen der späteren „Charta von Venedig" als Ergebnis eines seinerzeit bereits geführten denkmalpflegerischen und restauratorischen Diskurses. Dass nach dieser Phase des Aufbruchs in der nächsten Generation mit der „Schöpferischen Denkmalpflege" der 1930er und 1940er Jahre eine rückwärtsgewandte Denkmalpflege folgte, steht freilich auf einem anderen Blatt. Bleiben wir in der Ära Hager: Freilich, der Weg war nicht immer linear. Vor allem aber wurde die Diskrepanz von Theorie und Praxis, von wissenschaftlicher Denkmalpflege und Restaurierungspraxis, erst allmählich überwunden, indem etwa die Amtsstruktur zugunsten eines Gleichgewichts der Kräfte zwischen wissenschaftlichen Konservatoren und sogenannten Künstlerkonservatoren angepasst wurde.[108] Wichtig aber war, dass die Denkmalpflege nun auf allgemeingültigen Standards beruhte. Zu Letzteren zählte auch das Prinzip des Erhalts des materiellen Bestandes. Restaurierungen sollten tunlichst vermieden werden, vielmehr erschien in vielen Fällen eine Reinigung und Konservierung ausreichend; als Beispiel einer solchen mustergültigen Maßnahme nannte Hager die Klosterkirche Frauenchiemsee, wo die denkmalpflegerische Maxime erfüllt gewesen sei: „An einem altüberkommenen künstlerischen Bestand sollst du ohne ganz zwingenden Grund nichts ändern!"[109] Die Freilegung von mittelalterlichen Malereien wurde zunehmend kritisch hinterfragt, in der Überdeckung bisweilen das konservatorisch Gebotene gesehen,[110] vielfach war die Einsicht gereift: „Der beste Konservator war doch die Tünche" (Georg Hager, 1903).[111] Im allgemeinen Freilegungseifer verhallten derartige behördliche Bedenkenanmeldung jedoch allzu oft, sodass meist ungebremst weiter freigelegt wurde, so auch in der ehemaligen, im letzten Drittel des 14. Jahrhunderts errichteten Klosterkirche Adlersberg: Am Chorbogen wurde 1909 zur Herstellung eines ursprünglich wohl auf Sichtbarkeit angelegten, fein verfugten Ziegelmauerwerks der Putz abgenommen (die Aufdeckung der struktiven Elemente in Natur- oder Backstein war ein Charakteristikum dieser denkmalpflegerischen Epoche), wie eine dem zuständigen Gebietskonservator Alois Müller zur Abstimmung dieses Maßnahmenschritts übermittelte Zeichnung von Franz Haggenmiller (1871–1945) zeigt (Abb. 37 und 38).[112] Des Weiteren

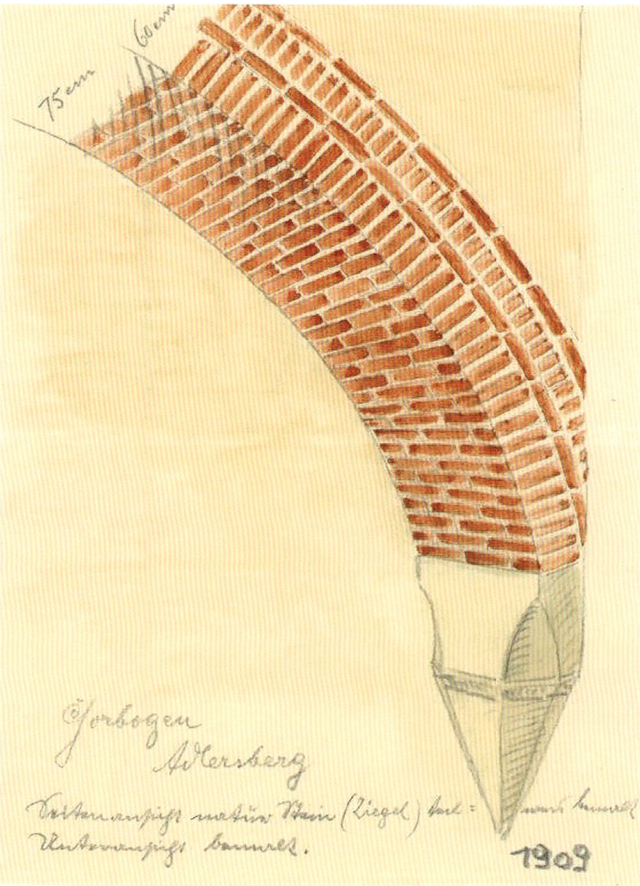

Abb. 37. Adlersberg, ehemalige Klosterkirche der Dominikanerinnen, farbige Skizze von Franz Haggenmiller zum Befund und zur Veranschaulichung des zu erwartenden Freilegungsergebnisses des ziegelsichtigen Chorbogens (die dargestellte starke Bogenkrümmung weicht allerdings von der tatsächlichen Bogengeometrie erheblich ab), Anlage zu einem Brief an Alois Müller vom 13. August 1909 (Foto: BLfD, OA Adlersberg, Kath. Filialkirche St. Maria, Schreiben des Generalkonservatoriums an das Landbauamt Regensburg, Nr. 9)

Abb. 38. Adlersberg, ehemalige Klosterkirche St. Maria, Blick in den Chorraum, südlicher Anfänger des ziegelsichtigen Chorbogens über einer polygonalen Konsole, im Bildhintergrund (Richtung Chorscheitel) figürliches frühgotisches Kapitell, unterhalb 1909/10 freigelegte Wandmalerei, Aufnahme 2020 (Foto: BLfD, Michael Schmidt, P2990132)

wurden im Chor und Langhaus Wandmalereien aus der Zeit um 1324/27 freigelegt, die in der Art von Befundfenstern Einblicke in die Geschichte des Sakralbaus gewähren.

Nicht wenige richtungsweisende Inneninstandsetzungen verdanken wir der Ära Hager. Daneben gibt es freilich auch einige wenige historische Kirchenbauten, bei denen anstelle einer Restaurierung Sonderwege, teilweise auch im Sinne eines Experiments, eingeschlagen wurden: Im Zuge der durchgreifenden Renovierung und farbigen Neugestaltung 1913 wurde die katholische Pfarrkirche St. Margareta in Aiterhofen, eine dreischiffige, ursprünglich flachgedeckte Basilika aus spätromanischer Zeit mit Zutaten aus Barock (Heiligenfiguren an den Pfeilern) und Historismus (Kanzel), mit einem „Gewand des historisierenden Jugendstils" ausgekleidet (Abb. 39).[113] Für die hochwertige Ausmalung und künstlerische Ausstattung mit Neo-Empire-Altären zeichneten der Augsburger Architekt Michael Kurz und der Münchner Maler Theodor Baierl, ein Vertreter der Münchner Sezession und unter anderem Schüler Franz von Stucks, verantwortlich, die mit der großen Stadtpfarrkirche Heiligst Herz Jesu in Augsburg-Pfersee (1907–10, Ausmalung ab 1912) gerade eben ein

101 BLfD, OA Regensburg, Domkirche St. Peter, Allerheiligenkapelle, Domkreuzgang 1897–1944, Nr. 3: Schreiben des Generalkonservatoriums an das Staatsministerium des Innern für Kirchen- und Schulangelegenheiten vom 18.09.1897, gez. Generalkonservator Graf.

102 BLfD, OA Lerchenfeld, Kath. Kirche St. Peter, Nr. 2: Schreiben des Generalkonservatoriums an das Bezirksamt Regensburg vom 09.05.1910, gez. Generalkonservator Hager.

103 Dehio Opf 2008, S. 298. Vgl. Dobler 2002, S. 260 mit Anm. 14, S. 269. Interessanterweise regt Dobler 2002, S. 268, gerade mit Blick auf die pastorale Minderbedeutung der Lerchenfelder Kirche die Entfernung des frühklassizistischen Altarretabels zugunsten einer verbesserten Präsentation der frühgotischen Wandmalereien an.

104 Zitiert nach Huber 1996, S. 41. Das Schreiben steht in Zusammenhang mit Karlingers Einwendungen.

105 Braun 1914, S. 1 f.; vgl. auch Huber 1996, S. 20.

106 Hager 1929, S. 273.

107 Hager 1929, S. 271 f.

108 Huber 1996, S. 45.

109 Hager 1929, S. 269.

110 Hager 1929, S. 272.

111 Hager 1903, S. 117; vgl. dazu Santner 2016, S. 115.

112 Dobler 2002, S. 120 mit Anm. 5, S. 136.

113 Kunstdenkmäler 1925, S. 16; Dehio Nb 2008, S. 18 f.; Soffner-Loibl 2014, S. 6–13; Schmidt 2015, S. 165, S. 183 mit Anm. 55.

vielbeachtetes Meisterwerk des Jugendstils geschaffen hatten. Nach anfänglichen Bedenken hatte sich schließlich auch das Generalkonservatorium zu diesem Vergangenheit und Gegenwart verbindenden Konzept bekannt, das auch eine angemessene Antwort auf die Veränderungsgeschichte der Kirche mit ihrer 1883 eingezogenen böhmischen Kappenwölbung geben und eine Weiterentwicklung des Raums zulassen wollte. Statt einer Diskussion um einen etwaigen Abbruch des Gewölbes entschied man sich, den Überlieferungszustand zu respektieren: „Die Ausschmückung der Gewölbe mit stilisierten romanischen Blumen in den Zwickeln wäre daselb unsachlich, weil die jetzigen Gewölbe eben nicht romanisch sind. Die geplante Ausmalung, welche bereits ihre Genehmigung gefunden, geht dagegen von dem Gedanken aus, an Stelle der letzten verfehlten Romanisierung einen erfreulicheren und wirksameren Zustand ohne Nachbildung historischer Formen zu schaffen."[114] Das Resümee im Kunstdenkmälerband lautet bündig: „Eine neuere durchgreifende Restaurierung des Innenraumes fand 1913 unter Leitung des Landesamtes für Denkmalpflege statt."[115] Vielleicht hatte Karlinger bei seiner Forderung nach mehr zeitgenössischer Kunst anstelle fiktiver Restaurierungen auch diesen niederbayerischen Kirchenbau im Blick: „schöpferisch in ihren Methoden könnte die Denkmalpflege manchmal ein gutes Stück mehr sein, als sie ist."[116] Aiterhofen

Abb. 39. Aiterhofen, St. Margareta, Inneres von der unteren Empore nach Osten, Aufnahme 2020 (Foto: BLfD, Michael Schmidt, P2990396)

Abb. 40. Viborg, Domkirche, Inneres, Blick zum Chor im Osten und gegen den südlichen Querhausarm, historische Aufnahme vor 1912 (Foto: Chr. E. Jörgensens, Viborg; Repro nach: Wanscher 1913, S. 184)

stellte damit nicht nur einen Bruch mit der bisherigen Restaurierungspraxis dar, sondern auch eine Abkehr von den traditionellen Vorstellungen des neuromanischen Kirchenbaus, der wenige Jahre zuvor (etwa mit der katholischen Pfarrkirche St. Gallus in Fremdingen) noch Hauptwerke mittelalterlicher Suggestion hervorgebracht hatte. Der 1864–76 als dänisches Nationaldenkmal im romanischen Stil wiederaufgebaute Dom von Viborg zeigt mit seiner zeitgenössisch vielbeachteten Ausmalung von Joakim Skovgaard in den Formen des symbolistischen Jugendstils (Entwurf: 1897, Ausführung 1901–06, Neubemalung Mittelschiffdecke 1912/13) Parallelen zu der in Aiterhofen gewählten Lösung, bot vielleicht sogar einen Orientierungspunkt (Abb. 40).[117] Gleichzeitig führt der Viborger Dom die Bedeutung mittelalterlicher Bilderzyklen für die Erneuerungsbewegungen religiöser Malerei im 19. und 20. Jahrhundert anschaulich vor Augen. Aiterhofen wird so zu einem wichtigen Baustein in einem denkmalpflegerischen Gefüge, zu einem Mosaikstein in einem dichten Panoramabild der Zeit. Eine Zeit voller innerer Widersprüche, geprägt durch Fortschritt und Rückschritt. Hierin ganz Teil des Epochenjahrs 1913 mit seinen flirrenden Bildern des Überwindens und Festhaltens, die Florian Illies in seinem Jahrtausendporträt „1913. Der Sommer des Jahrhunderts" malt.[118]

114 BLfD, OA Aiterhofen, Kath. Pfarrkirche St. Margareta, Nr. 18: Schreiben des Generalkonservatoriums an die Regierung von Niederbayern vom 07.06.1913, gez. Generalkonservator Hager.

115 Kunstdenkmäler 1925, S. 16. Das Ergebnis der jugendstiligen Renovierung von Aiterhofen wird – für die damalige Zeit keineswegs selbstverständlich – eigens mit einer Abbildung gewürdigt (ebd., Fig. 2, S. 13).

116 Karlinger 1928/29, S. 107; vgl. bereits Karlinger 1919, Nr. 186. Gerstl 2014, S. 305, konnte auf das Hadern Haggenmillers in einem Schreiben an den Architekten Josef Schmitz aus dem Jahr 1907 aufmerksam machen. Er verwahrte sich darin gegen den Vorwurf der Entwertung des Originals durch die Restaurierung und die Devise, lieber „Modernes an die Stelle des Alten entstehen lassen als zu restaurieren".

117 Zur Ausmalung des Viborger Doms umfassend Kral 2001. Die Rezeptionsgeschichte dieser Maßnahme ist noch nicht geschrieben. Dass die Malereien von Skovgaard zeitgenössisch auch in Deutschland wahrgenommen wurden, zeigt der Aufsatz von Wanscher 1913, vgl. Kral 2001, S. 14 f., 112.

118 Illies 1912.

Kurskorrektur im Westchor von St. Emmeram in Regensburg 1913–1915: das baudenkmalpflegerische Vermächtnis Hans Karlingers

Prüfening war für die bayerische Denkmalpflege in mancherlei Hinsicht ein Erweckungserlebnis. Denn die Kritik an der Überschreibung der romanischen Wandmalereien im Presbyterium, auf die Karlinger im Kunstdenkmälerband einen Nachruf verfasst hatte („sowohl hinsichtlich des Umfangs des Erhaltenen als auch hinsichtlich der ikonographisch und künstlerischen Bedeutung […] die wichtigsten romanischen Malereireste im rechtsrheinischen Bayern"), wog schwer.[119] Durch die Untersuchungen von Jürgen Pursche wissen wir heute, dass die Übermalung von 1898 weder in Zeichnung noch im Kolorit die Malerei des 12. Jahrhunderts konsequent aufgreift.[120] Sie war damit eine historisierende Nach- und Neuschöpfung, in ihrem Charakter nicht weit von der Ausmalung beispielsweise der ehemaligen Benediktinerklosterkirche Königslutter entfernt.

Prüfening wurde daher auch zu einer Kehrtwende in der bayerischen Denkmalpflege. Die Instandsetzung des Dionysiuschores der ehemaligen Klosterkirche St. Emmeram in Regensburg 1913–15 bot die Möglichkeit zu einer Kurskorrektur. Wie schon bei allen anderen an der ehemaligen Reichsabteikirche seit dem späten 19. Jahrhundert durchgeführten Arbeiten war man auch hier um eine enge Begleitung durch das Generalkonservatorium bemüht, das sich mit der Zuziehung von Hans Karlinger nun auch fachlich breit aufzustellen versuchte. Karlingers Fachkompetenz dokumentieren mehrere Expertisen zur kunstgeschichtlichen Einordnung der 1914 freigelegten Wandmalereien.[121] Zwar wurde auch an der Emmeramskirche um das restauratorische „Wie" gerungen, wie aus den Aufzeichnungen des zuständigen Konservators Karl Döttl (1871–1917) hervorgeht, schließlich aber eine für alle akzeptable Lösung gefunden.[122] Döttls Engagement, „unter dessen umsichtiger Leitung die kostbaren Ueberreste so pietätvoll erhalten wurden", fanden bei Stadtpfarrer Braun lobende Anerkennung.[123] Auf diese Weise blieben die Wandgemälde im Westchor von St. Emmeram, der freilich von nachrangiger gottesdienstlicher Bedeutung war, in ihrem freigelegten, nur partiell restaurierten Zustand erhalten, nur das an den drei Wänden umlaufende Ornamentband sowie Teile des Dekorationssystems an der westlichen Chorbogenwand wurden nach Vorschlägen von Hans Karlinger ergänzt (Abb. 41).[124] Auch mit der Restaurierung der Malereien in der Portalvorhalle von St. Emmeram zeigte sich Karlinger zufrieden und hob, in Abgrenzung zum Prüfeninger Presbyterium, das innovative restauratorische Moment der Maßnahme hervor: „Die Malereien, die nach Mitte des 12. Jahrhunderts entstanden sein müssen – ich würde sie stilistisch zwischen die Malereien der Allerheiligenkapelle und das Bild in Karthaus Prüll setzen – sind, was man von einer Konservierung heute überhaupt verlangen kann, mustergültig wieder in Stand gesetzt. Gegenüber Prüfening, Allerheiligenkapelle und Niedermünster ist hier zum erstenmal das Nachzeichnen ursprünglicher Konturen, das nachher immer ein formendes

Abb. 41. Regensburg, St. Emmeram, Dionysiuschor, farbig angelegte Skizze von zwei Friesbändern, einer Palmettenranke und eines Zackenbandes, von Hans Karlinger, datiert 16. Juni 1914, aufgeklebt auf einen Aktenvermerk vom 17. Juni 1914 (Foto: BLfD, OA Regensburg, Kath. Pfarrkirche St. Emmeram, 1887–1932, Nr. 71)

Bild gibt, unterlassen worden. Trotzdem ist es bedauerlich, daß auch diesmal wieder keine photographischen Aufnahmen des Zustandes unmittelbar nach der Aufdeckung gemacht wurden."[125] (Die Erinnerung an die Dokumentationspflicht der durchgeführten Restaurierungsarbeiten geschah auch vor dem Hintergrund Prüfening, wo mit Ausnahme der nördlichen Hochchorwand vom aufgedeckten Zustand der Malereien keine Fotografien angefertigt worden waren.) Dass die „Konservierung" statt der „Restaurierung" von Wandmalereien in der Nach-Prüfening-Zeit zunehmend an Bedeutung gewann, belegt auch die bereits erwähnte ehemalige Klosterkirche Adlersberg. Deren freigelegte Wandgemälde wurden 1910 im „Chor mäßig [gemeint hier: zurückhaltend, Anm. des Verf.] restauriert und die fehlenden Partien unter genauer Angabe der Restauration ergänzt", wie Karlinger im Kunstdenkmälerband berichten konnte.[126] Die überwiegende Anzahl der Gemälde im Langhaus wurde von Franz Haggenmiller hingegen „nach der Aufdeckung im Naturzustande konserviert".[127] Für Karlinger gehörte der Begriff „Konservierung" im Übrigen ganz selbstverständlich zum aktiven kunstwissenschaftlichen Vokabular (Hager hatte auf diesen Terminus zunächst noch verzichtet).

Doch kein Ende?

Als in der Nachkriegszeit eine neuerliche Sanierung der Prüfeninger Georgskirche anstand, hatte man aus der Vergangenheit Konsequenzen gezogen, den Makel in eine denkmalpflegerische Katharsis gewandelt: Landbauamt Regensburg und Bayerisches Landesamt für Denkmalpflege stimmten dem Konzeptvorschlag des Pfarramtes zu. Die Inneninstandsetzung beinhaltete eine Neutünchung der Wände und eine Konservierung der barocken Deckenbilder, und damit eine Beibehaltung des um 1900 hergestellten Zustandes. „Die romanischen Malereien des Presbyteriums und der Seitenschiffe, werden hiervon nicht berührt", wie das Stadtpfarramt zusicherte.[128] Nicht alle zeigten sich jedoch mit dem Konzept und Ergebnis der Maßnahme von 1951 einverstanden. Gewitterwolken zogen über Regensburg auf; von Alois Elsen wurden in der Zeitschrift „Der Zweibelturm" schwere Geschütze aufgefahren, wenn er den Vorwurf einer „Barbarei gegen besseres Wissen!" erhob.[129] Vor allem sah er in dieser konservierenden Maßnahme nicht den Geist des Bauwerks gespiegelt: „Das Attentat einer Gesamtausweißelung im Langhaus unterband jeden vernünftigen Restaurationsplan."[130] Das synkretistische Konzept, das die vielfältige Überlieferung aus rückrestaurierter Romanik und barockzeitlicher Redaktion respektierte, lehnte er entschieden ab. Das Aneinanderstoßen von barocker Raumauskleidung und romanischem Bau empfand er als „Zumutung". In den barocken Deckenbildern Johann Gebhards (1715–19) sah er bloße Abziehbilder und postulierte statt einer „Teilrestauration" die „bauliche Wiederherstellung Prüfenings". In einer sehr bildhaften Sprache wetterte er gegen die Beibehaltung der barocken Überformung des Raums, seines Erachtens eine „architektonische Verschandelung des Langhauses, genauer der halben Kirche".[131] Stattdessen forderte er eine Wiederaufnahme der Reromanisierungspläne. Dazu sollten die Deckenbilder Gebhards abgenommen und ins städtische Museum überführt, die barocke Wölbung zugunsten der Rekonstruktion von hölzernen Flachdecken ersetzt und die romanischen „Fresken" aufgedeckt werden.[132] Mit der geforderten Aufgabe der barockzeitlichen, als minderwertig empfundenen Überlieferung gab sich Elsen als Vertreter eines puristischen Konzepts zu erkennen. Das Landbaumt Regensburg hatte derartige Lösungen im späten 19. und frühen 20. Jahrhundert unter dem Mantel des Historismus vorgeschlagen, nunmehr wurden sie im langen Schatten einer „Schöpferischen Denkmalpflege" von Neuem befeuert.[133] Von Elsen wurde dabei ausgerechnet Hans Karlinger – für ihn „der geborene Denkmalpfleger Bayerns" – als Kronzeuge für die Reromanisierung bemüht, wohl weniger aufgrund seiner Artikelserie in den Münchner Neuesten Nachrichten von 1919 als aufgrund seiner schwärmerischen Darstellung in einem Handbuch zur bayerischen Kunstgeschichte von 1928.[134] Elsens Vorstoß deuteten Befürworter purifizierender Konzepte als Blaupause – von hier war der Weg zur romanisierenden Innenrenovierung der Pfeilerbasilika von St. Peter in Straubing in den Jahren 1976–78 nicht mehr weit.[135] Andererseits stieß die denkmalfachliche Position auch auf eine breite Zustimmung, die in die Anerkennung der nachkriegszeitlichen „Renovation als einer der bestgelungenen, die unser Landesamt für Denkmalpflege je gemacht hat", mündete.[136] Auch fehlte es nicht an Stimmen, die davor warnten, ein denkmalpflegerisches

119 Kunstdenkmäler 1914, S. 308.

120 Pursche 2002, S. 143 mit S. 142, Abb. 186a/b.

121 BLfD, OA Regensburg, Kath. Pfarrkirche St. Emmeram, 1887–1932, Nr. 87: Aktennotiz Karlingers vom 02.09.1915.

122 BLfD, OA Regensburg, Kath. Pfarrkirche St. Emmeram, 1887–1932, Nr. 78: Aktennotiz von Karl Döttl vom 26.04.1915 (mit Bleistift): „Habe mir nun durch wiederholten Augenschein überlegt, wie sich ohne Schädigung des kunsthistorischen Werkes die Restauration so einrichten läßt, daß auch der Wunsch des Kirchenvorstandes, der auf ein mehr vollständiges Bild abzielt, dabei befriedigt werden kann. Es ist tatsächlich auch nach meiner eigenen Überzeugung nicht möglich, ohne Ergänzung in diesem Falle etwas Erfreuliches zu erreichen. Es ist dem Laien ohne Ergänzung nicht möglich gemacht, sich die Form der Ornamente aus den Resten zu erklären, noch möglich, sich in der Anordnung der ganzen Komposition zurecht zu finden, da die ohnedies unklaren Bildreste, die ohne jede Verbindung infolge der vielen Putzausbesserungen des 17. u. 18. Jhs. aus den hohen Wandflächen erhalten sind, wie ganz unerklärliche Flecke erscheinen. Der von mir gewünschte Ausweg, den ich in meinem Gutachten – gleich mit Freigabe der Kostenanschläge – niedergelegt habe, dürfte den beiderseitigen Interessen gerecht werden. Stadtpfarrer Braun erklärt sich völlig einverstanden. [gez.] Döttl".

123 BLfD, OA Regensburg, Kath. Pfarrkirche St. Emmeram, 1887–1932, Nr. 95: Dankschreiben des Stadtpfarramtes St. Emmeram an das Generalkonservatorium vom 05.11.1915, gez. Pfarrer Braun.

124 Karlinger 1920, S. 23.

125 BLfD, OA Regensburg, Kath. Pfarrkirche St. Emmeram, 1887–1932, Nr. 64: Aktenvermerk von Hans Karlinger, 09.01.1914. Die Unterstreichungen wurden textgetreu übernommen.

126 Kunstdenkmäler 1914, S. 16.

127 Kunstdenkmäler 1914, S. 18.

128 BLfD, OA Regensburg, Kath. Pfarrkirche St. Georg (ehem. Benediktinerabteikirche St. Georg), 1947–1956, Nr. 13: Schreiben des Stadtpfarramtes St. Georg an das BLfD vom 26.04.1951, gez. Stadtpfarrer Hildebrand.

129 Elsen 1951, S. 212.

130 Elsen 1951, S. 189.

131 Elsen 1951, S. 213.

132 Elsen 1951, S. 189, 215.

133 Schmidt 2018, S. 254–264.

134 Zitat nach Elsen 1951, S. 189. Karlinger 1928a, S. 22, skizzierte einen Eindruck vom romanischen Prüfeninger Kirchenraum: „Nicht neidlos wird Alt-St. Emmeram auf den straffen und stolzen Raum geblickt haben, der die strenge Reserve des reformierten Ordens kennzeichnet. Alles auf das Hinreißende, Verklärende einer Vision gestellt! Als einstmals zu Prüfening die schlichte Balkendecke über dem schlanken Hochschiff sich hinzog, die Chöre in der düsteren Glut ihrer Malereien dastanden, das mächtige Querhaus vom Gesang der Brüder erfüllt wurde – die Einheit eines n e u e n Raumerlebnisses wurde da zur Tat. Noch heute läßt ein liturgisches Fest dort andere Maßstäbe ahnen als irgendwo. Die Welt des Hochromanischen mit seiner monastischen Interessiertheit für die Welt der schaubar wirksamen Dinge hat sich hier erfüllt."

135 Dazu siehe Schmidt 2018. Die Verbindung zu St. Peter in Straubing, damals noch in der historistischen Überformung der zweiten Hälfte des 19. Jahrhunderts, wird auch in einem Leserbrief von Bauamtsdirektor Dr. Otto Klug, ab 1943 am Landbauamt Regensburg tätig, hergestellt, vgl. Klug 1951.

136 Klug 1951.

Wagnis in Prüfening einzugehen.[137] Während die öffentliche Diskussion lebhaft war,[138] hielt sich das Landesamt für Denkmalpflege mit eigenen Statements auffällig zurück, wobei die Leserbriefe an die Schriftleitung des „Zwiebelturms" freilich mit Interesse verfolgt und im Sinne der Chronistenpflicht feinsäuberlich in der Ortsakte archiviert wurden.[139]

Interessanterweise spielten Fragen zum Umgang mit den romanischen Wandmalereien keine Rolle, weshalb in Prüfening eine öffentliche Diskussion um deren „Entrestaurierung" ausblieb, die über die Allerheiligenkapelle am Domkreuzgang wenige Jahre später hinwegziehen sollte.[140] Stattdessen blieb es 1955 bei einer schriftlichen Anfrage des Kunsthistorikers Luitpold Dussler. Im Zuge eines zusammen mit Herbert Schindler geplanten Forschungsprojekts zu romanischen Wandmalereien in Bayern wurde von ihm in Prüfening die Abnahme der Übermalungen von 1900/01 angeregt. Das Antwortschreiben des Landesamtes signalisierte unter Hinweis auf erfolgreich vorgenommene Rückrestaurierungen in Österreich zwar grundsätzliche Diskussionsbereitschaft, vertagte eine Entscheidung jedoch mit Hinblick auf die Notwendigkeit der Beantragung von Haushaltsmitteln auf einen späteren Zeitpunkt. Der Schlusssatz im Schreiben formuliert ein Fazit, zieht geradezu einen Schlussstrich unter die Prüfeninger Maßnahmen vor und nach 1900 – man war sich mittlerweile Prüfenings als Wendepunkt in der bayerischen Denkmalpflege bewusst geworden: „Es kann natürlich nicht die Rede davon sein, dass es sich in Prüfening um eine Jugendsünde der Bayer. Denkmalpflege gehandelt hat wie Herr Dr. Schindler meinte. Bekanntlich war gerade die Arbeit in Prüfening Anlass für den Generalkonservator Dr. Hager auf reine konservierende Freilegung zu drängen." [141]

Auch in Franz Dambecks abgesetztem Warnruf vor unreflektierten Freilegungen mittelalterlicher Wandmalereien – eine Replik auf die damalige Maßnahme in der Allerheiligenkapelle[142] – wird die Georgskirche zwar nicht explizit erwähnt, dennoch schwingt der Fall Prüfening mit: „Die Rückrestaurierung der Allerheiligenkapellenbemalung erinnert an die Tatsache, daß außer diesen Fresken noch eine große Zahl anderer von einer Generation, der das Rekonstruieren und Repristinieren im Blute lag, im ersten Taumel der Entdeckerfreude übermalt, ergänzt und ‚verschönert' worden ist. Bei den Werken, die einen ähnlichen künstlerischen und kunsthistorischen Wert haben wie das vorliegende, wird sich der Gedanke an eine Rückrestaurierung aufdrängen. Soweit sie aber nicht – wie im vorliegenden Falle – durch den Verfall der Übermalung unabweisbar geworden ist, wird sie einer reiflichen Überlegung bedürfen, wobei die Tatsache zu berücksichtigen ist, daß diese Fresken nach der Rückrestaurierung, so interessant und wichtig sie für den Fachmann sind, doch Fragmente bleiben."[143]

Prüfening heute

„Gegenwart ist immer auf einem Auge blind. Jenem nämlich, mit dem man die eigene Zeit bewertet. Denn erst in der Retrospektive kann man die roten Fäden erkennen und die großen Linien."[144] Diese auf den dänischen Philosophen und Essayisten Søren Aabye Kierkegaard gemünzten Worte von Florian Illies treffen auf Prüfening nicht zu. Denn bereits erstaunlich früh wurde Prüfening als Lehrbeispiel für fehlgeleitetes Restaurieren erkannt und half, die Ära des Historismus in der bayerischen Restaurierungswissenschaft zu überwinden.

Prüfening wurde in der kunsthistorischen und restaurierungswissenschaftlichen Forschung zum Synonym für den Paradigmenwechsel und Parallelfall der Heidelberger Schlossdiskussion, zu einem exzeptionellen Beispiel der denkmalpflegerisch-restauratorischen Methodendiskussion der Jahre um 1900.[145] Dieses von der Wissenschaft geformte Bild des „Mythos Prüfening" ist jedoch, auch und gerade mit Blick auf die Wandmalereien in der St.-Oswald-Kapelle von Deggendorf, zu korrigieren. Denn bei der Prüfeninger Konservierungswende konnte man auf die in Deggendorf erprobten neuen Grundsätze zurückgreifen. An der Georgskirche gab es demgegenüber keinen Fanfarenstoß, der Wandel war eher leise, diffus und nicht immer stringent – einschließlich des zwischenzeitlichen Sympathisierens Hagers mit einer Fortführung der eingeleiteten Reromanisierung, die erst mit der Intervention des Kreisbaureferats und des Baukunstausschusses im Jahr 1905 unterbunden wurde. Hagers Brief vom 18. Mail 1907 verhalf dann aber zu einer Denkpause. Hinweise auf eine methodische Reflexion über das Restaurieren und das Konservieren liefert er aber nicht. Hager blieb hier (anders als Karlinger) zunächst merkwürdig unentschlossen. Freilich nimmt dies nicht wunder, war das alles auch eine Generationenfrage, und Haggenmiller und Hager gehörten einer älteren Generation an als Döttl und vor allem Karlinger. In den Augen der modernen Denkmalpflege retardierende, den historistischen Geist verkörpernde Restaurierungen gab es viele. Neben Prüfening erwähnt Karlinger explizit die Allerheiligenkapelle und Niedermünster.[146] Nicht verschwiegen sei, dass derartige Einschätzungen nicht selten wie ein Spaltpilz wirkten, indem sie den Weg zu sogenannten „Entrestaurierungen" ebneten. Das Prüfeninger Presbyterium blieb vom Schicksal der Rückrestaurierung der Haggenmiller'schen Wandmalereien, anders als die Allerheiligenkapelle, jedoch verschont.

Der Erhalt des in kunsthistorischer, denkmalgeschichtlicher und restaurierungswissenschaftlicher Hinsicht herausragenden Zeugnisses der Prüfeninger Chöre – für die „Restauration" im Geist des 19. Jahrhunderts stehen die Malereien im Hochchor, für die Konservierungsphilosophie der modernen Denkmalpflege die Nebenchöre und die Vierungspfeiler – ist eine treuhänderische Aufgabe und denkmalpflegerische Verpflichtung (Abb. 42). Bei den Wandmalereien im Bereich der Nebenchöre wurde daher im Zuge der jüngsten Instandsetzung, die in diesem Band in Einzelbeiträgen ausführlich vorgestellt werden, dem konservatorischen Primat entsprechend auf jedwede Freilegung von überdeckten Malereipartien verzichtet. Reinigung und

Abb. 42. Prüfening, St. Georg, nördlicher Nebenchor (Johanneschor), Blick nach Osten, an der rechten Wand um 1900 rekonstruierte Bereiche, übrige Wandmalereien wurden 1916 nur konserviert, Aufnahme 2019 (Foto: Peter Turek, Forchheim; Turek 2019, DSC_0655)

137 So auch Krempel 1952, S. 21, mit einem klaren Veto gegen „Stilbereinigungen“: „Was aber dann, wenn diese Gewölbe entfernt wären? […] Irgendein schäbiger Holzdeckel wäre kein Gewinn! Die Ergebnisse früherer ‚Wiederherstellungen‘ sind nicht ermutigend.“ Auch die Wiedergabe einer Zuschrift von Dr. Walter Boll durch die Schriftleitung weist in diese Richtung. Boll, ansonsten der Rekonstruktion in der Denkmalpflege aufgeschlossen, wahrte in Prüfening indes Zurückhaltung.

138 Vgl. dazu Hinweis der Redaktion, in: Der Zwiebelturm 6 (1951), S. 240: „Noch kein Zwiebelturmbeitrag hat so ein heftiges Echo gefunden wie der Artikel von Dr. Alois Elsen über die Renovierung der Prüfeninger Klosterkirche im August- und Septemberheft. Viele schriftliche und mündliche Äußerungen kamen uns zu, oft in großer Ausführlichkeit.“

139 BLfD, OA Regensburg, Kath. Pfarrkirche St. Georg (ehem. Benediktinerabteikirche St. Georg), 1947–1956, Nr. 19–28.

140 Vgl. Dambeck 1955/56.

141 BLfD, OA Regensburg, Kath. Pfarrkirche St. Georg (ehem. Benediktinerabteikirche St. Georg), 1947–1956, Nr. 39: Schreiben des BLfD an Prof. Dr. Luitpold Dussler vom 19.11.1955, gez. Gebhard.

142 Siehe dazu Bildvergleiche zum Vorher-Nachher-Zustand der Allerheiligenkapelle in: Fotografische Aufnahmen 1956.

143 Dambeck 1955/56, S. 40.

144 Illies 1913, S. 20.

145 Schmidt 2020.

146 Vgl. Anm. 125.

Konservierung – ganz im Sinne des Vortrags von Georg Hager 1928 – bestimmten die denkmalpflegerische Zielsetzung.[147] Tatsächlich war die Maßnahme dringend geboten, aus konservatorischen wie ästhetischen Gründen, denn durch Veränderungen war das Zeugnis nicht mehr erkennbar und über die Jahrzehnte hatten sich die Malereien im Presbyterium und in den Nebenchören durch eine egalisierende Schmutzschicht einander angeglichen, wie beklagt worden war: „Der 1920 von Hans Karlinger festgestellte Kontrast zwischen den unrestaurierten Nebenchören mit ‚weitaus feuriger, glühender' wirkenden Farben und dem ‚trübe[n] Eindruck des Hochchores' in erdigen Farben, ist heute nicht mehr nachvollziehbar, da die Malereien in den Nebenchören offensichtlich stark verblaßt sind. Wenn die übermalten Bilder im Presbyterium dank ihrer Patina heute selbst den Anschein von Originalen erwecken, müssen sie dennoch unter Vorbehalt betrachtet und analysiert werden. Sie sind jedoch von unschätzbarem Wert, gerade im Vergleich mit den gleichzeitig entstandenen, inzwischen durch Entrestaurierung weitgehend verlorenen Malereien der Allerheiligenkapelle im Domkreuzgang (Domgarten 1)."[148] Der Einbau einer gesteuerten Lüftungsanlage, flankiert von einem regelmäßigen Monitoring, sollte helfen, die bislang schwierigen raumklimatischen Bedingungen deutlich zu verbessern und den Bestand romanischer Wandmalereien mit ihrem singulären Bedeutungsgehalt langfristig zu sichern.

147 Achternkamp u.a. 2004; Mertens 2010; Preis/ Preis 2014/15; Schmidt 2020; vgl. auch den Beitrag von Peter Turek in diesem Band.

148 Borgmeyer u. a. 1997, S. 467.

Literatur

Achternkamp u. a. 2004 – Arbeitsgemeinschaft Achternkamp, Stefan/ Bengler, Michael/ Salzberger, Claudia/ Turek, Peter/ Umminger, Elke: *Prüfening, Kath. Pfarrkirche. Bestandserfassung Wandmalerei mit Kostenermittlung im Auftrag des Staatlichen Hochbauamtes Regensburg,* Regensburg dat. Oktober 2004 (unveröffentlicht; ein Exemplar beim Bayerischen Landesamt für Denkmalpflege)

Borgmeyer u. a. 1997 – Borgmeyer, Anke/ Hubel, Achim/ Tillmann, Andreas/ Wellnhofer, Angelika (Bearb.): *Stadt Regensburg. Ensembles – Baudenkmäler – Archäologische Denkmäler* (Denkmäler in Bayern, III.37), Regensburg 1997

Braun 2008 – Braun, Emanuel: *Wehrkirche St. Vitus Kottingwörth* (Schnell, Kunstführer Nr. 1531), Regensburg ^{3}2008

Braun 1914 – Braun, Friedrich: *Die Stadtpfarrkirche zu Unser Frauen in Memmingen. Ein Beitrag zur Geschichte des oberschwäbischen Kirchenbaues*, Kempten/München 1914

Dambeck 1955/56 – Dambeck, Franz: *Die rückrestaurierten Fresken der Allerheiligenkapelle in Regensburg*, in: 14. Bericht des Bayerischen Landesamtes für Denkmalpflege 1955 (1956), S. 35–40

Dehio 1919 – Dehio, Georg: *Geschichte der deutschen Kunst*, Bd. 1 (Teilbd. 1: Text/Teilbd. 2: Abbildungen), Berlin/Leipzig 1919

Dehio Nb 2008 – Dehio, Georg: *Handbuch der Deutschen Kunstdenkmäler, Bayern II: Niederbayern*, bearb. von Michael Brix, Franz Bischoff, Gerhard Hackl und Volker Liedke, aktualisiert von Friedrich Kobler und Monika Soffner-Loibl, München/Berlin ^{2}2008

Dehio Opf 2008 – Dehio, Georg: *Handbuch der Deutschen Kunstdenkmäler, Bayern V: Regensburg und die Oberpfalz*, bearb. von Jolanda Drexler, Achim Hubel und Astrid Debold-Kritter, aktualisiert von Peter Morsbach und Achim Hubel, München/Berlin ^{2}2008

Dobler 2002 – Dobler, Gerald: *Die gotischen Wandmalereien in der Oberpfalz. Mit einem Exkurs zu den Malereien in der ehemaligen Freien Reichsstadt Regensburg*, Regensburg 2002

Elsen 1951 – Elsen, Alois: *St. Georg in Prüfening. Ende oder Anfang einer Restaurierung?*, in: Der Zwiebelturm 6 (1951), S. 185–189, 212–215

Endres 1905/06 – Endres, Joseph Anton: *Romanische Malereien in Prüfening. Literarische und ikonographische Notizen*, in: Die christliche Kunst 2 (1905/06), S. 160–171

Feldtkeller 2008 – Feldtkeller, Julia: *Wandmalereirestaurierung. Eine Geschichte ihrer Motive und Methoden* (Grazer Edition, Bd. 6), Wien/Berlin/Münster 2008

Fotografische Aufnahmen 1956 – *Fotografische Aufnahmen: Anlage zum Bericht über die Restaurierung und Konservierung der rom. Fresken in der Allerheiligenkapelle im Domkreuzgang in Regensburg* [1955], unbekannter Verfasser, wohl 1956 (unveröffentlicht; ein Exemplar beim Bayerischen Landesamt für Denkmalpflege)

Gaukel 2005 – Gaukel, Inken (Red.): *Traum & Wirklichkeit. Vergangenheit und Zukunft der Heidelberger Schlossruine* (Begleitbuch zur Ausstellung im Heidelberger Schloss, Ottheinrichsbau, 16. April bis 17. Juli 2005), Stuttgart 2005

Gerstl 2014 – Gerstl, Doris: *Zur Entdeckung und Restaurierung der romanischen Wandmalereien in St. Georg in Prüfening*, in: Verhandlungen des Historischen Vereins für Oberpfalz und Regensburg 154 (2014), S. 293–309

Gosebruch/ Gädeke 1998 – Gosebruch, Martin/ Gädeke, Thomas: *Königslutter. Die Abtei Kaiser Lothars* (Die Blauen Bücher), Königstein im Taunus ³1998

Hager 1903 – Hager, Georg: *Die Erhaltung alter Wandmalereien*, in: Die Denkmalpflege 5 (1903), S. 117–120, 129–131

Hager 1908 – Hager, Georg: *Führer durch das Bayerische Nationalmuseum in München,* München ⁸1908

Hager 1929 – Hager, Georg: *Innenrestaurierung mittelalterlicher Kirchen*, in: Freiherr von Stein, Clemens (Hrsg.): Tag für Heimatpflege und Heimatschutz, Würzburg und Nürnberg 1928. Tagungsbericht mit Sonderbeiträgen zur Heimat- und Kunstgeschichte Frankens, Berlin 1929, S. 265–278

Hager 1968/69 – Hager, Luisa: *Generalkonservator Georg Hager*, in: Jahrbuch der Bayerischen Denkmalpflege. Forschungen und Berichte 27 (1968/69), S. 205–208

Hallinger 2008a – Hallinger, Johannes: *Ans Licht gebracht: Die Freilegung und Restaurierung der Prüfeninger Wandmalereien 1897–1916*, in: Greipl, Egon Johannes (Hrsg.): 100 Jahre Bayerisches Landesamt für Denkmalpflege 1908–2008, Bd. 3: Katalog. Inhalte – Praxis – Schwerpunkte (Katalog der Jubiläumsausstellungen in Regensburg, Passau, Nürnberg, Würzburg, Bamberg, Augsburg und München), Regensburg 2008, S. 58–63

Hallinger 2008b – Hallinger, Johannes: *100 Jahre Bayerisches Landesamt für Denkmalpflege – Personen und Strukturen*, in: Greipl, Egon Johannes (Hrsg.): 100 Jahre Bayerisches Landesamt für Denkmalpflege 1908–2008, Bd. 1: Bilanz (Beiträge des Kolloquiums „Bilanz nach 100 Jahren“ des Bayerischen Landesamtes für Denkmalpflege mit dem Historischen Seminar der Ludwig-Maximilians-Universität München vom 12.–14. Oktober in der Pinakothek der Moderne, München), Regensburg 2008, S. 129–176

Heckel 1998 – Heckel, Karl: *Die Kirche St. Matthäus in Heroldsberg*, hrsg. von den Kulturfreunden Heroldsberg e.V., Scheinfeld 1998

Heckmann 1999 – Heckmann, Uwe (Bearb.): *Romantik. Schloß Heidelberg im Zeitalter der Romantik* (Schätze aus unseren Schlössern/Staatliche Schlösser und Gärten Baden-Württemberg, Bd. 3), Regensburg 1999

Hildebrandt u. a. 2001 – Hildebrandt, Maria/ John, Sabine/ Feuchtner, Manfred/ Nadler, Stefan: *Kath. Filialkirche St. Peter auf dem Petersberg bei Dachau. Dokumentation zur Bau-, Ausstattungs- und Restaurierungsgeschichte.* Erstellt im Auftrag des Kunstreferats des Ordinariats der Erzdiözese München und Freising, München 2001 (unveröffentlicht; ein Exemplar beim Bayerischen Landesamt für Denkmalpflege)

Hubel 2008 – Hubel, Achim: *Konservieren, nicht Rekonstruieren! Die theoretische Grundsatzdiskussion der Denkmalpflege um 1900*, in: Greipl, Egon Johannes (Hrsg.): 100 Jahre Bayerisches Landesamt für Denkmalpflege 1908–2008, Bd. 3: Katalog. Inhalte – Praxis – Schwerpunkte (Katalog der Jubiläumsausstellungen in Regensburg, Passau, Nürnberg, Würzburg, Bamberg, Augsburg und München), Regensburg 2008, S. 64–68

Hubel 2019 – Hubel, Achim: *Denkmalpflege. Geschichte – Themen – Aufgaben. Eine Einführung* (Reclam Sachbuch premium), Stuttgart ⁴2019

Huber 1996 – Huber, Brigitte: *Denkmalpflege zwischen Kunst und Wissenschaft. Ein Beitrag zur Geschichte des Bayerischen Landesamtes für Denkmalpflege* (Arbeitshefte des Bayerischen Landesamtes für Denkmalpflege, Bd. 76), München 1996

Illies 1912 – Illies, Florian: *1913. Der Sommer des Jahrhunderts*, Frankfurt am Main 2012

Illies 2013 – Illies, Florian: *1913. Kein Resümee*, in: Klingsöhr-Leroy, Cathrin (im Auftrag der Franz Marc Museumsgesellschaft, Hrsg.): 1913. Bilder vor der Apokalypse (Begleitbuch zur Ausstellung im Franz Marc Museum, Kochel am See, 13. Oktober 2013 bis 19. Januar 2014), München 2013, S. 17–25

Jakobs 2001 – Jakobs, Dörthe: *Drei Kirchen auf der Insel Reichenau und ihre Restaurierungen: St. Georg in Oberzell – St. Peter und Paul in Niederzell – Marienmünster in Mittelzell*, in: Untermann, Matthias (Red.): Klosterinsel Reichenau im Bodensee. UNESCO Weltkulturerbe (Landesdenkmalamt Baden-Württemberg, Arbeitsheft 8), Stuttgart 2001, S. 69–84

Karlinger 1919 – Karlinger, Hans: *Denkmalpflege*, in: Münchner Neueste Nachrichten: Wirtschaftsblatt, alpine und Sport-Zeitung, Theater- und Kunstchronik 72 (1919), Nr. 186 (14. Mai 1919), Nr. 188 (15. Mai 1919), Nr. 190 (15. Mai 1919), Nr. 193 (19. Mai 1919), jeweils Seite 1 [Leitartikel]

Karlinger 1920 – Karlinger, Hans: *Die hochromanische Wandmalerei in Regensburg* (Einzeldarstellungen zur süddeutschen Kunst, Bd. 1), München/Berlin/Leipzig 1920

Karlinger 1925/1928/1934 – Karlinger, Hans: *Neuere Postbauten in Bayern*, 3 Hefte [davon Hefte 1 und 3 mit einem einleitenden Text von Hans Karlinger], hrsg. vom Reichspostministerium Abteilung München, München 1925/1928/1934

Karlinger 1928a – Karlinger, Hans: *Bayerische Kunstgeschichte, Erster Teil: Altbayern und Bayerisch-Schwaben* (Bayerische Heimatbücher, Bd. 5), München 1928

Karlinger 1928b – Karlinger, Hans: *Denkmalpflege – Gegenwart und Ausblick*, in: Zeitschrift für Denkmalpflege 3 (1928/29), S. 105–107

Karlinger 1942 – Karlinger, Hans: *Der Heimat Erde*, in: Schönere Heimat 33 (1937), Heft 1, S. 4–12

Karlinger 1966 – Karlinger, Hans: *München und die Kunst des 19. Jahrhunderts*, hrsg. von Hans Thoma, München 1966

Karlinger 1977 – Karlinger, Felix: *Karlinger, Hans*, in: Neue Deutsche Biographie 11 (1977), S. 271 f.

Kleberger 1981 – Kleberger, andrea: *Der Heroldsberger Kruzifixus*, in: Bloch, Peter/ Muth, Hanswernfried (Hrsg.): Tilman Riemenschneider – Frühe Werke, bearb. von Bodo Buczynski u. a. (Katalog zur Ausstellung im Mainfränkischen Museum Würzburg, veranstaltet von der Skulpturengalerie der Staatlichen Museen Preußischer Kulturbesitz Berlin, der Stadt Würzburg und dem Bezirk Unterfranken, vom 5. September bis 1. November 1981), Berlin 1981, S. 56–66

Klug 1951 – Klug, Otto: *St. Georg in Prüfening*, in: Der Zwiebelturm 6 (1951), S. 240

Kral 2001 – Kral, Martina: *Die Fresken Joakim Skovgaards im Dom zu Viborg. Religiöse Malerei für eine neue Zeit* (Bau + Kunst – Schleswig-Holsteinische Schriften zur Kunstgeschichte, Bd. 4), Kiel 2001

Krempel 1952 – Krempel, Hans: *Noch einmal Prüfening*, in: Der Zwiebelturm 7 (1952), S. 20 f.

Künstle/ Beyerle 1901 – Künstle, Karl/ Beyerle, Konrad: *Die Pfarrkirche St. Peter und Paul in Reichenau-Niederzell und ihre neuentdeckten Wandgemälde*, Freiburg im Breisgau 1901

Kunstdenkmäler 1907 – *Die Kunstdenkmäler von Oberpfalz und Regensburg, Bd. 9: Bezirksamt Neustadt a. W.-N.* (Die Kunstdenkmäler des Königreichs Bayern), bearb. von Felix Mader, München 1907

Kunstdenkmäler 1908 – *Die Kunstdenkmäler von Oberpfalz und Regensburg, Bd. 12/1: Bezirksamt Beilngries, I: Amtsgericht Beilngries* (Die

Kunstdenkmäler des Königreichs Bayern), bearb. von Friedrich Hermann Hofmann und Felix Mader, München 1908

Kunstdenkmäler 1914 – *Die Kunstdenkmäler von Oberpfalz und Regensburg, Bd. 20: Bezirksamt Stadtamhof* (Die Kunstdenkmäler des Königreichs Bayern), bearb. von Hans Karlinger, Georg Hager und Georg Lill, München 1914

Kunstdenkmäler 1925 – *Die Kunstdenkmäler von Niederbayern, Bd. 12: Bezirksamt Straubing* (Die Kunstdenkmäler von Bayern), bearb. von Karl Gröber, München 1925

Kunstdenkmäler 1927 – *Die Kunstdenkmäler von Niederbayern, Bd. 17: Stadt und Bezirksamt Deggendorf* (Die Kunstdenkmäler von Bayern), bearb. von Karl Gröber, München 1927

Mader 1928/29 – Mader, Felix: *Rücktritt des Geheimrates Dr. Hager*, in: Zeitschrift für Denkmalpflege 3 (1928/29), S. 130

Mertens 2010 – Mertens, Holger: *Zur anstehenden Konservierung und Restaurierung der romanischen Wandmalereien von St. Georg*, in: 900 Jahre Prüfening. Kloster – Schloss – Schule. Beiträge des 24. Regensburger Herbstsymposions für Kunst, Geschichte und Denkmalpflege vom 13.–15. November 2009, Regensburg 2010, S. 71–73

Mois 1975 – Mois, Jakob: *Dichtung und Wahrheit über die romanischen Gemälde in der Peterberg-Basilika*, in: Amperland 11 (1975), S. 9–11

Morsbach/ Spitta 2001 – Morsbach, Peter/ Spitta, Wilkin: *Dorfkirchen in der Oberpfalz*, Regensburg 2001

Ottmann 2019 – Ottmann, Hans: *Die Ulrichskirche in Wilchenreuth und ihre Spuren in der Geschichte*, in: Oberpfälzer Heimat 63 (2019), S. 135–144

Osteneck 2005 – Osteneck, Volker: *Die Debatte um das Heidelberger Schloss*, in: Scheurmann, Ingrid (Hrsg.): ZeitSchichten – Erkennen und Erhalten. Denkmalpflege in Deutschland (Katalogbuch zur gleichnamigen Ausstellung im Residenzschloss Dresden, 30. Juli bis 13. November 2005), München/Berlin 2005, S. 108–113

Pfaffel 2020 – Pfaffel, Wilhelm: *Das Presbyterium der Klosterkirche Prüfening: Texte und ihre Entschlüsselung*, in: Studien und Mitteilungen zur Geschichte des Benediktinerordens und seiner Zweige 131 (2020), S. 185–245

Preis/ Preis 2014/15 – Preis + Preis, Werkstätten für Restaurierung: *Prüfening, Klosterkirche St. Georg. Restaurierung/Konservierung Romanische Malerei im Presbyterium, Neubemalungsbestand von 1907/16* [sic!]. *Arbeitsbericht*, Parsberg 2014/15 (unveröffentlicht; ein Exemplar beim Bayerischen Landesamt für Denkmalpflege)

Pursche 2002 – Pursche, Jürgen: *Die historische Restaurierung der Wandmalereien in der ehemaligen Benediktinerabteikirche Prüfening und ihre heutige konservatorische Problematik*, in: Exner, Matthias/ Schädler-Saub, Ursula (Hrsg.): Die Restaurierung der Restaurierung? Zum Umgang mit Wandmalereien und Architekturfassungen des Mittelalters im 19. und 20. Jahrhundert. Eine Tagung des Deutschen Nationalkomitees von ICOMOS in Zusammenarbeit mit dem Hornemann Institut und dem Fachbereich Konservierung und Restaurierung der Fachhochschule Hildesheim/Holzminden/Göttingen, 9. bis 12. Mai 2001 in Hildesheim (ICOMOS-Hefte des Deutschen Nationalkomitees, Bd. 37; Schriften des Hornemann Instituts, Bd. 5), München 2002, S. 135–144

Ries 2017 – Ries, Hans Christian: *Die Kirchen und Kapellen der kath. Pfarreiengemeinschaft Fremdingen* (Kleine Kunstführer), Lindenberg 2017

Ritz 1942 – Ritz, Joseph Maria: *Professor Dr. Karlinger 60 Jahre alt*, in: Schönere Heimat 38 (1942), S. 13

Santner 2016 – Santner, Markus: *Bild versus Substanz. Die Restaurierung mittelalterlicher Wandmalerei im Spannungsfeld zwischen Theorie und Praxis (1850–1970). Entwicklungslinien in Kärnten und Österreich* (Studien zu Denkmalschutz und Denkmalpflege, Bd. 24), Wien/ Köln/Weimar 2016

Schmidt 2015 – Schmidt, Michael: *Zur Ehre der Asam-Altäre – Rekonstruktion und sakraler Modus. Ein Blick (nicht nur) auf Erwin Schleich*, in: Barock nach dem Barock. Denkmalpflege, Technologie, Schöpfungen des Neubarock (Inhalte – Projekte – Dokumentationen. Schriftenreihe des Bayerischen Landesamtes für Denkmalpflege, Bd. 10), München 2015, S. 155–185

Schmidt 2018 – Schmidt, Michael: *Die Innenrenovierung von St. Peter in Straubing in den Jahren 1976–78 im historischen und denkmalmethodischen Kontext oder: Romanik Reloaded 3.0*, in: Dietl, Albert/ Huber, Alfons im Auftrag des Historischen Vereins für Straubing und Umgebung (Hrsg.): 800 Jahre Stadt Straubing. Ein Kosmos der Geschichte und Kunst, 2 Teilbde. (Historischer Verein für Straubing und Umgebung, Bd. 6), Straubing 2018, Bd. 6/1, S. 215–266

Schmidt 2020 – Schmidt, Michael: *Mythos Prüfening!*, in: Die Denkmalpflege 78 (2020), Heft 1, S. 59–61

Schneider/ Brandner/ Ramminger 2008 – Schneider, Angelika/ Brandner, Anton/ Ramminger, Wolfgang: *Kurzbiographien*, in: Greipl, Egon Johannes (Hrsg.): 100 Jahre Bayerisches Landesamt für Denkmalpflege 1908–2008, Bd. 1: Bilanz (Beiträge des Kolloquiums „Bilanz nach 100 Jahren“ des Bayerischen Landesamtes für Denkmalpflege mit dem Historischen Seminar der Ludwig-Maximilians-Universität München vom 12. bis 14. Oktober in der Pinakothek der Moderne, München), Regensburg 2008, S. 335–345

Schulz 1947 – Schulz, Fritz Traugott: *Will, Johann*, in: Thieme-Becker (Allgemeines Lexikon der Bildenden Künstler, begr. von Ulrich Thieme und Felix Becker, hrsg. von Hans Vollmer), Bd. 36, Leipzig 1947, S. 7

Seidl 1902 – Gabriel von Seidl: *Der Neubau des Bayerischen Nationalmuseums in München*, hrsg. von Ivo Striedinger, München 1902

Sievers/ Ellesat 2002 – Sievers, Annette/ Ellesat, Anneli: *Die historistischen Wandmalereien in der Stiftskirche zu Königslutter. Geschichte, Restaurierungsgeschichte und aktuelle konservatorische Probleme*, in: Exner, Matthias/ Schädler-Saub, Ursula (Hrsg.): Die Restaurierung der Restaurierung? Zum Umgang mit Wandmalereien und Architekturfassungen des Mittelalters im 19. und 20. Jahrhundert. Eine Tagung des Deutschen Nationalkomitees von ICOMOS in Zusammenarbeit mit dem Hornemann Institut und dem Fachbereich Konservierung und Restaurierung der Fachhochschule Hildesheim/Holzminden/Göttingen, 9. bis 12. Mai 2001 in Hildesheim (ICOMOS-Hefte des Deutschen Nationalkomitees, Bd. 37; Schriften des Hornemann Instituts, Bd. 5), München 2002, S. 211–217

Soffner-Loibl 2014a – Soffner-Loibl, Monika: *Aiterhofen, St. Margareta* (Peda-Kunstführer, Nr. 922), Passau 2014

Soffner-Loibl 2014b – Soffner-Loibl, Monika: *Kottingwörth – Kath. Pfarrkirche St. Vitus* (Peda-Kunstführer, Nr. 977), Passau 2016

Springer 2010 – Springer, Peter: *Die Malereien im Kaiserdom*, in: Henkel, Tobias (Hrsg.): Dem Mittelalter in die Augen geschaut. Der Kaiserdom zu Königslutter – Geschichte, Architektur, Bauskulptur, Malereien (Schriftenreihe der Stiftung Braunschweigischer Kulturbesitz), Braunschweig 2010, S. 82–121

Traeger 1980 – Traeger, Jörg: *Mittelalterliche Architekturfiktion. Die Allerheiligenkapelle am Regensburger Domkreuzgang*, München/Zürich 1980

Turek 2019 – Restaurierungswerkstatt Turek: *Prüfening, Kath. Pfarr- und ehemalige Benediktinerabteikirche St. Georg. Datensicherung Wandmalerei 2004 bis 2019,* Forchheim dat. 30.07.2019 (unveröffentlicht; ein Exemplar beim Bayerischen Landesamt für Denkmalpflege)

Unger-Richter 2007 – Unger-Richter, Birgitta: *Basilika auf dem Petersberg bei Dachau* (Kleine Kunstführer), Lindenberg [2]2014

Vollmar 2017 – Vollmar, Bernd: *Restaurator kontra Künstlerrestaurator und Künstlerkonservator. Eine kurze Geschichte der Restaurierungswerkstätten des Bayerischen Landesamtes für Denkmalpflege*, in: Retrospektive und Perspektive. Methoden und Techniken in der Wandmalereirestaurierung. Werkstattgespräch des Bayerischen Landesamtes für Denkmalpflege im Literaturhaus München 9./10. Mai 2016 (Inhalte – Projekte – Dokumentationen: Schriftenreihe des Bayerischen Landesamtes für Denkmalpflege, Bd. 17), München 2017, S. 10–20

Vollmar 2020 – Vollmar, Bernd: *„... nicht das Restaurieren, sondern das Konservieren". Anmerkungen zum Denkmalpfleger Georg Hager (1863–1941)*, in: Schönere Heimat 109 (2020), Heft 3, S. 187–196

Wanscher 1913 – Wanscher, Wilhelm: *Die Wandgemälde von Joakim Skovgaard im Dome zu Viborg*, in: Die Kunst für alle 28 (1913), S. 181–190

Wiehe 1894 – Wiehe, Ernst: *Die Ausmalung der Stiftskirche zu Königslutter*, Braunschweig 1894

Will 1934 – Will, Johann: *Wahrnehmungen bei Instandsetzung evangelischer Dorfkirchen*, in: Kirche und Kunst 19 (1934), Heft 3, S. 17–21

Ulrike Paulik und Werner Hollnberger

Chronologie der Instandsetzung der ehemaligen Klosterkirche St. Georg in Prüfening

Allgemein

Zeitplan

Gutachten Statik		06/2002
Planungsauftrag		02/2004
Erstellung	HU-Bau	03/2005
Genehmigung	HU-Bau	10/2005
Reduzierung	Kosten	12/2010
Erstellung	AFU-Bau	05/2012
Beginn	Instandsetzungsarbeiten	06/2013
Erstellung	HU-Bau Nachtrag	05/2016
Genehmigung	HU-Bau Nachtrag	12/2016
Fertigstellung	Außeninstandsetzung	11/2017
Fertigstellung	Inneninstandsetzung	04/2019

Baulast- und Rechtsverhältnisse

Die Kirche St. Georg befindet sich im Eigentum der Katholischen Kirchenstiftung St. Bonifaz-St. Georg in Regensburg-Prüfening. Der Freistaat Bayern hat entsprechend der Verträge aus dem Jahr 1866 die primäre Baupflicht. Die Eigentumsverhältnisse von Räumlichkeiten und Bauteilen im Bereich der Kirche und deren Umfeld gehen ebenso wie die Behandlung einiger Baudienste auf diese Verträge zurück. Die Baulast der Bedachung am südlichen Seitenschiff und der westlichen Vorhalle ist hier ebenso geregelt wie die Abführung von Regenwasser und das Abwasserleitungsrecht. Rechtsnachfolger dieser Verträge ist das Fürstliche Haus Thurn und Taxis. Die Eigentumsverhältnisse stellen sich sehr komplex dar. So befinden sich z. B. die Geschosse über der westlichen Kirchenvorhalle im Eigentum des Fürstlichen Hauses. Auch die Fenster und Fensterläden in der Westfassade liegen in dessen Bauunterhaltspflicht, während die sonstige Fassade in der

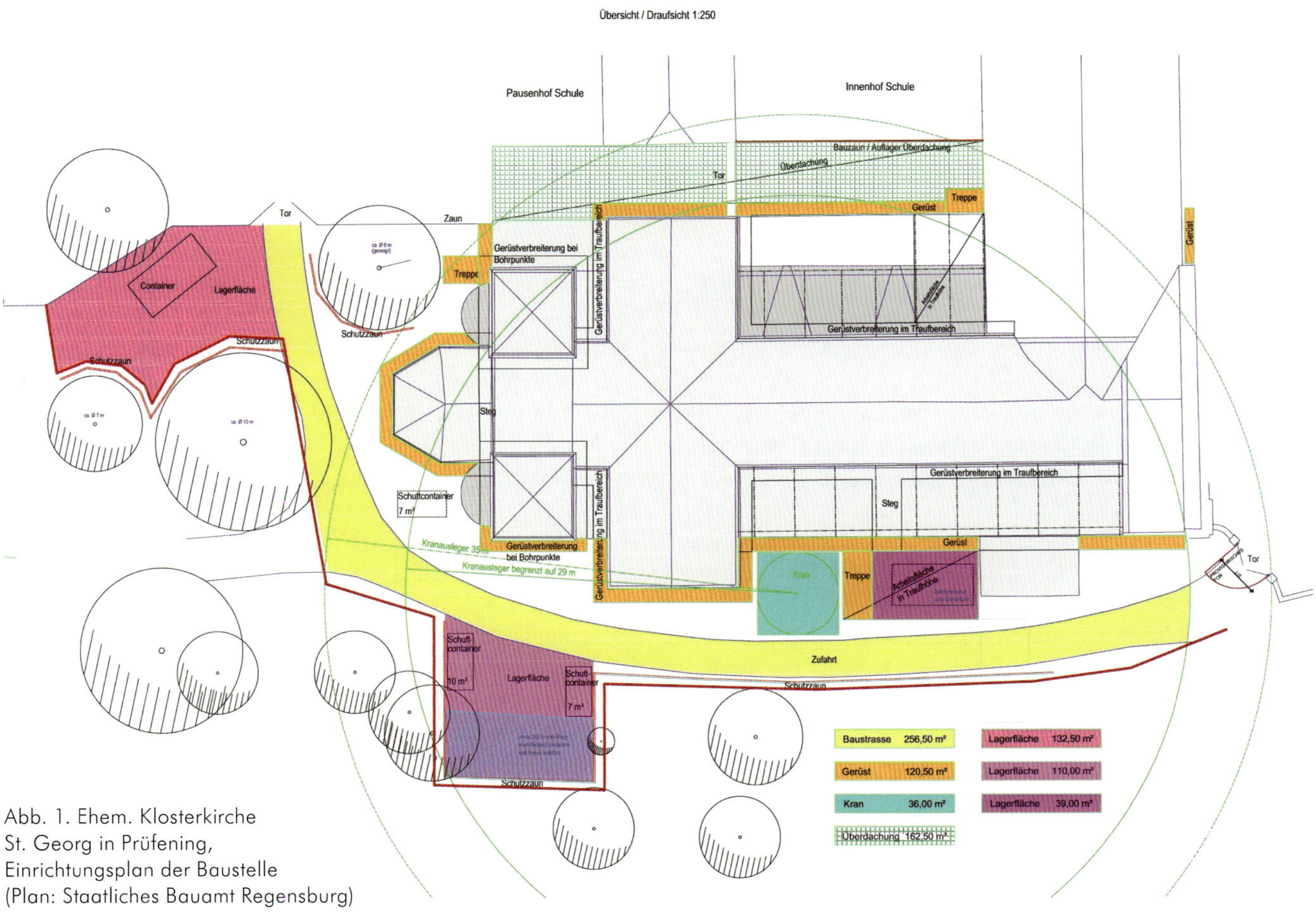

Abb. 1. Ehem. Klosterkirche St. Georg in Prüfening, Einrichtungsplan der Baustelle (Plan: Staatliches Bauamt Regensburg)

Baulast der Kirche steht. Die Außenwand des südlichen Seitenschiffes ist eine Kommunwand und stellt die Flurwand zur Montessori-Schule dar, deren Vermieter das Fürstliche Haus ist. Die westliche Kirchenaußenwand im Dachraum ist ebenfalls eine Kommunwand. Beide Wände erfüllen neben dem Brandschutz die Funktion als Auflagerpunkte für die Dachtragwerke. Die Überschneidung der Eigentumsverhältnisse im Kirchenbauwerk führte während der Baudurchführung immer wieder zu Verzögerungen, da eine klare Abgrenzung der rechtlichen Zuständigkeiten im Vertragswerk von 1866 nicht immer eindeutig ersichtlich war.

Schadensproblematik

Wegen der topografischen, geografischen, klimatischen und statischen Bedingungen traten an der ehemaligen Klosterkirche St. Georg vielschichtige Schadensphänomene auf. Ein Riss am Gewölbebogen im Dachraum über dem Hauptchor im Jahr 2001 war der Auslöser für umfangreiche statisch-konstruktive Untersuchungen des Kirchenbauwerks, insbesondere der romanischen Gewölbe, der Kirchtürme und der Dachstühle. Ein wenig tragfähiger Untergrund und der Abbruch der romanischen Hauptapsis in der Barockzeit führten zu veränderten statischen Verhältnissen zwischen den Türmen. Die wertvollen romanischen Wandmalereien im Innenraum der Kirche waren durch die Neigung der Türme gefährdet. Ungünstige klimatische Bedingungen im Kircheninnenraum durch hohe Luftfeuchtigkeit und aufsteigende Feuchtigkeit in den Wänden trugen zur weiteren Gefährdung bei. Der Feuchteeintrag in das Bauwerk verursachte auch an den Dachkonstruktionen und den Natursteinfassaden umfangreiche Schäden. Nach einer langen, ca. zehnjährigen Planungs- und Genehmigungsphase, welche überwiegend der ungeklärten Finanzierungsbeteiligung der Restaurierung der Wandmalereien geschuldet war, konnte im Juni 2013 mit der Baumaßnahme begonnen werden.

Baustelleneinrichtung

Vor Beginn der Instandsetzungsarbeiten stellte die Einrichtung der Baustelle in der Parklandschaft der fürstlichen Schlossanlage einen erheblichen planerischen und logistischen Aufwand dar. Der Kirchenbau schließt an der Südseite an den Innenhof der angrenzenden Schlossgebäude und an der Nordseite an den Schlosspark des Fürstlichen Hauses mit seinem alten und hohen Baumbestand an. Störungen und Beeinträchtigungen des Schulbetriebes im benachbarten Schloss und in den Parkanlagen durch Baustellenlogistik und Instandsetzungsarbeiten waren in jedem Fall auszuschließen. Nach Vorgabe des Fürstlichen Hauses musste vor Beginn der Bauarbeiten ein Beweissicherungsverfahren am Baumbestand, an der Zufahrtsstraße und an den angrenzenden Gebäuden durchgeführt werden. Das historische Eisengittertor bei der Zufahrt zum Baustellenareal wurde ausgebaut und durch ein provisorisches Bautor ersetzt. Da sich die Beschaffenheit des

Abb. 2. Gerüststellung am Südturm und südlichem Querhaus (Foto: Staatliches Bauamt Regensburg)

bestehenden Weges als ungeeignet für den Baustellenbetrieb erwies, erfolgte die Erschließung der Baustelle an der Nordseite von St. Georg über eine provisorische Baustraße aus mehreren Lagen Mineralschotter mit Vlieseinlage als Trennschicht, um auch schweren Baustellenfahrzeugen die Anfahrt zu ermöglichen. Als landschaftsbauliche Schutzmaßnahme diente am Übergang zu den Grünflächen eine durchlaufende Umzäunung aus Holz. Die Wahl des Kranstandortes am nördlichen Querhaus war der parklandschaftlichen Situation mit seinem hohen Baumbestand geschuldet (Abb. 1). Vermutete archäologische Funde im Umfeld des nördlichen Querhauses (Kapellenanbauten) erlaubten für die Schaffung des Kranfundamentes keine Bodeneingriffe. Die Fundamentplatte aus 60 cm starkem Stahlbeton und Abmessungen von 6 × 6 m wurde daher oberirdisch erstellt. Der Baukörper stellte mit seinen Türmen, Apsiden, dem Querhaus, den Seitenschiffen und Annexbauten insbesondere an den Gerüstbauer hohe Anforderungen (Abb. 2). Häufig mussten Sonderlösungen für die Gerüststellung gefunden werden. So hat man den Nord- und den Südturm mit einer Brücke aus Gerüstbauteilen verbunden, um eine effektive Baudurchführung zu ermöglichen. An den Turmwänden wurden Konsolgerüste angebracht, wobei die untersten zwei Gerüstlagen frei an der letzten Konsollage hingen. Die Aufrichtung der Konsolgerüste erfolgte durch Industriekletterer. Über den beiden Seitenschiffdächern wurden großflächige Gerüstplattformen erstellt, um Materiallager- und Arbeitsflächen zu schaffen. Auf diese Plattformen konnte zudem ein alternierender Schwarz-Weiß-Bereich zur Durchführung der Zimmererarbeiten in den mit Holzschutzmitteln kontaminierten Dachräumen eingerichtet werden. Beengte Verhältnisse auf dem Areal der Baustelle, Rücksichtnahme auf die landschaftsbauliche Situation und Sicherstellung der Feuerwehrzufahrt zur Rückseite der Schlossanlage während des Baubetriebes führten immer wieder zu Störungen im Bauablauf.

Abb. 4. Nordturm, Bohrloch mit Bohrgestänge, Bohrung Schnitt Ebene 2 (Foto: Staatliches Bauamt Regensburg)

Statische Sicherung der Türme und des Chorbereichs

Als erste bauliche Maßnahme wurde im Herbst 2013 die statische Sicherung der Türme und der Wände im Chorbereich mittels Nadelanker in Angriff genommen. Schwierigkeiten bei der Einrüstung der Türme mit Konsolgerüsten und genehmigungsfähiger Gerüststatik führten zu einem verspäteten Beginn dieser Spezialbaumeisterarbeiten. Auf unterschiedlichen Ebenen wurden horizontale Bohrungen erschütterungsfrei im Trockenbohrverfahren mit Luftspülung ausgeführt (Abb. 3 und 4). Die Bohrarbeiten wurden schwingungstechnisch begleitet, um mögliche Schäden an den Innenseiten der Wände und somit an den Malschichten auszuschließen. Spannanker aus Edelstahl wurden eingelegt und kraftschlüssig mit Injektionsmörtel verpresst. Als Endverankerungselemente wurden Kopfplatten aus nicht rostendem Stahl eingebaut, die Anker wurden dabei stufenweise kontrolliert mit Pressen angespannt.

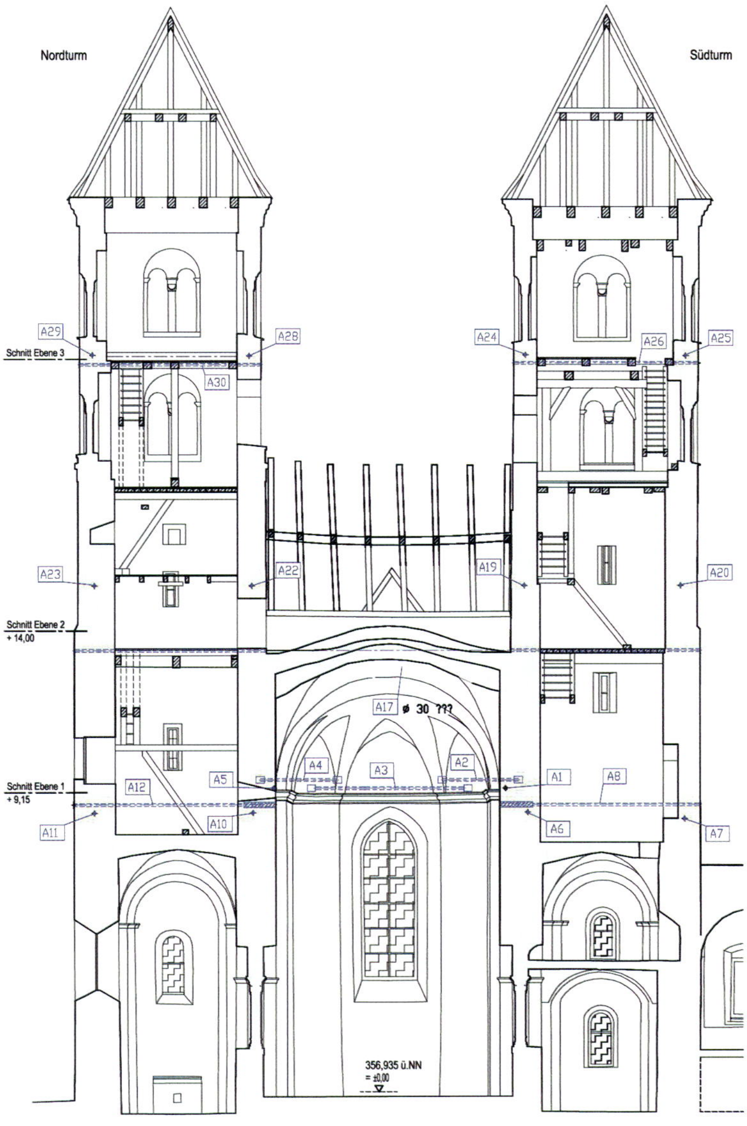

Abb. 3. Querschnitt der Türme und der Hauptapsis mit Eintrag der Bohrebenen für die Spannanker (Grafik: Ingenieurbüro Drexler + Baumruck)

Die Ausführung der Bohrarbeiten erforderte ein hohes Maß an Präzision, hatten einige Bohrungen doch Längen bis zu 10 m. Raumseitig erfolgte eine Überwachung der Verpressarbeiten, um mögliche Austrittsstellen von Injektionsmörtel im Bereich von vorhandenen Wandrissen frühzeitig erkennen zu können. Die statischen Sicherungsarbeiten konnten trotz winterlicher Verhältnisse erfolgreich im Dezember 2013 abgeschlossen werden.

Dachtragwerk

Dachkonstruktion

Vor Beginn der statischen Maßnahmen an den Dachstühlen von Lang- und Querhaus wurden die romanischen Deckenbalken und die romanischen Mäanderfriese durch den Einbau einer temporären Schutzeinhausung gesichert. Der zerstörungsfreie Schichtaufbau bestand aus einer Platten- und Bretterabdeckung auf den Deckenbalken mit Schaumstoffunterlage, einer 1. Lage Tyvekvlies, einer 2. Lage Gittexgewebe und einer 3. Lage atmungsaktivem Filtervlies. Auf den Gewölben sicherten aufgelegte Sandsäcke die dreilagige Abdeckung gegen Verrutschen. Die Fixierung mit Sandsäcken erlaubte bei der Baudurchführung eine problemlose Umsetzung der Abdeckung bei zimmermannsmäßiger Erfordernis. Zur Sicherung der Obergadenwände gegen Horizontalschub wurden außerdem vor Ausführung der Arbeiten am Dachstuhl des Hauptschiffes drei temporäre Verspannungen aus Stahlrundstählen eingebaut. Die Rundstähle wurden dabei durch die barocken Rundfenster geführt und mit an Obergadenwänden durchlaufenden Kanthölzern gekontert.

Die Kontaminierung der Dachkonstruktionen mit Holzschutzmittel (PCP und Lindan) erschwerte die Arbeiten erheblich und machte die Einrichtung eines Schwarz-Weiß-Bereichs nach BGR 128 notwendig. Der Kontrolle des Kontaminierungsgrades vor, während und nach Abschluss der Arbeiten dienten baubegleitende Luftmessungen. Die Dachkonstruktionen waren durch statische Belastung, Feuchtigkeitseinwirkung, biologischen Befall und fehlender Durchlüftung des Dachraums vor allem an den Traufpunkten stark geschädigt (Abb. 5). Im Mauerlattenbereich waren in der Vergangenheit der Hausschwamm und diverse Blättlingsarten, die das Holz von innen her durch Braunfäule zersetzen, holzzerstörend aktiv. Im Süden des Daches waren die Mauerlattenbereiche vom Zaunblättling befallen, einem Blättling für sonnenexponierte Standorte, der zeitweise hohen Temperaturen gut widerstehen kann. Deshalb war im Süden des Daches nahezu die gesamte Mauerlatte von diesem Pilz zerstört worden. Ebenso waren die Larven des Bunten Nagekäfers hochgradig aktiv und haben das pilzbefallene Holz weiter zu Holzmehl verarbeitet. Frisches Pilzmycel trat nicht mehr in Erscheinung. Ein Holzsachverständiger nahm Bohrwiderstandsmessungen mit dem Resistographen 400 vor, um anhand der Messdiagramme Art und Umfang der Holzzerstörung durch Pilze und Käferlarven zu ermitteln. In einem Plan mit der romanischen Balkenlage und der Zerrbalkenlage wurden die Bohrwiderstandsmesspunkte eingezeichnet, um erhaltenswerte und nicht tragfähige, auszutauschende Bereiche festlegen zu können. Diese Eintragungen bestimmten die weiteren Festlegungen der zimmermannsmäßigen Instandsetzungsarbeiten in Abstimmung mit dem Bayerischen Landesamt für Denkmalpflege. Der barocke Originalzustand des Dachtragwerks mit all seinen tragenden, ablastenden und aussteifenden Funktionen sollte wiederhergestellt werden. Statische Ertüchtigungsmaßnahmen der jüngeren Vergangenheit mussten komplett zurückgebaut werden, um dieses Ziel zu erreichen. Der Schutz der Arbeitsbereiche erfolgte durch provisorische, großflächige Schutzdächer mit Folienabdeckung (Abb. 6). Im Zuge der Holzbauarbeiten wurden geschädigte Holzbauteile wie Fußschwellen, Sparren, Zerrbalken und Gespärre ausgebaut und querschnittsgleich ergänzt. Sparren und Fußschwellen wurden durch Überplattung gestoßen, Deckenbalken mit Überplattung oder biegesteif mittels Schlitzblechen ausgeführt. Die barocke Fußschwelle war größtenteils zerstört und musste vollständig als zweiteilige Schwelle in Eichenholz erneuert werden.

Abb. 5. Schäden an den Sparren und Zerrbalken im Traufbereich des nördliches Querhauses (Foto: Staatliches Bauamt Regensburg)

Abb. 6. Schutzdächer mit Folienabdeckung über dem Lang- und nördlichen Querhaus (Foto: Staatliches Bauamt Regensburg)

Abb. 7. Dachstuhl des Hauptschiffes nach Instandsetzung mit Holzsteg und Beleuchtung (Foto: Staatliches Bauamt Regensburg)

Für die Instandsetzung des Dachstuhls des südlichen Seitenschiffes wurde eine Entlastung der vorhandenen Dachkonstruktion durch Umlastung auf Neubauteile vorgenommen. Die durchgebogene Mittelpfette des Dachstuhls im Chorraum erhielt als statische Ertüchtigung eine Unterspannung aus Zugstäben und Stabankern aus Stahl.

Nach Abschluss der Zimmererarbeiten am Dachstuhl im Hauptschiff wurden die temporären Verspannungen entfernt und dauerhaft durch drei Stahl-Zugelemente in der Zerrbalkenebene ersetzt. Die diagonal nach unten laufenden Fußpunkte der Zugelemente liegen im Kämpferbereich der Pfeiler für die Barockgewölbe. Der Dachraum von Lang- und Querhaus erhielt für Wartungszwecke und eine sichere Begehung einen Holzsteg mit Seitenschutz sowie eine neue Dachraum-Beleuchtung (Abb. 7).

Romanische Schwelle

Im Zuge des Gesimsrückbaus an Lang- und Querhaus kam zu Beginn des Jahres 2014 die romanische Fußschwelle zum Vorschein. Sie lag ca. 60 cm unter der barocken Fußschwelle und war in großen Teilen noch im Mauerwerk vorhanden. Diese vorgefundene Situation sollte in statischer und bauablauftechnischer Hinsicht weitreichende Konsequenzen nach sich ziehen. Das Mauerwerk und das Gesims mussten vollständig bis zum Auflagerpunkt der romanischen Schwelle zurückgebaut und das originale Bauteil aus Eichenholz freigelegt werden. Unter Einschaltung weiterer Fachleute und Gutachter wurde ein Konzept zum Erhalt der romanischen Schwelle entwickelt. Die Einbausituation der romanischen, T-förmigen Eichenholz-Fußschwelle hat im Zuge der Freilegung ein Bauforscher zeichnerisch aufgenommen und dokumentiert. Die Beschaffenheit der Holzgüte und die statische Tragfähigkeit der Fußschwelle wurden durch einen Holzgutachter mit nahezu zerstörungsfreien Bohrwiderstandsmessungen erfasst und die weitere Behandlung des besonders wertvollen Originalbauteils vorgegeben. In Teilbereichen war die Holzsubstanz durch Pilzbefall, Käferlarven und eindringende Feuchtigkeit so stark geschädigt, dass bei Berührung nur noch Holzmehl zurückblieb. Die zerstörten Bereiche wurden soweit zurückgebaut bis tragfähiges Eichenholz zum Vorschein kam. Fehlende Teile der romanischen Schwelle erhielten eine Nachbildung mit zweitverwendetem Eichen-Altholz und in den Schwellenlücken einen querschnittsgleichen und passgenauen Einbau (Abb. 8).

Als Holzschutz fungiert ein gift- und lösemittelfreier Anstrich auf mineralischer und pflanzlicher Basis, welcher noch vorhandene Pilzmycelien und Käferlarven abtötet und wirkungsvoll vor einem Neubefall schützt. Die ergänzten Schwellenteile erhielten als zusätzlichen Schutz vor im Mauerwerk aufsteigender Feuchtigkeit eine unterlegte Mauersperrbahn aus Bleiblech.

Abb. 8. Nachbildung der romanischen Schwelle mit zweitverwendetem Eichen-Altholz (Foto: Staatliches Bauamt Regensburg)

Abb. 9. Aufmauern des Gesimses mit Profilierungen am südlichen Langhaus (Foto: Staatliches Bauamt Regensburg)

Abb. 10. Gesimsverputzung in Schablonentechnik nach vorgefundenem Bestand (Foto: Staatliches Bauamt Regensburg)

Traufgesims von Lang- und Querhaus

Die Einwölbung des Kirchenraums in der Barockzeit erfolgte unterhalb der Ebene der romanischen Flachdecke. Zur Aufnahme des barocken Dachstuhls führte man die Außenwände über die Ebene der romanischen Deckenbalken der Flachdecke hoch. Dadurch blieben die romanischen Deckenbalken und der umlaufende romanische Wandfries im Dachraum nahezu vollständig erhalten. Den Abschluss der barocken Aufmauerung bildet ein gemauertes, mehrfach profiliertes Traufgesims. Das vorhandene Gesims wurde vollständig zurückgebaut und die romanische Fußschwelle aus Eichenholz freigelegt. Das profilierte Schwerlast-Gesims sollte nach dem Bestand wieder in Vollziegel-Mauerwerk, direkt über der romanischen Schwelle aufliegend, ausgeführt werden. Die geplanten vertikalen Verspannungen der Außenwände, die eine partielle Zerstörung der romanischen Fußschwelle zur Folge gehabt hätten, änderte der Tragwerksplaner in unter dem Bretterbelag des Dachraums verdeckt liegende, horizontale Stahlverspannungen um. Das Aufmauern der Gesimse mit seinen Profilierungen, verbunden mit dem Einbau von Schnorchel-Lüftungen für die romanische Schwelle und umlaufenden Lüftungsfugen für die Sparrenfüße und barocken Fußschwellen, erforderte hohes handwerkliches Können. Das neu aufgemauerte Gesims wurde in Schablonentechnik exakt nach dem vorgefundenen Bestand verputzt. An einigen Stellen kamen je nach örtlicher Erfordernis bis zu sieben Putzlagen zur Ausführung (Abb. 9 und 10).

Dächer

Die Auflagerpunkte der Zerrbalken der barocken Dachkonstruktion waren ebenso wie der größte Teil der barocken Sparrenköpfe verfault. Eine Durchlüftung des Dachraums fehlte gänzlich. Die unter den Zerrbalken liegenden romanischen Deckenbalken zeigten durch Feuchtigkeitseinwirkung und Holzschädlinge ebenfalls Zerstörungen an den Auflagerpunkten. Neben der statischen Ertüchtigung des Dachstuhls unter Rückführung der Konstruktion auf den barocken Originalzustand war es Ziel, eine funktionierende Durchlüftung des Dachraums und der Auflagerpunkte herzustellen. An den Traufpunkten sämtlicher Dächer wurden verdeckt liegende, durchlaufende Lüftungsfugen geschaffen. Zum Schutz des im Dachraum fast vollständig erhaltenen romanischen Wandfrieses vor Flugschnee und Feuchteeintrag wurde im Traufbereich der Einbau einer Schalung vorgenommen. In der Dachhaut wurden je Quadratmeter zwei Rillenlüfter eingebaut, um eine optimale Durchlüftung des Dachraums zu erzielen. Die Dachhaut von Hauptschiff, Chor, Querhaus und nördlichem Seitenschiff wurde in der Vergangenheit mehrfach mit Dachziegeln unterschiedlichen Formats ausgebessert. Viele der alten Dachziegel waren jedoch in ihrer Substanz durch Witterungseinflüsse so geschädigt, dass eine Wiederverwendung nicht mehr in Frage kam. Diese Dachflächen wurden mit 18 mm starken Kirchenbiberschwanz-Ziegeln mit Geradschnitt neu eingedeckt (siehe S. 14, Abb. 2). Bei der Deckung der Turmdächer konnten die vorhandenen, alten Rautenspitz-Kirchenbiber mit einer Stärke von 22 mm wiederverwendet werden. Lediglich die vermörtelten Gratziegel, die beim Ausbau der Dachhaut für die Instandsetzung der Turmdachstühle zerstört wurden, erfuhren eine Erneuerung.

Der Einbau der vergoldeten Turmkreuze erfolgte aus metallrestauratorischen Gründen und der notwendigen statischen Ertüchtigung der Kaiserstiele zu einem späteren Zeitpunkt. Die grün patinierte Kupferblechdeckung des südlichen Seitenschiffdaches musste wegen der statischen Maßnahmen am Dachstuhl ausgebaut werden. Eine Wiederverwendung des Altmaterials war ausführungstechnisch nicht möglich. Die Dachfläche erhielt eine Neueindeckung in Kupferblech (Abb. 11). Besonders aufwendig war dabei die Herstellung der Dacheinschnitte an den barocken Rundfenstern mit seinen Kehlblechen, Graten und runden Anschlussblechen.

Abb. 11. Dachfläche des südlichen Seitenschiffes mit Neueindeckung in Kupferblech (Foto: Staatliches Bauamt Regensburg)

Zierelemente der Dächer

Die Spitzen der Pyramidendächer von Nord- und Südturm werden durch zwei Turmkreuze bekrönt, welche auf einer großen ovalen Kugel mit einem Konus aus Kupferblech ruhen. Kreuzfuß und Kreuzarme aus geschmiedetem Flachmaterial sind zweiteilig in einer umlaufenden Rahmenkonstruktion mit Stegen ausgeführt. Die Kreuzverankerung erfolgt über einen Tragstab aus geschmiedetem Vollmaterial, der durchgehend starke Korrosionserscheinungen aufwies. Die Kreuze waren allseitig vergoldet. Die großen ovalen Kugeln der Kreuze sind aus zwei Halbschalen gefertigt, welche mit einem prägnanten Wulst verbunden sind. Die Oberflächen der Kugeln waren ebenfalls vergoldet. Der Einbau der Turmkreuze mit jeweils einer Gesamthöhe von ca. 2,20 m erfolgte im Zuge der Barockisierung um das Jahr 1720. Das optische Erscheinungsbild der zwei Turmkreuze ist nahezu identisch.

Während der Instandsetzungsarbeiten konnte festgestellt werden, dass die Turmkreuze durch Korrosion stark geschädigt waren. Offene Nähte der Kugeln und der Kupferverblechungen des Konus ließen Feuchtigkeit in die Kaiserstiele und in den Dachinnenraum eindringen. Neben einer metallrestauratorischen Behandlung der Turmkreuze stand eine statische Ertüchtigung der Unterkonstruktion an, um die Einleitung der Windlasten sicherzustellen. Ein Ausbau der Kreuze für die werkstattseitigen Restaurierungsarbeiten war unumgänglich.

Turmkreuz des Südturms

Am Übergang vom Kreuz zur Kugel wurde eine fehlende Schürze neu als Wasserabweiser angebracht. Der abgeschnittene obere Anschluss der Kugel musste neu angearbeitet und der konusartige Schaft aus Kupferblech zweiteilig neu gefertigt werden, da der bestehende Schaft wegen des Ausbaus, den Verschmutzungen und Undichtigkeiten nicht gehalten werden konnte. Die Schürze am Übergang wurde neu gefertigt, da sich die Konstruktionshöhen der Dachhaut durch den Einbau einer funktionierenden Hinterlüftung geändert hatten. Eine neu aufgebrachte braun-schwarze Patinierung soll die Oberfläche von Konus und Schürze dauerhaft schützen.

Turmkreuz des Nordturms

Für den konusartigen Schaft aus Kupferblech bedurfte es einer Neuanfertigung, der bestehende Schaft konnte, wie beim Turmkreuz des Südturms, wegen der Verschmutzungen und Undichtigkeiten nicht gehalten werden. Der Konus wurde zweiteilig erstellt, um eine Korrektur der Konuslänge im Bedarfsfall sicherzustellen. Die Schürze wurde neu gefertigt und angepasst. Die Oberfläche von Konus und Schürze erhielten gleichfalls eine braun-schwarze Patinierung (Abb. 12).

Abb. 12. Turmkreuz des Nordturms mit Konus nach der Instandsetzung (Foto: Staatliches Bauamt Regensburg)

Fassaden

Nach Fertigstellung der Dächer im Herbst 2014 konnte mit der Instandsetzung der Fassaden begonnen werden. Die fortgeschrittene Jahreszeit erlaubte dabei nur die Restaurierung von überschaubaren und in sich abgeschlossenen Flächen, wie sie bei den Wänden des Süd- und Nordturms gegeben waren (Abb. 13). Mit dem Bayerischen Landesamt für Denkmalpflege abgestimmte und angelegte Musterflächen dienten als restauratorische Hilfestellung für die ausführenden Firmen, die die Arbeiten an den beiden Türmen noch im Jahr 2014

Abb. 13. Östliche Wandflächen der Türme nach der Instandsetzung (Foto: Altro-Fotoagentur)

Abb. 14. Biforiumfenster des Südturms mit Steinersatz-Partien (Foto: Staatliches Bauamt Regensburg)

Abb. 15. Nordturm, Fassadenausschnitt mit Rundbogenfries und Biforiumfenster (Foto: Altro-Fotoagentur)

abschließen konnten. Die Schadensphänomene der Natursteinfassaden waren überwiegend Witterungs- und Umwelteinflüssen, bauphysikalischen Zuständen und unzureichender Dachentwässerung geschuldet. Viele Natursteine zeigten ein zerklüftetes und gerissenes Erscheinungsbild. Abplatzungen, Risse, offene und abgewitterte Fugen ließen Feuchtigkeit in das Bauwerk eindringen. Der Feuchteeintrag im Sockelbereich der Fassaden war durch ein Geländeniveau, das ca. 1,50 m über dem romanischen Fußbodenniveau lag, sowie durch eine fehlende Drainage verursacht. Die Oberflächen der Natursteine wiesen besonders auf der Nordseite starken organischen Bewuchs wie Moose und Flechten auf. Da das Fugennetz der Natursteinfassaden seine wasserableitende Funktion nicht mehr erfüllen konnte, musste es komplett erneuert werden. Viele Natursteinschalen wurden durch Injektionen gesichert und abgebrochene Teile mittels Steinersatz ergänzt (Abb. 14 und 15). Vorhandene Antragungen aus Mineral-Splittbeton an Turmwänden und Obergadenwänden aus den 1960er Jahren bedurften an Fehlstellen einer Ergänzung. Der neue Splittbeton-Auftrag erfolgte mit 2 RT 2/5 Edelsplitt, 4 RT 0/2 beigem Brechsand, 0,75 RT Weißzement 42,5 R und 1,25 RT Portlandzement 42,5 R. Die neue Rezeptur entsprach damit der Rezeptur des Bestandes, deren Zusammensetzung der Staatlichen Dombauhütte Regensburg noch aus früheren Instandsetzungen bekannt war. Die Oberfläche wurde mit der Zahnfläche in diagonal verlaufender Lineatierung gebeilt. Die anschließende Überarbeitung erfolgte erst am darauffolgenden Tag, da die Antragung sonst zu hart geworden wäre. Altantragungen mit hohl liegenden Stellen mussten aus statischen Gründen mit Edelstahl-Vernadelungen gesichert werden. Zur Angleichung an die Farbgebung des angrenzenden beigefarbenen Kalksteinmauerwerks und zum Schutz der Fassaden vor Feuchtigkeitseinwirkung erfuhren sämtliche Mineral-Splittbetonflächen eine Behandlung mit einer eingefärbten, wasserabweisenden Wasser-Kompakta-Zementschlämme. Die Putzflächen der Südfassade, der Apsiden, der Michaelskapelle und der Westgiebelrückwand wurden mit einem rein mineralischen Anstrich versehen.

Zierelemente der Fassaden

Giebelkreuz

Über dem Segmentbogengiebel der Westfassade erhebt sich ein ornamentaler Kalksteinsockel, auf dem das Giebelkreuz mit seinen zwei Kugeln thront. Die große Kugel bildet die Basis der metallischen Giebelbekrönung, die kleinere Kugel ist zwischen Kreuz und großer Kugel eingebaut. Das Kreuz mit Strahlenkranz und Kugeln besteht aus Kupferblech und war in der Barockzeit auf seiner Vorderseite feuervergoldet. Die Rückseite des Kreuzes ist nicht beschichtet und war auch nie vergoldet. Die Armierung besteht aus Schmiedeeisen. Der originale Tragstab ist 3–4° nach vorne geneigt, um die optische Wirkung des Kreuzes auf den Betrachter perspektivisch zu verstärken. Das Kreuz hat eine Gesamthöhe von ca. 2,20 m und wurde im Zuge der Barockisierung um 1720 eingebaut. Aus dieser Zeit ist in der Bekrönung noch eine kleine Dokumentenkapsel erhalten.

Abb. 16. Giebelkreuz der Westfassade vor der Instandsetzung (Foto: Staatliches Bauamt Regensburg)

Das vorgefundene Schadensbild erstreckte sich über alle Bestandteile des Giebelkreuzes. Die Vorderseite des Kreuzes ist komplett aus einem Blechstück getrieben. Die Verblechung der vier Kreuzarme war an den Spitzen eingerissen. Durch Risse und offene Nahtstellen konnte Feuchtigkeit in das Innere eindringen, was zu starken Korrosionsschäden an der Stützstrebe führte. Die große Kugel ist aus zwei überlappenden Halbschalen gearbeitet. Sie zeigte an der metallischen Substanz keine Schäden, lediglich die Beschichtung aus Blattvergoldung war stark abgewittert. Die kleine Kugel besteht ebenfalls aus zwei Halbschalen. Am Übergang vom Kreuz zur kleinen Kugel fanden sich ausgebrochene Reste aus Leinölkitt, eine ausreichende Abdichtfunktion war nicht mehr gegeben. Über dem quadratischen Ausschnitt des Vierkantstabs konnte ungehindert Wasser eindringen. Die Nahtstelle der beiden Kugelhälften war teilweise offen und ebenfalls undicht. Neben der metallrestauratorischen Behandlung des Kreuzes wurde eine statische Ertüchtigung der Unterkonstruktion notwendig, um die Erfordernisse zur Einleitung der Windlasten sicherzustellen. Der eingebleite schmiedeeiserne Vierkantstab, der das Metallkreuz trug, war am Sockelansatz im Querschnitt stark korrodiert und wies an dem durch Windlasten stark beanspruchten Fußpunkt eine statisch bedenkliche Querschnittsschwächung auf. Eine Ertüchtigung

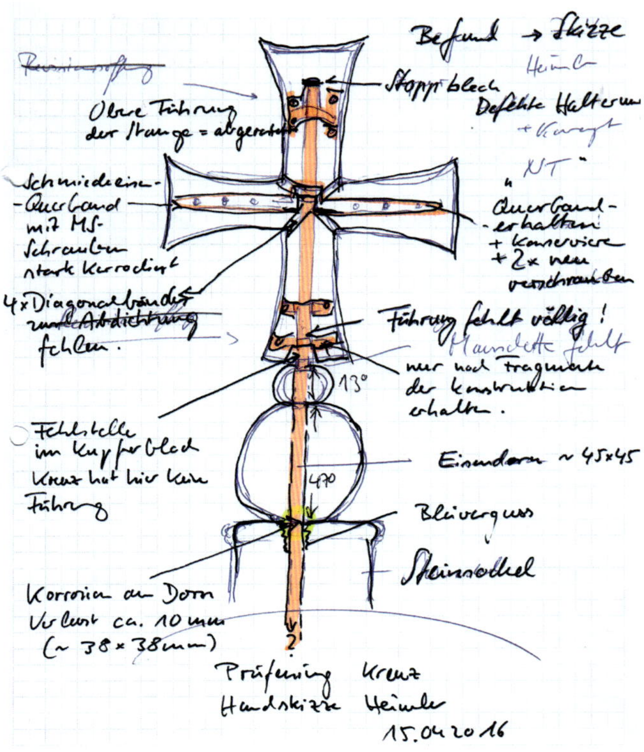

Abb. 17. Schadensaufnahme des Giebelkreuzes (Zeichnung: Fa. Haber und Brandner)

Abb. 18. Giebelkreuz der Westfassade nach der Instandsetzung (Foto: Staatliches Bauamt Regensburg)

am Fußpunkt war dringend geboten (Abb. 16 und 17). Für die Ausführung der Restaurierungsarbeiten war der Ausbau des Kreuzes unumgänglich. Das Kreuz wurde dabei in all seine Einzelteile zerlegt und jedes Bauteil gesondert im Bestand dokumentiert und auf Schäden hin untersucht. Das Konzept zur Restaurierung erfolgte in Abstimmung mit dem Tragwerksplaner, dem Metallrestaurator, dem Natursteinrestaurator und dem Bayerischen Landesamt für Denkmalpflege.

Die undichten Fälze der Verblechung der Kreuzarme wurden geschlossen, Fehlstellen durch neue Kupferblechstreifen ergänzt. Der Tragstab des Giebelkreuzes wurde nach Vorgabe des Statikers durch den verdeckten Einbau einer zweiteiligen Edelstahlfußplatte und einer zweiteiligen angeschweißten Vierkanthülse aus Edelstahl im Kalksteinsockel stabilisiert. Die Vierkanthülse hat die Funktion, die durch Korrosion geschwächten Bereiche des originalen Stabs zu überbrücken und ein Verdrehen von Kugeln und Kreuz zu verhindern. Die Fußplatte wurde mit acht Gewindestangen 20 cm tief im historischen Kalkstein verankert und die Vierkanthülse bis auf eine Höhe von 1,25 m hochgeführt. Die Neigung des Kreuzes wurde bei der Stabilisierung beibehalten. Wegen des größeren Querschnitts der neuen Edelstahlhülse für den Tragstab mussten die Öffnungen in den Kugeln und im Kreuz erweitert werden. Eine verdeckt eingelötete Kupferblechmanschette bildet als zusätzliche untere Führung das Kreuzende.

Die Vorderseite des Giebelkreuzes erhielt, analog des Bestandes aus den 1970er Jahren, eine Neuauflage der Beschichtung aus Blattvergoldung (Abb. 18). Die Oberflächen wurden gereinigt, entfettet und mit einer konservierenden Grundierung versehen. Nach dem Auftrag der Grundierung wurden die Nahtstellen an den Falzen der Kreuzarme mit einer dauerelastischen Kittmasse geschlossen, um das Eindringen von Wasser ins Innere von Kreuz und Kugeln zu vermeiden. Als Goldgrundbeschichtung wurde ein 2-K-PUR-Decklack aufgetragen. Die Vergoldung erfolgte mit Rosenobel-Doppelgold 23,75 Karat. Die Vergoldung des Giebelkreuzes wurde entgegen dem vorgefundenen Zustand allseitig vorgenommen. Auf diese Weise soll verhindert werden, dass durch Regen gelöste Kupferkorrosionsprodukte den neu sanierten Westgiebel verfärben. Der Bautradition folgend wurde zur Dokumentation der Instandsetzungsarbeiten in der großen Kugel des Giebelkreuzes eine Kupferkartusche mit aktuellen Zeitungsbeiträgen zur Maßnahme und einer Liste der am Bau Beteiligten eingebracht. Die historische, ungeöffnete Dokumentenkapsel von 1720 wurde beigelegt.

Barocke Ziergitter

An der Westfassade von St. Georg befinden sich im Erdgeschoss beidseits des Westportals zwei baugleiche ornamentale Fenstergitter und über dem Eingangsportal ein reich verziertes Lünettengitter. Die Schmuckgitter stammen alle aus der Erbauungsphase der Westfassade um das Jahr 1720. Denkmalpflegerische Zielsetzung war, die Ziergitter dauerhaft und nachhaltig zu konservieren und ein ansprechendes Gesamterscheinungsbild herzustellen. In Bereichen mit gesicherten historischen Fassungen/Vergoldungen wurde eine Rekonstruktion des Originalzustandes angestrebt.

Die Fenstergitter bestehen aus einem rechteckigen Rahmen mit geschmiedetem Flacheisen. Die Stäbe der Gitterfüllung laufen in Wellen senkrecht nebeneinander. Der obere halbrunde Abschluss ist mit floralen Ranken mit Grotesken und Akanthusblättern gestaltet. Die Fenstergitter wiesen in ihrer metallurgischen Substanz einen guten Erhaltungszustand auf, die Metalloberflächen zeigten aber eine großflächige Korrosion, da die Korrosionsbeschichtung keine Schutzwirkung mehr ausübte. An einigen Stellen wurde auch Punkt- und Spaltkorrosion angetroffen.

Das Lünettengitter über dem Westportal ist mit einem umlaufenden Flacheisen eingefasst. Florale Ranken mit Grotesken und Akanthusblätter bilden die Gitterfüllung. Sie sind aus Rundstählen geschmiedet und mit einer feinen Schmiedezeichnung verziert, waren aber durch Korrosion mit teilweisem Substanzverlust geschädigt, Ornamentfragmente waren abgesprengt (Abb. 19). Eine ursprüngliche vollflächige Vergoldung konnte mit Querschliffen und Freilegungen nachgewiesen werden. Im Zuge der metallrestauratorischen Bearbeitung wurden die Altbeschichtungen und die Korrosionsprodukte im schonenden Partikelstrahlverfahren mit Glasgranulat entfernt, die Nachbehandlung erfolgte mit Natriumhydrogencarbonat. Die monochrome Neufassung erfolgte systemstimmig mit 2-K-PUR Decklack. An den oberen halbrunden Abschlüssen der Fenstergitter wurden partielle Vergoldungen, am Lünettengitter nach Befund eine vollflächige Vergoldung ausgeführt. Bei den Vergoldungsflächen wurde ein hellgelber Vergoldungsgrund auf Polyesterbasis anstelle des schwarzen Decklacks appliziert. Auf dieser Basis wurde anschließend eine Ölblattvergoldung durchgeführt. Als Blattgold fand auch hier Rosenobel-Doppelgold 23,75 Karat Verwendung. Die Gitter wurden in Originaltechnik mit den restaurierten Befestigungsmitteln wieder am jeweiligen Einbauort montiert. Der Einbau der Fenstergitter im Herbst 2017 stellte den Abschluss der Hochbau-Instandsetzungsarbeiten im Außenbereich dar (Abb. 20 und 21).

Abb. 19. Korrosionsschäden am Lünettengitter des Westportals (Foto: Steinwerkstatt Regensburg)

Abb. 20. Fenstergitter mit partieller Vergoldung der ornamentierten Gitterfüllung (Foto: Staatliches Bauamt Regensburg)

Abb. 21. Lünettengitter des Westportals mit vollflächiger Vergoldung nach Befund (Foto: Staatliches Bauamt Regensburg)

Innenraumschale

Die Arbeiten an der Innenraumschale umfassten die Restaurierung der romanischen Wandmalereien in den Nebenchören und der Neubemalungen aus dem 19. Jahrhundert sowie die Sicherung der barocken Malereien an den Deckengewölben (Abb. 22 und 23). Kostenträger der Arbeiten an den romanischen Malereien und der Neubemalungen waren die Kirchenstiftung St. Bonifaz-St. Georg und das Bayerische Landesamt für Denkmalpflege. Die statischen Sicherungsmaßnahmen an den bemalten Wandflächen sowie das Verdämmen und Schließen von Rissen lagen hinsichtlich der Kosten im Zuständigkeitsbereich des Freistaates Bayern.

Presbyterium

Die Wandflächen im Presbyterium wurden bei Restaurierungsarbeiten von 1898 bis 1901 unter Hans Haggenmiller mit einer figürlichen Neubemalung versehen, die originale malschichttragende Schlämme wurde dabei großflächig abgenommen. Die Neubemalung liegt direkt auf dem originalen Unterputz oder auf Resten der originalen Schlämme. Die romanische Malerei wurde dabei größtenteils zerstört. Restaurierungsziel war die Reinigung und Konsolidierung der Malereien des 19. Jahrhunderts. Man beschränkte sich auf Reinigung der Oberflächen, Festigung der Malschichtschollen, Malschichtfestigung, flächige Fixierung, Festigung der Malschichtträger und Versorgung der Risse.

Benediktus- und Johanneschor

Leistungsziel der restauratorischen Maßnahmen an den romanischen Wandmalereien der Nebenchöre war eine bestandsbewahrende Konservierung, die sich auf die absolut notwendigsten Eingriffe beschränken sollte und als reine Pflegemaßnahme einzustufen war. Als Leistungen waren eine Trockenreinigung der bemalten Wandoberflächen, die Abnahme und Reduzierung von schädlichen Salzen, die Abnahme von biogenen Schleiern, die Festigung der Malschicht, die Festigung strukturgeschwächter Putze, die Festigung von Putzablösungen und Putzflanken, der Austausch schadsalzbelasteter Putzergänzungen und die Retusche störender Altergänzungen vorgesehen. Höchste Anforderungen an die Restauratoren stellten dabei die kleinteiligen Strukturschäden und substanzgefährdenden Schichtentrennungen im Gefüge.

Abb. 22. Barockes Deckengemälde im Hauptschiff nach Instandsetzung der Risse (Foto: Preis & Preis)

Kirchenschiff

Die zu behandelnden Wandflächen im Kirchenschiff umfassen die romanischen Malereien der Vierungspfeiler, ein Malereifragment im nördlichen Querhaus, ein Fragment im Westen unter der Empore und die Malerei im Tympanon der Vorhalle. Die Malereien an den Vierungspfeilern nehmen hier den wertvollsten Rang ein, blieben diese doch unter Haggenmiller unbehandelt für spätere Forschungen erhalten. Das Restaurierungsziel entspricht dem der Malereien in den Nebenchören.

Mäanderfriese im Dachraum

Die restauratorische Behandlung der romanischen Friese im Dachraum sollte sich aufgrund des hohen Ranges und der Qualität der Malerei auf die Sicherung des Bestandes beschränken. Die UV-Fluoreszenzphänomene, die unter 365 nm sichtbar sind, mussten unverändert erhalten werden. Die restauratorischen Arbeiten umfassten die Trockenreinigung von Malerei, Deckenbalken und Hausteinmauerwerk, die Konsolidierung der Malschicht, die Festigung strukturschwacher Putze und adhäsionsgeschwächter Putzflanken. Bei den Arbeiten an den Seitenschiffdächern kamen an den Längswänden zum Hauptschiff direkt über den Gewölben romanische Malereien zum Vorschein.

Abb. 23. Barockes Deckengemälde im Hauptschiff nach Instandsetzung der Risse (Foto: Preis & Preis)

Barocke Deckengemälde im Kirchenschiff

Die Deckengemälde waren in den Gewölbescheiteln durchgehend gerissen. Die Ursache lag im Horizontalschub der Dachkonstruktion begründet. Die statische Sicherung gegen Horizontalschub im Dachraum erfolgte durch Stahlverspannungen. Anschließend wurden die Risse restauratorisch geschlossen. Die Stahlverspannungen werden in definierten Zeitabständen auf Durchbiegung kontrolliert. Ein erneutes Auftreten von Rissen in den Gewölben kann somit nahezu ausgeschlossen werden. Die Restaurierung der barocken Deckengemälde, geschaffen von Johann Gebhard (1715–19), fand bereits in der zweiten Hälfte des 20. Jahrhunderts statt.

Technische Ausstattung

Die hohe Luftfeuchtigkeit im Kircheninnenraum stellt für die Oberflächen der romanischen Wandmalereien eine permanente Belastung dar. Um die Restaurierungserfolge dauerhaft zu sichern, gab die Kirchenstiftung St. Bonifaz-St. Georg den Einbau einer Lüftungsanlage in Auftrag. Feuchtesensoren überwachen den Kirchenraum und nehmen bei erhöhter Feuchtigkeitskonzentration die Anlage automatisch in Betrieb. Trockene Luft wird über ein Lüftungsgitter im Bereich der Holztreppe der südlichen Empore eingeblasen, feuchtigkeitsgesättigte Kirchenluft auf der Orgelempore über ein sich automatisch öffnendes Fenster ausgeblasen. Während kirchlicher Veranstaltungen kann die Anlage bei Bedarf manuell von der Sakristei aus über ein Tablet abgeschaltet werden. Die Lüftungsanlage wurde auf der ersten Podestebene des Südturms auf einer vom Bauwerk entkoppelten Stahl-Unterkonstruktion aufgestellt. Die über 50 Jahre alte Elektro-Unterverteilung in der Sakristei wurde ebenso wie die gesamte Kirchenraumbeleuchtung erneuert. Für die romanischen Wandmalereien der Nebenchöre wurde ein Beleuchtungskonzept mittels freistehender Stelen entwickelt. Die alte Lautsprecheranlage wurde durch eine neue ersetzt, um den akustischen Erfordernissen kirchlicher Veranstaltungen gerecht zu werden. Das Glockengeläut wurde mit neuen elektronischen Komponenten ausgestattet, da die bestehenden Teile wegen ihres Alters nicht mehr dem Stand der Technik entsprachen. Die Kosten für die Lüftungsanlage, die Kirchenbeleuchtung, die Akustikanlage und das Glockengeläut übernahm die Katholische Kirchenstiftung St. Bonifaz-St. Georg.

Außenanlagen

Eine Sanierung der über 100 Jahre alten Entwässerungsleitungen erwies sich wegen gravierender Schäden als unumgänglich, da eine funktionsfähige Ableitung des Regenwassers nicht mehr gegeben war. Eine Neuverlegung der Leitungen war geboten (siehe hierzu ausführlich den Beitrag von Jörg Heindl in diesem Band). Mit der Fertigstellung der Außenanlagen im Herbst 2017 endete die Staatliche Baumaßnahme.

Restmaßnahmen der Kirchenbaulast

Im Anschluss an die Große Staatliche Instandsetzungsmaßnahme standen noch verschiedene Maßnahmen im Kircheninnenraum an, die ausschließlich der Kirchenbaulast unterlagen. Das bischöfliche Baureferat betraute das Staatliche Bauamt Regensburg mit der Projektierung und Bauüberwachung dieser Maßnahmen, die mit dem Bayerischen Landesamt für Denkmalpflege detailliert abgestimmt waren. Das Maßnahmenpaket umfasste dabei folgende Einzelmaßnahmen:

- Reinigung von Hoch- und Seitenaltar
- Instandsetzung von Sakristei und Oratorium
- Instandsetzung des Bodenbelags im Kirchenraum
- Restaurierung der Giebelfiguren in der Vorhalle
- Reinigung des Hochgrabs des Erminold
- Trassen für Kabelführungen

Reinigung von Hoch- und Seitenaltar

Bei den Reinigungsarbeiten an Hoch- und Seitenaltar stand die Entfernung von Staub- und Schmutzschichten auf der gesamten Altararchitektur, den Ornamenten und den Figuren im Vordergrund. Im Zuge der Reinigung erforderliche Sicherungs- und Festigungsarbeiten bildeten die Ausnahme. Kittungen und Retuschen störender Fehlstellen wurden nur im unteren Altarbereich vorgenommen. Mit den Maßnahmen sollte keine vollständige Konservierung und Restaurierung angestrebt werden, da sich die Substanz der Altäre in relativ gutem Zustand befand. Die Vorreinigung aller Oberflächen von Hoch- und Seitenaltar erfolgte durch Abkehren mit weichem Haarpinsel sowie dem Einsatz von Staubsauger mit Partikelfilter zur Aufnahme des Staubs. Die Feinreinigung wurde mit Wasser mit geringem Tenside-Anteil, die Nachreinigung mit destilliertem Wasser bewerkstelligt. Vergoldungen wurden mit Siedegrenzbenzin und Wattestäbchen gereinigt. Die Festigung loser Fassungen und Vergoldungen erfolgte mit Hasenblasenleim. Kittungen wurden mit Leim-Kreide-Kitt ausgeführt.

Instandsetzung von Sakristei und Oratorium

An den Raumschalen von Sakristei und Oratorium waren aufgrund von Feuchte- und Salzbelastungen im Mauerwerk teilweise massive Schäden an Putz und Fassung zu beobachten. In der Sakristei zeigten sich in der Sockelzone sowie im Bereich der Ostwand Feuchteschäden, der Anstrich blätterte teilweise flächig ab; die angetroffenen Putzschäden waren

Abb. 24. Hochaltar nach der Reinigung und den Sicherungsarbeiten (Foto: Preis & Preis)

zum Teil erheblich. Die Wandflächen des Oratoriums wiesen eine leichte Oberflächenverschmutzung durch Staubablagerungen und einen sehr breiten und tiefen Riss im Sturzbereich der Zugangstür auf. Einige Ziegelplatten des Bodenbelags in der Sakristei waren locker oder hatten sich gelöst, die Verfugung war in einigen Bereichen gestört und zeigte zahlreiche Ausbrüche des Fugenmörtels.

Für die Sakristei wurde eine Neufassung der Raumschale einschließlich Putzinstandsetzungsarbeiten vorgesehen. Schadhafte Putzteile wurden abgenommen und erneuert, Risse mit Kalkmörtel verdämmt und oberflächenbündig geschlossen. Die Wand- und Deckenflächen wurden feucht gereinigt und lose Anstrichschichten abgenommen. Die Neutünchung erfolgte in Kalktechnik. Der Fußboden aus Ziegelplatten wurde trocken und feucht gereinigt, defekte Fugen hat man entsprechend dem Bestand geschlossen und farbig an den Bestand angepasst.

Für das Oratorium war eine Oberflächenreinigung durch Absaugen der Wandflächen zur Abnahme lose aufliegender Verschmutzungen ausreichend. Der Riss über der Zugangstür

Abb. 25. Seitenaltar nach der Reinigung und den Sicherungsarbeiten (Foto: Preis & Preis)

Abb. 26. Giebelfiguren der Westfassade vor der Abnahme und Einlagerung (Foto: Ingenieurbüro Drexler + Baumruck)

wurde durch Injektion eines mineralischen Hinterfüllmörtels kraftschlüssig verfüllt und wieder geschlossen. Der mineralische Anstrich erfuhr eine partielle Ausbesserung.

Instandsetzung des Bodenbelags im Kirchenraum

Der Bodenbelag aus Solnhofener Platten war stark verunreinigt und wies in Teilbereichen Ausbrüche und Beschädigungen durch Risse auf. Die Oberfläche des Belags des südlichen Seitenschiffflurs war durch kristalline Salzausblühungen verunstaltet. Für die Reinigung des Bodenbelags wurden an mehreren Stellen Musterflächen angelegt, die die weitere Vorgehensweise in Abstimmung mit dem Bayerischen Landesamt für Denkmalpflege festlegten. Die Salzausblühungen auf dem Belag im südlichen Seitenschiff wurden mit einem Staubsauger trocken abgesaugt. Rote Verfärbungen im Plattenbelag des Mittelflurs, die von einem roten Kokosteppich herrührten, bleiben auch künftig sichtbar. Von einem Abschleifen der Platten wurde aus Gründen des Substanzerhalts Abstand genommen. Ausgebrochene Belagstücke wurden, sofern sie noch vorhanden waren, eingesetzt und verklebt. Die Verfugung wurde an schadhaften Stellen erneuert.

Abb. 27. Hochgrab des Erminold (Foto: Altro-Fotoagentur)

Restaurierung der Giebelfiguren in der Vorhalle

Die Steinfiguren des hl. Otto, des Kirchengründers, und des hl. Benedikt, des Ordensgründers, wurden aus Sicherheitsgründen bereits im Jahre 2007 von ihrem ursprünglichen Standort an den Flanken des Westgiebels abgenommen (Abb. 26) und, gesichert durch ein Traggerüst, in der Vorhalle der Kirche eingelagert. Die Figuren waren durch Abplatzungen und Risse infolge von Witterungseinflüssen sehr stark in ihrer Substanz geschädigt, gering haftende und teilweise lose Teile drohten abzustürzen. Für die weitere Behandlung standen mehrere Optionen zur Diskussion:

1. Restaurierung der Figuren und Einbau am ursprünglichen Standort
2. Neuerstellung der Figuren und Einbau am ursprünglichen Standort
3. Anfertigung von Abgüssen und Einbau am ursprünglichen Standort
4. Aufstellung der originalen und restaurierten Figuren in der Vorhalle

Die Kirchenstiftung St. Bonifaz-St. Georg entschied sich für die Aufstellung der Figuren an der Innenwand der Vorhalle. Die Gewölbekonstruktion der unter der Vorhalle liegenden Bischofsgruft war von ihrer statischen Dimensionierung und Tragfähigkeit her für diese Lösung geeignet. Vor Festlegung des Restaurierungskonzeptes wurden die Figuren einer umfassenden Voruntersuchung unterzogen. Die Maßnahmen an den Figuren beschränkten sich ausschließlich auf Festigung und Konsolidierung des Bestandes. Die angetroffenen Schäden wurden in einer Schadenskartierung erfasst. Restaurierungsziel war die dauerhafte Aufstellung der Figuren in der Vorhalle mit Konservierung und Konsolidierung der Oberflächen. Die geschädigte Natursteinsubstanz wurde aufbauend strukturell gefestigt, Steinergänzungen früherer Restaurierungen wurden, sofern diese fest haftend waren, erhalten. Im Zuge dieser Festigung wurde versucht, die geschädigten Natursteinbereiche zu stabilisieren. Der Festiger musste dabei hinter die verdichtete Steinsubstanz und hinter die dichten Altergänzungen appliziert werden. Hohlräume wurden mit mineralisch abbindenden Injektionsmassen verfüllt, gelöste und instabile Zementüberformungen entfernt. Mit Hilfe von mineralisch abbindenden Ergänzungsmassen war es möglich, Brüche im Formverlauf zu egalisieren. Eine Rekonstruktion verlorener Bereiche war nicht vorgesehen.

Reinigung des Hochgrabs des Erminold

Das Hochgrab des Erminold, das in seiner liegenden figuralen Steinplastik den ersten Abt des Klosters Prüfening zeigt, erhielt als Schutzmaßnahme während der Innenrestaurierung eine Einhausung mit starken Seekieferplatten. Das Hochgrab, das einem unbekannten Meister zugeschrieben wird, war im Laufe der Zeit durch Staub und sonstige lose Ablagerungen verschmutzt. Diese Verunreinigungen wurden von einem Steinrestaurator beseitigt, Fassungen des Bestandes durften dabei nicht beeinträchtigt werden (Abb. 27 und 28).

Trassen für Kabelführungen

Für die Beschilderung der Notausgänge waren laut Brandschutzkonzept beleuchtete Rettungswegschilder nach DIN 4844-2 vorzusehen. Zur Festlegung der jeweiligen Kabeltrasse wurde eine restauratorische Sondage-Untersuchung der betroffenen Bereiche durchgeführt. Die Ergebnisse dieser Untersuchung fanden bei der Trassenführung Berücksichtigung. Die Aufputzleitungen der alten Akustikanlage an den verputzten Kirchenpfeilern blieben auch für die neue Anlage bestehen. Eine Verlegung unter Putz wäre mit einer Zerstörung der unter dem Putz noch vorhandenen romanischen Schlämme verbunden. An der bestehenden Elektrokabeltrasse von der Sakristei über das Oratorium in den Dachraum wurde festgehalten. Nicht mehr benötigte Kabel wurden entfernt, neue Kabel im Bereich der Elektrotrasse nachgerüstet. Die Trasse der Verkabelung für die Lichtstelen zur Beleuchtung der Nebenchöre führte man von der Sakristei bis zu den Standorten der Lichtstelen im Bodenbelag. Im Bereich der Sakristei und der Nebenchöre wurden dabei die quadratischen Ziegelplatten aufgenommen und nach dem Verlegen der Leitung wieder eingebaut. Die Verlegung der Kabel im Altarbereich erfolgte vor der Trittstufe der ersten Altarstufe. Der Belag aus Solnhofener Platten wurde ausgebaut, das Mörtelbett für die Leitungsverlegung ausgekratzt und nach der Verlegung der Altbelag wieder am ursprünglichen Standort eingebaut. Bei der Fundamentierung der vier Lichtstelen konzipierte der Lichtplaner den Fußpunkt der Stele so, dass kein Eingriff in den archäologisch sensiblen Untergrundbereich des Chorraums zu erwarten war.

Zusammenfassung

Die durchgeführten Instandsetzungs- und Restaurierungsarbeiten wurden durch Maßnahmenkartierungen und Bestandsdokumentationen detailliert beschrieben und festgehalten. Die statischen Sicherungsmaßnahmen an den Dachtragwerken und an Turm-, Chor-, Querhaus- und Langhauswänden werden sich nachhaltig auf die Statik des Kirchenbauwerks und somit auf die Sicherung der wertvollen romanischen Wandmalereien im Kircheninnenraum auswirken. Der Einbau einer Lüftungsanlage wird die raumklimatischen Verhältnisse durch Reduzierung von Feuchtigkeit in der Raumluft entscheidend verbessern und das gelungene Restaurierungsergebnis der Wandmalereien langfristig für die Nachwelt bewahren. Der Einbau einer Drainage soll die aufsteigende Feuchtigkeit in den Sockelbereichen der Außenwände und die damit verbundene Wanderung gelöster Salze in die Putzflächen der Innenraumschale unterbinden. Die aufwendige Restaurierung der natursteinsichtigen Fassaden in Zusammenhang mit der Erneuerung der Dachhaut und der Entwässerungselemente leistet einen vorteilhaften Beitrag, um künftige Reparaturzyklen zu minimieren. Die Instandsetzung dürfte den hohen denkmalpflegerischen Ansprüchen im Hinblick auf Konsolidierung und Konservierung des Originalbestandes gerecht geworden sein. Nach einer sechsjährigen Instandsetzungsphase, in der das Kirchenbauwerk für die Gläubigen geschlossen war, konnten die Arbeiten nach Zeitplan abgeschlossen werden. Das Gotteshaus steht der Kirchenstiftung St. Bonifaz-St. Georg und der Öffentlichkeit wieder uneingeschränkt zur Verfügung.

Abb. 28. Hochgrab des Erminold, Detail der Kopfpartie (Foto: Altro-Fotoagentur)

Zeittafel

1109	Baubeginn von St. Georg durch Bischof Otto I. (den Heiligen) von Bamberg
1119	Erste Weihe der Kirche
1125	Weitere Weihe
1129	Weitere Weihe
1283	Schaffung des Hochgrabs von Abt Erminold
15. Jh.	Anbau der Michaelskapelle
1620	Abbruch des romanischen Chores und Einbau des barocken Hochchores
17. Jh.	Einwölbung von Lang- und Querhaus
17. Jh.	Umgestaltung von Sakristei und Mönchschor
1718	Abbruch der Vorkirche, des sog. Paradieses, Errichtung des barocken Vorbaus und der Gruft
1897	Freilegung der romanischen Wandmalereien der Nebenchöre
1898–1901	Restaurierung der Wandmalereien im Presbyterium durch Hans Haggenmiller
1942–1950	Behebung von Kriegsschäden
1963	Fassadensanierung am romanischen Mauerwerk
1964	Umbauten am Dachtragwerk und neue Dachdeckung
1966	Sanierung des Nordturms und Einbau eines neuen Glockenstuhls
1967	Putzergänzungen an den Seitenchören
1969	Restaurierung der Deckengemälde, partielle Erneuerung des Bodenbelags
1985	Innenrenovierung ohne romanische und neoromanische Oberflächen
2001	Sicherungsmaßnahme am Gewölbebogen des Dachraums
2013–2017	Große Instandsetzungsmaßnahme mit statischer Ertüchtigung der Turmwände und Dachstühle, Erneuerung der Dachdeckungen, Fassadensanierungen, Restaurierung der romanischen Wandmalereien, Einbau einer Lüftungsanlage, Erneuerung der Innenbeleuchtung und Akustikanlage, Erneuerung der Entwässerungsleitungen
2018–2019	Kirchliche Maßnahmen im Kircheninnenraum wie Reinigung von Hoch- und Seitenaltar, Instandsetzung von Sakristei und Oratorium, Instandsetzung des Bodenbelags im Kirchenraum, Restaurierung der Giebelfiguren in der Vorhalle, Reinigung des Hochgrabs des Erminold

Erwin Drexler, Gerhard Zirwas und Gerhard Schlegel

Statische Untersuchungen und Maßnahmen an der ehemaligen Klosterkirche St. Georg in Prüfening

Bereits im Juni 2002 wurde das Ingenieurbüro Drexler + Baumruck mit der Begutachtung der statischen Schäden an der ehemaligen Klosterkirche St. Georg in Prüfening beauftragt. Die zu diesem Zeitpunkt festgestellten umfangreichen Schäden erforderten ein umfassendes statisches Untersuchungsprogramm der Kirche.

Grundlage der Untersuchungen waren das verformungsgerechte tachymetrische Aufmaß, die messtechnische Analyse der Gewölbe und die Installation eines Monitoringsystems, um Aussagen über aktuelle Bewegungen treffen zu können. Zur statischen Prüfung der Gewölbe zogen wir Herrn Prof. Dr.-Ing. Gerhard Zirwas hinzu, die baubiologische Befunduntersuchung der Holzbauteile führte die Firma Binker durch, während die LGA Nürnberg die Baugrund-, Fundament- und Mauerwerksbegutachtung und das Schwingungsgutachten für beide Türme erstellte. Außerdem ließen sich durch eine baugeschichtliche Betrachtung der Bau- bzw. Umbauphasen bedeutende Erkenntnisse gewinnen, die in unser statisches Sicherungs- und Sanierungskonzept eingeflossen sind.

Die Barockisierung von St. Georg und ihre statischen Spätfolgen

Bei der Einweihung der dreischiffigen Pfeilerbasilika 1132 waren lediglich das Sanktuarium und die Nebenchöre eingewölbt. Erst im späteren 15. Jahrhundert erfolgte der Anbau der Michaelskapelle an der westlichen Nordseite. Zwei massive Eingriffe in die Statik der Kirche folgten ein gutes Jahrhundert später, einerseits mit der Einwölbung des Lang-

Abb. 1. Längsschnitt der romanischen Klosterkirche, hellrot dargestellt: abgebrochene, halbrunde Apsis (Grafik: Ingenieurbüro [IB] Drexler + Baumruck)

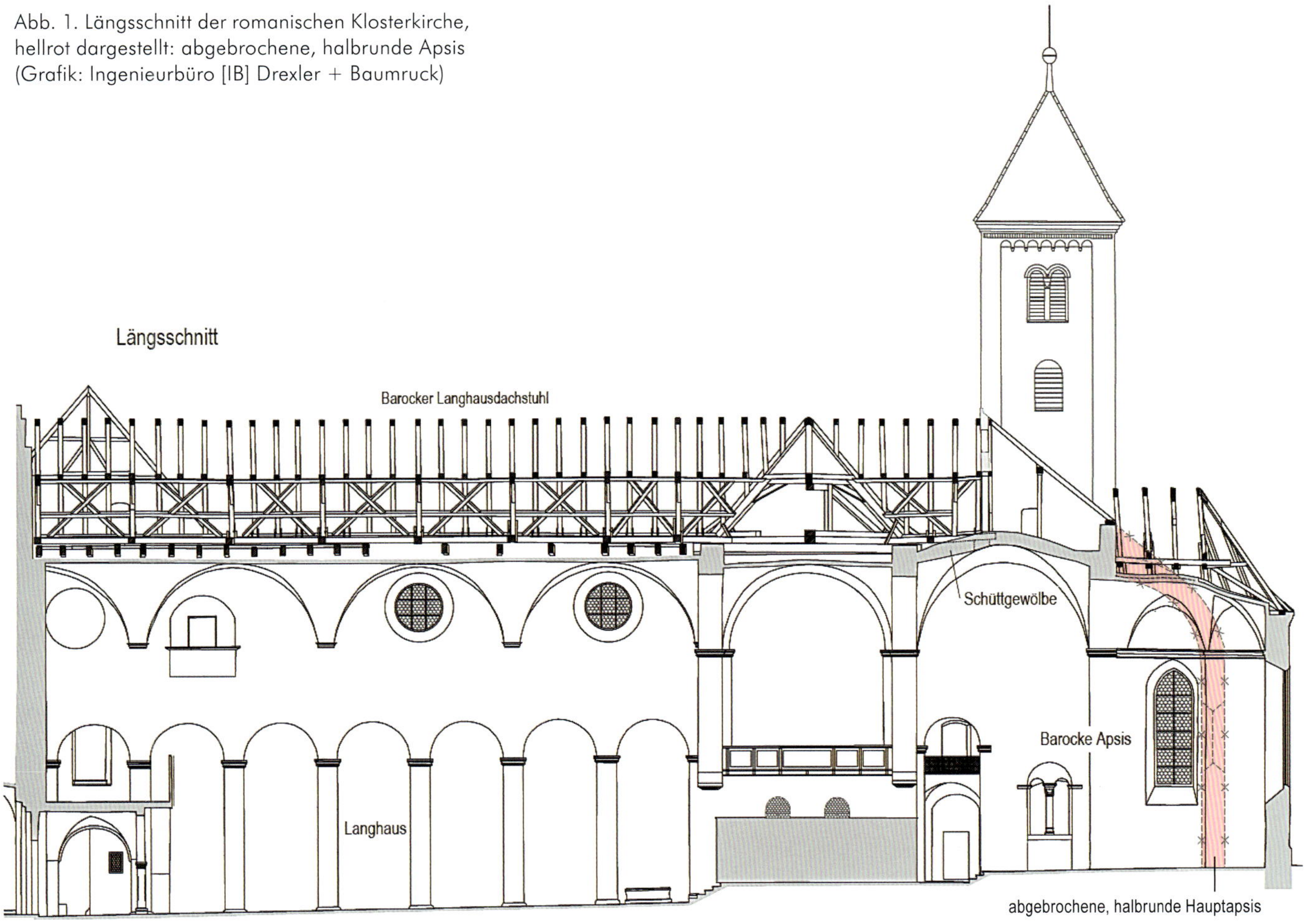

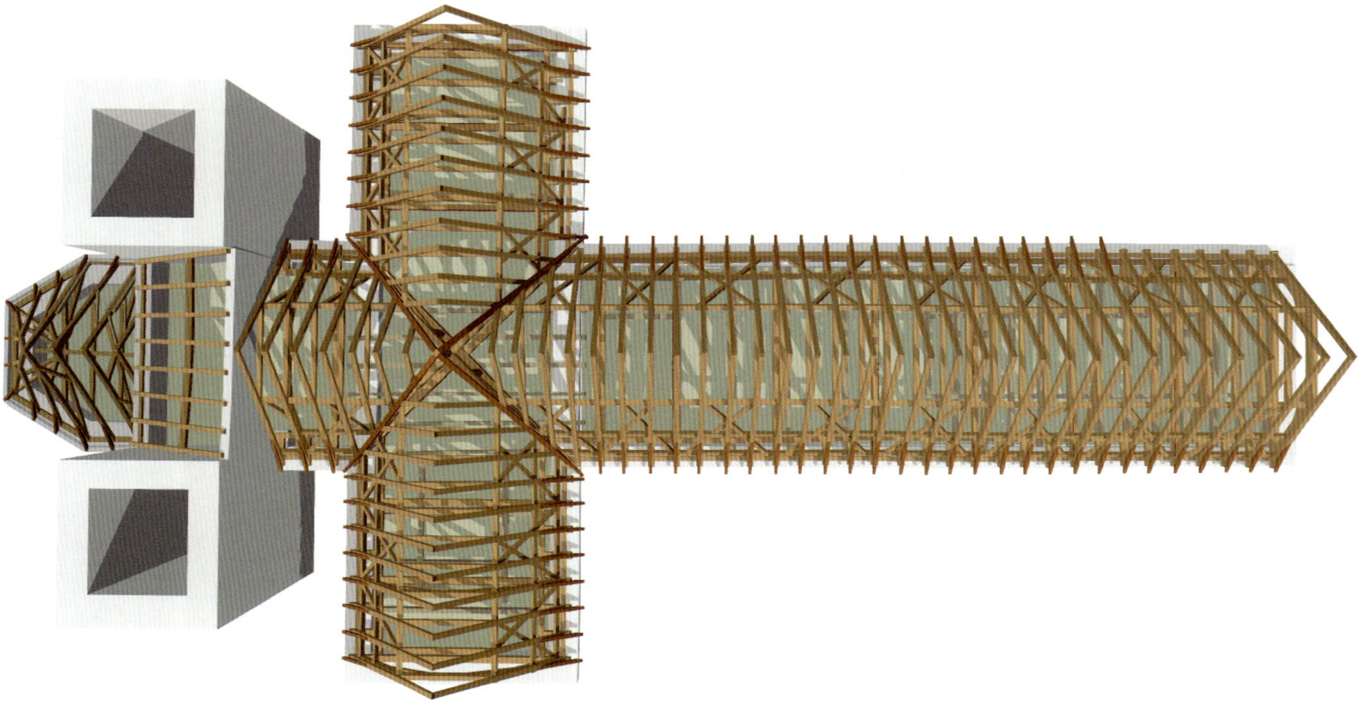

Abb. 2. 3D-Modell des barocken Dachstuhls, Draufsicht (Grafik: IB Drexler + Baumruck)

hauses und der Querhäuser sowie der Vierung nach 1608 und andererseits parallel dazu mit dem Abtragen der steifen, halbrunden Hauptapsis, die bis 1610 durch einen weichen, polygonalen Chorabschluss ersetzt wurde (Abb. 1).

Nach dem Dreißigjährigen Krieg wurde zwischen 1653 und 1677 die Orgelempore im Westen errichtet und im südlichen Querhaus sowie im südlichen Nebenchor eine Zwischendecke eingezogen. In diese Zeit fällt auch die Errichtung des heutigen barocken Dachstuhls, der nach 1677 (dendrochronologische Datierung ohne Waldkante) aufgestellt wurde (Abb. 2). Die erste bauzeitliche Dachdeckung über dem Mittelschiff, den Seitenschiffen und den Querhäusern bestand aus einer romanischen Dachkonstruktion mit Flachdecke. Aus dieser Zeit sind eine hohe Anzahl von Deckenbalken und teilweise noch Schwellen erhalten, die bei der barocken Einwölbung und späteren Dachwerkserneuerung in situ belassen wurden (Abb. 3 und 7).

1718 erfolgte der Abbruch des sogenannten Paradieses, an dessen Stelle die Kirchenvorhalle und die barocke Fassade geschaffen wurden. Ebenfalls aus dieser Zeit sind im Dachraum die romanischen Wandmalereien (Mäanderbänder) erhalten, die bündig bis zur Unterkante der romanischen Deckenbalken reichen (Abb. 3).

Die Proben von 1999 aus den romanischen Deckenbalken des Lang- und Querhauses konnten nicht eindeutig datiert werden, sodass die dendrochronologische Untersuchung keine deutliche Trennung von Bauphasen des Lang- und Querhauses ermöglichte. Die wahrscheinlichsten Fälljahre der Proben wurden in die Zeit zwischen 1112 und 1118 eingeordnet.

Der heute vorhandene Dachstuhl im Mittelschiff und den Querhäusern datiert aus der Zeit nach der frühbarocken

Abb. 3. Dachstuhl Langhaus, nördliche Traufe, barocke Konstruktion mit darunterliegenden romanischen Deckenbalken und Wandmalereien (Foto: IB Drexler + Baumruck)

Abb. 4. Dachstuhl Langhaus, Westseite, Ansicht des liegenden Stuhls. Die Zugstange aus der Sanierungsphase von 1968 ist über den Deckenbalken erkennbar (Foto: IB Drexler + Baumruck)

Abb. 5. Dachstuhl Langhaus, nördliche Traufe, stark schadhafte Mauerschwelle und Zerrbalken. Durch die großen Schäden war die Klammerwirkung des barocken Dachstuhls nicht mehr gewährleistet (Foto: IB Drexler + Baumruck)

Umgestaltung der Kirche ca. 70 Jahre nach dem Einbau der neuen Gewölbe über dem Lang- und Querhaus. Die dendrochronologische Untersuchung ermittelte dabei die Jahre 1661 bzw. 1677 (ohne Waldkante). Der Dachstuhl über der polygonalen Apsis dürfte aus der Bauzeit der Apsis, d. h. aus der Zeit um 1610 stammen.

Bei der barocken Dachkonstruktion im Langhaus, der Vierung und den Querhäusern handelt es sich in der Grundform um einen sogenannten „liegenden Dachstuhl", der aber nur in den Bindergespärren einen Zerrbalken aufweist (Abb. 4). Die anderen Gespärre sind mit Stichbalken ausgebildet, die wiederum in einen parallel zur Wand laufenden Balken einbinden.

In den Bindergespärren des Hauptschiffes und des südlichen Querhauses wurden bei einer früheren Sanierungsphase im Jahr 1968 bereits Zugstangen oberhalb der Deckenbalken eingebaut (Abb. 3 und 4). Diese sollen dem Horizontalschub nach außen entgegenwirken, da aufgrund der größeren Schäden der Auflagerpunkte der Dachstuhl seine Klammerwirkung zur Aufnahme des Gewölbeschubes nur mehr bedingt erfüllen konnte. Die Längsaussteifung erfolgt durch Andreaskreuze, die bis zur ersten Kehlbalkenebene geführt sind. Die Queraussteifung bilden die Bindergespärre mit den liegenden Stuhlsäulen und den Spannriegeln.

Abb. 6. Dachstuhl Langhaus, nördliche Traufe, stark beschädigter romanischer Deckenbalken, dadurch in seiner Lage verrutscht (Foto: IB Drexler + Baumruck)

Abb. 7. Dachstuhl Langhaus, romanische Mauerschwelle und Deckenbalken im Bereich der Vierung (Foto: IB Drexler + Baumruck)

Im Zuge der Untersuchung durch die Firma Binker wurden Schäden vor allem im Traufbereich festgestellt und zwar handelte es sich hier um einen massiven Befall durch einen Braunfäulepilz. Betroffen waren sowohl weite Teile der romanischen Eichenbalken als auch der Fußpunktbereich des barocken Dachwerks (Mauerschwelle, Stich- und Binderbalken, Sparrenfüße, Abb. 5 und 6). Der Pilzbefall war auf beiden Seiten des Langhauses nahezu auf der gesamten Länge nachweisbar, ebenso in den Kehlen der Vierung und in beiden Querhäusern. In diesen Bereichen fanden sich weiterhin aktive Befallsschäden durch Faulholzinsekten.

Erwin Drexler

Statisch-konstruktive Maßnahmen
(Abb. 8–14)

Zu Beginn der eigentlichen Sanierungsmaßnahmen wurden die romanischen Deckenbalken und Putzschichten mit den Mäanderbemalungen durch Einbau einer Schalungsebene vor Beschädigungen geschützt. Vorab wurde auch eine temporäre Sicherung der Gewölbe des Langhauses für den Bauzustand der Dachstuhlsanierung eingebaut (Zugstangen auf Höhe der Gewölbekämpfer quer zum Langhaus).

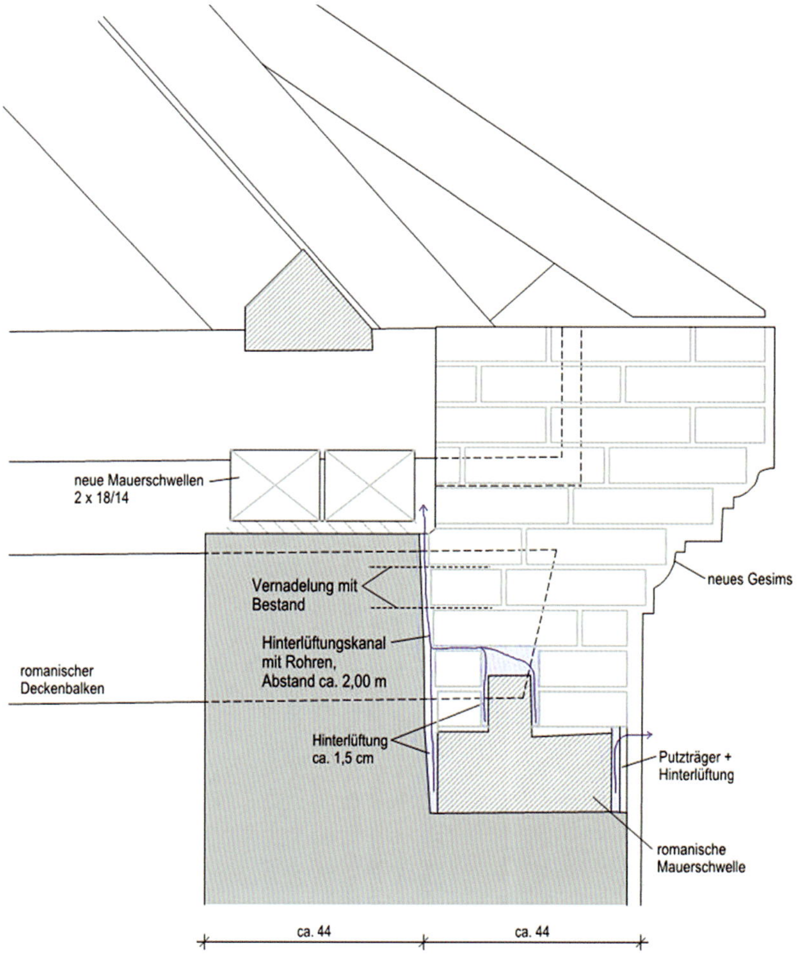

Abb. 8. Sanierungsdetail der Traufe im Langhaus mit der vorgefundenen romanischen Mauerschwelle, die erhalten und zum Teil ergänzt wurde (Detail 4, siehe Abb. 9) (Zeichnung: IB Drexler + Baumruck)

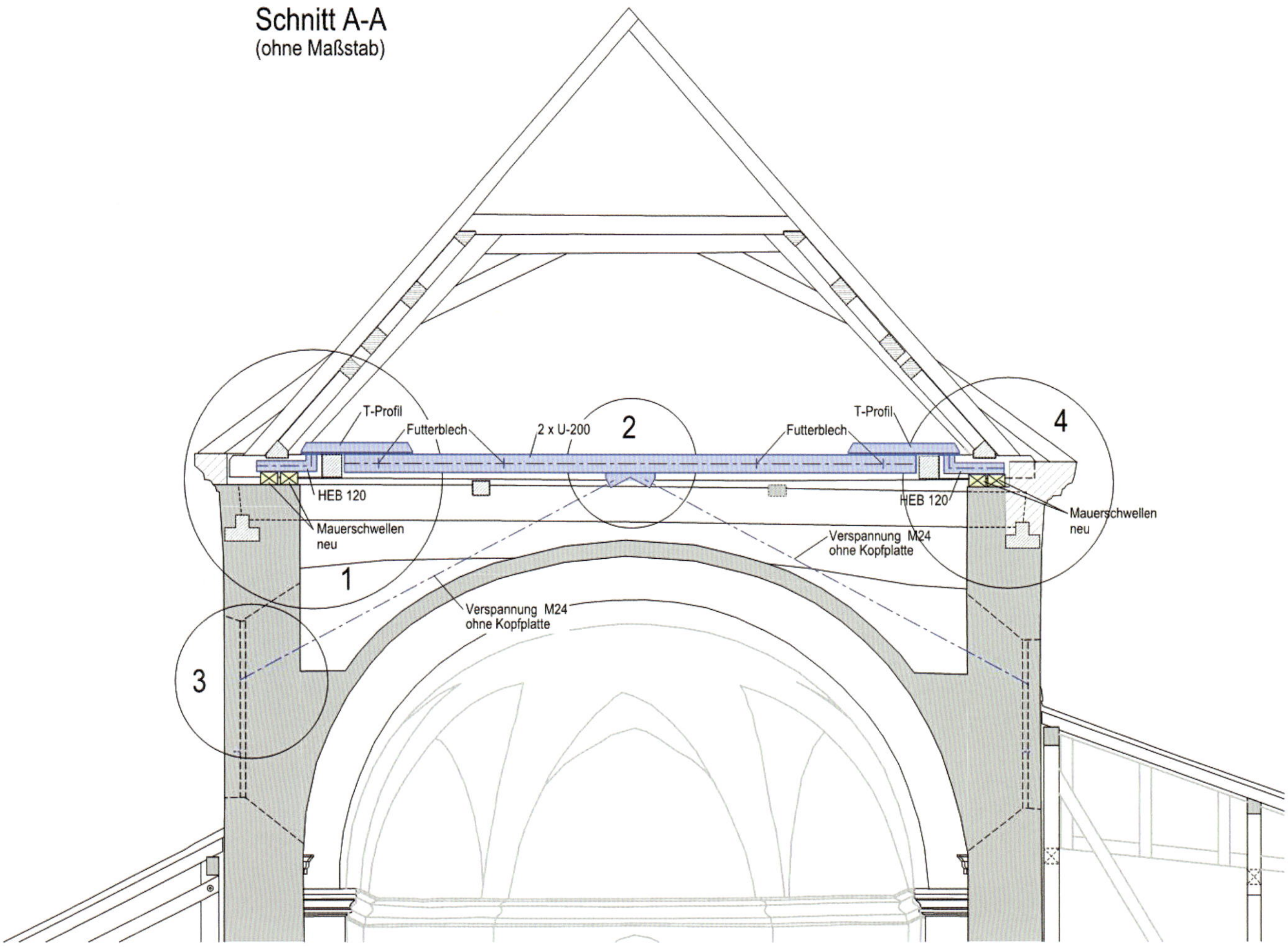

Abb. 9. Sanierung Langhaus, Querschnitt mit neuer Verspannung (blau dargestellt) zur Aufnahme der Horizontalkräfte aus dem Gewölbe (Details 1–4, siehe Abb. 8, 10–12) (Zeichnung: IB Drexler + Baumruck)

Der Dachstuhl wurde durch Rückbau in den barocken Originalzustand zurückgeführt, nur in der Vierung wurde der spätere Einbau des Hängewerks belassen. Außerdem wurden folgende erforderlichen statischen Sicherungsmaßnahmen umgesetzt.

- Stark beschädigte Holzteile wurden ausgebaut und querschnittsgleich ergänzt bzw. ersetzt. Die beschädigten und fehlenden Mauerschwellen wurden durch neue Hartholzschwellen ersetzt, die abschnittsweise überblattet eingebaut wurden. Die Sparren wurden durch Überblattung gestoßen. Die Deckenbalken wurden entweder mit Überblattung oder durch biegesteife Stöße mittels eingeschlitzter Bleche saniert.
- Die geschädigten romanischen Deckenbalken wurden in ihrer Position durch Klammern am barocken Dachwerk gesichert (Abb. 14). Die während der Bauphase vorgefundenen romanischen Mauerschwellen wurden soweit möglich erhalten bzw. mit Eichenholz in Zweitverwendung in enger Abstimmung mit dem BLfD saniert (Abb. 8).
- Nicht erforderliche nachträgliche Einbauten insbesondere die seitlichen Anlaschungen und die Zugstangen in den Binderebenen wurden wieder ausgebaut.
- Zur Aufnahme des Horizontalschubs nach außen wurde in 3 Achsen eine Verspannung aus Stahlprofilen mit diagonalen Zugstangen zur Rückhängung der Außenwand eingebaut (Abb. 8–14).
- Die geschädigten und fehlenden Holzbauteile in der Vierung wurden ergänzt und repariert.
- Die Dachstühle in den Seitenschiffdächern wurden ergänzt und saniert, somit auch die Gewölbe von den Punktlasten aus den Dachkonstruktionen entlastet.
- Die biologisch befallenen Holzbauteile wurden durch Holzschutzmaßnahmen behandelt.
- Eine konsequente Belüftung des Dachstuhls wurde hergestellt.

Erwin Drexler und Gerhard Schlegel

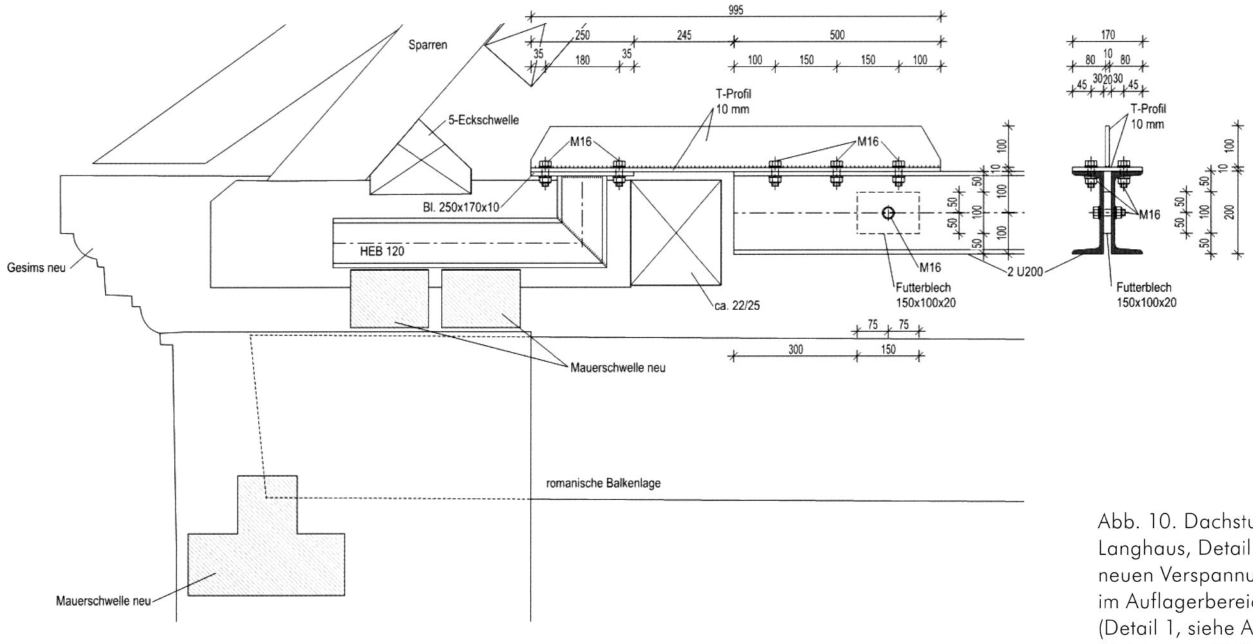

Abb. 10. Dachstuhl Langhaus, Detail der neuen Verspannung im Auflagerbereich (Detail 1, siehe Abb. 9) (Zeichnung: IB Drexler + Baumruck)

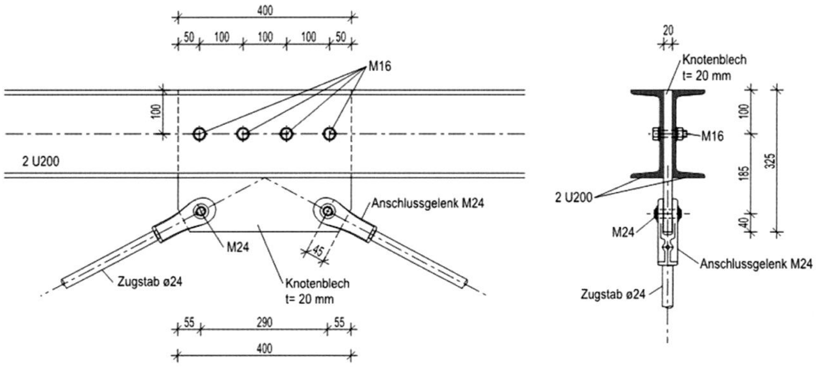

Abb. 11. Dachstuhl Langhaus, Detail der neuen Verspannung mit Anschluss der Zugstangen an den Stahlträger (Detail 2, siehe Abb. 9) (Zeichnung: IB Drexler + Baumruck)

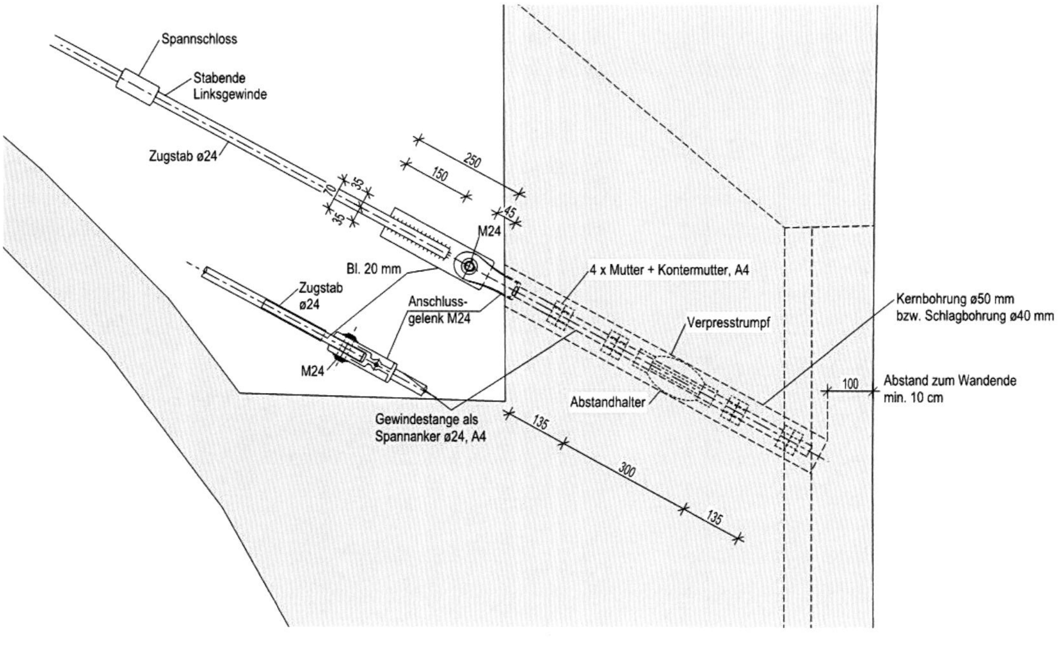

Abb. 12. Dachstuhl Langhaus, Detail der neuen Rückhängung der Außenwand mittels Zugstangen (Detail 3, siehe Abb. 9) (Zeichnung: IB Drexler + Baumruck)

Abb. 13. Dachstuhl Langhaus, Verspannung, neue Stahlprofile in der Deckenbalkenebene und Zugstange nach unten zur Außenwand (Foto: IB Drexler + Baumruck)

Abb. 14. Dachstuhl Langhaus, Verspannung, Detail der neuen Stahlprofile im Auflagerbereich und Aufhängung der romanischen Deckenbalken (Foto: IB Drexler + Baumruck)

Romanisches Schüttgewölbe und angrenzendes Bauwerk

Zur Instandsetzung der ehemaligen Klosterkirche St. Georg war es zunächst notwendig, nähere Untersuchungen zum Gesamttragwerk aus aufgehendem Mauerwerk, Einwölbungen und Dachkonstruktion durchzuführen. Nur unter Berücksichtigung der Interaktion der verschiedenen Gewerke, einschließlich der Folgen ihrer weitreichenden Umbauten, konnten verhältnismäßig zurückhaltende, statische Eingriffe geplant und ausgeführt werden. Neben den teilweise stark geschädigten und provisorisch gesicherten Dachtragwerken, den Gründungsverhältnissen und den Wandaufbauten war die Lastabtragung in den Gewölbejochen der verschiedenen Bauphasen zu untersuchen. Nachfolgend soll auf die statisch-konstruktive Analyse der Einwölbungen und dort insbesondere des romanischen Schüttgewölbes und seiner Interaktion mit den Chorbögen, den seitlichen Anbauten, Querhäusern und Türmen sowie den aufgehenden Wänden eingegangen werden.

Die Kirche, gelegen an einem leichten Abhang, ist ein Bauwerk in Form einer Basilika mit Querhaus. Nördlich und südlich des Chores stehen die beiden gedrungenen Türme aus der ersten Bauphase. Der Chor wird von einem massiven Schüttgewölbe aus Bruchstein und Kalkmörtel mit einer Schüttdicke von ca. 65 cm überwölbt (vgl. Abb. 1 und 15). An das Gewölbe schloss ursprünglich östlich eine massive romanische Mittelapsis an. Nach späterem Rückbau der Mittelapsis wurde östlich ein statisch wesentlich labilerer barocker Vollziegelbaukörper mit Vollziegelkreuzgewölben errichtet. Der Dachstuhl über diesem Anbau hat statt einer durchlaufenden Zerrbalkenebene nur Verschwertungen in den Bindern.

Das Langhaus schloss bauzeitlich nach oben mit einer Flachdecke ab. Nachträglich wurden das Langhaus und die Querhäuser barock durch ein halbsteinstarkes Vollziegelkreuzgewölbe von ca. 18 cm Stärke überwölbt.

In das Gesamttragwerk der Kirche wurde damit durch Umbauten weitreichend in das statische System und die Lastabtragung eingegriffen. Auch veränderte dynamische Belastungen der Türme durch die elektrisch betriebenen Läutwerke in beiden Türmen mussten messtechnisch erfasst, analysiert und berücksichtigt werden.

Schadensbild am romanischen Chorgewölbe

Durch Rück- und Umbau der schweren, massiven romanischen Mittelapsis wurde dem romanischen Schüttgewölbe in östlicher Richtung eine planmäßige, horizontale Aussteifung genommen. Das Chorgewölbe hat mit Umlastungen, Deformationen und Risswachstum reagiert. Diese spiegeln sich in den rechnerischen Ergebnissen der verformungsgerechten dreidimensionalen Analysen wider. Der Scheitel hat sich gesenkt. In der nördlichen Langhauswand sind schräg in den Turm ausstrahlende Rissbildungen zu beobachten.

In den aufgehenden romanischen Wänden sind keine Setzungsrisse ablesbar. Dies steht in Übereinstimmung mit den Untersuchungen der Gründungsverhältnisse. Die letzte Fassung und Kittungen waren mehrere Jahrzehnte alt. Das Rissbild im Schüttgewölbe wurde hinsichtlich der diagonalen Umlastung zwischen den eher steifen westlichen Kämpfern (Schnittpunkt Langhaus–Querhaus–Wände) und den nachgiebigeren nordöstlichen Kämpfern am nördlichen Turm qualitativ skizziert.

Die das Gewölbe stabilisierenden Türme haben im Erdgeschoss keine aussteifenden Wände in Nord-Süd-Richtung. Das Eigengewicht des gesamten oberen Turmschaftes und die horizontalen Kräfte in Nord-Süd-Richtung aus dem romanischen Gewölbe werden in nur zwei Wandachsen umgelastet. Die Umlastung und mangelhafte Aussteifung in Nord-Süd-Richtung im Erdgeschoss der Türme hat zu mehrfachen, schräg ausstrahlenden Rissen im Natursteinmauerwerk der Türme geführt.

Abb. 15. Untersicht des Schüttgewölbes im Chor mit Kennzeichnung des Rissverlaufs (Grafik: IB Drexler + Baumruck)

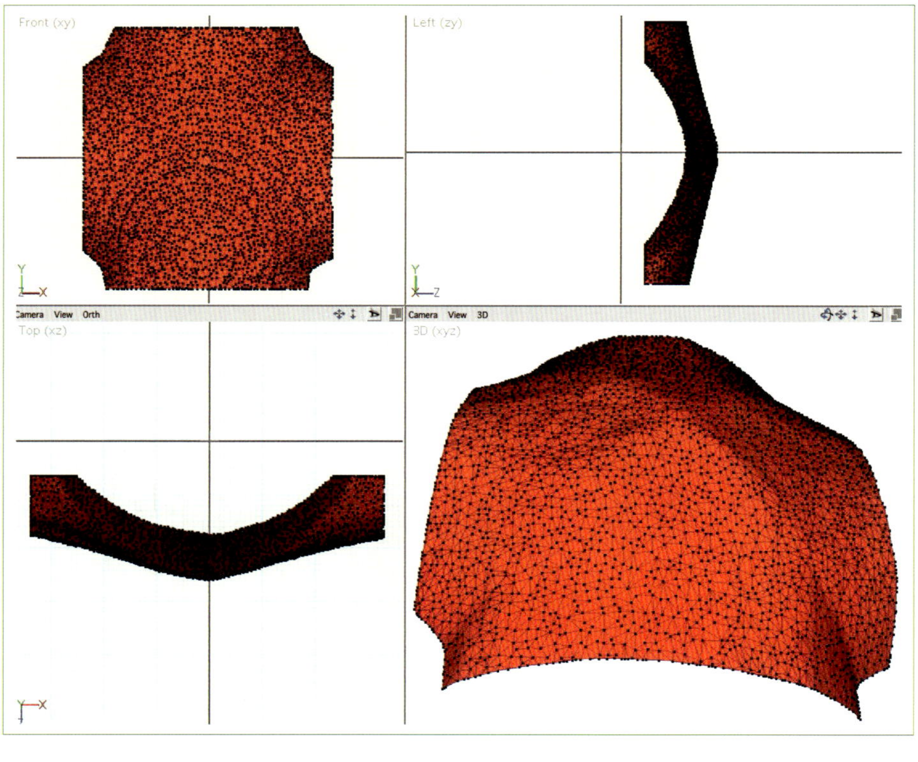

Abb. 16. Auszug aus dem verformungsgerechten Aufmaß der wahren Geometrie der Untersicht des Gewölbes, Punkt-Wolke und für die FEM-Simulation weiterbearbeitete Flächen-Topologie aus gekoppelten Dreiecks-Netzen (Grafik: Gerhard Zirwas)

Auswertung und strukturmechanische Analysen

Zur zwei- und dreidimensionalen statischen Schadensanalyse wurden aufbauend auf dreidimensionalen Aufmaßpunkten flächige 3D-Modelle der verschiedenen Einwölbungen erstellt und zur Abschätzung der Lastabtragung in den Gewölbejochen herangezogen (Abb. 16–18).

Die gedrungenen Türme nehmen wesentliche Teile der Auflagerkräfte des Chorgewölbes auf. Diese stabilisierende Tragwirkung ist als ursächlich für die lange Standzeit des Schüttgewölbes anzusehen.

Die Knicksicherheit der ersten Knickbiegelinie im diagonalen Schnitt wurde rechnerisch abgeschätzt. Das vorgefundene Rissbild stimmt gut mit den Ergebnissen der rechnerischen Modellierung als 3D-System überein.

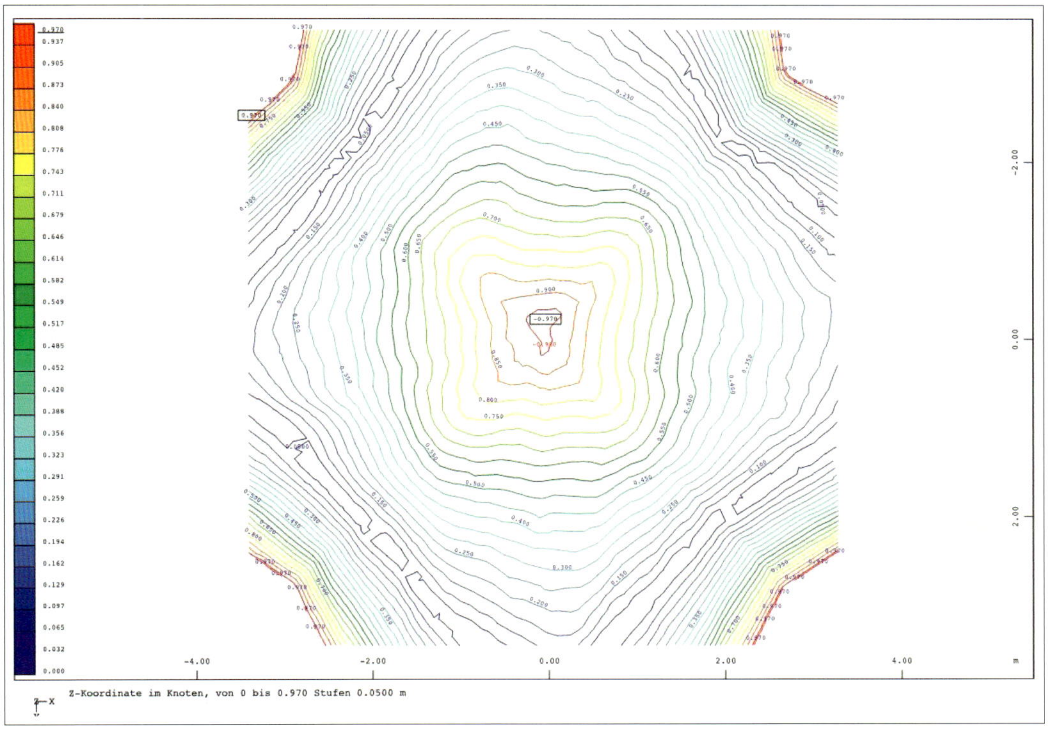

Abb. 17. Das von unten mit seiner Ausmalung als Rotations-Gewölbe erscheinende System offenbart in der Auswertung seiner Höhenlinien, dass die Herstellung umlaufend auf horizontal ausgerichteten Schalbrettern erfolgt ist. Die Kanten der Verschneidungen sind bevorzugte Lastabtragsrichtungen, die durch die FEM-Simulation bestätigt wurden (Grafik: Gerhard Zirwas)

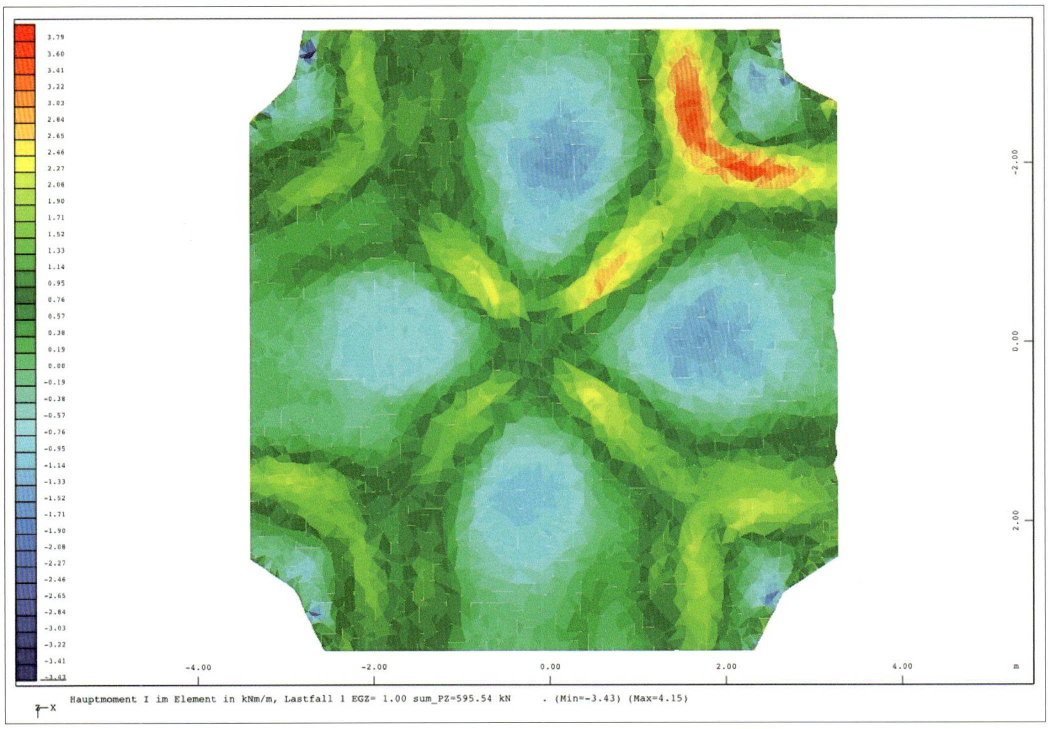

Abb. 18. Gewölbe-Lastabtragung mit asymmetrischer Ausrichtung der FEM-Simulation. Ursächlich dafür ist der Eingriff in die östliche Apsis und die unterschiedliche Steifigkeit der beiden angrenzenden Türme (Grafik: Gerhard Zirwas)

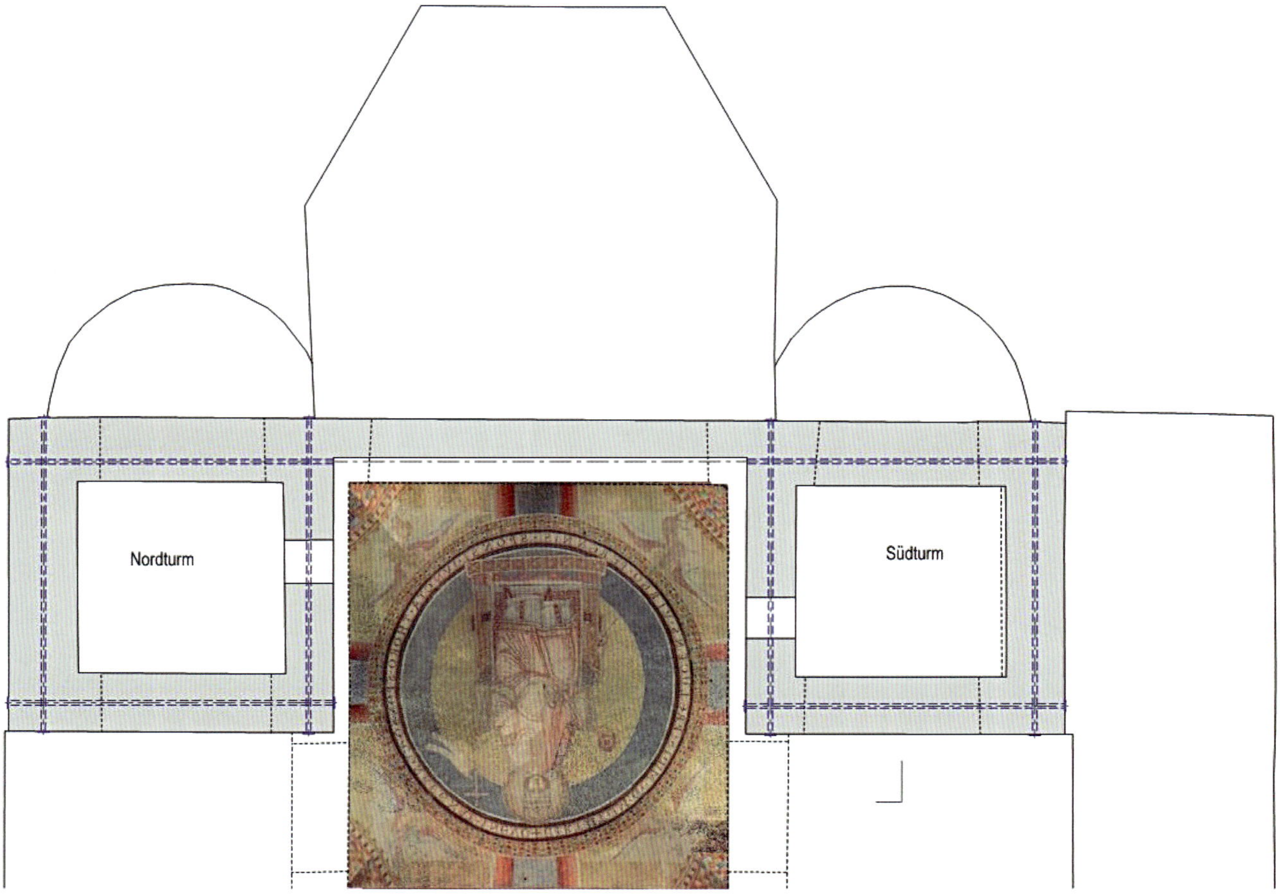

Abb. 19. Schematisierter Grundriss der Türme und des Schüttgewölbes, blau dargestellt: Edelstahlzugglieder in den Turmwänden (Grafik: IB Drexler + Baumruck)

Statisch-konstruktive Maßnahmen

Zur Minimierung weiterer, horizontaler Auflagerbewegungen der Gewölbekämpfer des Chorgewölbes wurden eine innere Stabilisierung der Türme und Rückankerungen des östlichen Chorbogens mittels Stahlzugglieder durchgeführt. In je zwei Höhenlagen der Türme wurden umlaufend Edelstahlzugglieder in trocken erstellten Kernbohrungen eingebaut. Der östliche Chorbogen wurde oberhalb der Kämpfer in die Türme rückgeankert. Das innere Gefüge wurde ebenfalls durch Edelstahlzugglieder in trocken erstellten Kernbohrungen stabilisiert (Abb. 19 und 20).

Statische Sicherungsmaßnahmen in den Bauzuständen konnten durch den aufeinander abgestimmten Ablauf aller statischen Maßnahmen vermieden werden.

Gerhard Zirwas

Abb. 20. Schüttgewölbe im Chorbereich aus Bruchstein und Kalkmörtel mit einer Schüttdicke von ca. 65 cm, blau dargestellt: Edelstahlzugglieder (Grafik: IB Drexler + Baumruck)

INRI

Peter Turek

Die Konservierung der romanischen Wandmalereien der ehemaligen Klosterkirche St. Georg in Prüfening

Zur Restaurierungsgeschichte

Zu dem Zeitpunkt, als die romanische Klosterkirche St. Georg im 17. und 18. Jahrhundert teils umgebaut und neu gestaltet wurde, waren die mittelalterlichen Wandmalereien des 12. Jahrhunderts, die zu den herausragendsten Zeugnissen romanischer Bildwerke im deutschsprachigen Raum zählen, bereits übertüncht. Ein polygonaler Chorschluss ersetzte die romanische Apsis des Presbyteriums, die später eingebaute Zwischendecke des südlich anschließenden Benediktuschores teilt seither den Nebenchor in zwei Geschosse. Die Deckenmalereien des um 1700 eingezogenen Kirchenschiff- und Querhausgewölbes mit Szenen aus der Vita des hl. Georg stammen von dem Prüfeninger Maler Johann Gebhard. Der barocke Fassadenbau entstand 1718.

Im Zuge einer 1886 begonnenen Instandsetzung der Raumschale, die sich vorrangig mit der Beseitigung von Ein-

Abb. 1. Prüfening, ehem. Klosterkirche St. Georg, Innenraum, Zustand vor 1928 (Foto: BLfD, Bildarchiv)

bauten im südlichen und nördlichen Kreuzschiff widmete, wurde auch die Erneuerung des Wandanstrichs vorgenommen. Im Lauf weiterer Reparaturen stieß man auf Malereien in den Nebenchören, woraufhin die Pfarrei 1897 die „Bloßlegung alter Wandgemälde“ an das bischöfliche Ordinariat meldete.[1] Kurz nach dieser Entdeckung wurde die Freilegung von romanischen Malereien an den Wänden des Georgschores (Presbyterium) und wohl auch an den Vierungspfeilern fortgesetzt. Die fachliche Leitung dieser Restaurierungskampagnen oblag fortan Hans Haggenmiller, seit 1897 Konservator und Referent für Restaurierungsfragen am Bayerischen Nationalmuseum und von 1908–13 Leiter der Restaurierungswerkstätten des Generalkonservatoriums.

Während sich die Freilegungs- und Restaurierungskampagne Haggenmillers 1898 auf die beiden Wände des Presbyteriums konzentrierte, begannen die Freilegungsarbeiten an dessen Gewölbe erst 1899. Im Zuge der Maßnahme beurteilte Haggenmiller den Erhaltungszustand der Wände als „im Ornamentalen gut und im Figürlichen schlecht erhalten“. Im Jahr 1901 begann Haggenmiller, mit einer Gruppe von Kunstmalern und Gehilfen, mit der Wiederherstellung der Gewölbemalerei und der 38 Figuren an den Hochwänden des Presbyteriums. Die umfassende Rekonstruktion beinhaltete auch die monochrom abgefassten Sockel, die gemalten Sockelfriese und die bemalten Biforien in den Nebenchören sowie die Bemalung der Laibungen an

Abb. 2. St. Georg, Innenraum, Zustand 2004 (Foto: Peter Turek, DSC_0082)

den Durchgängen. Dafür bestellte Hans Haggenmiller bei der Firma Richard in Düsseldorf sechs Kilo Tränkungslack und 25 Kilo Kasein,[2] eine Menge, die wohl kaum für die Arbeiten benötigt worden war. Für die abschließenden Freilegungs- und Konsoldierungsmaßnahmen der Malereien in den Nebenchören ist der Zeitraum 1907–16 überliefert. Dort wurde der romanische Wandmalereibestand nach dem einsetzenden, denkmalpflegerischen Umdenken hinsichtlich der Übermalung Haggenmillers im Presbyterium nicht weiter retuschiert oder ergänzt, um ihn „unmanipuliert", d. h. nicht überarbeitet für die Forschung zu erhalten. Allerdings empfahl das Generalkonservatorium noch 1898, Linien und Umrisse der Malereien in den Nebenchören mit Farbe nachzuziehen und mit Wachs[3] zu konservieren. Nach Rekonstruktion der Malereien im Presbyterium und selektiver Teilflächen in den Nebenchören konnte diese Empfehlung wohl aus Geldmangel nicht zügig umgesetzt werden. 1914 wurde das Generalkonservatorium darüber in Kenntnis gesetzt, dass bei den unrestaurierten Malereien die Farbe abfalle. Nach kontroverser Diskussion innerhalb des Generalkonservatoriums bezüglich der vorzunehmenden Schritte hat man 1916 die Malereien der Seitenchöre und der Vierungspfeiler mit verdünntem Kasein, bestehend aus zwanzig Teilen Topfen und einem Teil gelöschtem Kalk, fixiert und Sprünge (wohl Risse) durch Hintergießen mit Kalkmörtel gefestigt. Begründet wurde diese Maßnahme mit dem Ziel, „einem weiteren Abstauben oder Abfallen von Farbteilchen vorzubeugen"[4] (Abb. 1).

1951 fand eine Neutünchung der Innenraumschale unter Aussparung der romanischen Malerei statt. Beim Abbau der Kanzel 1956 stieß man auf weitere romanische Malereifragmente, die jedoch wieder mit Putz abgedeckt wurden. 1967 erfolgten wohl erste, selektive Sicherungsarbeiten an Putz und Malschicht des romanischen Bestandes und an der Malerei des Georgschores. In den 1980er Jahren wurde die barocke Raumschale erneut instand gesetzt, unter Aussparung der romanischen Malereien (Abb. 2).

Projektierung und Bestandserfassung 1998 bis 2004

Zwischen 1998 und 2001 wurden von Seiten des Bayerischen Landesamtes für Denkmalpflege erste Untersuchungen zur Erkundung des Bestandes vorgenommen. Im Anschluss an diese Einzeluntersuchungen veranlasste 2004 das Staatliche Bauamt Regensburg eine umfassende Projektierung[5] zur Entwicklung eines konservatorischen Restaurierungskonzeptes mit Berechnung der Instandsetzungskosten in Form mehrstufiger Lösungsvarianten.

Bei der Projektierung war zu berücksichtigen, dass der Restaurierung der Malereien im Georgschor (Presbyterium) und in den beiden Nebenchören unterschiedliche Auffassungen zugrunde lagen, die dem um 1900 einsetzenden, denkmalpflegerischen Umdenken geschuldet waren. Zum einen hatte die Freilegungskampagne im Sinne einer zeittypischen Rekonstruktion unter Hans Haggenmiller im Bereich des Georgschores zu einem stark reduzierten Malereibestand geführt, zum anderen verfolgte man in den Nebenchören wohl eine substanzschonendere Freilegung, unter Verzicht auf flächige Übermalung und Ergänzung.

Die romanischen Malereien im Zustand von 2004

Der vorgefundene Freilegungszustand der Malereibestände beruht auf der Restaurierungsauffassung des 19. bzw. frühen 20. Jahrhunderts und den damals üblichen Techniken und Verfahren und ist dementsprechend zu verstehen und zu bewerten. Die immanente Empfindlichkeit der Malschichten auf einer Kalkschlämme bzw. einem geglättetem Putz, zudem abgedeckt von einem teils sehr harten Übertünchungspaket, führte in Verbindung mit einer „archaischen" Freilegungstechnik mit Spachtel und Hammer zwangsläufig zur Dezimierung der Malereiflächen. Die Freilegung ging zu tief, die Schlämme als Träger der Malerei sowie die Malschichten und Putzoberflächen weisen daher unzählige Verletzungen auf. Die verbliebenen Übertünchungsfragmente bzw. -inseln sind meist nur an Zonen vorzufinden, an denen man selbst mit grobem Instrumentarium nicht zügig vorankam. Allerdings sind die Ablösungen des in sich strukturfesten Unterputzes vom Kalkstein-Mauerwerk nicht ausschließlich Folge einer unsachgemäßen Freilegung, sondern wohl auch einer von jeher ungenügenden mechanischen Haftung des Putzes, der an einer relativ „glatten" Hausteinoberfläche keinen Halt fand. Vereinzelte Schwundrisse im Unterputz sind ein Hinweis auf einen hohen Bindemittelanteil bzw. eine zu schnelle Trocknung im Zuge der Ausführung. Weitere Adhäsionsverluste sind zwischen Unterputz und der malereitragenden Schlämme zu beobachten. Wegen der teils relativ gut geglätteten Oberfläche des Unterputzes ist die Haftung zwischen beiden nicht besonders gut.

Neben den mechanischen Freilegungseingriffen um 1900 trugen auch bauliche Eingriffe und Unterhaltsmängel zu den Malereiverlusten bei. So hatten der Einbau einer Zwischendecke im Benediktuschor wie auch der Gewölbedurchbruch für den Treppendurchstieg einen beträchtlichen Schwund an romanischer Substanz zur Folge. Statische Verformungen der Turmmauerwerke verursachten zusätzliche Verluste an originalem Putz und führten zu Rissbildungen an der Malerei. Außerdem zeichneten sich an den Gewölbeschalen Altschäden

1 Gerstl 2014, S. 295.
2 Gerstl 2014, S. 302.
3 Gerstl 2014, S. 297.
4 Gerstl 2014, S. 306.
5 Bestandserfassung mit Vorkalkulation im Auftrag des Staatlichen Bauamtes (StBA) Regensburg; Redaktion der Untersuchungsergebnisse, Kostenschätzung und Fotodokumentation: Peter Turek; Arbeitsgruppe 1: Claudia Salzberger und Elke Umminger; Arbeitsgruppe 2: Arge Restauratoren: Peter Turek/ Michael Bengler/ Stefan Achternkamp.

durch wiederholte Einregnungen ab, hinzu kam die Lage des Kirchenbaus am ansteigenden Gelände. Die Mauern der Chöre schließen teilweise in einer Höhe von ca. 90 cm direkt an das Erdreich an. Die witterungsabhängig wechselnde Grundfeuchte, der damit verbundene Transport löslicher Mauersalze nach innen und deren Kristallisation führten im Laufe der Jahrhunderte zu langsam voranschreitenden Gefügeauflösungen des Putzes und Abhebungen der Schlämme bzw. der Malschicht. Zeitweilig aufstauendes Regenwasser hat zudem Spuren am Außenbau hinterlassen, einhergehend mit aktiviertem Grünalgen- bzw. rotgrauem Flechtenbewuchs (Abb. 3).

Malereien im Georgschor (Presbyterium)

Der heute sichtbare Malereibestand ist das Ergebnis der Restaurierung Hans Haggenmillers, das gesamte Presbyterium mit den Vierungspfeilern, die Biforien, der Sockelbereich, Wandpfeiler, Gesimse und Gurtbögen, die Laibungen der Durchgänge in die Nebenchöre und das Gewölbe sind flächig überarbeitet.

Die romanische Unterputzschale der Wand- und Gewölbeflächen bildet ein grauer, bis zu 1,5 cm starker, mauerwerksausgleichender Kalk-Unterputz mit grobem Sandzuschlag. Die Oberfläche des Unterputzes ist verdichtet, das Maximalkorn zeichnet sich ab und als ursprünglicher Malschichtträger dient eine starke Kalkschlämme mit feinem Sandzuschlag. Die Architekturteile und Bauzier aus glatt behauenem Stein, wie Pfeiler und Biforien, waren auch schon bauzeitlich nicht verputzt, sondern nur mit einer Kalkschlämme versehen und bemalt.

Abb. 3. Durchfeuchtung am Johanneschor/Querhaus, Zustand 2004 (Foto: Peter Turek, 2004, DSC_0099)

Abb. 4. Georgschor, Nordwand, manipulierte Schäden in der Malschicht Hans Haggenmillers mittels harter Bürste: Rechts sind die weißen Punkte aufgerissen, so auch das blaue Feld mit weißem Rahmen (Foto: Peter Turek, 2014, DSC_0066)

Die Neubemalung Haggenmillers liegt direkt auf dem originalen Unterputz bzw. auf Resten originaler Schlämme oder auf reparierenden Nachtünchungen, da bereits bei der Freilegung die malschichttragende Kalkschlämme weiter reduziert worden war. Die detektierten Malereifragmente des Georgschores vermitteln nur bedingt ein Bild der idealisierten Rekonstruktion Haggenmillers, dies belegen die Sondierungen von 1998/2001. Bei der Rekonstruktion wurde zum Teil neuer Putz aufgetragen, wie z. B. in den Laibungen und den Stirnflächen des nördlichen Biforiums. Haggenmiller und seine Mitarbeiter malten vollflächig dünn auf die freigelegte Oberfläche des Georgschores, der Pfeiler und Biforien, teilweise sind Reste von Unterzeichnungen mit Grafitstift zu erkennen. Die interpretierende Farbpalette ist umfassender als die romanische, mindestens erweitert um die Grüntöne und einen Blauton. Als Bindemittel liegt Kasein vor, 25 kg wurden 1901 angeliefert. Ob diese Menge allein in Prüfening verbraucht worden ist, lässt sich nicht ermitteln.

Ein Charakteristikum der Rekonstruktion Haggenmillers stellen scheinbare Beschädigungen der Oberfläche (Abplatzungen und Kratzspuren) dar, die absichtlich herbeigeführt worden waren (Abb. 4). Der Vergleich historischer Aufnahmen aus der Zeit der Rekonstruktionsarbeiten mit dem jetzigen Zustand belegt diesen Befund. Diese bewussten Beschädigungen bzw. Abreibungen der Malschicht sollten – dem historisierenden Zeitgeist entsprechend – einen scheinbar alterswerten „Originalbestand" vortäuschen.

Auffällig war, dass auf der durchgeriebenen Neubemalung ein fixierender Überzug aufgebracht worden war, der sich alterungsbedingt bereits weitestgehend zersetzt und zu einer grauen Trübung (Weißschleier) geführt hatte. Einhergehend mit dieser Störung aus krepierten und versporten

Bindemittelrückständen mit dominanter Phase aus Calcit[6] war die farbliche Wirkung der rekonstruierten Malerei teils stark beeinträchtigt und die Lesbarkeit des vermeintlichen „Originals“ entzog sich dem Betrachter. Zur Maßnahme von 1967 kann hier kein Bezug hergestellt werden, da wohl davon auszugehen ist, dass diese vor allem die dauerhaften Sockelputzschäden der Nebenchöre betraf. Lediglich Strukturen in kleineren Flächen weisen darauf hin, dass gegebenenfalls mit einer selektiven Kasein-Sprühfixierung nachgefestigt worden ist. In diesem Zusammenhang ist ein heute viel diskutiertes Material, „Gerhardts Tränkungslack“, besonders zu erwähnen, von dem sich Haggenmiller 1901 eine größere Menge nach Regensburg liefern ließ. Das in der damaligen Wandmalereirestaurierung beliebte Mittel zur „Imprägnierung“ bzw. „Fixierung“ wird in Fachkreisen gern mit den übermalten Malereifragmenten des Presbyteriums in Verbindung gebracht. Augenscheinlich ist der mit Benzin zu verdünnende Lack auf der romanischen Malschichtebene allerdings weder als Fixiermittel noch als Überzug vorhanden. Zudem wäre dieser Lack bereits über die Sondierungen, die Erfassung der UV-Fluoreszenzphänome und der Analytik der grauen Trübung bzw. der Sockelbeschichtung nachgewiesen worden. Auch an den romanischen Malereien der Nebenchöre und der Vierungspfeiler kam dieser Tränkungslack nicht zum Einsatz.

An den Sockelzonen konnte man erkennen, dass hier bereits mehrmals eingegriffen worden war, um den massiven Belastungen mit Mauersalz zu begegnen (Abb. 5). Auffällig ist eine transparent verbräunte, heute stark fragmentierte Kruste, die teils als harter Film in der feuchtebelasteten Apsis des Benediktuschores und an den Pilastern der Außenwand des Johannesschores vorliegt. Hierbei handelt es sich um eine Versinterung[7] aus Magnesiumhydroxidcarbonat, Hydrat und Calcit, die mit den Haggenmiller'schen Sockelabfassungen in Verbindung steht. Die Mehrschichtigkeit der monochromen Sockelabfassungen unter bzw. oberhalb der markanten Schicht deutet darauf hin, dass man sich wiederholt mit diesem Problem beschäftigt hatte, um das störende Durchschlagen der Mauersalze zu unterbinden, es mit diesen Maßnahmen anscheinend jedoch eher forciert worden war.

Malereien im Johannes- und Benediktuschor sowie im Kirchenschiff und in der Vorhalle

Im Gegensatz zum Georgschor sind die romanischen Malereien des Johannes- und des Benediktuschores im Zustand der Teilfreilegung ohne Retusche überkommen. Die romanische Putzschale bildet auch hier ein grauer, 1–1,5 cm starker und die gröbsten Unebenheiten des Mauerwerks ausgleichender Kalk-Unterputz mit grobem Sandzuschlag. Die Oberfläche des Unterputzes ist geglättet, teils tritt das Maximalkorn deutlich vor. Darauf liegt als Malereiträger eine ungleichmäßig dicke, ca. 1–3 mm starke, helle und relativ weiche Kalkschlämme mit feinem Sandzuschlag.

Wie im Georgschor sind Architekturteile und Bauzier aus glatt behauenem Stein augenscheinlich nicht verputzt, sondern nur mit einer Kalkschlämme versehen und bemalt. In den Nebenchören betrifft dies auch die Wandpfeiler und Gesimse, die raumseitigen Rundbögen der Seitenfenster, die Rundbogen-Stirnflächen der Apsiden, die Gesimse, Kapitelle

6 Eberhard Wendler, Analyse, E-Mail vom 11.11.2004; Dr. Nuß, Gutachten vom 14.10.2004.

7 Frank Mucha, Analyseergebnis, Bericht 05.10.2017.

Abb. 5. Benediktuschor, feuchtesperrende Beschichtungsfragmente am Sockel (Foto: Peter Turek, 2017, DSC_8383)

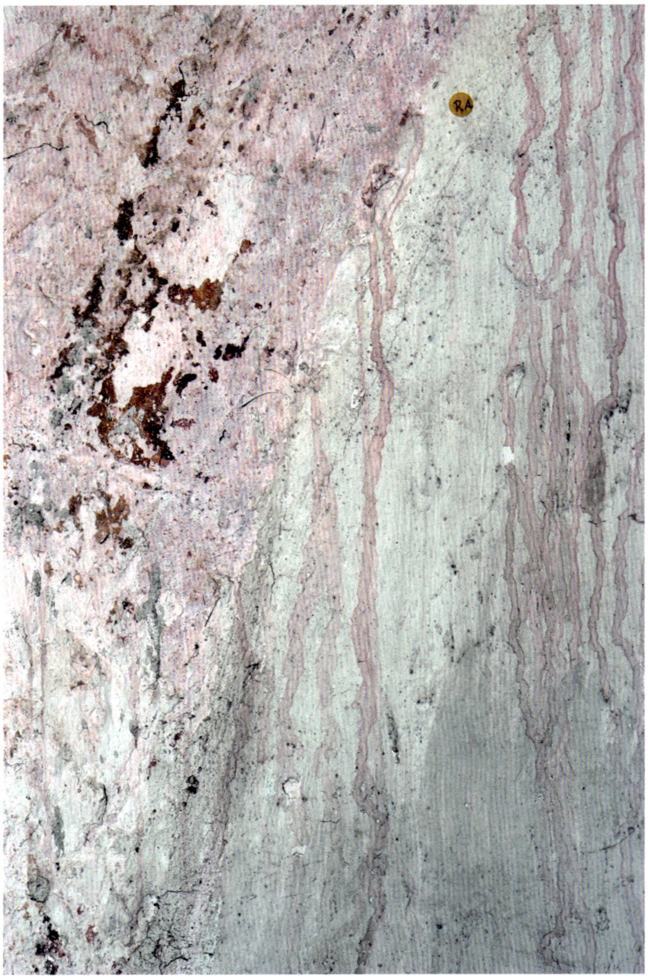

Abb. 6. Benediktuschor, Bakterienbefall an der Westwand (Foto: Peter Turek, 2014, DSC_0066-04)

und Säulen der Biforien sowie das Tympanon der Vorhalle, dessen Bemalung jedoch stark übermalt ist.

Die Malereien in den Nebenchören und im Kirchenschiff sind in Mischtechnik aus Kalkfresko-, Kalk- und Seccomalerei ausgeführt. Als maltechnische Hilfsmittel zur Bildeinteilung sind Ritzungen in die teils raue Kalkschlämme, Zirkelschlag für die Nimben und rote Unterzeichnungen der Umrisse zu erkennnen. Letztgenannte und die flächige Anlage der Lokaltöne scheinen teilweise noch freskal eingebunden zu sein. Darauf folgt eine mehrschichtige Kalkseccomalerei mit „plastischer" Betonung der Darstellung mittels Weißhöhungen.

Die Farbpalette umfasst Gelb, Rot und Blau sowie Schwarz und Weiß und deren Ausmischungen. Im Benediktuschor sind über der Zwischendecke auf der Nordwand Blattmetallauflagen (Folien) auf organischem Klebemittel anzunehmen. Der Zustand der Oberflächen war durch einen rosafarbenen Bakterienbefall (biogener Film) stark gestört (Abb. 6). Vor allem an den verbliebenen Übertünchungsflächen und den farbig einlasierten Putzergänzungen führte dieser fleckig rote bzw. rosafarbene Belag zu optischen Störungen der gliedernden Raumarchitektur. Einhergehend mit den farbveränderten bzw. bindemittelkrepierten „Neutralretuschen" Haggenmillers an abgängigen bzw. nicht freigelegten Malereizonen bewirkte das biogene „Rot" eine dominante Tönung der Oberflächen, in welcher sich die romanischen Malereifragmente verloren bzw. sich Bildzusammenhänge nur schwer herstellen ließen.

Den augenscheinlichen Schadensschwerpunkt bildeten in erster Linie die Sockelputzzonen der Außenwände, die durch anhaltenden Feuchteeintrag stark belastet waren, insbesondere die Nordwand des Johanneschores und die Apsiden der Nebenchöre. Die Flächen bestanden aus einem Konglomerat aus verschiedensten Putzreparaturen und dicken Kalkschlämmen, was darauf hinweist, dass ein ständiger Nachbesserungsbedarf vorlag. Massive Mauersalzkristallisationen hatten die Bindungsstruktur der Beschichtungen wiederholt zersetzt, Salzkrusten lagerten sich ab. Je nach vorherrschendem Raumklima und temporär wechselndem Feuchteeintrag durch ausfallendes Kondensat bzw. vorliegender Bodenfeuchte am anstehenden Geländeprofil brachen Putze und Schlämmen auf, es bildeten sich alveolenförmige Strukturen sowie weiße Salzbärte.

Der Vergleich der Ergebnisse aus der Projektierungsphase mit den schriftlichen Quellen nach Freilegung der Malereien ergibt heute folgendes Bild: Wie im Abschnitt zur Restaurierungsgeschichte bereits erwähnt, wurden die romanischen Malereien mehrere Jahren nach ihrer Freilegung mit Kasein fixiert, 1916 umschrieben als „vorbeugend". Die Begutachtung des 2004 angetroffenen Zustandes belegt jedoch, dass keine spannungsbedingten Kaseinschäden in Form flächig abblätternder Malschicht vorlagen. Die Lesbarkeit der gut erhaltenen Malerei war durch eine Trübung (Weißschleier) beeinträchtigt, hervorgerufen durch eine mikrobiologische Besiedelung, deren Wachstum durch temporären Kondensatfeuchteausfall angeregt worden war. Typische Kaseinschäden konnten allein auf der von Haggenmiller rekonstruierten Malschicht beobachtet werden. Adhäsions- bzw. kohäsionsgeschwächte romanische Malschichten fanden sich lediglich an mauersalzbelasteten Zonen und an den Flanken der Risse. Diese vereinzelt splittrigen Malschichtstrukturen waren wohl eher das „Erbe" zügig umgesetzter Freilegungskampagnen.

Die noch 1916 umgesetzte „Fixierung" hat zu keiner schädigenden Bindemittelübersättigung geführt. Dies bedeutet, dass entweder das Kasein aus Topfen/Kalk qualitativ eher minderwertig war oder so stark verdünnt wurde, dass es seine festigende Wirkung nicht entfalten konnte bzw. durch den mikrobiologischen Befall verloren hatte. In der damaligen restauratorischen Praxis wurde gern der Nebeneffekt einer proteingebundenen Fixierung genutzt, um die Lesbarkeit der Malschicht zu verstärken – und dies kann bereits 1907 erfolgt sein.

Malereien an den Vierungspfeilern

Einen äußerst wertvollen Bestand bilden die Malereien an den Vierungspfeilern aus dem frühen 12. Jahrhundert mit einer seltenen Darstellung der Zwei-Schwerter-Lehre aus dieser Zeit. Die vier Gemälde, aufgebaut auf einem einschichtigen, grauen Kalkputz mit glatter, sorgfältig verdichteter

Abb. 7. Nordöstlicher Vierungspfeiler, Freilegungsflanke Haggenmiller (Foto: Peter Turek, 2017, DSC_5839)

Oberfläche, weisen einen sehr guten Erhaltungszustand auf. Die freigelegten Flächen wurden nach ihrer Aufdeckung nicht retuschiert oder ergänzt. Im Vergleich zur Malerei in den Chören fehlt hier eine Kalkschlämme.

Das erhabene Ultramarin[8] ist sehr dickschichtig aufgebracht, die Malschicht ist äußerst stabil. Stärkere Konturen grenzen die lokalfarbigen Flächen voneinander ab. Das Grau des Putzgrundes bestimmt den Farbeindruck mit. Die Bildwerke am nord- und südöstlichen Pfeiler werden durch einen 25 cm breiten Streifen ornamentaler Malerei auf dem Steinträger beschnitten, zudem wird die Fußzone durch das Chorgestühl überdeckt. Anzunehmen ist, dass die Bemalung ursprünglich, wie im Westen, die gesamte Breite des Pfeilers einnahm und die Ornamentierung eine Haggenmiller'sche Lösung darstellt. Zum Zeitpunkt der Freilegung war die Deckschalung des Chorgestühls entfernt worden, dies belegt der dahinter liegende Freilegungshorizont. Die freigelegte Fußzone der Figuren ist deshalb heute nicht einsehbar. Die Analyse dieser, seit über 100 Jahren unberührten Zone belegt, dass bereits bei der Freilegung die al secco aufgetragenen Farben verloren gegangen waren. Die ungeschönten Spuren der groben Freilegungswerkzeuge zeigen, dass die Übertünchungen mit einem Hammer abgehackt bzw. aufgeklopft worden waren, wohl 50 % der Malschicht wurden hierbei zerstört. Dagegen sind die Malschichtfragmente an den Freilegungsflanken der Übertünchung stabil. Die überkommene Festigkeit der Malschichtstruktur ist somit nicht auf die „vorbeugende“ Kaseinfixierung von 1916 zurückzuführen, die originale Malschicht ist per se sehr kompakt (Abb. 7).

Da ein typischer Kaseinfilm fehlt, ermöglichen die Untersuchung der Malschichtoberflächen, die Analytik der grauen Beläge und mikrobiologisch verursachten Trübungen sowie der Befund der UV-Fluoreszenzphänomene weiterführende Interpretationen. Ob Kasein aufgesprüht oder aufgestrichen worden ist, lässt sich allerdings nicht ermitteln. Zwar zeigt die Analytik des Ultramarins, dass die Malschicht einen geringen Anteil von Protein enthält. Dieses stammt jedoch nicht von einer Fixierung mit Topfenkasein, dafür weist die unberührte Malschicht eine zu hohe Strukturdichte auf. Zudem wurde die Probe aus einer Zone entnommen, die 1916 wohl nicht mehr zugänglich war, da sie hinter der eingenagelten Deckbretterung des Chorgestühls liegt, nahe an der Freilegungsflanke zu den verbliebenen Übertünchungen.

Mäanderfries

Im Mittelschiff, im Querhaus und in den Seitenschiffen ist oberhalb der barocken Gewölbeeinbauten die romanische Mäanderfriesbemalung erhalten. Der ehemals flächig übertünchte Bestand, der vermutlich auch schon frühzeitig willkürliche Teilfreilegungen erfuhr, wies vor allem schwere Putz- und Malschichtablösungen auf. Die Maltechnik ist vergleichbar mit der Malerei in den Nebenchören und wie dort blieb der korrodierte Bestand unretuschiert erhalten, da er nicht im Fokus der Haggenmiller'schen Kampagne stand (Abb. 8).

8 Frank Mucha, Analyseergebnis, Bericht 24.07.2017; Querschliffuntersuchung, Bericht 04.09.2017.

Abb. 8. Mäanderfries, Visibile versus UV-Fluoreszenzphänomene. Befund 2015: Durch die UV-Fluoreszenzanregung wird der Mäander unter der Weißübertünchung sichtbar, zudem zeichnen sich in der Malerei „goldfarbene" Zonen einer verlorenen Farbe ab (Foto: Peter Turek, 2017, DSC_7091)

Raumklima, Monitoring, Analytik und UV-Fluoreszenzphänomene

Raumklima

Im Vorfeld der Instandsetzungsmaßnahme ist vom Staatlichen Bauamt Regensburg ein Klimagutachten[9] beauftragt worden. Die relative Feuchte an den Oberflächen der Kirche lag im Zeitraum der Messung 2007/08 überwiegend zwischen 70 und 80 %, bei Raumtemperaturen zwischen 3 °C und 21 °C.

Bereits im Zuge der restauratorischen Projektierung von 2004 und verstärkt in den Jahren 2014/15 waren temporär auftretende Kondensatbelastungen zu beobachten. Besonders in der Sommerperiode 2015 fiel massiv Kondenswasser aus und reicherte sich tröpfchenförmig an den Wandsockeln und auf den Ziegelplattenböden der Chöre sowie an den wandgebundenen Steinbauteilen des Kirchenraums, den Epitaphien und Steinplattenbelägen an (Abb. 9 und 10). An den Epitaphien rann das Wasser ab und sammelte sich auf dem Steinboden an. Im trockenen Zustand zeichneten sich die Spuren der Korrosion in Form von hellen und dunklen Flächen ab. Die alveolenförmigen Strukturen der Sockelputzschäden bildeten kleine „Wasserspeicher“ aus. Witterungsbedingt hielten diese Kondensatbelastungen über zwei Tage an, die zurückbleibende Restfeuchte verdunstete im Nachgang sehr langsam, während Übermengen an Wasseransammlungen bereits in den Plattenfugen der Böden versickert war. Stark betroffen waren die Westwand unter der Empore und die Wandfußzonen der Nebenchöre; an letzteren verstärkte sich deshalb im bodennahen Bereich das Algenwachstum, schwarzer und weißer Schimmelbefall traten auf, was während der „Trockenperiode“ mit verschiedenen Kristallisationsformen der Mauersalze einherging.

2016 veranlasste das Staatliche Bauamt Regensburg den Einbau einer kontrollierten Lüftungsanlage, um diesen Problemen zu begegnen und stehende Raumluft zu vermeiden. Nach kurzer Laufzeit stellten sich deutliche Verbesserungen ein. Der muffige „Kellergeruch“, der zeitweise sehr penetrant war, verschwand, und das Abtrocknen temporär feuchter Wandoberflächen konnte deutlich beschleunigt werden.

Abb. 9. Benediktuschor, Sommerkondensation 2015 (Foto: Peter Turek, DSC_2082-04)

Abb. 10. Kirchenschiff, Westwand, Sommerkondensation 2015: Epitaph sowie Bodenfläche sind durchnässt (Foto: Peter Turek, DSC_2082 -04)

Mikromonitoring und Anlage von Musterflächen

Die Nordwand des Georgschores und die beiden Nebenchöre wurden im September und Oktober 2004 zerstörungsfrei untersucht, mikroskopische Monitoringzonen festgelegt und fotografisch dokumentiert. Der Schwerpunkt lag bei der Erfassung und Langzeitbeobachtung der grauen Trübungen (Weißschleier) und biogenen Filme (Bakterien). Die Erscheinungsbild-Analyse[10] mittels Mikromonitoring erfasste Malschichtoberflächen im Format bis zu 2 bzw. 4 mm unter Einbeziehung der Musterflächen zu Vorzustand/Reinigung/Festigung.

9 Institut für Gebäudeanalyse und Sanierungsplanung (München), St. Georg, Regensburg-Prüfening, 03507 G01, 2008.

10 Autenrieth/ Turek 1994.

Abb. 11. Georgschor, Nordwand, Mikromonitoring 2004: Calcitablagerungen auf der Malschicht von Haggenmiller (Foto: Peter Turek, DSCN_0042)

Die mikrofotografische Erfassung zeigte, dass es sich im Georgschor um körnige, lose aufliegende Strukturen handelt, die sich zu dichten Gebilden ausformen und kaum mechanisch entfernt werden können, ohne die Malerei Haggenmillers zu beschädigen. Diese Trübungen sind auf Malschichtfehlstellen zurückzuführen, die bereits unter Haggenmiller zur Vortäuschung einer alterswerten Oberfläche entstanden sind. Darüber hinaus erfolgte eine mikroskopische Untersuchung der grauen Trübungen durch Priv.-Doz. Dr. habil. Ingo Nuss, um diese mit schollenförmigen Malschichtaufbrüchen und bindungsarmen Zonen abzugleichen. In seinem Gutachten werden aktive Pilze als Verursacher der Malschichtaufbrüche ausgeschlossen. Neben Schmutzpartikeln auf Spinnwebfäden fanden sich in einem mikroskopischen Präparat verstreut Hyphen, Konidiophoren und Konidien von Cladosporium spec. Der Pilz war offensichtlich auf den Oberflächen gewachsen, allerdings in einer sehr geringen Menge, sodass er für die vorliegenden Schädigungen nicht in Betracht kommen konnte. Gleichzeitig wurden Proben im Labor von Dr. Eberhard Wendler mittels Rasterelektronenmikroskop in Verbindung mit einem Massenspektrometer untersucht, wobei die Versporung auf der Oberfläche bestätigt werden konnte. Neben Kohlenstoff und Sauerstoff wurde durch EDX-Spektren auch Calcium nachgewiesen, was auf Spuren von Calcium-Oxalat als Folge der älteren Besiedlung hindeuten könnte. Die dominante Phase in den weißen Belägen ist jedoch Calcit (Calciumcarbonat), welches schon beim Mikromonitoring als körnige Struktur erkannt wurde (Abb. 11).

Die Ergebnisse der Analytik und die Resultate an den Musterflächen erbrachten, dass es sich bei den Trübungen um eine nachträglich aufbrachte Kasein-Fixierung handelte, die vermutlich einen Überschuss an Calciumcarbonat enthielt.

Im Gegensatz zu den hartnäckigen Trübungen im Georgschor ließen sich die Trübungen und mikrobiologischen Beläge der Nebenchöre relativ leicht mittels Feuchtreinigung entfernen. Vor Beginn der eigentlichen Instandsetzungsmaßnahme wurden die Monitoringstellen 2013 und 2014 augenscheinlich kontrolliert. An keiner der Flächen war eine wiederholte Trübung zu beobachten, auch die anorganischen und organischen Festigungsmuster hatten sich nicht verändert.

Kartierung und Nachkontrolle

Die Hochwände des Presbyteriums wiesen besonders markante Risse auf, die auf die Veränderung der bauzeitlichen Gebäudestruktur zurückzuführen sind. An der Nordwand des Georgschores wurde daher in der Projektierungsphase 2004 eine exemplarische Kartierung der Risse und Putzablösungen erstellt, als Grundlage für die Beobachtung weiterer Schadensbilder. Die Südwand war diesbezüglich bereits 2002 durch die Amtswerkstätte des Bayerischen Landesamtes für Denkmalpflege untersucht worden. Im Fortgang der

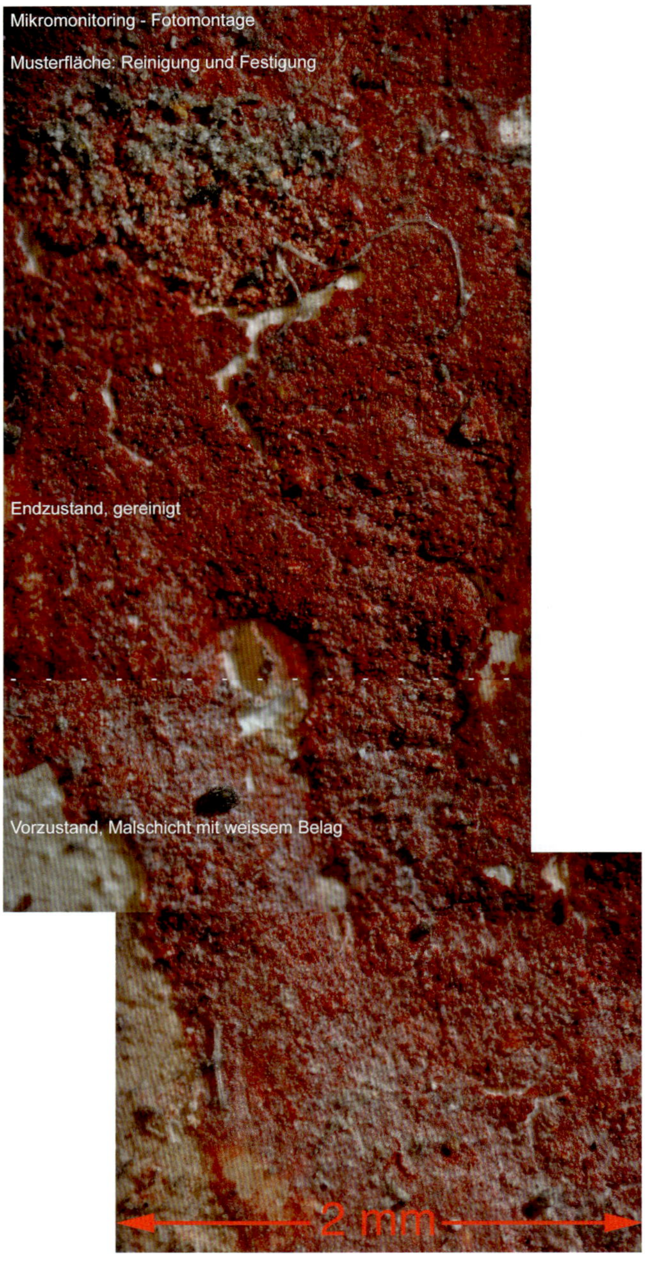

Abb. 12. Georgschor, Nordwand, Mikromonitoring 2004: Reinigung und Festigung (Foto: Peter Turek, MO01-04)

Abb. 13. Georgschor, Südwand, Musterfläche 2014: Regenerierung der Trübung (Foto: Gabriele Weinland, DSCN_73091)

restauratorischen Instandsetzung von 2014–16 wurde die exemplarische Kartierung durch eine Maßnahmenkartierung aller Bestandsflächen ergänzt.

Die Kartierungsgrundlage von 2004 gewann im Zuge der statischen Instandsetzung an Bedeutung, da 2014/15 Strukturveränderungen in den bereits adhäsionsgeschwächten Putzflächen nachgewiesen werden konnten. Veränderungen in Folge eines Zugankereinbaus waren zu erwarten gewesen, doch war der Bestand zu keiner Zeit gefährdet. Im Vorfeld der Zugankerinstallation wurden die gefährdeten Putzschalen und Risse mit Cyclododekan fixiert und kaschiert, um Schäden zu unterbinden.

Nach Abschluss aller Maßnahmen erfolgte eine Nachbewertung des Instandsetzungserfolgs in Teilbereichen, explizit der konsolidierten Putzflächen und Risse in statisch relevanten Zonen.

Proben zur Salzminderung der Putzschale

Die Innenwände der Nebenchöre wiesen 2004 eine hohe Belastung mit Magnesiumsulfat, daneben geringeren Mengen an Natriumchlorid und Calciumnitrat auf. An den Oberflächen fand sich höhenabhängig eine Gesamtsalzbelastung von 3–5 %, dahinter bis in mehrere Zentimeter Tiefe eine Belastung um 1–1,5 %. Hier schien es gegebenenfalls möglich, durch eine vorgezogene Salzminderungsmaßnahme den Bestand bis zum Beginn der eigentlichen Restaurierungsmaßnahme zu entlasten.

Am Außenbau, teils Reparaturflächen aus zementgebundenem Kunststein, war die Situation grundsätzlich anders. Oberflächengehalten von 4–7 % standen 11–14 % in ca. 5–6 cm Tiefe gegenüber. Dies wies auf eine hohe Belastung mit löslichen Salzen hin, deren Gefälle nach innen gerichtet war. Das bedeutete, ein andauernder Feuchtetransportstrom von außen nach innen – befördert durch das zum Gebäude hin abschüssige Geländeprofil der Schlossparkanlage mit stetig zuführendem Feuchtehorizont sowie durch die unkontrollierte Drainage der Regenfallrohre – musste durch entsprechende baukonstruktive Maßnahmen minimiert werden. Als Notmaßnahme wurde daher ausgetestet, ob Salzminderungskompressen zumindest eine temporäre Lösung darstellen könnten. Die Kompressen basierten auf der von Wendler entwickelten Rezeptur[11], einem Gemisch aus Arbocel, Bentonit, Poraver und entionisiertem Wasser. Das Ergebnis dieser behelfsmäßigen Option zur Salzminderung war ernüchternd, selbst nach vier Kompressendurchgängen trat keine nachhaltige Salzminderung auf. Baukonstruktive Maßnahmen am Außenbau waren daher absolut unabdingbar, der Austausch der Reparaturputzflächen des 18., 19. und 20. Jahrhunderts zwingend.

UV-Fluoreszenzphänomene

Während der Projektierungsphase wurden auffällige UV-Fluoreszenzphänome an der romanischen Malschicht wie auch an der Malerei Haggenmillers beobachtet. Unter 360 nm UV-Strahlung zeichnen sich in der romanischen Malerei deutlich Motive bzw. Details ab, welche nicht mit einem Restaurierungseingriff oder einer nachträglichen Fixierung in Verbindung stehen. In der Ausführung der Malerei treten insbesondere die mehrschichtig aufgebauten Inkarnate sowie ausgedünnte Höhungen und Konturen hervor, die Gesichter erhalten dadurch mehr Plastizität. Das reduzierte bzw. korrodierte „Verdaccio“[12] (bzw. „Verde terra“) der Untermalung wird unter UV-Strahlung optisch hervorgehoben, in Annäherung an das ursprüngliche Erscheinungsbild der Malerei. Gleichzeitig tritt ein goldfarbenes UV-Fluoreszenzphänomen an Gewändern, Gewandsäumen, floralen Motiven, Architekturen und gemalten Applikationen auf, jeweils exakt verankert im Malschichtfragment bzw. im Motivdetail. Der Zierbesatz am Thron des hl. Benedikt, welcher sich bei Tageslicht schwarz zeigt, fluoresziert unter 360 nm mit goldfarbenen Rändern bzw. Flächen. Ebenso fluoreszieren die Malschichtfragmente der „Früchte“ an den Bäumen des Johanneschores goldfarben (Abb. 14–19).

---

11 Salzminderungskompresse, Rezeptur nach Eberhard Wendler (WE 0109MAX-KOM-01):
7,1 l Arbocel BC 200 ~1,100 kg
2,9 l Bentonit ~2,800 kg
3,7 l Poraver 0,25–0,5 mm ~1,390 kg
10,6 l Poraver 0,5–1,0 mm ~3,300 kg
8,5–9 l entionisiertes Wasser ~8,5–9,0 kg
33,3 l gesamt 16,0–17,0 kg.

12 Als „Verdaccio“ wird eine Untermalung mit einer grünlichen Mischfarbe aus Ocker und Schwarzpigment bezeichnet. Besteht das „Verdaccio“ aus Grünerdepigment, so spricht man von „Verde terra“. Begriffserklärung im Traktat der Malerei von Cennino Cennini, Cap. 67.

Abb. 14. Benediktuschor, Nordwand, Visibile versus UV-Fluoreszenzphänomene.
Befund 2015: Kontraststeigerung im Inkarnat
(Foto: Peter Turek, DSC_2789-14)

Abb. 15. Gemälde am nordöstlichen Vierungspfeiler, Visibile versus UV-Fluoreszenzphänomene. Befund 2015: Kontraststeigerung im Inkarnat sowie Fluoreszenz der Weißhöhungen (Foto: Peter Turek, DSC_7872)

Konträr zu den Befunden am romanischen Bestand stehen die UV-Fluoreszenzphänomene innerhalb der Haggenmiller'schen Malerei und der vereinzelt fluoreszierenden Übertünchungsfragmente: gelblich/grüne bzw. alles überstrahlende UV-Phänomene kommen vereinzelt bzw. fleckig vor. Im Vergleich zum Befund an den Retuschen der barocken Deckengemälde wird deutlich, dass es sich hier um Zinkweiß handeln muss, das von den Haggenmiller'schen Dekorationsmalern bereits selektiv verwendet wurde bzw. von Retuschen der Maßnahme von 1967 stammt (Abb. 20).

Angesichts des aufschlussreichen UV-Fluoreszenzbefundes an der romanischen Malerei wurden die neu einzubringenden Konsolidierungsmaterialien gezielt geprüft, damit hierüber keine Fremdfluoreszenz eingeschleppt bzw. diese durch nachfolgende Alterung ausgelöst würde. In der Kalotte des Benediktuschores konnte diese moderne Form der Bindemittel-Störung detektiert werden. Bei einer nicht mehr zuordenbaren Putzsicherungsaktion wurde ein Kunstharz verwendet, der unter 360 nm die Zone hell erleuchtet und somit originale Phänomene unwiederbringlich überdeckt hat. Zur Sicherstellung der UV-Fluoreszenzbefunde veranlasste das Staatliche Bauamt Regensburg eine umfassende Fotodokumentation des Malereibestandes als Visibile und unter UV 360 nm, um auch den für den Betrachter „unsichtbaren" Befund zu erschließen.

Auf eine Analyse der romanischen UV-Fluoreszenzphänomene wurde hingegen verzichtet. Die Erfahrungen aus dem Bundesministerium für Forschung und Technik (BMFT), Forschungsprojekt Wandmalereischäden[13] belegen, dass die

13 Autenrieth/ Aldovrandi/ Turek 1990.

Abb. 16. Johanneschor, Visibile versus UV-Fluoreszenzphänomene. Befund 2015: goldfarbene Fluoreszenz der Früchte (Fotos: Peter Turek, DSC_2599)

Abb. 17. Johanneschor, Visibile versus UV-Fluoreszenzphänomene. Befund 2015: Durch Kontraststeigerung werden die Zweige und Blätter des hohen Baums sichtbar, zudem goldfarbene Fluoreszenz der Früchte im unteren Baum (Foto: Peter Turek, DSC_2537)

Abb. 18. Johanneschor, Ostwand, Visibile versus UV-Fluoreszenzphänomene. Befund 2015: goldfarbene Fluoreszenz am Turm und am Gewand (Foto: P. Turek DSC_2549)

hochmittelalterlichen UV-Fluoreszenzphänomene nur unpräzise analysiert werden können, da es sich hier um eine schwache Lichtanregung handelt, die durch ein organisches Bindemittel und den Faktor X (Pigment/Pigmentgemenge/Putzgrund) entsteht. Im besten Fall führt die Analyse nur zum Nachweis von Protein bzw. einer interpretierenden Umschreibung einer möglichen „Tempera". Derartige Nachweise sind zwar interessant, stellen jedoch keine wissenschaftliche Neuinformation dar. In Anbetracht des begrenzten Umfangs romanischer Originalsubstanz verbietet sich eine „erschöpfende" Probenentnahme aus diesen Zonen, die den äußerst wertvollen Bestand zerstören bzw. gefährden würde.

Abb. 19, Benediktuschor, Thron des hl. Benedikt, Visibile versus UV-Fluoreszenzphänomene. Befund 2004: goldfarbene Fluoreszenz in den schwarzen Punkten (Foto: Michael Bengler DSC_4460)

Instandsetzungskonzept und Umsetzung 2014 bis 2017

Das Instandsetzungskonzept wurde in enger Zusammenarbeit mit dem Bayerischen Landesamt für Denkmalpflege, dem Staatlichen Bauamt Regensburg sowie der Diözese Regensburg abgestimmt. Nach Abwägung aller technischen Erkenntnisse und Optionen aus der Projektierungsphase von 2004 wurde eine konservatorische Vorgehensweise vereinbart, die vorrangig als bestandsbewahrende Pflegemaßnahme zu verstehen ist. Somit standen Maßnahmen zur technischen Verbesserung in Zonen mauersalzbelasteter Oberflächen im Mittelpunkt, was rein praktisch bedeutete, dass verbrauchte Neuputzschalen ausgetauscht, die Malschicht gereinigt bzw. mikrobiologische Beläge abgenommen wurden. Direkte Eingriffe am romanischen Bestand konzentrierten sich allein auf die anorganische Festigung gelockerter Malschichten bzw. die Strukturfestigung gefährdeter Putzschalen. Auf Restfreilegung und Retusche der romanischen Malschicht wurde konsequent verzichtet.

Einhergehend mit der Instandsetzung des Dachtragwerks, der Erneuerung der Dachentwässerung, der statischen Ertüchtigung der Mauerwerke und den abschließenden Maßnahmen zur Drainierung der feuchtebelasteten Grundmauerzonen konnte somit ein umfassendes Instandsetzungskonzept erarbeitet und umgesetzt werden.

Der Malereibestand wurde in vier Abschnitte aufgeteilt, die sich an der jeweiligen Maßnahmenvorgabe bzw. der erforderlichen Leistungsklasse orientierten. Die Abschnitte gliederten sich somit in Malerei des Presbyterium, romanische Malereien im Kirchenschiff und romanischer Mäanderfries im Dachraum (Auftragnehmer: Fa. Preis & Preis, Parsberg) sowie romanische Malereien der Nebenchöre (Auftragnehmer: Fa. Fromm, Parsberg).

Leistungsinhalte

Die bestandsbewahrende Pflegemaßnahme umfasste neun Arbeitsschritte, die nach Bedarf in reduzierter Form bzw. in Kombination an den Bestand angepasst wurden. Der außerordentlich hohe Anspruch an zurückhaltender Vorgehensweise liegt in den beobachteten UV-Fluoreszenzphänomenen begründet, die unter 360 nm auftreten. Die Zeichnungsphänomene dieser „unsichtbaren“ Befunde zu Maltechnik, Malschichtkontrast und Struktur waren ungestört zu erhalten. Daher war es vorab erforderlich, alle reinigenden Arbeitsschritte, Reinigungshilfsmittel und konsolidierte Werkstoffe zu prüfen und dies auch im Fortschritt der Instandsetzungsmaßnahme zu wiederholen.

Reinigung

Der erste Arbeitsschritt galt der Entfernung von Spinnweben bzw. loser Stäube und Schmutzablagerungen mittels berührungsfreier Reinigung mit Staubsauger und weichem Haarpinsel, kristallisierte Mauersalze und Salzfläume sind hierbei ebenfalls saugend entfernt worden. Besonderes Augenmerk lag auf der Trockenreinigung der Setzfugen, der Risse und Schmutztaschen des einsehbaren Hausteinmauerwerks bzw. der Reparaturen späterer Bauphasen, da diese Zonen bislang kaum gepflegt worden waren. Verschmutzte Risse wurden mit einem Gemisch aus destilliertem Wasser/Iso-Propanol ausgespült, dabei auslaufende Schmutzablagerungen mit saugfähigem Zellstoffmaterial und Latexmikroporenschwamm sofort aufgenommen.

Konsolidierung der Putzschalen und des Fugenmörtels

Die Sicherung bzw. Festigung von Putzablösungen, Putzflanken, Hohlstellen, Fugenmörtel und Setzmörtel erfolgte ausnahmslos auf anorganischer Basis mit Kieselsol bzw. mineralischem Injektionsmörtel. Grundsätzlich wurde abgelöster Putz mit Injektionsmörtel schrittweise angepunktet.

Abb. 20. Georgschor, Malschicht Haggenmiller, Visibile versus UV-Fluoreszenzphänomene. Befund 2014: Malschichtabschnitte mit Zinkweißpigmentierung (Foto: Peter Turek, DSC_7773)

Eine massiv verformte Putzablösung am westlichen Gewölbejoch des Johanneschores war besonders absturzgefährdet und musste deshalb zusätzlich mit Kohlenstofffaser-Nadelankern[14] armiert werden, um den Verbund mit dem Hausteinmauerwerk wiederherzustellen. Wie bereits erwähnt, hatte sich die romanische Putzschale durch wiederholten Regenwassereintrag vom Gewölbemauerwerk gelöst und war als „freigestellte Schale“ erstarrt.

Das Einbringen der Festigungsmaterialien erfolgte über Risse, Putzstörungen und offene Putzflanken. Die bemalten und unbemalten Oberflächen wurden hierzu temporär mit Cyclododekan präpariert und geschützt.

Ausspritzen von Rissen

Risse, größer als 1 mm, wurden soweit möglich mit mineralischem Injektionsmörtel ausgespritzt. Das Injektionsmaterial sollte den Putz-/Hausteinhorizont erreichen, damit es unter Oberflächenniveau blieb. Die Flanken zur Malerei durften hierbei nicht verunreinigt werden. Haarrisse wurden nicht ausgespritzt.

Feuchtreinigung der Malerei

Die Abnahme der mikrobiologischen Beläge erfolgte durch vorsichtige Reinigung mit leicht feuchtem Latexmikroporenschwamm. Zur Abnahme der biogenen Filme (Bakterien) wurde dem destilliertem Wasser 5%iges Iso-Propanol zugesetzt. Der Reinigungsvorgang wurde schrittweise in motivabhängiger Vorgehensweise aufgebaut, um unkontrollierte Reinigungsabsätze zu vermeiden. Zonen mit adhäsionsgeschwächter, ausgedünnter bzw. bindemittelreduzierter Malschicht erforderten besondere Sorgfalt bei der Umsetzung der Feuchtreinigung, damit die Strukturen nicht aufgebrochen würden – kohärente Maßnahmen zur Festigung/Konsolidierung der Malschicht waren hierzu voranzustellen. Eine Desinfektion der Oberflächen mit 30%igem Iso-Propanol im Sprühverfahren schloss die Reinigung ab.

Die Befundbeobachtungen aus der Projektierungsphase und die Musterflächenerstellung im Presbyterium belegten, dass Weißschleier und Trübungen nicht allein auf mikrobiologischer Besiedelung beruhten. Die starken Störungen im Hochchor ließen sich auf krepierte bzw. korrodierte Bindemittel des 19. und 20. Jahrhunderts zurückführen, die nicht feucht abgereinigt werden konnten, da sie zum Verlust der Übermalung geführt hätten. Erst mit einer erneuten Bindemittelzufuhr von Methylhydroxyethylcellulose ließen sich diese Störungen beseitigen.

Feuchtreinigung der modernen Weißflächen

Die Feuchtreinigung der monochromen Kalkfassungsflächen erfolgte mit Mikrodampfgerät und Latexmikroporenschwamm. Die Maßnahme wurde mit der vorangestellten Feuchtreinigung zur Abnahme der mikrobiologischen Beläge abgestimmt, um Überschneidungen zu vermeiden. Wasserdampf löste die Verschmutzung und im Laufe des Aufschwemmens konnte dieser sofort mit dem Mikroporenschwamm aufgesogen werden. Auch diese Flächen wurden abschließend mit Iso-Propanol desinfiziert.

Festigung/Konsolidierung der Malschicht

Grundsätzlich wurde zwischen Maßnahmeschritten an der romanischen Malerei und der Malerei des 19./20. Jahrhunderts unterschieden. Der Begriff Festigung umfasst hier den gesamten Farbschichtaufbau der Malereien und beinhaltet Kalkschlämme, Grundierung, Zwischenschichten, Deckschicht, Konturlinien, Weißhöhungen etc. Die Struktur dieses Aufbaus weist differente, aber auch ineinandergreifende Kohäsions- und Adhäsionsstörungen auf, die sich in Form mehrteiliger Schalen, Abblätterungen, kleinen Aufbrüchen und bindungsarmen Farbschichten zeigten. Wie bereits erwähnt, erfolgte im Bereich des romanischen Bestandes die Festigung/Konsolidierung mit verdünntem Kieselsol. Der krepierte Zustand der Haggenmiller'schen Rekonstruktion ließ hingegen nur eine Festigung mit Methylhydroxyethylcellulose zu, die über Facings aufgebracht wurde. Schollenartig aufstehende Malschichten und Partien mit kleinsplittrigen Schollen wurden durch Injektion von Methylhydroxyethylcellulose und Niederlegen über eine Japanpapierkaschierung fixiert und abschließend über Hostaphanfolie mit einem Wattestempel angedrückt.

Instandsetzung moderner Putzergänzungen

Die Überarbeitung und die Nachbesserung inhomogener Oberflächen, Laibungskanten und Höhenprofile erschienen nach der Reinigung zwingend, da diese willkürlichen Strukturen und eigenständigen Tönungen die Architektur der romanischen Raumschale störten. Sandige, buckelige bzw. streifige Oberflächen wurden deshalb mechanisch nachgeschliffen, mit mineralischer Kalkglätte überarbeitet und in Anlehnung an den Umgebungsbestand einlasiert.

Reintegration moderner Weißfassungsflächen

Die Zonen mit modernen Kalkfassungen wiesen teils gelbliche Tönungen auf, die aufgrund von organischen Bindemittelzusätzen und Alterungserscheinungen fleckig wirkten. Zur Reintegration wurden diese störenden Flächen zurückgearbeitet und mit reiner Sumpfkalkfarbe neu gefasst bzw. einlasiert. Ziel dieser Maßnahme war die Herstellung eines homogenen Gesamterscheinungsbildes der tradierten Architekturfassung im Gesamtraum unter eindeutig definierter Abgrenzung zum romanischen Malereibestand.

Putzaustausch

Innerhalb eines Jahres erfolgte, nach Abschluss der Außeninstandsetzung, der Austausch feuchtegeschädigter Neuputzzonen im Fußbereich der Wandflächen. Bis dahin wurden die auszutauschenden Putzschalen beibehalten und temporär gereinigt, um die auskristallisierenden Salze zu entfernen. Auf eine Zwischenlösung mittels „Opferputz" bzw. Salzminderungskompressen wurde verzichtet, da dies bereits in der Projektierungsphase zu unbefriedigenden Ergebnissen geführt hatte. Stattdessen wurde nach Abschluss der Außeninstandsetzung eine mehrteilige Putzmusterserie in den Nebenchören angelegt, die aus Standard-Kalkputzsystemen bzw. einem Salzspeicherputz bestand. Nach siebenmonatiger Standzeit konnten an den Putzmusterflächen qualitative Unterschiede festgestellt werden. An den Oberflächen der Standard-Kalkputzsysteme waren auskristallisierte Ablagerungen bzw. dunkle Verfärbungen von Mauersalzen zu beobachten. Diese Störungen zeichneten sich bereits in der Aushärtungs- bzw. Trocknungsphase als dunklere Zonen ab und hatten sich über die mehrmonatige Standzeit massiv verstärkt. Lediglich der Salzspeicherputz der Firma RCP (RoCemPlaster) mit RCP TM Puzzolan Feinputz wies keine optischen Störungen auf, nur im Ansatz zum Ziegelplattenboden lag ein sehr schmaler Saum auskristallisierter Mauersalze auf.

Zur Analyse sind sechs Materialproben des Salzspeicherputzes an das Labor Conservation Science Consulting Sàrl überstellt worden. Die ermittelten Salzgehalte[15] der Proben betrugen nach sieben Monaten Standzeit zwischen 0.4 und 0.6 Ma-%. Diese Werte wurden als mittlere bis geringe Belastung eingestuft. In der abschließenden Diskussion wurden die Ergebnisse der Mauersalz-Analytik von 2004 mit den aktuellen Werten, unter Berücksichtigung der von Seiten des Staatlichen Bauamtes Regensburg umgesetzten Maßnahmen zur Drainage des Geländeprofils und Entfeuchtung des Mauerfußes, verglichen. Die nun unterbrochene Wasserinfiltration im Mauerwerk führte bereits nach diesen sieben Monaten zu einer deutlichen Verbesserung der bisher belastenden Salz-Mobilität[16]; es besteht somit die berechtigte Hoffnung, das Problem unter Kontrolle zu bringen. Im Einvernehmen mit der Katholischen Kirchenstiftung, dem Bayerischen Landesamt für Denkmalpflege und dem Staatlichem Bauamt Regensburg wurde daher beschlossen, den Austausch der modernen Sockelputzflächen mittels RCP-Salzspeicherputzsystem umzusetzen, wohl wissend, dass zukünftig pflegender Reparaturbedarf bestehen wird. Man darf nicht davon ausgehen, dass die Unterbrechung der seit Generationen bestehenden Wasserinfiltration zu einem abrupten Stillstand der Schadensprozesse führt. Die Neuputzflächen wurden daher im Materialton des Putzsystems belassen, um lokale Nachbesserungen leichter durchführen zu können.

Literatur

Autenrieth/ Aldovrandi/ Turek 1990 –Autenrieth, Hans-Peter/ Aldrovandi, Alfredo/ Turek, Peter: *Die Praxis der UV- Fluoreszenzfotografie*, in: Zeitschrift für Kunsttechnologie und Konservierung 4 (1990), Nr. 2, S. 215–234

Autenrieth/ Turek 1994 – Autenrieth, Hans Peter/ Turek, Peter: *Erscheinungsbild-Analyse, Mikromonitoring, Schadensdynamik, Forschungsprojekt Wandmalerei-Schäden*, in: Arbeitshefte zur Denkmalpflege in Niedersachsen, Bd. 11 (1994), S. 49–53

Gerstl 2014 – Gerstl, Doris: *Zur Entdeckung und Restaurierung der romanischen Wandmalereien in St. Georg in Prüfening*, in: Verhandlungen des Historischen Vereins für Oberpfalz und Regensburg 154 (2014), S. 293–309

Turek 2017 – Turek, Peter: *Konzeptionelle Überlegungen zur Sicherung von Wandmalereien und deren Substruktionen*, in: Retrospektive und Perspektive, Methoden und Techniken in der Wandmalereirestaurierung (Inhalte – Projekte – Dokumentationen. Schriftenreihe des Bayerischen Landesamtes für Denkmalpflege, Bd. 17), München 2017, S. 111–122

14 Turek 2017.

15 Labor Conservation Science Consulting Sàrl (CH-1700 Fribourg), Bericht R.0485.01, 2017.

16 Dr. Christine Bläuer, E-Mail vom 23.05.2017, Ergänzung zu Bericht R.0485.01, 2017 des Labors Conservation Science Consulting Sàrl (CH-1700 Fribourg).

Sebastian Endemann und Kerstin Weinert

Der Naturstein an St. Georg in Prüfening: Romanischer Baukörper und barocke Bauzier

Bestand

Die ehemalige Klosterkirche St. Georg in Prüfening, eine dreischiffige Pfeilerbasilika, gilt als einer der ersten romanischen Quaderbauten in Altbayern. Sie hat ihren ursprünglichen Charakter mit einem östlichen Querhaus und dem dreischiffigen, kreuzgratgewölbten und von zwei Türmen überhöhten Presbyterium bis heute bewahrt (Abb. 1).

Die Westfassade mit Schweifgiebel, Säulenportal, Wappen und Werksteingliederung ist im Spätbarock anzusiedeln und wurde 1718 anstelle des romanischen Paradieses und des Westwerks der Vorgängerkirche errichtet (Abb. 2). Vier Pilastervorlagen gliedern die viergeschossige Fassade vertikal bis auf Höhe des Kaffgesimses. In den jeweiligen Geschossebenen sind Fensteröffnungen mit verschiedenen Giebelausbildungen eingelassen. Ein zentraler Portalportikus mit gesprengtem Giebel überwölbt das Hauptportal. Über dem Portal befindet sich ein reich gestaltetes Wappenrelief aus Grünsandstein (Abb. 3).

In dem mittig über der Westfassade angeordneten Giebelfeld, das mit einem Achtelsegmentbogen abschließt, steht in einer Rundbogennische die monumentale Grünsandsteinskulptur des Kirchenpatrons. Die seitlichen Giebelflächen schließen mit geschwungenen Segmentwänden an die mittlere Giebelwand an. Über den äußeren Eckpilastern waren am

Abb. 1. Prüfening, ehem. Klosterkirche St. Georg, mittelalterlicher Bauwerksbereich, Westansicht der Türme, Zustand nach der Restaurierung (Foto: Steinwerkstatt Endemann)

Giebelkämpfer Monumentalfiguren des Bischofs Otto und des hl. Benedikt aus Grünsandstein aufgestellt, welche wegen des schlechten Erhaltungszustandes durch die Regensburger Dombauhütte abgebaut werden mussten und derzeit in der Vorhalle der Kirche aufbewahrt werden (Abb. 4).

Die Wandflächen der Westfassade von St. Georg sind natursteinsichtig. Die Pilastervorlagen, die Giebelabdeckungen und die Gesimse sind aus örtlichen Sandsteinvarietäten gefertigt. Die Rücklagen der Fassade, Kapitelle, Basen, Sohlbänke und der Sockel sind vornehmlich aus Kalkstein gefertigt. Die Rückseite des freistehenden Giebels ist verputzt.

Das Quadermauerwerk wurde im Zuge vergangener Reparaturmaßnahmen mit hydraulisch abbindendem Kalkmörtel verfugt, dabei konnten einzelne Fassungen dokumentiert werden: z. B. haben sich am Sprenggiebel rote und ockerfarbige Befunde erhalten.

Durch ein schmiedeeisernes Tor nördlich von St. Georg erreicht man die mittelalterlichen Bauwerksbereiche. Die Außenmauern stammen aus der ersten Hälfte des 12. Jahrhunderts. Es handelt sich um ein sorgfältig errichtetes Quaderschichtenmauerwerk mit in Pietra-Rasa-Technik gestalteten Fugen. Die Quaderschichtenhöhe wechselt zwischen 10 und 35 cm. Der bauzeitliche fein- bis mittelkörnige Fugenmörtel ist hydraulisch erhärtet und qualitativ hochwertig. Dass sich diese Verfugung und die Oberflächengestaltung in zusammenhängenden Flächen des Bauwerks erhalten haben, ist besonders bemerkenswert. Als Werkstein wurde eine sehr feinkörnige Varietät des Regensburger Grünsandsteins verwendet.

Abb. 2. Die barocke Westfassade vor der Restaurierung (Foto: Steinwerkstatt Endemann)

Abb. 3. Wappenrelief aus Grünsandstein an der barocken Westfassade, Vorzustand (Foto: Steinwerkstatt Endemann)

Abb. 4. Abbau der Giebelskulpturen der barocken Westfassade durch die Regensburger Dombauhütte im März 2007 (Foto: Dombauhütte Regensburg)

Historische Werkzeugspuren sind gut bis sehr gut erhalten. Vorwiegend sind hier Schlageisen-, Flächen und Zweispitzhiebe auf den Steinoberflächen zu erkennen. Untergeordnet finden sich möglicherweise im Zuge von Umbauten oder Neugestaltungen aufgebrachte Zahneisen- oder Zahnflächenhiebe. Als tiefgreifende Umgestaltung ist die Barockisierung der Fenster der Seitenschiffe und des Obergadens zu nennen. Auf den Werksteinoberflächen sind vereinzelte Putzmörtelreste zu finden. In Fensternischen und an den Fassaden der Türme haben sich weiße und ockerfarbene Farbigkeiten erhalten. Eine zeitliche Zuordnung der Fassungsreste erfolgte nicht.

Reparaturphasen

Mittelalterlicher Baukörper

Es scheint wenige Reparaturphasen am mittelalterlichen Bauwerksbereich gegeben zu haben. Die Hauptphase, bei der man – teils großflächig – Bauteile mit einem splitthaltigen Stampfbeton überformte und dabei den Fugenschnitt des kleinteiligen Quadermauerwerks ignorierte und willkürlich ausführte, ist in die zweite Hälfte des 20. Jahrhunderts zu datieren. Im Schriftverkehr von 1964 fand sich die Grundlage für eine Angebotseinholung zur Instandsetzung. Hieraus wird ersichtlich, dass alle geschädigten, mit Splittbeton überformten Steinoberflächen zuvor steinmetzmäßig abgearbeitet wurden, um einen tragfähigen Untergrund zu schaffen.

Der Verlust der historischen Bausubstanz in diesen Bereichen war erheblich. Man muss jedoch erwähnen, dass dieses Vorgehen zeitgemäß war und auch an anderen Objekten zur Ausführung kam. Im Zuge einer Dachsanierung wurden die Mauerkronen mit den Zahnfriesen am Langhaus und an den Querhäusern abgebrochen und in Putztechnik erneuert.

Westfassade

Eine Imprägnierung der gesamten Natursteinfassaden mit hydrophobierenden Silikonaten war als Abschluss der Restaurierung der 1960er Jahre geplant. Die tatsächliche Ausführung dieser Maßnahme ist jedoch aus der Aktenlage nicht ersichtlich.

Viele der heute an den Werksteinen der Westfassade beobachteten Schäden könnten mit einer Imprägnierung in Zusammenhang gebracht werden. Für die Entwicklung eines nachhaltigen Instandsetzungskonzeptes erfolgte vorbereitend eine naturwissenschaftliche Untersuchung der Natursteinoberflächen, bei der, neben den vermuteten Imprägnierungsresten, Oberflächenverdichtungen durch die verwitterungsbedingte Einlagerung von Gips im oberflächennahen Porenraum festgestellt wurden. Durch die Untersuchungen ließ sich die Ausführung einer Imprägnierungsmaßnahme jedoch nicht eindeutig nachweisen. Es wird angenommen, dass die Eindringtiefe der Silikonate aufgrund ihrer Molekülgröße gering gewesen sein dürfte und die hiermit durchtränkte Schicht weitgehend abgewittert ist.

Des Weiteren prägten die in den 1960er Jahren ausgeführten Altergänzungen das Schadensbild der barocken Giebelfassade grundlegend, denn diese Ergänzungen hatten sich fast ausnahmslos vom Sandsteinuntergrund gelöst.

Denkmalpflegerische Zielsetzung

Als vorrangige Aufgabe der Instandsetzung des Bauwerks waren die Sicherung des Bestandes und die Herstellung der Verkehrssicherheit definiert.

Mittelalterlicher Baukörper

Die Reparaturphasen, vor allem die starken Eingriffe der 1960er Jahre, sollten erhalten bleiben, sofern diese mit den Instandsetzungszielen kompatibel waren. Der wertvolle mittelalterliche Originalbestand an Fugen und Werkstein sollte im Rahmen der zur Verfügung stehenden Mittel stabilisiert und gesichert werden. Als weiteres Ziel wurde definiert, den gering bewehrten und heterogen verarbeiteten Stampfbeton bauphysikalisch durch Oberflächenmaßnahmen zu vereinheitlichen und, wo erforderlich, farblich in den Bestand zu integrieren. Die Unterteilung und Kartierung der zu bearbeitenden Fassadenbereiche in Schadensklassen diente der Gesamtübersicht und Kostenhochrechnung (Abb. 5).

Abb. 5. Kartierung des mittelalterlichen Bauwerksbereichs der Nordfassade, Lithologie und Schadensklassen (Plan: Steinwerkstatt Endemann, Endemann/ Weinert/ Chlistalla)

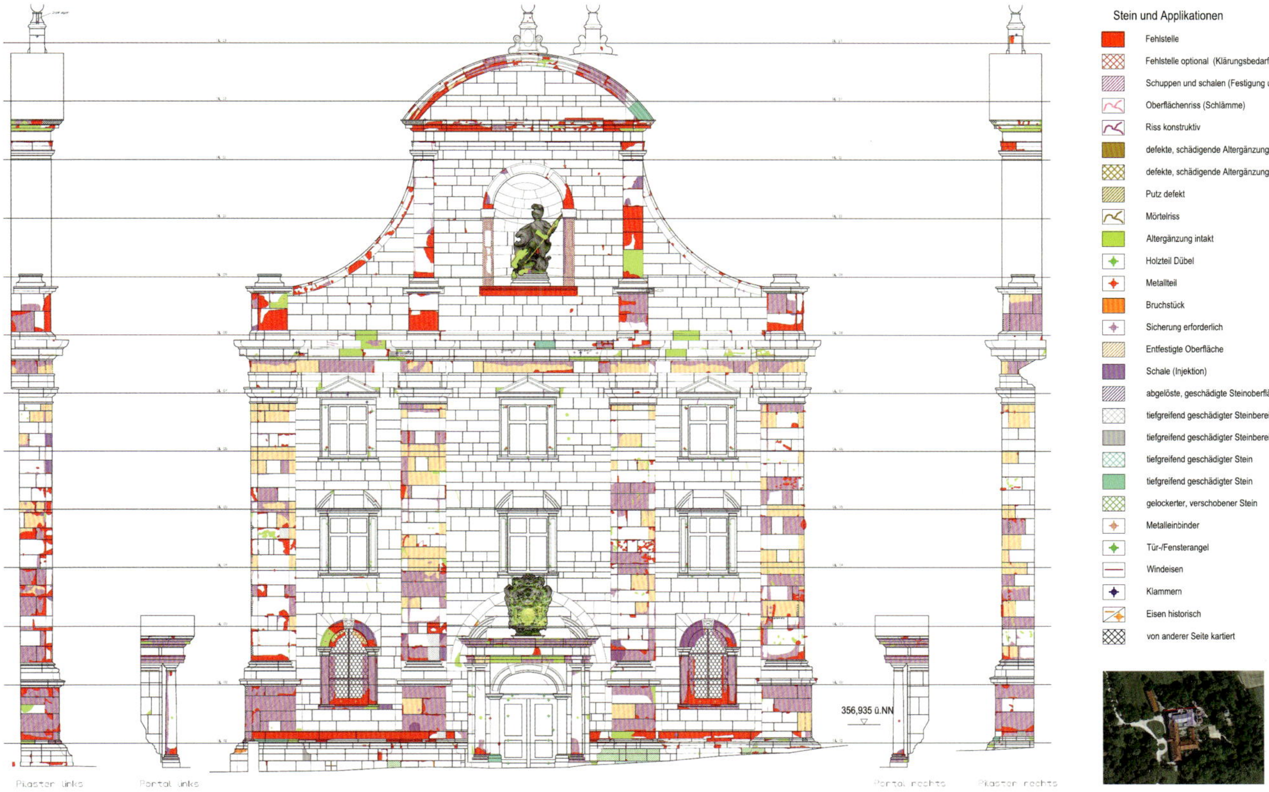

Abb. 6. Kartierung der barocken Westfassade, auszuführende Maßnahmen (Plan: Steinwerkstatt Endemann, Chlistalla/ Weinert)

Westfassade

Für die material- und bautechnisch abweichende und stark bewitterte barocke Westfassade von St. Georg sollte ein angepasstes Instandsetzungskonzept erarbeitet werden. Die Fassade wurde mit einer mobilen Arbeitsbühne befahren um den Erhaltungszustand aufzunehmen und in digitalen Kartierungsplänen festzuhalten (Abb. 6). Diese Untersuchung bildet die Basis für das weitere Vorgehen und die Abstimmung über ein Restaurierungskonzept.

Erhaltungszustand

Mittelalterlicher Baukörper

Die Bauwerksoberflächen waren mikrobiologisch mit Flechten, Algen und Moosen besiedelt. Untergeordnet fanden sich in Regenschattenzonen, z. B. in Fensternischen, sulfatgebundene Krustenauflagen.

Die Verfugung war an feuchtebelasteten Gebäudeteilen ausgewaschen, während sich an übrigen Zonen große Flächen bauzeitlicher Fugen in gutem Zustand erhalten haben. Die Überfugungen der letzten Sanierungsmaßnahme lagen größtenteils hohl.

Die Werksteine wiesen Gefügeschäden auf, die sich in schaligen und schuppenden Ablösungen mit sandenden Sekundäroberflächen zeigten. Auch lösten sich größere Steinteile.

Die Betonüberformungen lagen an Randzonen und bei dünnschichtiger Auftragsstärke hohl (Abb. 7). Ihre Oberflächen zeigten einen guten Erhaltungszustand. Einzelne Risse waren zu verzeichnen.

Westfassade

Die am Grünsandstein ausgeführten Altergänzungen, die in ihren physiko-mechanischen Eigenschaften nicht an den Naturstein angepasst waren, führten zu Schäden an der Steinsubstanz. Feuchtestau schädigte die überformten Natursteinbereiche. Bei der Untersuchung kamen großflächige Hohllagen zum Vorschein. Bereichsweise hatten sich die Mörtelüberformungen bereits vollständig vom Untergrund gelöst und waren abgefallen. Eingebaute Eisenarmierungen führten durch korrosionsbedingte Volumenzunahme zu Spannungen im Naturstein und in den zementgebundenen Steinersatzstoffen (Abb. 8).

Der Grünsandstein zeigte tiefgreifende und flächige Gefügeschäden. Vornehmlich an profilierten Bauteilen war ein deutlicher Substanzverlust zu beobachten und es waren zahlreiche Risse zu erkennen. Teilweise lösten sich ganze Quaderflächen schalig ab (Abb. 9).

Abb. 7. Zwischenzustand des mittelalterlichen Mauerwerksbereichs, Nordfassade, einzelne dünnschichtige Überformungen mit Splittbeton liegen hohl (Foto: Steinwerkstatt Endemann)

Abb. 9. Zwischenzustand der Pilaster aus Grünsandstein an der barocken Westfassade, Steinschalen mit einer Stärke von teilweise über 1 cm lösen sich vom Untergrund (Foto: Steinwerkstatt Endemann)

Die an der Fassade verbauten Kalksteine zeigten im Vergleich geringe Schädigungen. Vereinzelt waren mit Fugenmörtel verschlossene mechanische Beschädigungen in Kantenzonen zu erkennen. Im Bereich profilierter Bauteile zeigten sich vermehrt schadhafte Ergänzungen.

Abb. 8. Zwischenzustand des Gesimses an der barocken Westfassade, Altergänzungen und Natursteinbereiche werden infolge der Korrosion abgedrückt (Foto: Steinwerkstatt Endemann)

Maßnahmen

Mittelalterlicher Baukörper

Das Schließen von Fehlstellen und Ausbrüchen an Quaderkanten sollte eine gute Flankenanbindung der Neuverfugung gewährleisten. Zusätzlich konnten auf diesem Weg Steinschalen gesichert und der Wasserablauf verbessert werden.

Schadhafte Überfugungen früherer Reparaturmaßnahmen wurden entfernt, wobei man versuchte, den dahinterliegenden historischen Fugenbestand nicht zu beschädigen. Stabil sitzende Reparaturmörtel wurden belassen. Für die Reparatur des Fugenbestandes verwendete man einen farblich an den Bestand angepassten, hydraulischen Kalkmörtel, dem – abhängig von der Fugenbreite – Donauschwemmsand unterschiedlicher Körnung beigemischt wurde (Abb. 10).

Im Bereich der Putzflächen des Chores wurden nach einer Bestandskontrolle die geschädigten Partien abgearbeitet und neu verputzt. Risse durch Putzflächen mit guter Schadensprognose wurden geschlossen.

Die betonsichtigen Oberflächen wurden zur Vereinheitlichung der Wasseraufnahme mit einer natursteingeeigneten, transparenten Silikonharzfarbe überstrichen. Die dem Anstrich zugesetzten Steinmehle, Steinsande und Pigmente sollen ihn optisch an den Bestandswerkstein anpassen. Au-

Abb. 10. Endzustand des Obergadens des mittelalterlichen Mauerwerkbereichs, Nordfassade (Foto: Steinwerkstatt Endemann)

ßerdem wurden mit dem sandgefüllten Anstrich feine Risse verschlossen. Aus Kostengründen kamen die oben genannten Maßnahmen in bodennahen Bereichen nicht zur Ausführung. Hier waren weniger Schäden an den Splittbetonen zu erkennen, die im Zuge der regelmäßigen Beurteilung des Bauwerks kontrolliert werden. Den hierdurch entstandenen kontrastreichen Gesamteindruck empfand man nicht als störend.

Westfassade

Der schlechte Erhaltungszustand und die schlechte Schadensprognose der mineralischen Altergänzungen der letzten Restaurierung machten ihre vollständige Entfernung notwendig. Unter den bis über 20 cm starken Mörtelüberformungen wurde der stark geschädigte Naturstein frei gelegt (Abb. 11). Tiefe Fehlstellen schloss man mit Vierungen oder Neuteilen. Gut erhaltene Vierungen aus vorhergegangenen Instandsetzungen wurden nachgeankert.

Die durch Risse und Schalenpakete geschwächten Natursteinbereiche konnten nur bedingt mittels konservatorischer Maßnahmen ertüchtigt werden. In der Regel wurden diese geschwächten Bereiche entfernt oder durch Festigung stabilisiert und dann mit Steinergänzungsmaterialien überformt. Mineralische Ergänzungen mit angepassten Materialien helfen den Wasserablauf langfristig zu verbessern (Abb. 12) und schädigende Einflüsse von der Oberfläche fernzuhalten.

Abb. 11. Zwischenzustand des Gesimses an der barocken Westfassade. Nach Rückbau der Überformungen aus Splittbeton zeigen sich die tiefgreifenden Schäden am Naturstein (Foto: Steinwerkstatt Endemann)

Abb. 12. Zwischenzustand des Gesimses, stark geschädigter Grünsandstein im Bereich des Wasserablaufs (Foto: Steinwerkstatt Endemann)

Abb. 13. Vorzustand der Figur des hl. Georg (Foto: Steinwerkstatt Endemann)

Abb. 14. Zwischenzustand der Figur des hl. Georg, Detail des Drachens, Risse in der Originaloberfläche des Grünsandsteins (Foto: Steinwerkstatt Endemann)

Abb. 15. Zwischenzustand des Wappens an der barocken Westfassade mit großflächigen Zementergänzungen unterschiedlicher Stärke. Die Grünsandsteinsubstanz ist stark geschädigt (Foto: Steinwerkstatt Endemann)

Abb. 16. Nachzustand des Wappens. Die Altergänzungen wurden belassen (Foto: Steinwerkstatt Endemann)

In sich stabile schalige Oberflächenablösungen konnten erhalten werden, indem man sie verfüllte und verankerte. Der Anteil originaler Oberflächen der aus Grünsandstein gesetzten Fassadenteile war, auch wegen der massiven Überarbeitung in den 1960er Jahren, gering. Die wenigen aus der Bauzeit erhaltenen Bereiche der Westfassade wurden mit einem hohen restauratorischen Aufwand bearbeitet.

Hohl liegende Verfugungen im Bereich des Kalksteinquadermauerwerks wurden erneuert. Randablösungen stabiler Verfugungen reparierte man mit schlämmfähigen Massen, um eine Feuchtehinterwanderung zu vermeiden.

Eine Reprofilierung zur Optimierung des Wasserablaufs wurde ausgeführt. Das harte Ergänzungsmaterial der letzten Restaurierungsmaßnahme entspricht bauphysikalisch dem festeren Kalkstein und konnte aus diesem Grund bei guter Untergrundanbindung am Bauwerk belassen werden. Eine Erneuerung dieser Ergänzungen fand nur statt, wenn sich Adhäsionsschwächen zeigten oder oberflächennahe, korrodierende Armierungen zu einer schlechten Schadensprognose führten.

Die Hauptwasser ableitenden Gesimse und Vorsprünge der Westfassade erhielten einen Überzug mit Kupferblech, der die Belastung der Fassade mit Feuchte nachhaltig und deutlich verringert.

Skulptur des hl. Georg und Wappen

Dem geschützten Aufstellungsort in einer Nische ist es zu verdanken, dass die Skulptur des hl. Georg nur geringe grünsandsteintypische Schäden aufwies (Abb. 13 und Abb. 17). So waren nur wenige Altergänzungen zu erneuern. Bruchstücke konnten gesichert werden. An exponierten

Abb. 17. Nachzustand der barocken Westfassade, Nische mit Figur des Kirchenpatrons (Foto: Steinwerkstatt Endemann)

Bereichen der Skulptur zeigten sich deutlich die Folgen der verdichteten Oberfläche: ein durch Oberflächenspannungen infolge von Gipseinlagerung verursachtes Risssystem (Abb. 14). Ammoniumkarbonatkompressen reduzierten die verdichtenden Gipsanreicherungen. Die netzartigen Risse wurden im Kieselsäureester-System geschlossen.

Das frei bewitterte Wappen wurde zu mindestens 50 % mit Zementmörtel überformt. Einzelne Ergänzungen lagen hohl und mussten erneuert werden. Die erhaltenen Sandsteinoberflächen waren tiefgreifend entfestigt und am gesamten Objekt schuppig und schalig (Abb. 15). Eine strukturelle, aufbauende Festigung ermöglichte die Stabilisierung der stark vorgeschädigten Grünsandsteinsubstanz. Dünne Schalen wurden im Kieselsäureesther-System hinterfüllt. Mit Hilfe einer KSE-Schlämme und Kittungen konnten Kanten stabilisiert und Risssysteme verschlossen werden. Es ist jedoch zu betonen, dass der Naturstein mit keiner restauratorischen Maßnahme an die starren und dichten Zementergänzungen angepasst werden kann. Grundsätzlich sollte über eine Fassung des Wappens nachgedacht werden, um einen Verwitterungsschutz und eine Egalisierung der Wasseraufnahme herzustellen (Abb. 16).

Skulpturen des Bischofs Otto und des hl. Benedikt

Im Eingangsbereich der Kirche St. Georg befinden sich derzeit die Giebelskulpturen des Bischofs Otto von Bamberg, der 1109 das Kloster gründete, und des hl. Benedikt. Beide Figuren sind dem Prüfeninger Bildhauer Anton Ney zugeschrieben.

Aufgabenstellung und Vorplanung

Der schlechte Erhaltungszustand der beiden Monumentalfiguren erforderte im März 2007 den Abbau, um weiterhin die Verkehrssicherheit gewährleisten zu können (Abb. 4 und 18). Die in der Vorhalle der Kirche gelagerten Figuren wurden restauriert, mit dem Ziel, ihre Aufstellung im Innenraum zu ermöglichen. Eine Rückführung an ihren Ursprungsort kann wegen der intensiven Schädigung nach heutigem Wissensstand nicht erfolgen.

Abb. 18. Vorzustand der Giebelfigur des Bischofs Otto vor Abbau durch die Regensburger Dombauhütte (Foto: Dombauhütte Regensburg)

Abb. 19. Detail der Figur des hl. Benedikt, Vorzustand, stark gestörte Natursteinsubstanz unter den zementgebundenen Altergänzungen (Foto: Steinwerkstatt Endemann)

Der Umfang der Reprofilierungen vergangener Reparaturmaßnahmen wurde mittels Plangrundlagen festgehalten. Um das Ausmaß und den Zustand beurteilen zu können, war zuvor eine grobe Trockenreinigung erforderlich, da die zementgebundenen Ergänzungen optisch schwer von den gealterten Sandsteinoberflächen zu unterscheiden waren. Die Überprüfung des Zustandes der Steinsubstanz zeigte deren unterschiedliche Schädigungsgrade. In diesem Zusammenhang wurde auch das Ausmaß oberflächlicher Ablösungen und Schalenbildungen am Naturstein untersucht und alle Ergebnisse wurden mit Hilfe eines Kartierungsplans differenziert veranschaulicht (Abb. 21).

Konzepterarbeitung und Maßnahme

Nach Abstimmung mit dem Bauherrn und den örtlichen Fachbehörden wurde anhand der detaillierten, maßnahmenbezogenen Kartierung, die eine Übersicht des Gesamtzustandes ermöglichte, ein Ausführungskonzept erarbeitet. Es stellte sich heraus, dass beide Figuren zu großen Teilen bereits mit Kunststein überformt sind. Fragen nach dem Sinn und der Möglichkeit des Erhalts verschiedener Zementüberformungen, aber auch der stark vorgeschädigten Sandsteinsubstanz wurden diskutiert. Als Ergebnis dieses Diskurses ist auch ein Erhaltungskonzept für die Aufstellung der Figuren im Innenbereich der Kirche entstanden.

Zementgebundene Altergänzungen

Zahlreiche zementgebundene Altergänzungen zeigten Adhäsionsschwächen, d. h. die Anbindung an den Untergrund war geschwächt oder nicht mehr gegeben. Im Falle einer leichten Druckbelastung musste mit dem vollständigen Ablösen der jeweiligen Ergänzung gerechnet werden, sodass eine Aufstellung der Skulpturen ohne vorherige Sicherung nicht möglich war.

Die Altergänzungen waren teilweise kleinteilig gebrochen und für eine Wiederbefestigung nicht geeignet. Der mögliche Erhalt der Ergänzungen war erst nach Abschluss der strukturellen Festigung der Natursteinsubstanz und nach abgeschlossener Hohlrauminjektion festzulegen. Im Falle ihres Verlustes wurde die entstandene Fehlstelle mit mineralisch abbindendem Mörtel im Formverlauf der verlorenen Zementüberformung reprofiliert. Es war nicht vorgesehen, gestalterisch einzugreifen, denn die Geschichte und das Alter der Skulpturen sollten ablesbar bleiben.

Monolithische, freistehende Kunststeinergänzungen, wie z. B. die Hand oder der Kopf, zeigen herstellungsbedingte Risse. Armierungen als Ursache für Spannungen und Rissbildung sind nicht auszuschließen. Da der weitere Schadensverlauf im geschützten Innenraum beobachtet werden kann, beließ man die betroffenen Bereiche. Nur vereinzelt sind freiliegende Armierungsdrähte zu erkennen, von denen bislang kein Schaden ausgeht. Die großformatigen Ergänzungen wiesen eine gute Untergrundanbindung auf. Sie wurden in auffallend guter Qualität hergestellt (Abb. 20).

Das Natursteingefüge unter den flächigen Ergänzungen war allerdings gestört und entfestigt (Abb. 19). Um die überformte Steinsubstanz zu sichern, war es erforderlich, Steinfestiger unterschiedlicher Gelabscheidungsraten hinter die dichte Zementschicht zu applizieren. Die Anbindung von Hohlstellen an den Steinuntergrund erfolgte anschließend mittels geeignetem Injektionsmörtel. Ein gleichmäßiges Festigkeitsprofil ließ sich bei Erhalt der Zementüberformungen mit den gewählten Verfahren jedoch nicht erzielen und auch eine Beständigkeit gegenüber den Witterungsbedingungen, vorrangig Frost-Tauwechsel, konnte nicht mehr erreicht werden. Daher sind die Figuren für eine frei bewitterte Aufstellung ungeeignet.

Natursteinsubstanz

Es hatten sich Bereiche originaler Oberflächen erhalten, die nicht den für den Sandstein typischen sandenden Verfall aufwiesen. Nach genauerer Untersuchung zeigten sie sich großflächig hohl liegend. Die verdichtete Steinoberfläche war vom

Abb. 20. Hl. Benedikt, Detail. Der gesamte Kopf wurde im Zuge einer Reparaturmaßnahme aus Splittbeton gefertigt (Foto: Steinwerkstatt Endemann)

Untergrund gelöst und das darunter befindliche Steinmaterial mürbe und entfestigt. Es hatten sich Schalenpakete gebildet. Die engen Schichtenabstände erschwerten ein Hinterfüllen und Wiederanbinden an den Untergrund, sodass Hohlräume verblieben. Künstliche Injektionszugänge durch Bohrungen wurden nur vereinzelt ausgeführt, um zusammenhängende Steinbereiche nicht weiter zu beschädigen.

Nach Abschluss der Maßnahme wird der Besucher hoffentlich noch lange durch die zwei überarbeiteten „Herren“ begrüßt werden können. Wenn nicht von weitem in ihrer ehemaligen Funktion als Giebelfiguren, so doch beim Eintritt in die Vorhalle des Kirchengebäudes.

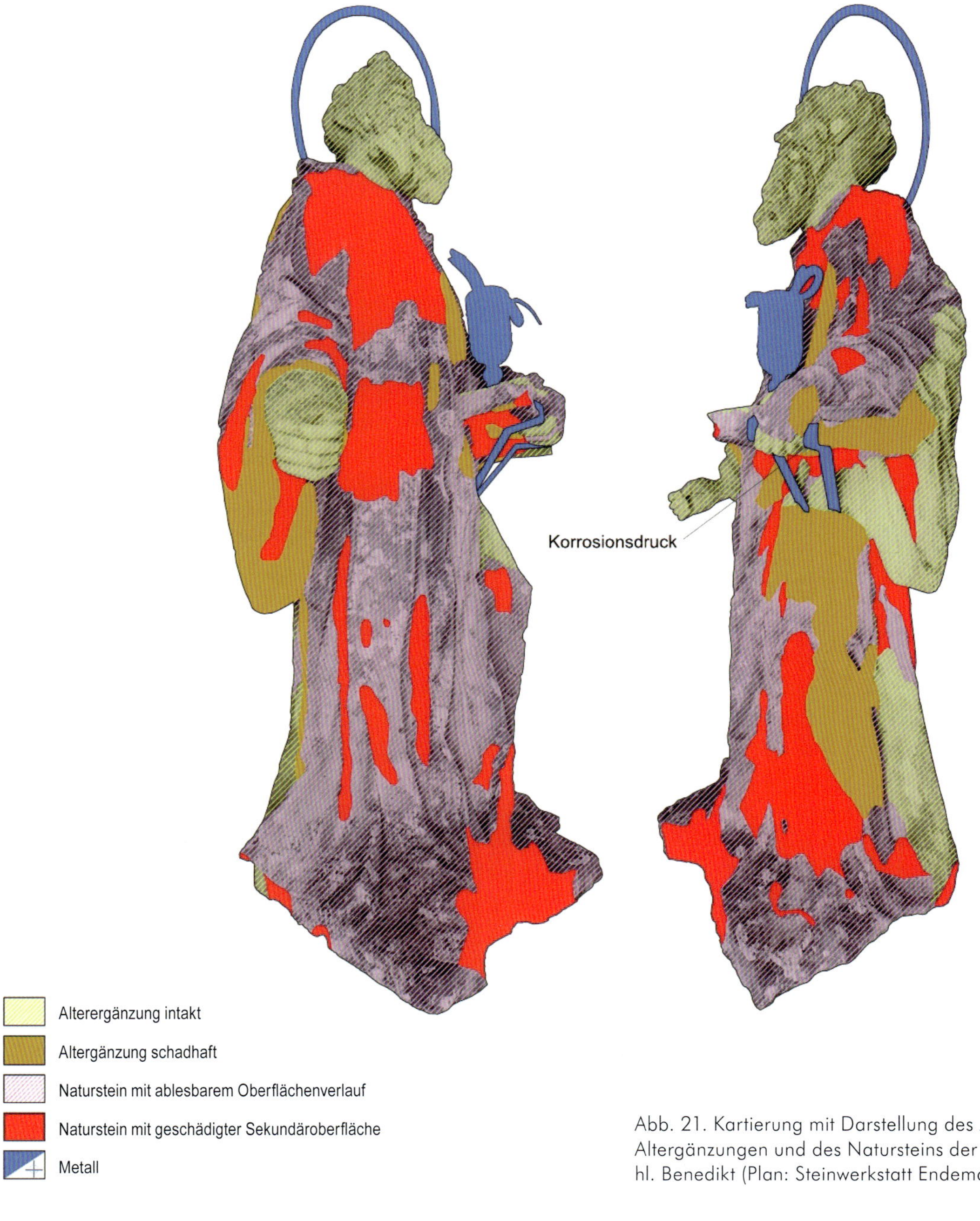

Abb. 21. Kartierung mit Darstellung des Zustandes der Altergänzungen und des Natursteins der Giebelfigur des hl. Benedikt (Plan: Steinwerkstatt Endemann, Weinert/ Rafelt)

Jörg Heindl

Die Sanierung des Entwässerungssystems der ehemaligen Klosterkirche St. Georg in Prüfening

Die alten Entwässerungsleitungen von St. Georg befanden sich in einem mangelhaften Zustand: An einigen Stellen waren sie gebrochen und durch Abflussrückstände verlegt, die Ableitung des Regenwassers konnte nur unzureichend gewährleistet werden. Eine vollständige Neuverlegung der Schmutzwasserleitung aus der Sakristei sowie die Sanierung und Erneuerung von Leitungen für Regenwasserablauf und Dachflächenentwässerung an der Ost- und Nordseite des Kirchengebäudes erschienen in Teilbereichen ebenfalls notwendig. Weiterhin musste der bisherige Altkanalanschluss an den neuen Mischwasserkanal des Fürstlichen Hauses im Bereich des Kavaliergebäudes umverlegt und neu hergestellt werden. Die Maßnahme war notwendig geworden, da der bisherige Altkanal für eine schadlose Ableitung der Dachflächenentwässerung nicht mehr durchgängig zur Verfügung stand. An der nördlichen und östlichen Außenwand des Bauwerks wurde nach der Sicherung der archäologischen Befunde umlaufend eine Drainageleitung mit Kiesfilterschicht eingebaut. Mit dieser Maßnahme soll die Durchfeuchtung des Außenmauerwerks dauerhaft verhindert und der Schutz der wertvollen Wandmalereien vor aufsteigender Feuchtigkeit im Sockelbereich sichergestellt werden. Das Sickerwasser aus den Drainageleitungen der Nordfassade wurde nach Zustimmung des Fürstlichen Hauses einer oberirdischen Versickerung mit zwei Ausläufen in den Parkanlagen zugeführt. Eine archäologische Fachfirma begleitete die Grabungsarbeiten für die Erneuerung der Regenwasserleitungen im Bereich der vorhandenen Bestandstrasse.

Dabei dokumentierte man den Schichtaufbau in den Anschnitten der Entwässerungsgräben. Auch die Abgrabungsarbeiten für die Drainageleitungen an Nord- und Ostfassade erfolgten unter Begleitung von Archäologen. Die Befunde entlang der Bauwerksfundamente wurden freigelegt und dokumentiert. An der nordöstlichen Seitenapsis entdeckte man dabei Fundamentreste einer weiteren Apsis. Am nördlichen Querhaus kamen vor einer zugemauerten romanischen Türöffnung mehrere Stufen sowie an der westlichen Gebäudeecke des Querhauses Fundamentreste einer alten Mauer zum Vorschein. Und auch zwischen der Michaelskapelle und dem provisorischen Baustellentor fanden sich im Bereich eines neu zu setzenden Entwässerungsschachtes, der für die Umverlegung des neuen Regenwasserkanals erforderlich war, weitere Fundamentreste von romanischen Annexbauten. Wegen der zahlreichen Befunde entlang der Aufgrabungen und der Notwendigkeit, Dokumentationen anzufertigen, kam es notgedrungen zu zeitlichen Unterbrechungen im Bauablauf der Tiefbauarbeiten. Nach Verfüllung der Gräben wurde das ursprüngliche, vermutlich aus dem 18./19. Jahrhundert stammende Traufpflaster, das man vor den Drainagearbeiten entlang des Kirchengebäudes entfernen musste, wieder eingebaut. Das Niveau des ehemaligen Pflasterbelags wurde dabei beibehalten, der neu verlegte Pflasterstreifen und das Gelände konsequent mit entsprechendem Gefälle vom Bauwerk weggeführt, um stehendes Wasser in Geländemulden an den Mauern zu vermeiden. Die Erreichbarkeit der Georgskirche und der Gebäudetrakte an der Ost- und Nordseite ist durch die Neuanlage von Fahrwegen anstelle der bisherigen gewährleistet.

Tiefbauarbeiten

Entwässerungskanalarbeiten

Zur Sanierung der alten Entwässerungskanäle waren umfangreiche Tiefbauarbeiten außerhalb der Fundamentmauern der Kirche notwendig. Bereits im Vorfeld der Planung und Ausschreibung für die Arbeiten mussten Erkundungsschürfe vorgenommen werden, da die bestehenden Kanalschächte bis zu 50 cm überdeckt waren. Erst danach konnten die Entwässerungskanäle und -leitungen im Bereich der Kirche mittels TV-Kamerabefahrungen und Ortungstechnik erfasst, ihr Zustand festgestellt und ihr Verlauf in einem Bestandsplan verzeichnet werden. Aufgrund der Untersuchungsergebnisse wurden folgende Maßnahmen erforderlich: An der Nord- und Ostseite der Kirche mussten die bestehenden schadhaften Regenwasserleitungen der Dachentwässerung saniert und in Teilabschnitten in offener Bauweise am Grundstück erneuert werden. An der Südseite der Kirche (Sakristei) war eine Schmutzwasserleitung in offener Bauweise neu herzustellen und an einen vorhandenen Schmutzwasserkanal des Hauses Thurn und Taxis im Schlossinnenhof anzuschließen. Der bauliche Zustand des Altkanals an der Nordwestseite der Kirche machte eine Einleitung in den Bestandsübergabeschacht unmöglich, stattdessen musste eine Regenwasserkanalumlegung und der Anschluss an das vorhandene Mischwasserkanalnetz des benachbarten Kavaliersgebäudes des Hauses Thurn und Taxis neu hergestellt werden. Zur Trockenlegung der Außenwände an Ost- und Nordseite legte man entlang ihrer Fundamente eine Drainageleitung mit Auslässen in die angrenzenden Parkanlagen neu an.

Neuverlegung von Regenwasserleitungen

Die bestehenden Regenwasserleitungen für die Dachflächenentwässerung auf der Ost- und Nordseite der Kirche mussten saniert werden. Insbesondere hatten undichte Regenabläufe und -fallrohre sowie schadhafte Anschlussleitungen zu Feuchteschäden am Bauwerk geführt. Hierzu wurden teilweise neue Sandfänge und Rohrabläufe in die bestehenden Regenwasseranschlussleitungen eingebaut und die dazugehörigen Leitungen und Revisionsschächte erneuert. Die Aufgrabungs- und Sanierungsarbeiten an der Nordseite fanden weitestgehend entlang der bestehenden Regenwasserabläufe und Anschlussleitungen am Kirchengebäude statt.

An der Ostseite der Kirche konnten zwei vorhandene Regenfallrohre an die bestehende nordseitige Regenwasserleitung in offener Bauweise in einer neuen Leitungsstrasse verlegt und angeschlossen werden. Die Leitungsgräben maßen in der Breite etwa 0,8 m, in der Tiefe etwa 1–1,25 m. Die Umverlegung der Leitungen an den Regenrohrabläufen war wegen des unbekannten Verlaufs der Altleitungen und ihres schadhaften Zustandes erforderlich. Die Regenrohrabläufe an der Ostseite wurden wie an der Nordseite neu hergestellt und angeschlossen. Um den Eingriff in ungestörte Bodenschichten so gering wie möglich zu halten, wählte man für die neuen Trassen der geplanten Anschlussleitungen DN 160 die Bereiche der bisherigen Leitungsführung an der Ostseite des Kirchengebäudes. Der Zusammenschluss der ostseitigen Regenanschlussleitungen an den bestehenden Regenwasserhauptkanal erfolgte an der nordseitigen Apsis. Am Anschlusspunkt und an den Knickpunkten der Regenwasserleitungen an der Ostseite wurden für künftige Spül- und Unterhaltungszwecke der Entwässerungskanäle entsprechende Kontrollschächte DN 600 aus Kunststoff (PP – Polypropylen) vorgesehen (Abb. 1). Im Bereich der Aufgrabungen für die Regenwasserleitungen entlang von Bestandsleitungen fanden sich keine wesentlichen archäologischen Befunde. Wegen des alten Lindenbaumbestandes an der Ostseite waren während der Durchführung der Arbeiten spezielle Baumschutzmaßnahmen (Holzzäune) erforderlich. Diese Vorsichtsmaßnahmen wurden bereits im Vorfeld der Tiefbauarbeiten mit dem Umweltamt der Stadt Regensburg abgestimmt. Die Entwässerungskanalarbeiten konnten aufgrund der beengten Platzverhältnisse und des sehr stark eingeschränkten Baufeldes nur mit Kleingerät und in Handschachtung erfolgen.

Neuverlegung einer Drainageleitung

Zum Schutz der Kirchenfresken war eine Trockenlegung der Außenwände und Fundamente an der Ost- und Nordseite des Kirchengebäudes notwendig geworden. Sie erforderte, wie oben vermerkt, Drainageleitungen im Durchmesser DN 100 entlang der Kirchenmauern und damit umfangreiche Grabarbeiten. Die Anlage der Drainagegräben wurde in drei Bauabschnitten ausgeführt und folgte damit zeitlich der schrittweisen Beendigung der Arbeiten der Hochbaugewerke an Ost- und Nordfassade und dem Gerüstrückbau. Der erste Bauabschnitt umfasste die Strecke vom Hochpunkt der Drainage an der Ostseite bis zur nordöstlichen Seitenapsis, der anschließende zweite Bauabschnitt verlief entlang der Kirchennordseite bis zum Querhaus und damit zum ersten Tiefpunkt der Drainage, der dritte Drainageabschnitt schließlich entlang der Mittelschiffsnordseite bis zur Michaeliskapelle und zum zweiten Tiefpunkt der Drainage. Die einzelnen Bauabschnitte wiesen jeweils eine Länge von rund 25–30 m auf. Auch diese Abgrabungsarbeiten an der Nord- und Ostfassade erfolgten unter Begleitung von Archäologen. Die Grabungsarbeiten entlang der Bauwerksfundamente wurden ebenfalls dokumentiert. An der nordöstli-

Abb. 1. Erd- und Entwässerungskanalarbeiten an der Drainage- und der Regenwasserleitung der Südostseite (Foto: Jörg Heindl)

Abb. 2. Bestehender Regenwasserkanal mit Regenrohrablauf durch die Apsis (Foto: Jörg Heindl)

Abb. 3. Erd- und Entwässerungskanalarbeiten an der nordseitigen Drainageleitung mit archäologischen Befunden (Foto: Jörg Heindl)

chen Seitenapsis entdeckte man dabei Fundamentreste einer weiteren Apsis. Bei ihrer Freilegung stellte man fest, dass die vorhandene Regenwasserleitung aus Steinzeug vom Regenrohrablauf aus in Richtung Hauptkanal durch das Fundament hindurchgelegt worden war (Abb. 2). Am nördlichen Querhaus kamen vor einer zugemauerten romanischen Türöffnung mehrere Stufen sowie an der westlichen Gebäudeecke des Querhauses Fundamentreste einer alten Mauer zum Vorschein. Die vorgefundenen Fundament- und Mauwerksreste wurden durch die archäologische Grabungsfirma behutsam freigelegt und dokumentiert (Abb. 3).

Wie erwähnt kam es wegen der zahlreichen Befunde entlang der Aufgrabungen und der Dokumentationen notgedrungen zu Unterbrechungen im Bauablauf der Tiefbauarbeiten für die Drainageleitungen. Nach Herstellung der Gräben und Freigabe durch das Bayerische Landesamt für Denkmalpflege wurden die Drainageleitungen in einer Tiefe von rund 1,5–1,75 m abschnittweise verlegt. Die Grabenbreite für die Drainage entlang der Bauwerksfundamente betrug zwischen 0,9 und 1 m. Die Drainagerohre DN 100 wurden mit einer Sickerkiespackung aus gewaschenem Kies 16/32 mm ummantelt, die man, um das Einschwemmen von Feinbestandteilen in die Sickerpackung und das Versanden der Drainageleitung zu verhindern, mit einer Lage geotextilem Filtervlies umwickelte (Abb. 4). Die Drainageleitung ist mit einem Mindestabstand von rund 0,5 m unterhalb der Bodenplatte des Kirchengebäudes verlegt, um eine wirksame Austrocknung des Fundaments und des aufgehenden Wandbereichs zu erreichen. Ihr Gefälle beträgt etwa 0,5 %. An den jeweiligen Hochpunkten und an den Knickpunkten bei Richtungswechsel sind Kontroll-/Spülschächte DN 300 eingebaut, die eine künftige Kontrolle und Reinigung der Drainageleitungen ermöglichen. An den jeweiligen Tiefpunkten der Drainage sind zwei Spülschächte DN 400 mit Sandfängen installiert (Abb. 5). Von den zwei Drainagetiefpunkten an der Nordseite der Kirche aus werden die Drainageleitungen mit zwei Anschlussleitungen DN 100 und Ausläufen an der Nordseite in das benachbarte Grundstück frei in die angrenzenden Grün- und Parkflächen entwässert. Die Auslässe wurden umpflastert und mit einer sogenannten Froschklappe versehen, um das Eindringen von Kleintieren in das Drainagesystem zu verhindern (Abb. 6). Die Erd- und Entwässerungskanalarbeiten an den Drainageleitungen konnten wegen der beengten Platzverhältnisse im Baufeld ebenfalls nur mit Kleingerät und in Handschachtung ausgeführt werden.

Abb. 4. Einbau von Drainageleitungen und Filtervlies mit Sickerpackung im Drängraben (Foto: Jörg Heindl)

Neuverlegung der Schmutzwasserleitung aus der Sakristei

Der bisherige Verlauf der Schmutzwasseraltkanäle konnte im Vorfeld der Arbeiten nicht mehr geortet und eine durchgängige Ableitung nicht mehr gewährleistet werden. Das Abwasser der Sakristei musste somit an die bestehende Schmutzwasserleitung im Schlossinnenhof neu angeschlossen werden. Der neue Schmutzwasserkanal mit Durchmesser DN 100 sollte auf der Trasse bisheriger Bestandsgräben einer Regenwasserleitung aus dem Schlossinnenhof angelegt werden, um den Eingriff in ungestörte Bodenzonen im Bereich der Kirchensüdseite so weit wie möglich zu reduzieren. Das Ziel war, die neue Leitung an eine bereits vorhandene Schmutzwasserleitung DN 100 im Innenhof des Schlosses an die Zuleitung der Montessori-Schule anzuschließen. Dazu musste die Leitung auf einer Länge von etwa 15 m parallel zum vorhandenen Regenwasserkanal der Innenhof-Entwässerung verlegt und anschließend auf einer Länge von etwa 4 m an die vorhandene Schmutzwasserzuleitung über einen Kontrollschacht DN 600 aus Kunststoff (PP – Polypropylen) angeschlossen werden. Die Grabenbreite entlang der vorhandenen Abwasserkanäle beschränkte sich dabei auf 0,6–0,8 m, die Schmutzwasserleitung wurde in einer Tiefe von 1,25–1,35 m verlegt. Da keine Angaben zu den bisherigen Leitungshöhen der Anschlusspunkte vorlagen, mussten im Vorfeld Erkundungsschlitze am Hoch- und Tiefpunkt gemacht werden, um das erforderliche Gefälle zwischen dem Leitungsablauf an der Sakristei und dem Leitungsanschluss

Abb. 5. Einbau der Drainageschächte (Foto: Jörg Heindl)

Abb. 6. Auslauf der Drainageleitung in das Gelände (Foto: Jörg Heindl)

an der vorhandenen Schmutzwasserleitung der Montessori-Schule ermitteln und herstellen zu können. Nach Freilegung des Leitungsanschlusses am Tiefpunkt stellte sich ein Höhenunterschied von rund 0,10 m zur bestehenden Sakristeianschlussleitung heraus. Damit konnte die Leitung auf einer Länge von etwa 19 m wie geplant im Freispiegelgefälle verlegt und an den Bestand angeschlossen werden.

Ein neu geschaffener Kontrollschacht DN 600 am Anschlusspunkt im Schlossinnenhof kann künftig für Wartungs- und Spülungszwecke der neuen Schmutzwasserleitung dienen. Die neue Kunststoffleitung PP (Polypropylen) DN 100 wurde an die vorhandene Gebäudeanschlussleitung der Sakristei angeschlossen. Die Arbeit an den Schmutzwasserleitungen war besonders durch das Kreuzen und Abgraben entlang von Sparten wie Elektrokabelschutzrohren, Drainageleitungen und Wasserleitungen erschwert. Auch diese Grabungsarbeiten fanden wiederum unter Aufsicht und Begleitung einer archäologischen Fachfirma statt. Allerdings konnten in den genannten Bereichen keine archäologischen Befunde festgestellt werden. Und auch diese Entwässerungskanalarbeiten wurden wegen der beengten Platzverhältnisse im Baufeld nur mit Kleingerät und in Handschachtung verrichtet. Eine Schlussuntersuchung der Schmutzwasserleitung erfolgte mittels TV-Kameraunterssuchung und Dichtheitsprüfung.

Wegen der erforderlichen bauzeitlichen Inanspruchnahme von Arbeitsflächen im Innenhof hatte man die Baumaßnahmen vorsorglich in die Ferienzeit bzw. schulfreie Zeit verlegt und das Baufeld mit einem Bauzaun gesichert. Abschließend stellte man die Oberflächen (Schotter- und Betonpflasterflächen) im Schlossinnenhof und südseitig des Kirchengebäudes, die vor Beginn der Grabungsarbeiten entfernt werden mussten, wieder her.

Neuverlegung des Regenwasserkanals

Die bisherige Einleitung des Regenwasserkanals für die Dachentwässerung der Georgskirche erfolgte am bestehenden Übergabeschacht in den Altkanal DN 200 nordwestlich des Zufahrtstors im Bereich des Kavaliersgebäudes des Hauses Thurn und Taxis. Im Zuge der Vorplanungen führte man eine TV-Kamerabefahrung des Regenwasserkanals bis zum Übergabeschacht durch, um seinen Zustand zu erforschen. Eine weiterführende Untersuchung der folgenden Haltungen des Altkanals war jedoch nicht mehr möglich. Der bauliche Zustand und die nicht mehr gegebene Durchgängigkeit beschworen die Gefahr eines Rückstaus; eine künftige Entwässerung und schadlose Ableitung des Regenwassers über den Altkanal der Lindenallee war nicht mehr gewährleistet. Das Fürstliche Haus stimmte daher einer Einleitung des Regen-

Abb. 7. Bestehender Regenwasserkanal beim Zufahrtstor zur Kirche und dem Kavaliersgebäude, Freilegung für den Entwässerungsschacht (Foto: Jörg Heindl)

wasserkanals in das vorhandene Schmutzwasserkanalnetz westlich des Kavaliersgebäudes bzw. in den vorhandenen Mischwasserkanal östlich des Kavaliersgebäudes zu. Das Staatliche Bauamt Regensburg überprüfte die beiden Varianten in Bezug auf Anschlussmöglichkeiten und Auslastung der vorhandenen Kanäle und schlug wegen der Höhenlage der Kanäle, der baulichen Zugänglichkeit und des reduzierten Eingriffs in den Bestand (Stützmauer am Kavaliersbau) einen Anschluss an den bestehenden Mischwasserkanal östlich des Kavaliersgebäudes vor. Die Ausführung wurde dann mit dem Grundstückseigentümer und dessen Fachplaner abgestimmt und geplant. Für die Herstellung des Anschlusses war eine Kanalumlegung von rund 22 m in Richtung Norden zum bereits vorhandenen Gebäuderevisionsschacht des Kavaliersgebäudes unabdingbar. Erforderlich war auch die Errichtung eines Abzweigschachtes DN 1000 aus Beton auf dem vorhandenen Regenwasserkanal DN 150. Der neue Regenwasserkanal DN 160 wurde dann höhengerecht an den vorhandenen Mischwasserkanalschacht am Kavaliersgebäude angeschlossen. Bei den Aufgrabungsarbeiten zwischen der Michaelskapelle und dem provisorischem Baustellentor an den notwendigen neuen Schachtbau DN 1000 aus Beton erkundete die archäologische Fachfirma weitere Fundamentreste von romanischen Anbauten, die freigelegt und dokumentiert wurden. Bei der Fundamentfreilegung stellte man fest, dass die Steinzeugrohre des vorhandenen Altkanals durch die Fundamente hindurchverlegt waren (Abb. 7). Der Altkanal befand sich auf einer Sohltiefe von rund 3 m unter der Oberkante des Geländes. Der neue Regenwasserkanal aus Kunststoffrohren – PP (Polypropylen) – DN 160 wurde ebenfalls in einer mittleren Tiefe von 3 m, bei einer Grabenbreite von rund 1 m und auf der angesprochenen Haltungslänge von rund 22 m zwischen die Schachtbauwerke eingebaut. Auch hier erfolgte nach Fertigstellung des Regenwasserkanals und Anschluss an den Mischwasserkanalschacht eine Schlusskontrolle mittels TV-Befahrung und Dichtheitsprüfung.

Abb. 8. Pflasterarbeiten am Traufstreifen entlang der Nordostseite der Apsis (Foto: Jörg Heindl)

Arbeiten an den Außenanlagen

Im Rahmen der Baumaßnahme war der ursprüngliche Traufstreifen aus altem Kalksteinpflaster entlang der Ost- und Nordseite der Kirche St. Georg ausgebaut worden. Die historischen Pflastersteine wurden gesäubert und auf einer 30–40 cm starken Frostschutzschicht und einer etwa 15 cm starken Bettung aus Beton wieder gesetzt und vollflächig mit Zementmörtel verfugt (Abb. 8). Zur besseren Ableitung des Oberflächenwassers wurde das Pflaster mit einem Gefälle von rund 6 % zum Gelände hin eingebaut, um stehendes Wasser in Geländemulden zu vermeiden. Das historische Höhenniveau des ehemaligen Belags wurde dabei beibehalten, der neu verlegte Pflasterstreifen besitzt eine Breite von etwa 1 m (Abb. 9 und 10). Die Fläche zwischen dem geschotterten Zufahrtsweg und dem Traufstreifen trägt Schotterrasen. Eine Begrünung mit Oberboden war nicht

Abb. 9. Fertiggestellte Pflasterfläche entlang des Traufstreifens an der Nordostseite (Foto: Jörg Heindl)

Abb. 10. Fertiggestellte Pflasterflächen mit neuen Regenrohranschlüssen am umlaufenden Traufstreifen der Nord- und Ostseite (Foto: Jörg Heindl)

vorgesehen, um einen starken Anflug und Aufwuchs längerfristig zu verhindern. Der bereits vorhandene Zufahrtsweg aus Schottermaterial entlang der Nord- und Ostseite der Kirche wurde nicht rückgebaut, sondern steht weiterhin als Feuerwehrzufahrt und Anfahrtsweg für die benachbarten Gebäude zur Verfügung. Er wurde mit einem Granitschotter-Splitt-Gemisch als Deckschicht entsprechend nachprofiliert (Abb. 11 und 12).

Abb. 11. Wegebau nach der Fertigstellung entlang der Kirchennordseite (Foto: Jörg Heindl)

Abb. 12. Wegebau nach der Fertigstellung entlang der Kirchennordseite (Foto: Jörg Heindl)

Planungsbeteiligte

Bauherr

Bayerisches Staatsministerium für Unterricht und Kultus
Salvatorstraße 2
80333 München

Projektleitung

Staatliches Bauamt Regensburg
Bajuwarenstraße 2d
93053 Regensburg

Liegenschaftsabteilung L1
Dipl.-Ing. Christian Brunner
Dipl.-Ing. Ulrike Paulik
Dipl.-Ing. Werner Hollnberger

Maschinenwesen
Dipl.-Ing. Thomas Spies
Dipl.-Ing. Peter Lipp

Elektrotechnik
Dipl.-Ing. Stefan Huber
Dipl.-Ing. Stephan Lintl

Ingenieurbau und Landschaftspflege
Dipl.-Ing. Thomas Allkofer
Dipl.-Ing. Jörg Heindl
Dipl.-Ing. Erwin Koller
Gerhard Baumer

Katholische Kirchenstiftung St. Bonifaz - St. Georg

Pfarrer Martin Stempfhuber
Dr. Michael Laßleben
Dr. Christian Vogl
Killermannstraße 26
93049 Regensburg

Fachberatung Kirchliches Bauwesen

Diözese Regensburg
Niedermünstergasse 1
93047 Regensburg

Bischöfliches Baureferat

Paul Höschl, Dipl.-Ing. (FH), Architekt BDA ao.
Bischöflicher Baudirektor

Gerhard Hackl, Dipl.-Ing. (FH), Architekt

Fachberatung Denkmalpflege

Bayerisches Landesamt für Denkmalpflege
Hofgraben 4
80539 München

Gebietsreferat Bau- und Kunstdenkmalpflege
Dr. Michael Schmidt M.A.

Gebietsreferat Bodendenkmalpflege
Dr. Silvia Codreanu-Windauer

Bauforschung
Dipl.-Ing. Karl Schnieringer

Restaurierungswerkstätten
Bernhard Symank – Fachbereich Wand
Dipl.-Rest. Christoph Sabatzki – Fachbereich Stein

Querschnittsreferat Tragwerksplanung
Dipl.-Ing. Julia Ludwar M.A.

Fachplanungen

Tragwerksplanung

Ingenieurbüro für Statik und Baukonstruktion
BAUMRUCK + OSWALD
Partnerschaft Beratender Ingenieure mbB
Ludwigsplatz 33
94315 Straubing

Gewölbestatik

Institut TESTLAB Ltd.
Prof. Dr.-Ing. Gerhard Zirwas
Am Mühlfeld 23
82276 Adelshofen

SIGE-Koordination

büro schröter
stadtplanung architektur energie
Sonja Schröter
Dipl.-Ing. (FH), Stadtplanerin
Ulrichstraße 11a
93326 Abensberg

Bauforschung

Dipl.-Ing. (FH) Gotthard Graf von Montgelas
Am Judenstein 7
93047 Regensburg

Baugrunduntersuchung und Schwingungsgutachten

LGA Bautechnik GmbH
Tillystraße 2
90431 Nürnberg
ein Unternehmen der
LGA Landesgewerbeanstalt Bayern
Körperschaft des öffentlichen Rechts

Biologische Befundung

Binker Materialschutz GmbH
Dr. Gerhard Binker
Westendstraße 3
91207 Lauf a. d. Pegnitz

Untersuchung Mauerwerk

Fachlabor für Konservierungsfragen
in der Denkmalpflege
Dr. Eberhard Wendler
Mühlangerstraße 50
81247 München

Mykologische Untersuchung

Priv.-Doz. Dr. habil. Ingo Nuss
Fürstenstraße 2
93098 Mintraching

Fotografische Dokumentation

Achim Bunz
Willibaldstraße 34
80689 München

Restauratorische Untersuchungen (Leitung)

Peter Turek
Restaurierungswerkstatt Turek
Krottental 15
91301 Forchheim

Restauratorische Untersuchungen

Arbeitsgruppe Salzberger und Umminger
Claudia Salzberger
Diplom-Restauratorin
Arberstraße 14
94428 Eichendorf

Holz- und Bautenschutz

Holz- und Bautenschutz Gürtler
Schumannstraße 25
08525 Plauen

Bestandserfassung romanische Schwelle

Dipl.-Ing. Andreas Poost
Arnulf-Enders-Straße 51
93059 Regensburg

Bestandserfassung romanischer Wandfries

MEMVIER denkmalpflege & bauforschung Bamberg
Memmelsdorfer Straße 4
96052 Bamberg

Archäologische Grabung

ARCTEAM GmbH
Amberger Straße 109
93057 Regensburg

Prüfstatik Gerüste

LGA Landesgewerbeanstalt Bayern KdöR
Prüfamt für Standsicherheit
Zweigstelle Regensburg
Prüfeninger Straße 137
93049 Regensburg

Steingutachter

Steinwerkstatt Endemann
Restaurierung & Denkmalpflege
Dipl.-Rest. (FH) Sebastian Endemann
Auweg 42a
93055 Regensburg

Lichtplanung

Ingenieure Bamberger GmbH & Co. KG
Schwemmfeld 18
85137 Pfünz bei Eichstätt

Fledermaus-Beauftragter

FLORA + FAUNA
Partnerschaft
Bodenwöhrstraße 18a
93055 Regensburg

Ausführende Firmen und Restauratoren

Bauwerkssicherung, Spezialbaumeister

Bennert GmbH Betrieb für Bauwerksicherung
Meckfelder Straße 2
99102 Klettbach

Kranfundament, Putzarbeiten Gesimse Langhaus und Nordseite

Handl
Zum Leuchtenberg 17
93170 Bernhardswald

Kranstellung

Moser GmbH & Co.
Baumaschinen KG
Werner-von-Siemens-Straße 32
94447 Plattling

Gerüstarbeiten

Matthias Bauer GmbH
Bahnhofstraße 19
94051 Hauzenberg

Zimmererarbeiten, Dachdeckerarbeiten

Denkmalbau GmbH Ettersburg
Im Zweibuchenfelde 6
99439 Ettersburg

Schutzabdeckung Friese und Sicherung Kirchengut

Rudolf u. Martin Eis GmbH
Restaurierungswerkstätten
Industriestraße 2–4
93138 Lappersdorf

Torprovisorium

Metallbau Landsmann GmbH & Co. KG
Kittenrainstraße 2
93090 Bach a. d. Donau

Baustraße

Schlamminger Tiefbau GmbH
Brandweg 3
93164 Brunn

Entsorgung

Meindl Entsorgungsservice GmbH
Baierner Höhe 1–3
93138 Lappersdorf

Verglasung

Glasmalerei Schwarzmayr
Gemeinerstraße 3b
93053 Regensburg

Blitzschutzarbeiten

PESA-Blitzschutz GmbH
Am Ganslweiher 2
92369 Reichertshofen

Klempnerarbeiten

Willi Stoiber GmbH
Woppmannsdorf 12
93185 Michelsneukirchen

Spezialbaumeister Gewölbe

Bausanierung Oleg Weißbeck e.K
Haidterstraße 12
97355 Kleinlangheim

Restaurierung Presbyterium, Malerei Kirchenraum, romanische Friese, Reinigung Altäre, Raumschale, Sakristei und Oratorium

Preis & Preis OHG
Eglwanger Straße 1
92331 Parsberg

Schlosserarbeiten Turmkreuze

islinger
Schmiede & Schlosserei
Von-Rosenbusch-Straße 13
93152 Eichhofen

Natursteinarbeiten Südturm und Langhaus, Bodenbelagsarbeiten Kirchenraum

Scholz Naturstein GmbH
Pentlhofstraße 18
93197 Zeitlarn

Natursteinarbeiten Nordturm und Westgiebel

Steinrestaurierung Bauer-Bornemann GmbH
Oberer Stephansberg 36
96049 Bamberg

Mauerarbeiten, Sicherungsarbeiten Türme, Putzarbeiten Westgiebel und Apsiden

Zangl Sanierungs-Bautechnik-Restauration GmbH
Laichstätt 34
93413 Cham

Anstricharbeiten

Horst Federholzner
Malermeister
Am Sitzhoffeld 13
93128 Regenstauf

Schreinerarbeiten

Schreinerei Max Braun GmbH
Am Kuffholz 14
93138 Hainsacker

Restaurierung Chöre

Bruno Fromm
Werkstätte für Kirchenmalerei
Restaurierung und Konservierung von
Kunst- und Kulturgut
Jurastraße 4
92331 Parsberg

Metallrestauratorische Arbeiten

Haber & Brandner GmbH
Metallrestaurierung
Lichtenfelser Straße 4
93057 Regensburg

Tiefbauarbeiten

KSK Tiefbau GmbH
Mantlach 1a
93351 Painten

Elektroarbeiten

ehts / Netzwerk- & Elektrotechnik GmbH
Im Gewerbepark 10
93466 Chamerau

Schlosserarbeiten

DSH Pietschmann GmbH
Zwickauer Straße 7
93073 Neutraubling

Steinrestaurierung Giebelfiguren

steinwerkstatt Regensburg
Dipl.-Rest. (FH) Sebastian Endemann
Restaurierung & Denkmalpflege
Auweg 42a
93055 Regensburg

Sanitärausstattung Sakristei

Apleona HSG Südost GmbH
Siemensstraße 3
93055 Regensburg

Lasur- und Einstimmarbeiten an den Außentüren

Stephan Unterholzner
Kirchenmaler- und Restaurierungsarbeiten
Sandstraße 4
93107 Thalmassing

Fotoarbeiten

Uwe Moosburger
altro – die fotoagentur
altro – das fotostudio
Einsteinstraße 7
93055 Regensburg

Autorinnen und Autoren

Dipl.-Ing. Christian Brunner

Staatliches Bauamt Regensburg
Abteilung L1: Dom, Kultus, US,
Liegenschaften Lkr. Neumarkt in der Oberpfalz
Bajuwarenstraße 2d
93053 Regensburg
E-Mail: christian.brunner@stbar.bayern.de

Dr. Silvia Codreanu-Windauer

ehem. Bayerisches Landesamt für Denkmalpflege
Abt. B: Praktische Denkmalpflege – Bodendenkmäler
Ref. B II: Niederbayern / Oberpfalz
Referatsleiterin a. D.
Adolf-Schmetzer-Straße 1
93055 Regensburg

Dipl.-Ing. Erwin Drexler

Ingenieurbüro für Statik und Baukonstruktion
DREXLER + BAUMRUCK,
seit 1.1.2020 BAUMRUCK + OSWALD
Partnerschaft Beratender Ingenieure mbB
Ludwigsplatz 33
94315 Straubing
E-Mail: info@baumruck-oswald.de

Dipl.-Rest. (FH) Sebastian Endemann

Steinwerkstatt Endemann
Restaurierung & Denkmalpflege
Auweg 42a
93055 Regensburg
E-Mail: info@steinwerkstatt-regensburg.de

Dipl.-Ing. Jörg Heindl

Staatliches Bauamt Regensburg
Ingenieurbau
Bajuwarenstraße 2d
93053 Regensburg
E-Mail: joerg.heindl@stbar.bayern.de

Dipl.-Ing. Werner Hollnberger

Staatliches Bauamt Regensburg
Abteilung L1: Hochbau
Bajuwarenstraße 2d
93053 Regensburg
E-Mail: werner.hollnberger@stbar.bayern.de

Dipl.-Ing. Ulrike Paulik

Staatliches Bauamt Regensburg
Abteilung L1: Hochbau
Bajuwarenstraße 2d
93053 Regensburg
E-Mail: ulrike.paulik@stbar.bayern.de

Gerhard Schlegel

Ingenieurbüro für Statik und Baukonstruktion
BAUMRUCK + OSWALD
Partnerschaft Beratender Ingenieure mbB
Ludwigsplatz 33
94315 Straubing
E-Mail: info@baumruck-oswald.de

Isolde Schmidt M. A.

Kunsthistorikerin
Engelburgergasse 19
93047 Regensburg
E-Mail: schmidt.isolde@gmx.de

Dr. Michael Schmidt M. A.

Bayerisches Landesamt für Denkmalpflege
Abt. A: Praktische Denkmalpflege –
Bau- und Kunstdenkmäler
Ref. A VII: Bundes- & Landesförderung,
Querschnittsaufgaben
Stellv. Abteilungsleiter, Referatsleiter
Hofgraben 4
80539 München
E-Mail: Michael.Schmidt@blfd.bayern.de

Dipl.-Ing. Karl Schnieringer

Bayerisches Landesamt für Denkmalpflege
Abt. A: Praktische Denkmalpflege –
Bau- und Kunstdenkmäler
Ref. A VII: Bauforschung Niederbayern, Oberpfalz,
Ober- und Unterfranken
Adolf-Schmetzer-Straße 1
93055 Regensburg
E-Mail: Karl.Schnieringer@blfd.bayern.de

Peter Turek

Restaurierungswerkstatt Turek
Krottental 15
91301 Forchheim
E-Mail: p.turek@t-online.de

Rest. Kerstin Weinert

Steinwerkstatt Endemann
Restaurierung & Denkmalpflege
Auweg 42a
93055 Regensburg
E-Mail: info@steinwerkstatt-regensburg.de

Prof. Dr.-Ing. Gerhard Zirwas

Institut TESTLAB Ltd.
Am Mühlfeld 23
82276 Adelshofen
E-Mail: gerhard@zirwas.de